AI를 몰라도 AI로 돈 벌 수 있다

생성형 AI 프롬프트 디자인 실무

최신개정판

프롬프트 디자이너 1급 자격 필독서

한국생성형AI연구원
한국소프트웨어기술인협회

(주)광문각출판미디어

머리말

생존의 필수 도구가 된 프롬프트 디자인

프롬프트 디자인은 이제 선택이 아니라 생존의 언어입니다.

생성형 AI는 지난 3년 동안 상상 이상의 속도로 발전하며, 사람과 기술의 관계를 근본적으로 변화시키고 있습니다. GPT-5를 비롯한 최신 멀티모달 AI는 텍스트·이미지·영상·오디오·문서 분석·자동화까지 통합 처리하고 있으며, AI는 더 이상 단순한 도구가 아니라 업무를 함께 수행하는 동료이자 지능형 에이전트의 형태로 진화하고 있습니다.

이제 우리는 앱이나 프로그램을 직접 실행하는 시대를 지나, "AI에게 일을 맡기는 시대"로 이동하고 있습니다. GPT Store, AI Agents, Workflow Automation, Canvas 협업 환경, Deep Research 기능의 등장으로 문제 정의 → 분석 → 실행 → 결과 관리가 AI 기반으로 통합되었습니다. 기업의 경쟁력은 AI 활용의 깊이와 속도에 의해 결정되고, 개인의 커리어 역시 AI와 협업할 수 있는 능력에 의해 재정의되고 있습니다.

이 변화의 중심에는 프롬프트 디자인prompt design이 있습니다.

프롬프트는 단순히 AI에게 지시하는 문장이 아니라, 문제를 구조화하고 해결 전략을 설계하는 사고 도구이자, AI 시대의 새로운 문해력AI Literacy입니다. 좋은 프롬프트는 AI가 실행할 수 있는 구체적 계획과 결과를 만드는 설계도이며, 이는 곧 개인의 생산성과 조직의 혁신 속도로 이어집니다.

한국생성형AI연구원은 2023년 프롬프트 디자인 2급 자격을 시작으로 AI 실무 교육의 표준을 만들어 왔고, 많은 실무자가 이 과정을 통해 업무 혁신의 경험을 축적해 왔습니다. 그 사이 산업 현장은 단순 활용 단계에서 AI 기반 자동화·에이전트 구축·데이터 기반 의사 결정 환경으로 빠르게 이동하고 있습니다. 이에 우리는 현장의 요구에 부응하는 실전 중심 프롬프트 디자인 1급 교재를 새롭게 집필하게 되었습니다.

이 교재는 다음을 목표로 합니다.
- 실제 업무 적용 중심의 프롬프트 설계 방법론 제공
- GPT-5, 제미나이, 멀티모달 AI, 자동화 앱 및 에이전트 구성을 활용한 실습
- 기업 실무 사례 기반 문제 해결 프레임워크 공유
- 프롬프트 디자이너 1급 자격 취득을 위한 실전 역량 강화

1부에서는 최신 AI 기술의 활용 전략과 고급 프롬프트 설계 기법을 다루고, 2부에서는 AI 기반 자동화, 에이전트 구성, 실전 사례 분석과 프로젝트 실습을 통해 현장에서 즉시 활용 가능한 실무 능력을 함께 만들어 갈 것입니다. 이 책이 여러분의 업무 혁신과 커리어 성장, 조직의 경쟁력 강화에 실질적인 도움이 되기를 바랍니다.

이 교재는 GPT, 제미나이 등 AI의 도움을 받아 국내 최고의 AIPD 전문가들이 집필하였음을 알려드립니다.

AI 시대의 변화 속도는 더욱 빨라지고 있으며, 학습하지 않는 순간 뒤처지는 시대입니다.

여러분의 도전과 열정이 대한민국의 미래 경쟁력을 만들어 갈 것이라 확신합니다.

2026년 1월 11일
한국생성형AI연구원

AI 활용 프롬프트 디자이너(AIPD) 자격검정 시행 안내

AI 활용 프롬프트 디자이너(AIPD)는 ChatGPT와 같은 생성형 AI로부터 사용자가 원하는 고품질 응답을 효과적으로 도출하기 위해 지시 사항인 프롬프트를 최적화하여 조합, 설계함으로써 AI 활용을 선도하는 핵심 전문가입니다

■ 자격 명칭 및 목표

- 프롬프트 디자이너 (PD: Prompt Designer)/총 2개 등급

■ 자격 특징 및 관리 기관

- 자격기본법 제17조 및 동법 시행령 제23조에 의한 등록 민간자격
- 국가직무능력표준(NCS) 기반 자격 - 20.정보통신 - 01.정보기술 - 07.인공지능
- (문제출제) 프롬프트 디자인 관련 전문가 등으로 구성된 출제위원회
- (자격발급) 전자신문사, 한국소프트웨어기술인협회 공동
- (검정시행) 한국지식재산서비스협회

■ 검정 기준

- 1급 : 생성형 AI 사용 지식과 이를 업무에 활용할 수 있는 중고급 수준의 능력 유무
- 2급 : 생성형 AI 사용 지식과 이를 업무에 활용할 수 있는 초중급 수준의 능력 유무

■ 응시 대상 및 응시 자격

▶ 생성형 AI 관련 전문 기업, 일반 기업체, 대학, 공공기관, 연구소 등 생성형 AI 활용 업무 종사(예정)자 및 관심자로서
- (1급) 아래 요건 中 어느 하나에 해당하는 자
  - AIPD 2급 자격검정 합격 후 자격 등록 · 자격증 발급을 완료한 자

- <u>AI 관련 업무 종사 경력 2년 이상인 자</u>

- <u>AI 및 AI 활용 분야 석사학위 이상 소지자</u>

  * 경력 인정 응시 희망자는 AI 관련 업무 종사 내용과 기간이 명시된 경력 증빙 서류를 제출하여야 하며 경력 인정 기준일은 시험 실시일로 함
  * 학위 인정 응시 희망자는 AI 및 AI 활용 분야 석사학위 이상 학위증명서를 제출하여야 하며 컴퓨터공학 및 경영정보학 관련 학문 분야의 석사학위 이상 소지자를 포함함

● (2급) AI 활용 업무에 관심 있는 누구나 (제한 없음)

■ 검정 세부 사항(검정과목/방법/유형/문항 수/합격기준 등)

검정내용 및 등급	검정 과목	방법	문제 유형	문항 수	점수	시간	합격/등급 (부여)기준
(1급) 생성형 AI 활용 및 응용	- 1과목 : 생성형 AI의 효율적인 활용법	필기	객관식	30문항	30×5= 150점	120분	800점 만점 800점~700점 PH 699점~650점 PM 649점~600점 PL 599점~500점 IH 499점~400점 IM 399점~　F
		필기	단답형	10문항	10×10= 100점		
	- 2과목 : 생성형 AI로 업무 자동화와 혁신	실기	실습형	8문항 중 6문항	550점		
(2급) 생성형 AI 사용 및 응용	1. 생성형 AI 활용법과 프로그래밍	필기	객관식	25문항	25×4= 100점	60분	과목별 100점 만점에 50점 이상, 평균 70점 이상 시 합격
	2. 생성형 AI로 업무 생산성 향상	필기	객관식	25문항	25×4= 100점		
	3. 비즈니스 응용의 생산성 향상	필기	객관식	25문항	25×4= 100점		

* CBT(Computer Based Testing) 방식에 의한 비대면 온라인 시험
* 1급 등급 : PH(Professional High), PM(Professional Mid), PL(Professional Low), IH(Intermediate High), IM(Intermediate Mid), F(Fail)

■ 검정 수수료(응시료) / 자격 등록 · 자격증 교부비용(자격 취득비용)

- 1급 : 100,000원 / 80,000원
- 2급 : 50,000원 / 80,000원
- ※ 원서 접수 기간 내 접수 취소 시 : 100% 환불

  검정 시행일 3일 전까지 접수 취소 시: 50% 환불

  검정 시행일 2일 전부터 검정 시행일 : 접수 취소 및 환불 불가

■ 단체 우대(사전 협의 요망)

- 20인 이상 단체는 검정 수수료(응시료) 20% 할인
- 20인 이상 단체는 원하는 일정에 수시검정 시행 가능

■ 2026년 정기검정 일정

- 자격검정위원회 사이트 참조(https://www.aipd.kr/)

■ 수험서

- (1급) "생성형 AI 프롬프트 디자인 실무(한국생성형AI연구원 지음, 광문각출판미디어)"
- (2급) "생성형 AI 프롬프트 디자인(한국생성형AI연구연구원 지음, 광문각출판미디어)"

   "생성형 AI 프롬프트 디자이너 2급 문제집(한국생성형AI연구원 지음, 광문각출판미디어)"

  ※ 전국 온/오프라인 서점에서 구매 가능

■ 문의 및 담당

- 프롬프트 디자이너 자격검정위원회 운영사무국

  (T. 02-3789-0607, kaips@kaips.or.kr)

※ 본 계획은 일정 등 상황에 따라 변동 가능함

목차

제1부

생성형 AI
효율적인 활용 방법

Chapter 01

AI의 효과적인 활용을 위한 지혜와 통찰력

1. 서론

현대 비즈니스 환경에서 인공지능AI, 특히 생성형 AIGenerative AI의 급속한 발전은 우리에게 전례 없는 기회와 도전을 동시에 안겨 주고 있다. 텍스트, 이미지, 코드, 영상 등 다양한 콘텐츠를 스스로 생성해 내는 이 기술은 단순한 도구를 넘어 인간의 지적 활동을 보조하고 확장하는 강력한 협업자로 자리 잡고 있다.

과거의 기술 혁명이 육체노동을 자동화하거나 단순 반복적인 계산 업무를 대체하는 데 그쳤다면, 생성형 AI는 창의성, 추론, 분석과 같은 고차원적인 지적 영역까지 깊숙이 파고들고 있다. 이러한 현상은 우리에게 근본적인 질문을 던진다. "AI가 지식을 생성하는 시대에 인간은 무엇을 해야 하는가?"

많은 사람이 AI 기술 자체가 직업을 대체할 것이라 우려한다. 하지만 역사를 되짚어 보면 기술은 늘 직업의 형태를 변화시켰을 뿐, 인간의 역할을 완전히 삭제하지는 않았다. 오히려 AI 시대의 승패는 AI를 얼마나 잘 다루는가Skill뿐만 아니라, AI와 어떻게 상호 작용을 하며 인간 고유의 가치를 더할 것인가Wisdom에 달려 있다.

본 장에서는 생성형 AI라는 강력한 엔진을 장착한 우리가 핸들을 어떻게 잡아야 할지에

01. AI의 효과적인 활용을 위한 기본과 필요역량

02. AI 실무 역량과 마인드셋 과대역과 프롬프트 디자인

03. AI의 확장: 맞춤 자동화와 문서 작업 고도화

04. AI 활용을 통한 창의력 증폭 해결과 확산 모델링 역량

05. 엑셀과 AI기반 프로그래밍 활용 역량

06. 윤리적 책임을 고려한 엑셀형 AI의 활용

대한 지혜와 통찰력을 다룬다. 우리는 단순히 프롬프트를 입력하는 기술적 행위를 넘어, 다음과 같은 핵심적인 인간 역량Human Competency을 재정의해야 한다. 이 장을 통해 독자 여러분은 생성형 AI가 업무 환경에 미치는 영향을 깊이 있게 이해하고, 기술적 숙련도를 넘어선 대체 불가능한 전문가로서의 입지를 다지는 통찰을 얻게 될 것이다. 이제, AI와 함께 진화하는 인간의 새로운 역량 지도를 펼쳐 보기로 한다.

2. AI 활용을 위한 사람의 태도와 역량

생성형 인공지능AI의 등장은 직업 세계와 개인 역량에 대한 우리의 이해를 근본적으로 변화시키고 있다. 과거의 기술 혁명이 육체노동을 자동화하거나 단순 계산을 돕는 도구의 역할에 머물렀다면, 오늘날의 AI는 인간 고유의 영역이라 여겨졌던 창의성과 암묵적 지식Tacit Knowledge의 영역까지 파고들며 우리의 동료이자 경쟁자의 위치로 부상하고 있다. 본 절에서는 AI 시대에 우리가 갖춰야 할 기본적인 태도와 핵심 역량의 변화를 총괄적으로 살펴본다.

1) 역량의 재정의: 암묵적 지식의 자동화와 인간의 역할

역사적으로 컴퓨터 기술은 명확한 규칙Rule-based으로 정의될 수 있는 작업을 수행하는 데 뛰어났다. 이에 따라 데이터 입력, 단순 회계, 조립 라인 작업과 같은 일상적이고 반복적인 업무Routine tasks는 빠르게 자동화되었다Acemoglu & Autor, 2011; Autor, 2014. 반면, 복잡한 문제 해결이나 창의적 기획, 설득과 같은 비반복적 인지 작업은 인간의 영역으로 남아 있었으며, 이러한 고숙련 노동자에 대한 수요는 오히려 증가하는 경향을 보였다.

그러나 생성형 AI는 이 경계를 허물고 있다. 생성형 AI는 사용자의 입력을 바탕으로 텍

스트, 이미지, 코드 등 새로운 콘텐츠를 창조해 낸다. 특히 주목할 점은 인간조차 명확히 설명하기 힘든 암묵적 지식을 AI가 습득하고 있다는 것이다. 예를 들어, 고객에게 배송 지연을 알리는 이메일을 작성할 때 우리는 공감적이면서도 전문적인 어조를 사용해야 함을 경험적으로 알지만, 이를 명시적인 규칙으로 정의하기는 어렵다. 놀랍게도 생성형 AI는 수많은 데이터를 학습하여 별도의 지시 없이도 이러한 맥락을 파악하고 적절한 결과물을 생성한다 Brynjolfsson, Li, & Raymond, 2023.

이는 AI가 단순 작업뿐만 아니라 전략적 사고, 비즈니스 분석, 감성적 소통과 같은 고차원적인 업무까지 보조할 수 있음을 의미한다. 따라서 이제 인간에게 요구되는 역량은 기능을 수행하는 능력Hard Skill을 넘어, AI가 생성한 결과물을 판단하고 통제하며, 그 위에 인간만의 가치를 더하는 능력으로 재정의되어야 한다.

2) 상보성(Complementarity): AI와 인간 역량의 결합

AI 기술이 발전함에 따라 "AI가 인간의 일자리를 뺏을 것인가?"라는 우려가 제기되기도 한다Frey & Osborne, 2017. 그러나 최근 연구들은 AI 기술 자체보다, AI를 다른 기술과 결합할 수 있는 능력이 더 큰 가치를 창출함을 시사한다.

최근 연구에 따르면, 인공지능 역량을 갖춘 직원은 그렇지 않은 직원에 비해 약40% 더 높은 연봉 프리미엄을 얻을 수 있는 것으로 나타났다Stephany & Teutloff, 2024. 여기서 핵심은 단순히 AI 툴을 다루는 기술적 능력이 아니다. 중요한 것은 상보성Complementarity이다. 즉 AI의 기술적 처리 능력에 창의적 사고, 비판적 분석, 팀워크, 협상력과 같은 인간 중심의 역량Non-AI Skills을 결합할 때 진정한 경쟁력이 발생한다.

예를 들어, 생성형 AI를 활용한 고객 상담 업무에서 숙련도가 낮은 신입 상담원이 AI의 도움을 받아 숙련된 상담원 수준의 성과를 내는 현상이 관찰되었다Brynjolfsson, Li, & Raymond, 2023. 이는 AI가 인간의 부족한 경험과 지식을 보완해 줄 수 있음을 보여 준다. 따라서 우리는 AI를 대체재가 아닌, 나의 역량을 증강Augmentation시켜 주는 강력한 파트너로 인식해야 한다.

제1부 생성형 AI 효율적인 활용 방법

01. AI의 효과적인 활용을 위한 기대와 준비물

02. AI 실무 활용에 마인드셋 : 각각적인 프롬프트 디자인

03. AI의 확장 : 맞춤 자동화와 문서 작업 고도화

04. AI 활용을 통한 창의력 증폭 : 예술과 익소 모델링 업무

05. 영상형 AI 기반의 프로그래밍 활용 역량

06. 우리가 책임을 고려한 영상형 AI의 활용

3) 협업의 태도: 내비게이션과 운전자의 관계

AI를 효과적으로 활용하기 위해서는 기술에 맹목적으로 의존하거나, 반대로 기술을 무조건 배척하는 태도를 모두 지양해야 한다. 이는 마치 운전자와 내비게이션의 관계와 같다.

내비게이션은 방대한 교통 데이터를 분석해 최적의 경로를 제안하지만, 실시간 도로 공사나 갑작스러운 사고 상황, 혹은 골목길의 특수성까지 완벽하게 반영하지 못할 때가 있다. 이때 숙련된 운전자는 내비게이션의 정보를 참고하되, 자신의 경험과 직관을 결합하여 최종 경로를 결정한다. 내비게이션을 맹신하여 막힌 길로 들어서는 것도, 내비게이션을 무시하고 익숙한 길만 고집하다 늦게 도착하는 것도 현명한 태도가 아니다.

생성형 AI와의 협업도 이와 유사하다. AI는 방대한 지식과 데이터를 제공하지만, 때로는 부정확한 정보Hallucination를 제공하거나 편향된 시각을 보일 수 있다. 따라서 사용자는 AI의 산출물을 비판적으로 검증하고, 상황을 종합적으로 판단하여 최적의 의사 결정을 내리는 주체적인 태도를 견지해야 한다.

4) 고정관념의 파괴와 새로운 가능성 탐색

마지막으로 요구되는 태도는 유연함과 개방성이다. 과거 알파고와 이세돌의 대결에서 보여 준 파격적인 수나, 이후 바둑계에 정착된 '묻지 마 3-3 전략' 등은 AI가 인간의 오랜 고정관념을 깰 수 있음을 시사했다. 생성형 AI 또한 우리가 관습적으로 수행하던 업무 방식이나 사고의 틀을 깨는 제안을 할 수 있다.

AI 시대의 인재는 AI가 제시하는 낯선 해결책을 단순히 오류로 치부하지 않고, 이를 통해 기존 프로세스를 혁신하고 새로운 가치를 창출하려는 열린 태도를 가져야 한다. 결국 AI 시대의 핵심 역량은 "AI에 올바른 질문을 던지고Prompt Engineering, AI의 대답을 검증하며 Critical Thinking, 이를 통해 인간만의 통찰Insight을 만들어 내는 능력"으로 요약할 수 있다.

3. 비판적 사고와 문제 해결력의 이해

생성형 AI가 텍스트, 코드, 이미지를 순식간에 만들어 내는 시대에, 인간에게 가장 절실히 요구되는 역량은 무엇일까? 그것은 바로 AI가 내놓은 결과물을 의심하고, 검증하며, 올바르게 질문하는 능력, 즉 비판적 사고Critical Thinking와 문제 해결력이다. AI는 정답을 주는 기계가 아니라, 확률적으로 가장 그럴듯한 답변을 생성하는 기계이기 때문이다.

1) AI의 본질적 한계와 환각(Hallucination) 대응

생성형 AI, 특히 거대 언어 모델LLM은 방대한 데이터를 학습하여 단어와 단어 사이의 확률적 연관성을 예측하는 방식으로 작동한다. 이 과정에서 AI는 사실이 아닌 내용을 마치 사실인 것처럼 확신에 찬 어조로 생성하는 환각Hallucination 현상을 종종 일으킨다.

따라서 AI 시대의 비판적 사고는 팩트체크Fact-checking에서 시작된다. 사용자는 AI의 답변을 맹신해서는 안 되며, 다음과 같은 비판적 질문을 던져야 한다.

- **출처의 신뢰성**: AI가 제시한 정보의 출처가 실재하는가? 신뢰할 수 있는 기관이나 연구인가?
- **논리적 일관성**: 앞뒤 문맥이 논리적으로 연결되는가? 상충하는 내용은 없는가?
- **최신성**: 학습 데이터의 시점Cut-off date 이후에 발생한 사건을 반영하고 있는가?

Brynjolfsson, Li, & Raymond2023의 연구에서도 AI 도구의 도입이 상담원의 생산성을 높였지만, 이는 AI의 추천 답변을 인간이 적절히 수정하고 활용할 때 극대화됨을 시사했다. 즉 인간은 AI라는 유능하지만 가끔 거짓말을 하는 인턴을 감독하는 편집장Editor-in-Chief의 역할을 수행해야 한다.

01. AI의 순기능과 활용을 위한 기대와 통찰력

02. AI를 업계로 마인드셋 가치혁신 프로세스 디자인

03. AI의 확장: 맞춤 자동화와 문제 적용 고도화

04. AI 활용을 통한 창의적 문제 해결과 확산 모델링 역량

05. 챗GPT와 AI 생태계의 프로그래밍 활용 역량

06. 윤리와 책임을 고려한 앵앵앵 AI의 활용

2) 문제 정의(Problem Definition) 능력: "무엇을 해결할 것인가?"

AI는 주어진 질문에 대한 답Solution을 찾는 데 탁월하다. 하지만 어떤 문제가 중요한지, 왜 이 문제를 해결해야 하는지를 정의하는 것은 여전히 인간의 몫이다. 문제 해결의 첫 단추인 문제 정의가 잘못되면, AI는 아무리 뛰어난 성능을 발휘해도 엉뚱한 답을 내놓을 수밖에 없다Garbage In, Garbage Out.

AI 시대의 문제 해결력은 복잡한 현상을 구조화하고, 이를 AI가 이해할 수 있는 단위로 쪼개는 능력과 직결된다.

- **문제의 구조화**: 모호한 비즈니스 문제를 구체적인 하위 질문들로 분해한다.
- **프롬프트 엔지니어링의 본질**: 단순히 명령어를 입력하는 기술이 아니라, 내가 해결하고자 하는 문제의 배경, 의도, 제약 조건을 명확히 언어화하여 AI에 전달하는 논리적 과정이다.

3) 편향(Bias) 탐지와 윤리적 판단

비판적 사고의 또 다른 핵심 축은 편향의 탐지이다. 생성형 AI는 인터넷상의 방대한 데이터를 학습했기 때문에 데이터에 내재된 사회적 편향, 성별 고정관념, 문화적 차별 등을 그대로 답습하거나 재생산할 위험이 있다. 예를 들어, CEO나 리더에 대한 이미지를 생성할 때 특정 성별이나 인종을 과도하게 묘사한다면, 사용자는 이를 비판적으로 인지하고 수정할 수 있어야 한다. AI는 윤리적 판단을 내릴 수 없다. 무엇이 옳은지 그른지, 어떤 결정이 사회적으로 수용 가능한지를 판단하는 것은 최종 결정권자인 인간의 윤리적 문제 해결 역량에 달려 있다.

4) 데이터 기반의 의사 결정과 인간의 통찰

AI는 데이터를 분석하여 패턴을 찾는 데 능숙하지만, 그 패턴이 왜Why 발생했는지에 대한 인과관계를 설명하는 데는 한계가 있다. 상관관계를 인과관계로 오해하거나, 데이터 이면에 숨겨진 맥락Context을 놓칠 수 있다.

따라서 문제 해결 과정에서 인간은 AI가 제공한 데이터 분석 결과를 비판적으로 해석해야 한다. 정량적 데이터가 놓치고 있는 정성적 요인조직 내 정치 역학, 고객의 미묘한 감정 변화, 시장의 돌발 변수 등을 결합하여 통찰력 있는 결론을 도출하는 것이 진정한 문제 해결력이다.

결론적으로, AI 시대의 비판적 사고는 기술의 결과물을 수동적으로 소비하는 것이 아니라, 능동적으로 검증하고 해석하여 가치를 부여하는 과정이다. AI가 답을 생성하는 속도가 빨라질수록 그 답을 멈춰 세워 질문을 던지는 인간의 사유 능력은 더욱 중요해진다.

4. 상상력과 창의성

과거에 창의성Creativity은 인간만의 고유한 영역으로 여겨졌다. "기계는 입력된 데이터 내에서만 작동하므로 새로운 것을 만들어 낼 수 없다"라는 것이 지배적인 견해였다. 그러나 생성형 AI의 등장은 이러한 통념을 뒤집고 있다. 이제 창의성은 무無에서 유有를 창조하는 능력을 넘어, AI라는 강력한 도구와 상호 작용하며 기존의 고정관념을 파괴하고 새로운 가능성을 조합해 내는 능력으로 진화하고 있다.

01. AI의 슈퍼적인 활용을 위한
지혜의 통합력

02. AI 실무 업계에 마인드셋
과격적인 패러다임 디자인

03. AI의 확장: 맞춤 자동화와
문제 척결 고도화

04. AI 활용을 통한 창의력 돌파
해결과 혁신 모델의 역할

05. 영상 시가와 프로그램
활용 역량

06. 미래적 책임을 고려한
영역의 AI의 행당

1) 고정관념의 파괴: 알파고와 3-3의 교훈

AI가 인간의 창의성에 미치는 영향을 가장 극적으로 보여 주는 사례는 바둑계에서 찾아볼 수 있다. 2016년 알파고AlphaGo와 이세돌 9단의 대결 이후, 바둑계에는 혁명적인 변화가 일어났다.

그중 대표적인 것이 이른바 '묻지 마 3-3 전략'이다. 과거 수천 년간 바둑 이론에서 초반에 3-3 지점에 착수하는 것은 집을 적게 차지하고 상대방을 두텁게 해주는 나쁜 수Bad Move로 간주되었다. 이것은 인간 기사들 사이의 불문율이자 견고한 고정관념이었다. 그러나 AI는 이러한 인간의 통념을 무시하고, 계산된 승률에 따라 3-3 착수를 과감하게 시도했다.

결과적으로 이 수는 바둑의 패러다임을 완전히 바꾸어 놓았다. 인간 기사들은 AI의 수를 처음에는 이해하지 못했지만, 점차 그 효율성을 인정하고 연구하기 시작했다. 이는 AI가 인간의 인지적 고착Cognitive Fixation을 깨뜨리고, 인간이 미처 보지 못했던 새로운 전략적 지평을 열어 준 대표적인 사례이다. 생성형 AI 시대의 창의성 또한 이와 같다. AI는 우리가 당연하다고 믿었던 관습에 의문을 제기하고, 생각지도 못한 연결고리를 제시함으로써 인간의 상상력을 자극한다.

2) 창의적 파트너로서의 AI: 상보성(Complementarity)의 가치

생성형 AI는 텍스트, 이미지, 음악 등 다양한 형태의 콘텐츠를 생성함으로써 인간의 창작 활동을 돕는다. 여기서 중요한 것은 AI가 인간을 대신해 창의적인 작업을 완료하는 것이 아니라, 인간의 아이디어를 확장해 준다는 점이다.

Stephany & Teutloff2024의 연구는 AI 기술과 인간의 비非AI 기술창의적 사고 등을 결합할 때 그 가치가 극대화됨을 보여 준다. 이를 상보성Complementarity이라고 한다. 예를 들어, 마케터가 새로운 캠페인을 기획할 때 AI에 브레인스토밍을 요청하면, AI는 수초 만에 수십 가지의 아이디어를 쏟아낸다. 인간은 이 중 90%의 평범한 아이디어를 버리고, 10%의 독창적인 아이디어 조각을 발견하여 이를 발전시킨다.

즉 AI는 창의적 과정에서의 콜드 스타트Cold Start 문제를 해결해 주는 뮤즈Muse이자, 지칠 줄 모르는 브레인스토밍 파트너가 된다. 인간은 AI를 통해 자신의 지식과 경험의 한계를 넘어 더 넓은 상상력의 세계로 진입할 수 있다.

3) 질문하는 상상력: 프롬프트가 곧 창의성이다

생성형 AI 시대에는 답을 찾는 능력보다 질문하는 능력이 창의성의 핵심 척도가 된다. AI는 사용자가 입력한 프롬프트Prompt에 따라 전혀 다른 결과물을 내놓는다. 피상적인 질문에는 뻔한 답을 주지만, 맥락이 풍부하고 독창적인 질문에는 놀라운 통찰을 담은 결과물로 보답한다.

따라서 '무엇을 만들 것인가?', '어떤 관점에서 이 문제를 바라볼 것인가?'를 상상하는 기획력이 그 어느 때보다 중요해졌다. 기술적 구현Coding, Drafting, Sketching의 장벽이 AI로 인해 낮아졌기 때문에, 아이디어의 본질적인 독창성이 더욱 빛을 발하게 된 것이다.

결론적으로, AI 시대의 창의성은 AI가 만들어 낸 결과물 위에 인간의 고유한 감성, 맥락적 이해, 그리고 비판적 안목을 더하여 재해석Re-interpretation하고 재구성Re-construction하는 능력이다. 우리는 AI라는 거인의 어깨 위에 올라타, 이전에는 볼 수 없었던 더 먼 곳을 바라보는 상상력을 발휘해야 한다.

5. AI 시대의 리더십과 의사결정

개인이 AI 활용 역량을 갖추는 것만으로는 충분하지 않다. 기업 차원에서 생성형 AI 도입이 성공하기 위해서는 이를 뒷받침하는 조직 문화와 리더십의 변화가 필수적이다. AI는 단순한 소프트웨어가 아니라, 조직의 일하는 방식과 의사 결정 체계를 근본적으로 바꾸는 변혁의 도구이기 때문이다. 본 절에서는 AI 시대에 요구되는 리더십과 조직 차원의 대응 전략을 살펴본다.

1) 통찰력과 의사 결정: 데이터 너머의 맥락을 읽다

AI는 방대한 데이터를 분석하여 확률 높은 예측을 제공하는 데 탁월하다. 그러나 예측Prediction이 곧 결정Decision은 아니다. 의사 결정은 데이터가 제공하는 정보 위에, 조직의 가치관, 윤리적 기준, 시장의 미묘한 정치적 상황 등 비정형적인 맥락Context을 종합하여 내리는 인간 고유의 행위다.

AI가 분석과 초안 작성을 수행할수록 리더에게는 그 결과를 해석하고 최종 판단을 내리는 통찰력Insight이 더욱 중요해진다. 리더는 AI가 제시한 데이터의 편향성을 의심하고, 수치로 환산되지 않는 정성적 가치를 고려하여 최적의 결정을 내려야 한다. 즉 AI는 정답의 후보를 제시할 뿐이며, 정답을 선택하고 그 결과에 책임을 지는 것은 결국 인간 리더의 몫이다.

2) 감성지능(EQ)과 포용적 리더십

AI 도입이 가속화될수록 역설적으로 인간적인 감성지능Emotional Intelligence의 가치는 상승한다. AI는 업무 효율을 높여주지만, 구성원들에게는 "내 일자리가 대체될지 모른다"라는 불안감을 줄 수도 있다.

따라서 리더는 구성원들의 불안을 잠재우고, AI를 경쟁자가 아닌 협업 파트너로 받아들일 수 있도록 독려하는 포용적 리더십Inclusive Leadership을 발휘해야 한다. 기계가 대체할 수 없는 공감, 동기 부여, 팀워크 조율과 같은 휴먼 터치Human Touch야 말로 AI 시대 리더가 갖춰야 할 핵심 경쟁력이다.

3) 실패를 용인하는 실험적 조직 문화 구축

생성형 AI를 조직에 성공적으로 안착시키기 위해서는 유연하고 개방적인 조직 문화가 선행되어야 한다. Prasad Agrawal2023은 조직 내 생성형 AI 도입에 있어 기술적 인프라만큼이나 중요한 것이 조직적 준비성Organizational Readiness이라고 강조했다.

생성형 AI는 정해진 매뉴얼대로 작동하기보다, 사용자가 끊임없이 프롬프트를 입력하고 수정하는 시행착오Trial and Error 과정을 통해 최적의 결과를 도출한다. 따라서 기업은 다음의 요소들을 갖춘 문화를 조성해야 한다.

- **실험 장려와 실패에 대한 개방적 태도**: 구성원들이 AI를 활용해 새로운 시도를 하다가 겪는 실패를 질책하기보다, 학습의 과정으로 인정하고 장려해야 한다.
- **교육 및 개발 프로그램 도입**: 구성원들이 AI 기술을 두려워하지 않고 업무에 적용할 수 있도록 체계적인 리스킬링Reskilling 및 업스킬링Upskilling 교육을 제공해야 한다.
- **데이터 중심의 조직 구조**: 경험이나 직관에만 의존하던 관행에서 벗어나, AI가 분석한 데이터를 기반으로 소통하고 합의하는 문화를 정착시켜야 한다.

결국 AI 시대의 성공적인 조직은 가장 성능 좋은 AI 모델을 도입한 기업이 아니라, 구성원들이 AI를 두려움 없이 실험하고 활용하며, 그 과정에서 인간만의 고유한 가치창의성, 통찰력, 감성를 극대화하는 조직이다.

※ 문제: 객관식 12문항, 단답형 7문항

【객관식 문제】

1. 생성형 AI와 기존 컴퓨터 시스템의 차이점을 설명한 것으로 가장 적절한 것은?

① 기존 컴퓨터는 스스로 판단하여 새로운 규칙을 만든다.

② 생성형 AI는 입력된 데이터 외의 새로운 콘텐츠(텍스트, 이미지 등)를 생성할 수 있다.

③ 기존 컴퓨터는 감정을 이해할 수 있지만, 생성형 AI는 불가능하다.

④ 생성형 AI는 100% 완벽한 사실만을 말하므로 검증이 필요 없다.

정답: ②

해설: 기존 컴퓨터는 입력된 규칙대로 계산하는 데 능숙하지만, 생성형 AI는 데이터를 학습하여 새로운 결과물을 '창조(Generate)'할 수 있다는 점이 가장 큰 차이점입니다.

2. 본문에서 언급한 '내비게이션과 운전자'의 비유가 의미하는 바로 가장 알맞은 것은?

① 내비게이션은 기계이므로 무조건 믿지 말고 꺼 두는 것이 좋다.

② 운전자는 내비게이션의 정보에 전적으로 의존하여 운전해야 한다.

③ 운전자는 내비게이션의 정보를 참고하되, 상황에 따라 주체적으로 판단해야 한다.

④ 내비게이션이 업데이트되면 운전자의 운전 실력은 필요 없어진다.

정답: ③

해설: AI(내비게이션)는 유용한 도구이지만, 최종적인 판단과 책임은 인간(운전자)에게 있다는 '주체적인 태도'를 강조한 비유입니다.

3. 생성형 AI가 사실이 아닌 정보를 마치 사실인 것처럼 그럴듯하게 대답하는 현상을 무엇이라 하는가?

① 딥러닝(Deep Learning)

② 할루시네이션(Hallucination, 환각)

③ 프롬프트(Prompt)

④ 알고리즘(Algorithm)

정답: ②

해설: 생성형 AI는 확률적으로 문장을 생성하기 때문에 거짓 정보를 사실처럼 말하는 '환각' 현상이 발생할 수 있습니다. 따라서 비판적 검증이 필수적입니다.

4. 바둑 AI '알파고'가 보여 준 '3-3 수' 전략이 우리에게 주는 시사점은?

① 인간의 오랜 고정관념이나 통념을 깨는 창의적인 시도가 가능하다.

② AI는 결국 인간의 바둑 이론을 그대로 모방할 뿐이다.

③ 바둑 외의 다른 분야에는 AI를 적용하기 어렵다.

④ 인간이 AI를 이기는 것은 이제 불가능하므로 포기해야 한다.

정답: ①

해설: 인간 기사들이 금기시했던 '3-3 수'를 AI가 둠으로써 고정관념을 파괴하고 새로운 전략의 가능성을 보여 주었습니다.

5. AI 시대에 필요한 '비판적 사고(Critical Thinking)'의 역할로 적절하지 않은 것은?

① AI가 내놓은 답변의 출처가 신뢰할 수 있는지 확인한다.

② 답변 내용에 논리적 모순이나 편향이 없는지 검토한다.

③ AI가 생성한 결과물을 수정 없이 그대로 업무에 사용한다.

④ 문제를 해결하기 위해 '무엇이 진짜 문제인지'를 정의한다.

정답: ③

해설: AI는 환각이나 편향을 가질 수 있으므로, 결과물을 그대로 사용하는 것이 아니라 인간이 '편집장'처럼 검토하고 수정해야 합니다.

6. 다음 중 AI가 인간보다 수행하기 어려운, 인간 고유의 역량이 <u>가장 필요한</u> 영역은?

① 방대한 데이터의 분석 및 패턴 찾기

② 이메일 초안 빠르게 작성하기

③ 복잡한 이해관계자 간의 신뢰 구축 및 협상

④ 외국어 텍스트를 모국어로 번역하기

정답: ③

해설: 데이터 분석이나 번역, 초안 작성은 AI가 잘하지만, 사람의 눈을 보고 감정을 읽으며 '신뢰'를 쌓는 협상이나 대외관계는 인간의 고유 영역입니다.

7. 생성형 AI 시대에 '질문하는 능력'이 중요해진 이유로 가장 적절한 것은?

① AI가 질문을 대신 만들어 주기 때문에

② 질문(프롬프트)의 품질에 따라 AI가 내놓는 답변의 수준이 달라지기 때문에

③ 질문을 많이 해야 AI의 전기 소모를 줄일 수 있어서

④ 질문하는 능력은 코딩 능력과 똑같기 때문에

정답: ②

해설: AI는 사용자가 어떻게 질문(프롬프트)하느냐에 따라 천차만별의 답을 내놓습니다. 따라서 좋은 질문을 던지는 기획력이 곧 창의성이 됩니다.

8. 연구 결과(Brynjolfsson et al., 2023)에 따르면, 생성형 AI 도구 도입은 누구의 업무 성과를 가장 크게 향상시켰는가?

① 이미 업무에 매우 능숙한 최고 숙련자

② 업무 경험이 부족한 신입 사원이나 저숙련자

③ 컴퓨터를 전혀 다룰 줄 모르는 사람

④ AI 개발자

정답: ②

해설: AI는 업무 노하우가 부족한 신입이나 저숙련자의 부족한 점을 보완해 주어(상보성), 이들이 빠르게 숙련자 수준의 성과를 내도록 돕는 효과가 큽니다.

9. AI 도입을 성공시키기 위한 조직 문화로 가장 바람직한 것은?

① AI 활용 중 발생한 실패는 엄격하게 처벌한다.

② 기존의 업무 방식을 절대 바꾸지 않고 고수한다.

③ 새로운 시도와 실패를 학습의 과정으로 인정하고 장려한다.

④ AI는 보안상 위험하므로 사용을 원천적으로 금지한다.

정답: ③

해설: 생성형 AI는 끊임없는 실험과 시행착오를 통해 최적의 결과를 얻습니다. 따라서 실패를 용인하고 실험을 장려하는 유연한 조직 문화가 필수적입니다.

10. 다음 빈칸에 들어갈 알맞은 단어는?

> "AI 기술 역량과 인간의 고유 역량(창의성, 협업 등)을 결합할 때 시너지가 발생하여 더 큰 가치를 창출하는 것을 (   )이라고 한다."

① 대체성(Substitution)

② 상보성(Complementarity)

③ 복제성(Replication)

④ 자동화(Automation)

정답: ②

해설: AI와 인간이 서로 부족한 점을 보완하여 더 큰 가치를 만드는 관계를 '상보성(Complementarity)' 이라고 합니다.

11. AI 시대의 리더가 의사 결정 시 갖춰야 할 태도로 가장 적절한 것은?

① 데이터 분석 결과가 나오면 무조건 그대로 따른다.

② 데이터는 무시하고 자신의 직감으로만 결정한다.

③ AI의 데이터 분석 결과에 맥락과 윤리적 가치를 더해 최종 판단한다.

④ 의사 결정의 모든 권한을 AI에게 위임한다.

정답: ③

해설: AI는 '예측'을 할 뿐 '결정'은 인간의 몫입니다. 리더는 데이터 이면의 맥락과 윤리 등을 종합적으로 고려해야 합니다.

12. 이 챕터의 제목이기도 한, AI 기술을 효과적으로 활용하기 위해 기술적 지식보다 더 근본적으로 요구되는 것은?

① 빠른 타자 속도

② 최신 컴퓨터 장비

③ 지혜와 통찰력

④ 복잡한 수학 공식 암기

정답: ③

해설: 1장의 주제는 기술적 기능(Skill)을 넘어, AI를 어떻게 바라보고 활용할 것인가에 대한 인간의 '지혜와 통찰력(Wisdom & Insight)'입니다.

【단답형 문제】

1. 생성형 AI가 사실이 아닌 정보를 마치 사실인 것처럼 그럴듯하게 생성해 내는 현상을 무엇이라고 하는가?

정답: 환각(Hallucination)

해설: AI는 확률적으로 단어를 조합하므로 거짓 정보를 생성할 수 있습니다. 사용자는 이를 비판적으로 검증해야 합니다.

2. AI 기술 자체를 보유하는 것보다, AI 역량과 인간의 고유 역량(창의성, 협업 등)이 결합될 때 더 큰 가치가 창출된다는 개념을 무엇이라고 하는가?

정답: 상보성(Complementarity)

해설: AI와 인간은 서로 대체하는 관계가 아니라, 서로의 부족한 점을 보완해 주는 상호 보완적인 관계일 때 시너지가 극대화됩니다.

3. 언어 등으로 명확하게 표현하기 어렵고 경험을 통해 습득되는 지식으로, 최근 생성형 AI 가 학습하기 시작한 인간의 지식 유형은 무엇인가? (예: 상황에 맞는 적절한 어조 등)

정답: 암묵적 지식(Tacit Knowledge)

해설: 과거의 컴퓨터는 명시적 규칙만 따랐으나, 생성형 AI는 수많은 데이터를 통해 인간의 미묘한 뉘앙스나 암묵적 지식까지 모방할 수 있게 되었습니다.

4. 생성형 AI에 원하는 결과물을 얻기 위해 입력하는 명령어 혹은 질문을 가리키는 용어는 무엇인가?

정답: 프롬프트(Prompt)

해설: AI로부터 좋은 대답을 끌어내기 위해서는 질문을 논리적으로 설계하는 '프롬프트 엔지니어링' 역량이 필수적입니다.

5. AI가 생성한 결과물의 진위를 가리고, 편향성을 탐지하며, 데이터 이면의 맥락을 파악하기 위해 인간에게 요구되는 핵심적인 사고 능력은 무엇인가?

정답: 비판적 사고(Critical Thinking)

해설: AI는 도구일 뿐 윤리적 판단을 하지 못하므로, 인간이 '편집장'의 관점에서 결과물을 검증하고 해석해야 합니다.

6. 생성형 AI가 학습 데이터에 포함된 성별, 인종, 문화적 선입견을 그대로 답습하거나 재생산하는 문제를 무엇이라 하는가?

정답: 편향 (Bias)

해설: 인터넷상의 방대한 데이터에는 사회적 차별이나 고정관념이 포함되어 있을 수 있으며, AI가 이를 여과 없이 학습할 경우 편향된 결과물을 내놓게 됩니다.

7. 본문에서 AI와 인간의 관계를 설명하기 위해 사용된 비유로, AI가 최적의 경로를 제안하더라도 최종적인 목적지와 경로 선택은 인간이 해야 함을 강조한 대상은 무엇인가?

정답: 내비게이션(Navigation)

해설: 우리는 내비게이션(AI)의 도움을 받지만, 운전대(의사 결정권)를 놓아서는 안 되며 주체적으로 판단해야 합니다.

참고 문헌

- Acemoglu, D., & Autor, D. (2011). Skills, tasks and technologies: Implications for employment and earnings. *In Handbook of labor economics*(Vol. 4, pp. 1043-1171). Elsevier.

- Autor, D. H. (2014). Skills, education, and the rise of earnings inequality among the "other 99 percent". *Science*, 344(6186), 843-851.

- Brynjolfsson, E., Hui, X., & Liu, M. (2019). Does machine translation affect international trade? Evidence from a large digital platform. *Management Science*, 65(12), 5449-5460.

- Brynjolfsson, E., Li, D., & Raymond, L. R. (2023). *Generative AI at work*(NBER Working Paper No. w31161). National Bureau of Economic Research.

- Brynjolfsson, E., & McAfee, A. (2014). *The second machine age: Work, progress, and prosperity in a time of brilliant technologies*. W. W. Norton & Company.

- Frey, C. B., & Osborne, M. A. (2017). The future of employment: How susceptible are jobs to computerisation?. *Technological Forecasting and Social Change*, 114, 254-280.

- Frey, C. B., & Osborne, M. (2023). Generative AI and the future of work: A reappraisal. *Brown Journal of World Affairs*, 30(1), 1-12.

- McKinsey & Company. (2023). *Generative AI is here: How tools like ChatGPT could change your business*. Retrieved from https://www.mckinsey.com/capabilities/quantumblack/our-insights/generative-ai-is-here-how-tools-like-chatgpt-could-change-your-business

- Prasad Agrawal, K. (2023). Towards adoption of generative AI in organizational settings. *Journal of Computer Information Systems*, 1-16.

- Stephany, F., & Teutloff, O. (2024). What is the price of a skill? The value of complementarity. *Research Policy*, 53(1), 104898.

AI 실무 설계자 마인드셋과 전략적 프롬프트 디자인

생성형 AI는 단순히 텍스트를 생성하는 것을 넘어, 업무 자동화, 창의적 문제 해결, 그리고 개인화된 학습을 위한 강력한 도구이다. 프롬프트 디자이너는 이러한 AI의 기능을 업무 환경에 효과적으로 통합하여 생산성을 극대화할 수 있어야 한다.

1. 업무 혁신을 위한 AI 활용 목적: 단순 자동화를 넘어 증강으로

최신 AI, 특히 LLM을 활용한 업무 혁신은 단순히 반복 작업을 자동화하는 수준을 넘어, 인간의 지적 생산성을 극대화Augmentation하는 데 목적을 둔다. AI 실무 설계자프롬프트 디자이너는 이 목적에 맞춰 AI를 활용하는 세 가지 핵심 영역을 이해하고 프롬프트를 설계해야 한다.

1) 핵심 활용 목적(Three Pillars of AI Value)

[표 2-1]은 AI를 실무에 활용하는 세 가지 주요 목적을 설명하고 있으며, 이는 단순 자동화를 넘어 인간의 역량^{지적 생산성}을 극대화하는 데 초점을 맞춘다.

첫째, 효율성 극대화^{Efficiency}이다. 이 목적은 반복적이고 정형화된 작업을 AI에 맡겨 처리 속도를 높이고, 인적 오류를 줄여 시간과 비용을 절감하는 데 있다. 프롬프트 디자이너는 결과 형식과 제약 조건을 명확히 지정하여 AI가 사람의 개입 없이 바로 사용할 수 있는 결과물을 생성하도록 유도한다.

둘째, 품질 및 일관성 강화^{Quality & Consistency}이다. 이 목적은 AI의 전문 지식과 데이터 분석 능력을 활용하여 결과물의 신뢰도, 정확성, 전문성을 높이고, 정해진 스타일이나 기준^{톤앤매너, 브랜드 가이드라인}을 일관되게 유지하는 데 있다. 이를 위해 전문적인 페르소나와 구체적인 맥락을 프롬프트에 부여한다.

셋째, 혁신 및 창의성 증강^{Innovation & Creativity}이다. 이 목적은 AI를 브레인스토밍 파트너로 활용하여 인간이 생각하기 어려운 새로운 아이디어, 다양한 해결책, 깊이 있는 전략적 분석을 이끌어 내는 데 있다. 사고의 사슬^{Chain of Thought: CoT}과 같은 고급 추론 기법을 사용하여 AI의 분석적 사고를 유도하며, 인간의 전략적 의사 결정을 지원하는 것이 핵심이다.

[표 2-1] AI를 실무에 활용하는 세 가지 주요 목적

목적	설명	전략적 프롬프트 디자인의 초점
효율성 극대화 (Efficiency)	반복적이고 정형화된 작업의 처리 속도를 높이고 인적 오류를 최소화하여 업무 시간과 비용 절감	정확한 형식(Format)과 제약 조건(Constraint)을 지정하여, AI가 사람의 개입 없이 곧바로 결과물을 산출하도록 유도(예: 데이터 클리닝, 보고서 초안 작성).
품질 및 일관성 강화 (Quality & Consistency)	데이터 기반의 분석, 일관된 스타일 및 톤앤매너 유지, 대량의 정보 속에서 오류를 감지하여 결과물의 신뢰도와 전문성 제고	**페르소나(Persona)와 맥락(Context) 지정**을 통해 전문 지식을 끌어내고, 복잡한 검토 기준을 프롬프트에 내재화(예: 법률 문서 검토, 브랜드 가이드라인 준수).
혁신 및 창의성 증강 (Innovation & Creativity)	인간이 생각하지 못한 새로운 아이디어를 탐색(Ideation)하거나, 복잡한 문제에 대한 다양한 해결책을 제시하여 전략적 의사 결정을 지원	**브레인스토밍 역할**을 부여하고, 'Chain of Thought(사고의 사슬)'나 'Zero-shot CoT'와 같은 고급 추론 기법을 활용하여 깊이 있는 분석과 참신한 아이디어를 생성하도록 유도

2) AI 활용의 마인드셋 전환: 코파일럿(Co-pilot)으로서의 AI

AI를 단순한 '도구'가 아닌 '지능형 조종사Co-pilot'로 인식하는 것이 중요하다. 이 마인드셋은 프롬프트 디자인 전략에 직접적인 영향을 미친다.

➡ **업무 흐름의 변화**

- **과거**자동화 중심: 인간 → 작업 → AI가 최종 산출물 완성
- **현재**증강 중심: 인간 → 전략적 프롬프트 입력 → AI가 초안/분석/아이디어 제공 → 인간이 검토/수정/최종 결정

➡ **프롬프트 디자이너의 역할**

- AI가 최종 결과물을 만드는 것이 아니라, 인간이 더 높은 수준의 의사 결정을 내릴 수 있도록 가장 효과적인 중간 산출물초안, 분석, 요약을 만들어 내도록 유도하는 '지시 설계자'가 되는 것이다.

3) 전략적 활용을 위한 선행적 질문

AI 실무 설계자는 어떤 업무에 AI를 적용하기 전에 다음 질문들을 먼저 던져야 한다. 이는 프롬프트의 목표와 맥락Context을 설정하는 기반이 된다.

➡ **목표 명확화**: 이 업무에 AI를 활용함으로써 정확히 어떤 성과KPI를 개선할 것인가? 예: 보고서 작성 시간 50% 단축

➡ **적정성 판단**: AI가 투입될 때 인간의 개입이 필요한 부분Judgment과 AI가 전적으로 처리할 수 있는 부분Automation을 어떻게 나눌 것인가?

➡ **데이터 무결성**: AI에 제공하는 맥락 정보입력 데이터의 최신성, 정확성, 보안성은 확보되어 있는가? Garbage In, Garbage Out 방지

➡ **검증 및 피드백 루프**: AI 결과물의 품질을 검증하는 기준은 무엇이며, 지속적으로 모델을 개선하기 위한 피드백Feedback을 어떻게 수집할 것인가? RAG나 Fine-tuning과 연결

2. 프롬프트 디자인 기획: 전략적 접근법

프롬프트 디자인 기획은 단순한 질문 작성을 넘어, AI의 성능을 예측하고 통제하여 최적의 업무 결과를 얻어내는 체계적인 설계 과정이다.

1) 프롬프트 기획의 4단계 프로세스(The P.A.C.E Framework)

전략적 프롬프트 디자인은 다음의 4단계를 거쳐 진행되며, 이는 LLM을 활용한 모든 실무 프로세스의 기반이 된다.

(1) 목적 정의(Purpose Definition)

➡ 핵심: AI를 통해 얻고자 하는 최종 산출물과 그 용도를 명확히 한다.

➡ 고려 사항

• 요구 사항 분석: '무엇을 할 것인가?' 예: 5,000자 논문을 3줄 요약

• 성공 지표 설정: 결과가 '성공적'인지 판단할 기준은 무엇인가? 예: 핵심 내용 3가지 포함, 전문 용어 사용 금지 등

• 최신 트렌드 반영: 단순 사실 생성보다 추론Reasoning 능력을 활용할 것인지 결정한다.

(2) AI 능력치 예측 및 페르소나 설정(Ability & Persona Assessment)

➡ 핵심: 사용할 모델의 특성을 이해하고, 목표에 맞는 역할Persona을 부여한다.

➡ 고려 사항

• 모델 평가: 현재 사용하는 모델GPT-4, Claude 3, Gemini 등이 해당 작업에 적합한 추론 능력과 문맥 유지 능력을 가졌는지 판단한다.

• 전문성 부여: AI에 "당신은 전문 카피라이터다"와 같이 명확하고 구체적인 역할을 지정하여 답변의 질과 전문성을 높인다.

(3) 맥락 및 제약 조건 구축(Context & Constraint Construction)

➟ **핵심**: AI가 작업을 수행하는 데 필요한 배경 지식과 결과물의 형식을 지정하여 탈선을 방지하고 결과의 유용성을 높인다.

➟ **고려 사항**

- **외부 지식**RAG: AI가 모르는 특정 데이터나 최신 정보를 프롬프트에 직접 첨부하거나 RAGRetrieval-Augmented Generation 시스템을 통해 주입한다.
- **출력 형식 강제**: 마크다운 표, JSON, XML 등 구조화된 형식을 강제하여 후속 시스템이나 다른 작업자가 활용하기 쉽게 만든다.

(4) 검증 및 정제(Evaluation & Refinement)

➟ **핵심**: 초기 프롬프트의 결과물을 평가하고, 반복적인 테스트와 피드백을 통해 프롬프트를 최적화한다.

➟ **고려 사항**

- **편향성 및 유해성 검증**: 생성된 결과물이 윤리적 기준을 위반하지 않는지, 특정 편향을 포함하지 않는지 검토한다.
- **Few-Shot/Self-Correction 적용**: 만족스러운 결과가 나올 때까지 예시Few-Shot를 추가하거나, AI 스스로 답변을 재검토하도록 지시하는 자가 수정Self-Correction 기법을 적용하여 프롬프트를 고도화한다.

2) 전략적 설계 원칙: 딥러닝 원리 활용

고도화된 프롬프트 기획은 LLM의 내부 작동 원리추론 과정를 활용하는 데 중점을 둔다.

➟ **CoT**Chain of Thought, 사고의 사슬 **활용**

- **원칙**: AI에 최종 답변을 내기 전 반드시 중간 추론 과정을 보여 주도록 지시한다.
- **목적**: AI가 복잡한 문제 해결 과정을 단계적으로 밟도록 강제하여 결과의 정확도를 극적으로 향상시키고, 오류 발생 시 어느 단계에서 문제가 생겼는지 추적Debug할 수

있게 한다.

➡ 제로-샷/퓨-샷 학습 설계

- **Zero-Shot**예시 없음: AI가 사전 학습된 지식만으로 답변하게 한다. 단순 반복 작업에 사용된다.
- **Few-Shot**예시 제공: 가장 중요하다. 원하는 입력-출력 패턴을 1~3쌍 제공하여 AI가 원하는 결과 스타일, 어투, 형식을 정확하게 모방하도록 학습시킨다. 이는 프롬프트 디자인의 효율성을 결정짓는다.

➡ 입력 변수와 템플릿화

- **원칙**: 재사용성을 위해 프롬프트 내에서 변경되는 부분변수을 명확히 분리하고, 나머지 지시 사항을 표준 템플릿으로 고정한다.
- **예시**: "당신은 [역할]입니다. 다음 [문서]를 분석하여 [타깃 독자]에게 맞는 500자 요약본을 [형식]으로 작성하세요."

이러한 기획 과정을 통해 프롬프트 디자이너는 AI를 단순한 텍스트 생성기가 아닌, 목표 지향적인 정보 처리 시스템으로 활용할 수 있게 된다.

3. 분석 능력 활용 및 오류 최소화 프롬프트 디자인 표준 프레임

AI의 분석 능력Reasoning을 극대화하고 환각Hallucination 및 오류를 최소화할 수 있는 최신 프롬프트 디자인 표준 프레임인 CRAC-R 모델을 제시한다. 이 프레임은 AI를 단순한 답변 생성기가 아닌, 논리적 사고를 수행하는 분석 엔진으로 활용하도록 설계되었다.

01. AI의 숨겨진 잠재력을 위한 지배의 통찰력

02. AI 실무 업무에 마스터 과학적인 프롬프트 디자인

03. AI의 확장: 맞춤 자동화와 문서 작업 고도화

04. AI 활용을 통한 창의력 문제 해결과 학습 모델의 역할

05. 생성형 AI 기반 프로그램 활용 역할

06. 윤리적 책임을 고려한 생성형 AI의 활용

1) CRAC-R 프레임워크: 분석 기반 프롬프트 표준

[표 2-2] CRAC-R 프레임워크는 AI의 분석 능력을 활용하고 오류를 최소화하기 위해 고안된 5가지 핵심 요소로 구성된 프롬프트 설계 표준이다. 이 프레임워크는 AI에 '어떤 배경c을 가진 전문가R가 무엇을A 어떤 방식으로c 논리적으로 생각하며R 수행해야 하는지'를 명시하여, AI의 응답을 통제하고 품질을 극대화한다.

[표 2-2] CRAC-R 프레임워크

구성 요소	영어 약자	주요 목적	전략적 프롬프트 설계
맥락	Context	AI가 작업을 수행할 **배경 지식, 데이터, 환경**을 주입하여 오류를 줄인다.	외부 자료(RAG), 내부 데이터, 특정 상황 정보를 명시한다.
역할	Role	AI에 특정 **전문가 페르소나**를 부여하여 답변의 전문성과 깊이를 높인다.	"당신은 냉철한 비즈니스 애널리스트입니다."와 같이 구체적으로 지정한다.
행동	Action	AI가 **수행해야 할 최종 목표 및 핵심 지시 사항**을 명확히 정의한다.	"다음 데이터에서 트렌드를 분석하고 핵심 3가지 인사이트를 도출하세요." (단순 요약 대신 분석적 동사 사용)
제약 조건	Constraint	결과물의 **형식, 길이, 톤앤매너, 금지 사항**을 지정하여 통제력을 확보한다.	JSON 형식 강제, "주관적 의견 금지", "500자 이내" 등을 명시한다.
추론(사고의 사슬)	Reasoning (CoT)	**가장 중요하다.** AI에 논리적 사고 과정을 **선행**하도록 강제하여 분석 오류를 최소화한다.	**"단계별로 생각하고, 그 후에 답변을 출력하세요."**라는 명령을 반드시 포함한다.

2) 오류 최소화를 위한 R(Reasoning) 전략

AI의 환각Hallucination이나 잘못된 추론 오류를 줄이는 가장 고도화된 방법은 CoT Chain-of-Thought, 사고의 사슬 기법을 프롬프트에 내재화하는 것이다.

(1) Zero-shot CoT(즉각적인 추론 강제)
➡ **원리:** 프롬프트 끝에 "단계별로 생각하세요." 또는 "먼저 분석한 후 결론을 제시하세요."와 같은 짧은 명령을 추가하여 AI가 답변 전에 스스로 논리 과정을 전개하도록

유도한다.

➥ 효과: 복잡한 문제나 분석 작업에서 답변의 정확도가 비약적으로 향상된다.

(2) Self-Correction(자기 수정)

➥ 원리: AI에 1차 답변을 생성하게 한 후, 스스로 그 답변의 논리적 오류를 검토하고 수정하도록 2차 명령을 부여하는 기법이다.

➥ 프롬프트 예시

- "1. 주어진 정보와 맥락을 바탕으로 보고서 초안을 작성하세요."
- "2. 작성된 초안을 비판적인 관점에서 검토하고, 논리적 비약이나 데이터 오류가 있는지 확인하여 최종 수정본을 출력하세요."

➥ 목적: AI의 자체 메타인지 능력을 활용하여 단일 추론의 한계를 보완한다.

(3) RAG(Retrieval-Augmented Generation) 연동(외부 지식 활용)

➥ 원리: AI 모델이 학습 데이터가 아닌, 특정 시점의 최신 외부 문서Context나 신뢰할 수 있는 데이터베이스를 검색Retrieval하여 그 정보를 기반으로 답변Generation하게 한다.

➥ 프롬프트 설계 시 유의점

- '맥락c' 부분에 외부 데이터의 출처와 범위를 명확히 제시한다.
- "다음 [첨부된 데이터]에서만 정보를 추출하여 분석하세요. 외부 지식은 사용하지 마세요."와 같이 정보의 제약 조건을 강력하게 설정하여 환각을 차단한다.

이 CRAC-R 프레임워크는 실무 설계자가 AI의 분석 능력을 체계적으로 통제하고, 반복적인 업무에서 최소한의 오류로 높은 품질의 결과물을 얻을 수 있도록 돕는 표준 가이드라인 역할을 한다.

4. 학습 및 피드백을 통한 결과 지속 개선 및 구조화

AI의 실무 활용에서 결과의 품질을 장기적으로 유지하고 개선하며 구조화하는 방법에 대한 내용을 최신 동향을 반영하여 기술하면 다음과 같다. 이는 단순한 일회성 프롬프트 사용을 넘어, AI 활용 시스템을 구축하는 지속 가능한Sustainable 설계자 마인드셋의 핵심이다.

1) 피드백 루프 구축: 인간-AI 협업의 고도화

AI 결과물의 품질은 **지속적인 피드백**Feedback을 통해 개선한다. 프롬프트 디자이너는 이 피드백이 체계적으로 모델에 반영될 수 있도록 **루프**Loop를 설계해야 한다.

(1) Human-in-the-Loop(HITL) 검증

➨ **원칙**: AI가 생성한 초안이나 분석 결과에 대해 인간 전문가가 최종 검토 및 수정을 한다.

➨ **전략**: 검토 과정에서 전문가가 수정한 부분오류, 부족한 논리, 톤앤매너 불일치 등을 데이터로 수집하여 프롬프트 개선이나 모델 튜닝의 기초 자료로 활용한다.

➨ **목적**: AI의 환각Hallucination이나 편향Bias을 실무 단계에서 즉시 걸러내고, AI의 실제 적용 가능성Utility을 높인다.

(2) Negative Feedback(부정적 피드백) 활용

➨ 단순히 '좋다/나쁘다'를 넘어, '왜 나쁜지'에 대한 구체적인 피드백을 수집해야 한다.

예: "이 보고서는 최신 데이터를 반영하지 않았음", "요약본의 어투가 너무 비격식적임".

➨ 이 구체적인 부정적 피드백은 다음 프롬프트 버전을 설계할 때 '제약 조건' 또는 'CoT추론 과정' 개선을 위한 핵심 단서가 된다.

제1부 생성형 AI 효율적인 활용 방법

01. AI의 숙 관리적 활용을 위한
지혜있는 습성적

02. AI 실무 현제와 마인드
기법적과 프롬프트 디자인

03. AI의 확장ㆍ맞춤 자동화와
문제 해결 고도화

04. AI 활용을 통한 창의력 문제
해결과 학습 모델링 연동

05. 엔행형 AI 기반 프로그램
활용 역량

06. 윤리적 책임을 고려한
엔행형 AI 활용

2) 프롬프트 버전 관리 및 구조화(Prompt Versioning & Structuring)

성공적인 프롬프트는 단 한 번에 완성되지 않으며, 버전 관리를 통해 구조화되고 체계적으로 문서화되어야 한다.

(1) 프롬프트 템플릿화 및 표준화

➥ **목적**: 자주 사용되는 업무보고서 요약, 마케팅 문구 생성 등에 대해서는 CRAC-R 프레임워크와 같은 표준을 적용하여 프롬프트 템플릿을 만든다.

➥ **효과**: 프롬프트 일관성이 유지되어, 다른 사용자나 새로운 모델이 투입되어도 예측 가능한 결과를 얻을 수 있다.

➥ **예시**: [Role]: 마케팅 전문가 / [Action]: 신제품의 3가지 핵심 장점을 5가지 슬로건으로 변환 / [Constraint]: 15자 이내, 재치 있는 톤앤매너

(2) 프롬프트 버전 관리(Versioning)

➥ 업무 개선이 발생할 때마다 프롬프트를 수정하고 버전 번호를 부여한다. 예: V1.0기본 요약, V1.1CoT 적용, V2.0RAG 연동.

➥ 각 버전별로 주요 변경 사항, 사용된 모델, 성능 지표성공률를 문서화하여 A/B 테스트 결과를 쉽게 추적할 수 있도록 한다.

(3) Few-Shot 데이터세트의 구조화

➥ 프롬프트에 포함되는 예시Few-Shot는 단순한 샘플이 아니라, 모델의 학습을 유도하는 고품질 훈련 데이터로 취급되어야 한다.

➥ **전략**: 예시는 입력Input과 기대 출력Expected Output 쌍으로 명확히 구분하고, 최신 성공 사례를 반영하여 주기적으로 업데이트한다. 잘 설계된 Few-Shot은 수백 줄의 지시문보다 더 강력한 효과를 발휘할 수 있다.

이러한 지속적인 학습과 구조화 과정을 통해, 프롬프트 디자이너는 개인의 역량에 의존하는 것이 아니라, 조직 전체의 AI 활용 역량을 시스템적으로 향상시킬 수 있다.

5. AI의 사고 설계 기반 7가지 프롬프트 디자인 기법

1) 7가지 프롬프트 설계 기법의 등장 배경과 목적

생성형 AI 기술이 빠르게 발전하고 있음에도, 실제 비즈니스 현장에서 실무자들은 여전히 "AI를 사용했지만 기대한 수준의 통찰이나 전략적 결론을 얻지 못했다"라는 경험을 반복한다. 최신 AI 모델조차 충분한 데이터가 주어졌음에도 문제 해결 과정에서 핵심 본질을 파악하지 못하거나, 논리적 사고 전개에 실패하여 피상적인 결과에 그치는 경우가 많다.

그 이유는 AI 활용 실패의 원인이 기술력 부족이 아니라 '사고 구조 설계의 부재' 때문이기 때문이다. 문제의 정의가 명확하지 않은 상태에서 AI는 본질적인 해결 방향을 제시하기 어렵고, 결국 검색 엔진을 확장한 수준의 답변만 제공하게 된다. 이러한 한계를 극복하기 위해 실무자, 글로벌 기업, AI 연구자들은 복잡한 의사 결정 문제를 다룰 수 있는 구조화된 사고 체계의 필요성을 강조해 왔다.

이러한 흐름 속에서 '문제 분해, 전문가 토론, 사고 연쇄, 소크라테스 질문법, 대안 탐색 및 평가사고의 트리 기법, 자기 일관성, 메타 프롬프트'라는 일곱 가지 핵심 기법이 등장했다. 이 기법들의 목적은 AI에게 단순히 답변을 생성하도록 요청하는 것이 아니라, AI가 스스로 깊이 사고하고 문제 해결 과정을 구조적으로 수행할 수 있도록 사고 구조를 설계하는 데 있다.

즉 알고리즘의 성능 경쟁이 아니라 AI가 어떤 사고의 길을 따라가도록 설계하느냐가 결과의 품질을 결정하는 시대가 된 것이다. 결국 AI 시대의 경쟁력은 데이터를 많이 보유한 조직이 아니라, 문제를 제대로 정의하고, AI가 생각할 방식 자체를 설계할 수 있는 조직에게 주어진다.

2) 복잡한 비즈니스 문제 해결을 위한 7가지 프롬프트 디자인 기법의 개념과 의미

이 일곱 가지 프롬프트 설계 기법Advanced Prompt Design Techniques은 AI에 명령을 전달하는 형식이 아니라, AI가 어떤 사고 구조를 따라 문제를 분석·확장·검증해야 하는지를 설계하는 방법론이다. 다시 말해, 프롬프트는 답을 요구하는 문장이 아니라 AI의 사고를 담는 그릇이며, 그 그릇의 모양이 결과물의 깊이를 결정한다.

각 기법은 고유한 사고적 강점을 가지며, 문제의 본질 파악, 관점 확장, 대안 비교, 결론 검증, 질문 수준 개선 등 의사 결정의 전 과정을 체계적으로 지원한다. 또한, 이 기법들은 단독으로도 효과적이지만, 실제 현장에서는 복수의 기법을 조합했을 때 가장 높은 효과를 발휘한다.

결국 일곱 가지 고급 프롬프트 설계 기법은 AI 모델의 기능을 활용하는 도구가 아니라, AI를 실질적인 비즈니스 문제 해결 능력으로 전환하는 지능 설계의 경로라고 할 수 있다. AI가 스스로 논리적 사고 구조를 구축할 수 있도록 한다면, AI는 단순한 정보 제공 도구가 아니라 신뢰도 높은 의사 결정 파트너가 된다.

3) 일곱 가지 프롬프트 설계 기법과 활용 방식

복잡한 비즈니스 문제는 단순한 정보 검색이나 일반적인 답변만으로 해결될 수 없다. 문제의 본질을 정확히 파악하고, 다각도로 사고하며, 대안들을 체계적으로 비교·검증하는 사고 과정이 반드시 필요하다. 이러한 사고 구조를 AI가 수행하도록 설계하는 방법이 바로 일곱 가지 고급 프롬프트 설계 기법이다. 다음은 각 기법의 개념과, 이를 실제 비즈니스 상황에서 AI에게 어떻게 설계하여 제시할 수 있는지를 정리한 내용이다[표 2-3]참조.

[표 2-3] 7가지 프롬프트 설계 기법

문제 해결 단계	프롬프트 기법	개요(설명)	필요한 상황
문제 정의 / 분해	Least-to-Most Prompting (단계적 문제 분해 기법)	복잡한 문제를 작은 단계로 나누어 구조화하고 해결 방향을 명확히 하는 기법	문제의 범위가 모호하고 어디서 시작해야 할지 모를 때
	Expert Debate Prompting (전문가 토론 기법)	가상의 전문가 관점을 비교하여 편향을 제거하고 다양한 관점에서 문제를 바라보게 하는 기법	편협한 시각으로 문제를 바라봐 해결책이 좁혀질 위험이 있을 때
근거 기반 분석	Chain-of-Thought Prompting (사고 연쇄 기법)	사고 과정을 단계적으로 설명하도록 유도해 논리적 일관성을 강화하는 기법	결론의 타당성을 증명해야 하거나 설득력이 필요할 때
	Socratic Prompting (소크라테스식 질문 기법)	질문을 통해 가정을 검증하고 숨은 오류를 드러내는 검증 중심 기법	분석 과정에서 감이나 추정에 의존할 위험이 있을 때
대안 생성 / 평가	Tree-of-Thought Prompting (대안 탐색 및 평가 기법)	다양한 해결 경로를 생성하고 비교·평가하여 최적의 전략을 선택하는 기법	복수의 해결 가능성이 있을 때 / 전략 선택이 필요한 상황
	Self-Consistency Prompting (자가 일관성 검증 기법)	여러 답안을 생성하여 가장 신뢰도 높은 결과를 선택하는 기법	불확실성이 크고 단일 결과에 의존하면 위험할 때
전략 정교화 / 개선	Meta-Prompting (프롬프트 개선 기법)	프롬프트 자체를 수정·재구성하여 성능을 향상시키는 상위 개념 개선 기법	결과 품질 향상, 반복 개선, 실행 가능성 높이기가 필요할 때

(1) 단계적 문제 분해 기법(Least-to-Most Prompting)

문제를 더 작은 단위로 나누어 핵심 원인을 구조적으로 파악하는 기법이다. 복잡한 문제일수록 여러 요소가 얽혀 있으므로, AI가 전체 문제를 단계별로 쪼개 분석하도록 구조를 제공한다.

이에 관한 AI 설계·제시 방식을 예시하면 다음과 같다.

"이 문제를 내부 요인과 외부 요인으로 나누어 분석해 주세요.

내부 요인은 제품/가격/서비스, 외부 요인은 시장/경쟁/환경으로 구분해 표로 정리하고 가장 중요한 원인 하나를 도출해 주세요."

(2) 전문가 토론 기법(Expert Debate Prompting)

AI가 여러 전문가 역할을 맡아 서로 다른 관점에서 토론을 진행하게 하는 방식이다. 단일 관점의 위험을 줄이고 다각적 통찰을 제공한다.

이에 관한 AI 설계·제시 방식을 예시하면 다음과 같다.

"마케팅 전문가, 데이터 분석가, 소비자 행동 전문가의 역할을 맡아 문제를 토론해 주세요. 각자의 의견을 제시한 뒤, 세 의견의 공통 결론과 추천 전략을 정리해 주세요."

(3) 사고 연쇄 기법(Chain-of-Thought Prompting)

AI가 결론만 제시하는 것이 아니라, 사고 과정의 흐름을 단계별로 설명하도록 유도하는 방식이다. 단순한 답보다 왜 그런 결론에 도달했는지의 논리적 근거를 명확히 드러내어, 설득력 있는 분석과 의사결정에 도움을 준다.

이에 관한 AI 설계·제시 방식을 예시하면 다음과 같다.

"최종 결론을 바로 말하지 말고, ① 문제 파악 → ② 원인 분석 → ③ 근거 제시 → ④ 결론 도출의 순서로 생각의 흐름을 단계별로 설명해 주세요. 마지막에 핵심 내용을 3줄로 요약해 주세요."

(4) 소크라테스식 질문(Socratic Prompting)

AI가 스스로 추론 과정의 가정과 약점을 검증하도록 질문을 생성하는 방식이다. 논리적 오류를 줄이고 결론의 타당성을 높인다.

이에 관한 AI 설계·제시 방식을 예시하면 다음과 같다.

"현재 제시된 전략을 검증하기 위한 핵심 질문 5개를 만들어 주세요. 각 질문에 대한 답변을 스스로 제시하고, 전략의 취약점을 보완할 제안을 함께 정리해 주세요."

(5) 대안 탐색 및 평가 기법(사고의 트리, Tree of Thoughts Prompting)

여러 해결 대안을 나무 구조처럼 확장하고, 단계별로 평가하여 최적 해법을 선택하도록 설계하는 기법이다.

이에 관한 AI 설계·제시 방식을 예시하면 다음과 같다.

"가능한 해결 전략 3개를 제시하고, 각 전략을 실행 단계 2단계씩 확장해 주세요.

비용/효과/리스크 기준으로 평가한 점수표를 만들어 최종 추천안을 선택해 주세요."

(6) 자기 일관성 검증 기법(Self-Consistency Prompting)

하나의 답을 바로 도출하는 대신 여러 사고 경로_{공격적·보수적·균형적 등}를 생성하여 공통된 결론을 도출하는 방식이다. 사고의 신뢰성과 합리성을 높일 수 있다.

이에 관한 AI 설계·제시 방식을 예시하면 다음과 같다.

"이 문제를 공격적, 보수적, 균형적 관점에서 각각 분석해 주세요.

세 관점의 공통 핵심 요인을 도출하고 최종 단일 결론을 제시해 주세요."

(7) 프롬프트 개선 기법(메타 프롬프트, Meta-Prompting)

AI가 사용자의 질문_{프롬프트}을 분석하고 개선할 수 있도록 하는 기법이다. 문제 정의가 명확해져 결과물의 질이 크게 향상된다.

이에 관한 AI 설계·제시 방식을 예시하면 다음과 같다.

"내 프롬프트의 부족한 점을 진단하고 더 명확하고 효과적인 프롬프트로 다시 작성해 주세요.

그리고 개선한 프롬프트를 적용해 결과를 제시해 주세요."

이 일곱 가지 기법은 단순히 답변을 생성하는 기능이 아니라, AI가 스스로 논리적 사고를 수행하도록 사고 구조를 설계하는 기술이다. 각 기법은 문제 정의 → 관점 확장 → 대안 비교 → 결론 검증 → 질문 개선에 이르는 전체 의사 결정 과정을 체계적으로 지원한다.

따라서 이러한 기법을 활용하면 AI는 단순 답변 도구가 아니라 전략적 의사 결정 파트너로 기능할 수 있으며, 복잡한 실제 비즈니스 문제 해결에 높은 신뢰성과 속도를 제공하게 된다. 만약 이러한 기법을 사용하여 문제 해결에 도움을 받을 상황이 자주 있다면 자동화해 두는 것이 좋을 것이다. 이에 제3장에서 복잡한 비즈니스 문제 해결에 도움을 줄 일곱 가지 프롬프트 디자인 기법 기반 GPT 앱을 만드는 방법에 대해 학습하고자 한다.

※ 문제: 객관식 5문항, 단답형 5문항

【객관식 문제】

1. 업무 혁신을 위한 AI 활용 목적 3가지(Three Pillars of AI Value) 중, AI에 'Chain of Thought(사고의 사슬)'와 같은 고급 추론 기법을 활용하도록 유도하는 목적은 무엇인가?

① 효율성 극대화 (Efficiency)

② 품질 및 일관성 강화 (Quality & Consistency)

③ 혁신 및 창의성 증강 (Innovation & Creativity)

④ 자동화 및 단순 반복 처리 (Automation & Repetition)

정답: ③

해설: 혁신 및 창의성 증강은 인간이 생각하지 못한 새로운 아이디어를 탐색하거나 복잡한 문제에 대한 다양한 해결책을 제시하는 데 목적을 둔다. 이를 위해 Chain of Thought(CoT)와 같은 고급 추론 기법을 활용하여 깊이 있는 분석과 참신한 아이디어를 생성하도록 유도한다.

2. 전략적 프롬프트 디자인 기획의 4단계 프로세스(P.A.C.E. Framework) 중, '마크다운 표, JSON, XML 등 구조화된 형식을 강제'하는 것과 가장 밀접하게 관련된 단계는 무엇인가?

① 목적 정의 (Purpose Definition)

② AI 능력치 예측 및 페르소나 설정 (Ability & Persona Assessment)

③ 맥락 및 제약 조건 구축 (Context & Constraint Construction)

④ 검증 및 정제 (Evaluation & Refinement)

정답: ③

해설: 맥락 및 제약 조건 구축 단계에서는 AI가 작업을 수행하는 데 필요한 배경지식을 제공하고, 결과물의 길이, 스타일, 출력 형식(구조화된 형식)과 같은 제약 사항을 지정한다.

3. 분석 능력을 활용하고 오류를 최소화할 수 있는 프롬프트 디자인 표준 프레임인 CRAC-R 중, AI의 환각(Hallucination)을 방지하고 정확도를 높이는 가장 중요한 요소는 무엇인가?

① C (Context)

② R (Role)

③ A (Action)

④ R (Reasoning)

정답: ④

해설: R(Reasoning, 추론)은 AI에 논리적 사고 과정을 선행하도록 강제하는 CoT(Chain of Thought)를 포함하며, 이는 복잡한 문제 해결의 정확도를 극대화하고 분석 오류를 최소화하는 가장 강력한 전략이다. C(Context)도 환각 방지에 기여하지만, R은 추론 자체의 논리성을 확보한다.

4. 학습 및 피드백을 통해 결과를 지속적으로 개선하고 구조화하는 전략으로 적절하지 <u>않은</u> 것은?

① Human-in-the-Loop(HITL) 검증을 통해 전문가의 피드백을 수집한다.

② AI가 제시한 아이디어를 절대적으로 신뢰하고, 인간의 개입을 최소화한다.

③ 프롬프트 템플릿을 만들어 재사용성을 높이고 버전 번호를 부여하여 관리한다.

④ 부정적 피드백(Negative Feedback)을 수집하여 다음 프롬프트 버전의 제약 조건 개선에 활용한다.

정답: ②

해설: AI 실무 설계자 마인드셋은 AI를 코파일럿(Co-pilot)으로 인식하며, AI의 결과를 절대적으로 신뢰하는 것이 아니라 인간 전문가가 최종 검토/수정하는 Human-in-the-Loop (HITL) 과정을 통해 오류를 최소화하는 것이 핵심이다.

5. 전략적 프롬프트 디자인에서 Few-Shot 학습 설계의 주요 목적은 무엇인가?

① 모델의 학습 데이터를 확장하기 위해 무작위로 많은 예시를 제공한다.

② AI에 원하는 입력-출력 패턴을 제공하여 정확한 결과 스타일과 형식을 모방하도록 학습시킨다.

③ AI가 사전에 학습된 지식만으로 답변하게 하여 단순 반복 작업에 활용한다.

④ AI 스스로 답변을 재검토하도록 지시하는 자가 수정(Self-Correction)을 유도한다.

정답: ②

해설: Few-Shot 학습은 원하는 입력과 출력의 쌍을 1~3쌍 제공함으로써 AI가 원하는 결과 스타일, 어투, 형식을 정확하게 모방하도록 유도하는 데 가장 중요한 역할을 한다. ③은 Zero-Shot의 목적이며, ④는 Self-Correction의 목적이다.

6. AI 활용의 마인드셋 전환에서 AI를 단순한 '도구'가 아닌 '지능형 조종사'로 인식하는 '코파일럿(Co-pilot)' 마인드셋이 프롬프트 디자이너에게 미치는 영향으로 가장 적절한 것은?

① AI가 모든 작업을 자동화하므로 디자이너는 AI 모니터링 역할만 수행한다.

② AI에 최종 결과물 완성을 맡기고, 디자이너는 초안 생성에 집중한다.

③ 디자이너는 AI가 높은 수준의 의사 결정을 위한 효과적인 중간 산출물을 만들도록 지시를 설계한다.

④ 디자이너는 AI의 복잡한 내부 알고리즘을 직접 수정하고 관리해야 한다.

정답: ③

해설: 코파일럿 마인드셋은 AI가 최종 결정권자가 아니라, 인간의 전략적 의사 결정을 지원하기 위한 가장 효과적인 중간 산출물(분석, 초안, 아이디어 후보군)을 생성하도록 프롬프트를 설계하는 데 초점을 둔다.

7. 다음 설명 중 '전문가 토론(Panel of Experts)' 기법에 대한 설명으로 가장 적절한 것은 무엇인가?

① 문제를 작은 단위로 쪼개어 내부·외부 요소를 나누어 분석하는 방식

② 여러 전문가 역할을 AI가 수행하여 서로 다른 관점에서 토론하게 하는 방식

③ 트리 구조로 대안을 확장하고 평가하여 최적안을 선택하는 방식

④ 답을 바로 생성하지 않고 공격적·보수적·균형적 관점을 비교하여 공통 결론을 도출하는 방식

정답: ②

해설: '전문가 토론'은 AI에 다양한 전문 역할을 부여하여 서로 다른 관점에서 의견을 교환하고 공통 결론을 도출하도록 함으로써 단일 시각의 한계를 극복하고 다각적 통찰을 얻는 기법이다.

【단답형 문제】

1. AI가 복잡한 문제 해결 과정을 단계적으로 밟도록 강제하여, 결과의 정확도를 향상시키고 오류 발생 시 추적(Debug)할 수 있게 하는 고급 추론 기법은 무엇인가?

정답: Chain of Thought(CoT) 또는 사고의 사슬

해설: CoT는 AI에 최종 답변 전에 반드시 중간 추론 과정을 보여 주도록 지시하여 논리적 비약이나 오류를 방지하는 데 사용된다.

2. AI가 생성한 초안이나 분석 결과에 대해 인간 전문가가 최종 검토 및 수정을 가하고, 이 수정된 부분을 프롬프트 개선이나 모델 튜닝의 기초 자료로 활용하는 검증 프로세스의 명칭은 무엇인가?

정답: Human-in-the-Loop(HITL)

해설: HITL은 인간의 개입을 통해 AI 결과물의 품질과 안전성을 확보하고, 동시에 피드백 데이터를 수집하는 핵심적인 피드백 루프이다.

3. 프롬프트 디자인 표준 프레임인 CRAC-R에서, AI에 '당신은 냉철한 비즈니스 애널리스트입니다'와 같이 특정 전문성을 부여하는 구성 요소는 무엇인가?

정답: Role(역할)

해설: Role은 AI의 답변 스타일과 전문 지식 수준을 결정하는 페르소나 지정 요소이다.

4. AI 모델이 학습 데이터가 아닌, 특정 시점의 최신 외부 문서나 데이터베이스를 검색(Retrieval)하여 그 정보를 기반으로 답변(Generation)하게 하는 기술을 무엇이라고 하는가?

정답: RAG(Retrieval-Augmented Generation) 또는 검색 증강 생성

해설: RAG는 외부 지식을 활용하여 AI의 지식 한계를 극복하고 환각을 차단하는 최신 프롬프트 설계 전략이다.

5. AI에 1차 답변을 생성하게 한 후, 스스로 그 답변의 논리적 오류를 검토하고 수정하도록 2차 명령을 부여하여 AI의 메타인지 능력을 활용하는 오류 최소화 전략은 무엇인가?

정답: Self-Correction(자기 수정)

해설: Self-Correction은 AI 스스로 비판적 관점에서 자신의 답변을 평가하고 개선하도록 유도하는 고급 프롬프팅 기법이다.

6. 프롬프트 템플릿을 만들어 재사용성을 높이기 위해, 프롬프트 내에서 변경되는 부분(예: 문서 종류, 타겟 독자)을 명확히 분리하여 구조화하는 것을 무엇이라고 하는가?

정답: 입력 변수(Input Variable) 또는 변수화

해설: 입력 변수를 분리하고 템플릿화하는 것은 프롬프트의 재사용성과 일관성을 확보하는 데 필수적이다.

7. '6가지 프롬프트 디자인 기법'의 목적은 AI에 단순히 답을 요구하는 것이 아니라, AI가 어떤 과정을 수행하도록 _____ 하는 데 있다고 설명하였다. 빈칸에 들어갈 적절한 표현은?

정답: 사고 구조를 설계

해설: 여섯 가지 기법의 목적은 AI가 스스로 깊이 사고하고 문제 해결 과정을 구조적으로 수행하도록 사고 구조를 설계하는 것이라고 명확히 설명되어 있다.

Chapter 03
AI의 확장: 맞춤 자동화와 문서 작성 고도화

01. AI의 슬기로운 활용을 위한 재해의 탐색력

02. AI 실무 업계가 마인드에 가지면서 프롬프트 디자인

03. AI의 확장: 맞춤 자동화와 문서 작성 고도화

04. AI 활용을 통한 창의력 판매 해결과 핵심 모델의 역량

05. 에이전트 AI와의 프로그래밍 활용 역량

06. 윤리와 책임을 고려한 에이 아이의 AI의 활용

1. 맞춤형 AI로 자동화하기

생성형 AI는 초기의 단순한 대화형 도구를 넘어 사용자 맞춤형 자동화 플랫폼으로 확장되고 있다. GPT, Gem과 같은 맞춤형 자동화 도구Custom Automation Tools를 통해 사용자는 자신의 업무 목적에 맞는 AI를 직접 설계할 수 있으며, GPT 스토어Store를 통해 다양한 공개 GPT를 탐색하고 활용할 수 있다.

또한, GPT나 제미나이 등의 딥 리서치Deep Research 기능은 복잡한 주제에 대해 심층 분석과 데이터 기반 요약을 수행하고, 캔버스Canvas 기능은 대화와 문서 편집을 동시에 지원하여 창작·기획·보고서 작성 등 실무 생산성을 크게 향상시킨다.

이 장은 이러한 AI의 확장된 기능들을 소개하면서 학습자가 "AI를 활용하는 사람"을 넘어 "AI를 설계하고 관리하는 사람"으로 성장하기 위한 기초를 제공할 것이다.

1) 맞춤형 AI 만들기와 GPT 스토어 알아보기

맞춤형 AI 만들기란 반복적인 업무 처리를 도와주는 AI 프롬프트를 AI의 저장 공간에 저장해 두었다가 필요할 때 불러다 활용하는 나만의 자동화 앱을 말한다. 이는 주요 AI 모델이 제공하는 기능으로 GPT-5의 경우 GPTs또는 MyGPT, 제미나이의 경우 Gem으로 만들어 사용한다. 클로드의 경우에는 프로젝트란 명칭으로 유사한 기능을 수행하도록 돕는다. 이 모델들의 자동화 앱 생성 과정은 유사하므로 여기에서는 GPT-5의 GPTs를 중심으로 소개하고자 한다.

(1) GPTs(Gem) 이해하기

GPTs 혹은 Gem은 사용자가 직접 목적과 기능을 정의해 만들 수 있는 대화형 맞춤 AI이다. GPT-5 같은 AI 모델들이 일상적인 대화에 초점을 맞췄다면, GPTs는 특정한 업무나 역할예: 블로그 작가, 회의록 요약가, 법률 자문가 등에 최적화하고 반복적으로 사용할 수 있다.

ChatGPT의 경우 사용자는 GPT 빌더Builder를 통해 대화하듯 제작을 진행한다. 빌더는 "이 GPT가 무엇을 해야 하는지, 어떤 어조로 말해야 하는지, 어떤 데이터를 다뤄야 하는지"를 물으며, 답변을 기반으로 자동 설정을 완성한다. 제작된 GPT는 미리보기Preview 창에서 즉시 테스트할 수 있고, 필요에 따라 수정·보완이 가능하다.

(2) GPT 스토어 알아보기

GPT 스토어Store는 이러한 맞춤형 GPTs들을 공유하고 탐색할 수 있는 AI 앱스토어이다. GPT Store에는 'AI 변호사', '회의록 요약기', '블로그 작가', '프롬프트 설계 도우미', '영수증 정리 도우미' 등 다양한 맞춤명 GPTs들이 공개되어 있다. 이처럼 GPT Store는 "AI 제작자와 사용자"가 만나는 공간으로, 누구나 자신만의 AI를 공개하고, 다른 사람의 GPT를 실행하거나 수정하여 활용할 수 있는 개방형 AI 생태계의 허브 역할을 한다. 제미나이는 아직 앱이 많지 않은지 스토어 기능이 제한적이라 할 수 있다.

2) GPTs로 나만의 AI 만들기

(1) GPT 빌더와 대화하며 시작하기

GPT를 만드는 과정은 복잡하지 않다. GPT Builder빌더가 대화하듯 물어보면, 사용자는 원하는 답을 주기만 하면 된다. 이제 '블로그 글쓰기 도우미'를 예로 들어 나만의 GPT를 만들어보자. [그림 3-1]에서 볼 수 있듯이, 먼저 GPT 화면의 좌측 메뉴에서 GPT 아래의 '탐색하기'를 선택한 다음, 우측 상단의 '+ 만들기'를 클릭하면서 시작한다.

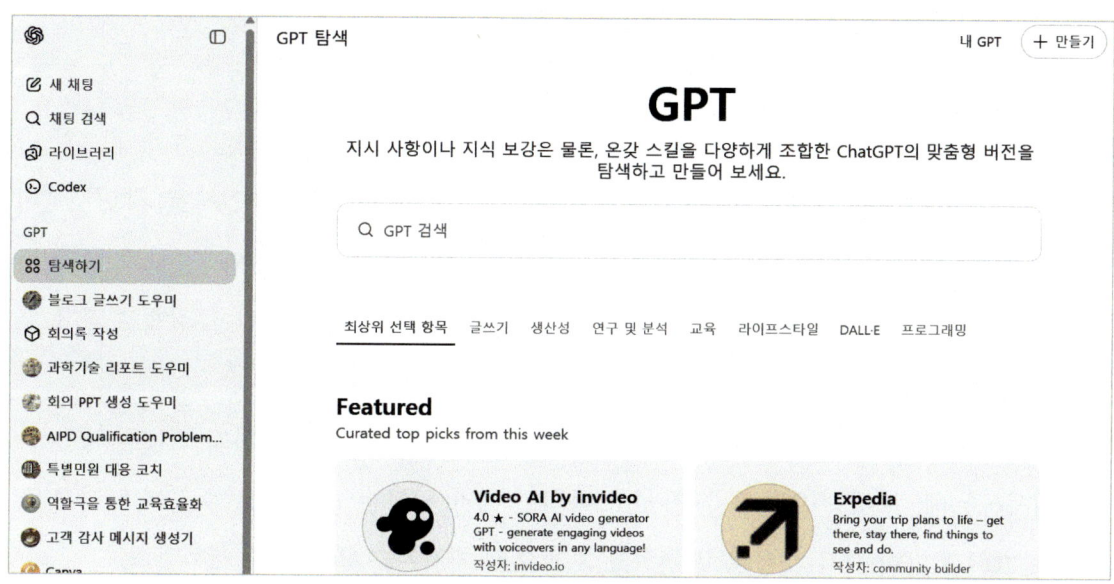

[그림 3-1] GPT 탐색 메인 화면

[그림 3-2]와 같은 새 창이 열리면 왼쪽은 '만들기'와 '구성', 오른쪽은 '미리보기Preview' 화면이 보인다. 이 작업 창이 나오면, GPT 생성 프로세스를 시작할 수 있다. '만들기'로 GPT를 만드는 데 도움을 주는 AI 기능을 통칭 빌더builder라고 하므로 빌더에게 프롬프트를 주고받으면서 대화를 하듯 나의 GPT를 만든다고 생각하면 된다.

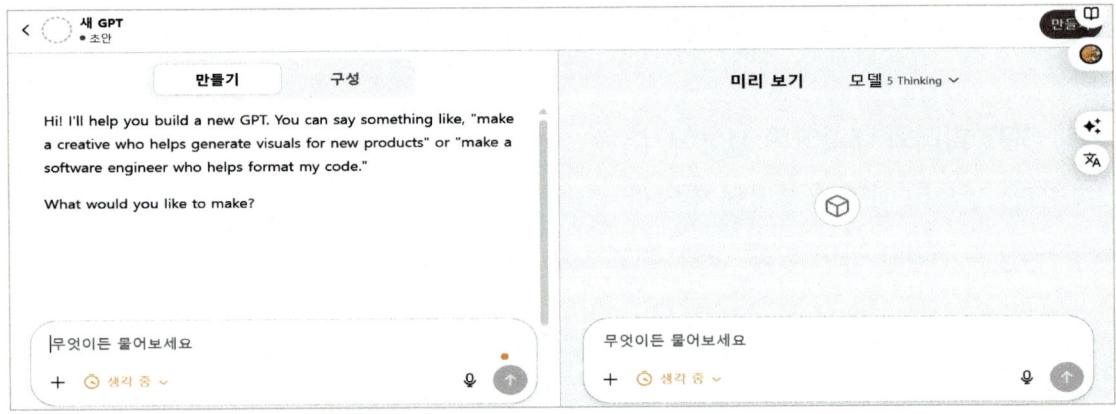

[그림 3-2] GPT 만들기 작업 화면

(2) 빌더와 대화하며 설정하기

작업 화면에서 볼 수 있듯이, 빌더가 영어_{한글로 답해 달라고 해도 된다}로 인사를 하면서 "이 GPT는 무엇을 만들고 싶은가요?"라고 질문을 던진다. 이때 빌더 입력 창에 "블로그 글을 자동으로 작성해 주는 GPT를 만들고 싶어요. 여행, 기술, 생활, 자기계발 같은 주제로 글을 쓰고 싶습니다."라고 말해 보자.

그러면 빌더는 나의 요구를 저장하면서 [그림 3-3]과 같이 서비스 이름과 썸네일_{프로필 이미지}을 제시하는데, 그게 좋으면 좋다고 하고 아니면 내가 원하는 내용으로 수정해 달라고 요청한다. 그러면 나의 요구 사항을 반영하고 자동으로 저장하면서 대화를 계속한다.

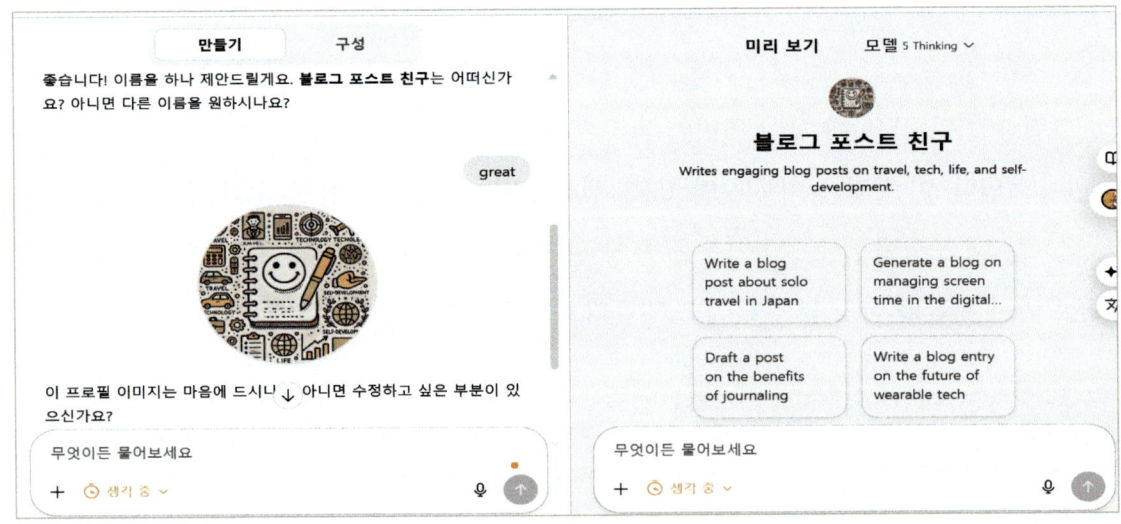

[그림 3-3] 서비스 이름과 프로필 이미지 제작 작업 화면

예를 들어, "글의 어조는 어떤가요?", "누구를 대상으로 하나요?", "포함할 키워드는 있나요?"라고 물을 수 있다. 그러면 평소 AI와 대화하듯, 아래 내용을 입력하면 된다.

1. 어조: 따뜻하고 친근한 대화체

2. 대상: 자기계발에 관심 있는 청소년

3. 키워드: 성공, 실패, 극복, 노력, 전략, 계획

4. 반드시 포함할 내용: 실패나 난관을 극복하는 사례

그러면 빌더는 이런 정보를 GPT 생성을 위해 자동으로 저장하고, 오른쪽 미리 보기 Preview 창에서는 실제로 블로그 글이 어떻게 생성되는지 바로 테스트해 볼 수 있다.

(3) GPT 저장하기

만들기가 끝났다면, 오른쪽 상단의 검은색 "만들기" 버튼을 누른다. [그림 3-4]와 같은 선택 창이 나오면 '나만 보기', '링크가 있는 모든 사람', 'GPT 스토어' 중 하나를 선택한 다음 저장한다. '나만 보기'는 나만 사용하기 위한 것이며, '링크가 있는 모든 사람'은 링크를 아는 사람만 사용하도록 하는 것이다. 만약 누구든지 사용하도록 공유하고 싶다면 'GPT 스토어'를 선택하면 된다.

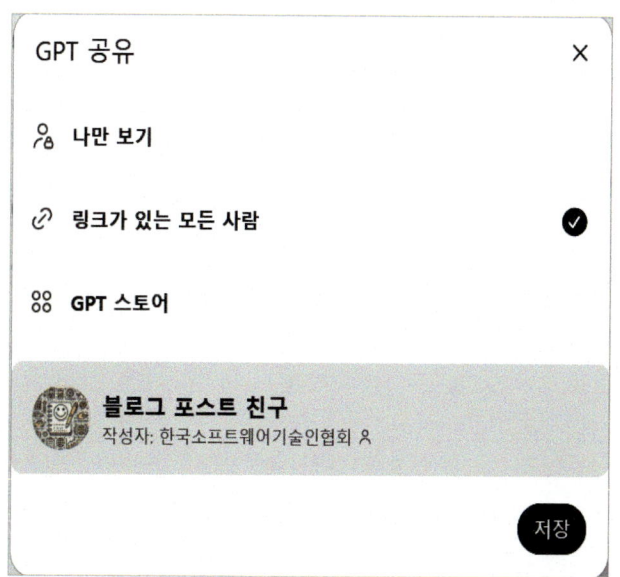

[그림 3-4] 저장을 위한 선택 항목 대화 창

지금까지 학습한 과정은 '블로그 글쓰기'를 예시로 했는데, 같은 방식으로 회의록 요약 GPT, 법률 검토 GPT, 아이디어 브레인스토밍 GPT도 만들 수 있다. GPT 빌더에 의해 만들어진 나의 GPT는 언제든 다시 불러와 수정·업그레이드할 수 있으니, 한 번 만든 GPT를 지속적으로 발전시켜 나가는 것이 좋다. GPT 제작의 핵심은 "내가 무엇을 자동화하고 싶은지 명확히 말하기"이다. 나머지는 GPT 빌더가 대신 만들어 주기 때문이다.

(4) '구성' 메뉴로 GPT 만들기

이상에서는 '만들기' 모드를 통해 빌더와 대화하듯이 GPT를 만들었다. 이와 다른 형태로 GPT를 만드는 방법은 [그림 3-2]의 왼쪽 대화 창에 '구성Configuration' 모드를 활용하는 것이다. 이 '구성' 모드를 선택하면 GPT를 설정할 때 직접 입력하는 항목들이 나오는데, 이는 사용자가 빌더 대신 직접 수동으로 GPT의 속성과 지시문을 작성하도록 하는 것이다. '구성Configure' 모드에서 GPT 제작을 위해 입력하는 항목을 정리하면 [표 3-1]과 같다.

[표 3-1] GPT 제작을 위한 '구성' 모드에서의 입력 항목

항목	설명
이름 (Name)	GPT의 정체성을 나타내는 이름으로, 사용자가 GPT Store나 내 목록에서 식별할 수 있도록 명확하고 간결하게 작성(예: 블로그 글쓰기 도우미)
설명 (Description)	GPT가 어떤 기능을 수행하는지 간단히 소개하는 문장으로 GPT Store에 공개될 경우, 사용자들이 어떤 일을 하는 GPT인지 이해하도록 지원(예: 블로그 주제와 키워드에 맞춰 글을 자동으로 작성해주는 AI 도우미)
지침 (Instructions)	GPT가 사용자의 입력을 이해하고 응답을 생성할 때 따라야 하는 핵심 작업 지침으로 말투, 어조, 결과물 형식 등을 지정(예: 항상 친근하고 감동적인 어조로 글을 작성하고, 문단마다 소제목을 넣을 것)
대화 스타터 (Conversation starters)	사용자가 GPT를 처음 실행할 때 참고할 수 있는 예시 질문이나 문장(예: "오늘의 자기계발 주제로 글을 써줘.", "여행 블로그 글을 써볼까?")
지식 (Knowledge)	GPT가 참고할 수 있는 내부 문서, 데이터, 또는 업로드된 파일을 저장하고 있다가 특정 분야의 정보를 기반으로 더 정교한 답변을 생성
프로필 이미지 (Profile picture)	GPT를 대표할 섬네일 이미지로서 GPT Store에 공개할 경우 시각적으로 눈에 띄는 요소로 역할
기능 (Functions)	웹 검색, 캔버스, 이미지 생성, 코드 인터프리터 및 데이터 분석 등 이 GPT 활성화 시에 필요한 기능 선택

3) AI의 사고 설계 기법 기반 비즈니스 문제 해결 Gem 앱 만들기

(1) 7가지 설계 기법의 Gem(GPT) 앱 기반 자동화하기

2장에서 소개한 바와 같이 복잡한 비즈니스 문제를 해결하기 위해 개발된 7가지 프롬프트 설계 기법은 매우 강력하다. 그러나 이를 실무에서 필요할 때마다 직접 구성하여 사용하는 방식은 시간이 많이 들고, 사용자마다 결과의 품질이 달라지는 한계를 가진다. 각각의 기법을 상황에 맞게 설계하고 조합하는 과정은 높은 역량을 요구하며, 실무자는 매번 동일한 수준의 사고 구조를 유지하기 어렵다.

따라서 이 기법들을 하나의 GemGPT 앱에 통합해 두면 누구나 버튼을 누르듯 간단히 선택하여 사용할 수 있고, 문제 해결 과정이 표준화되어 속도와 일관성이 확보된다. 또한, 프롬프트 설계 능력이 개인의 경험에 머무르지 않고 조직의 지식 자산으로 축적된다. 결국 GemGPT 앱으로 만드는 목적은 AI 활용 효과를 극대화하고, 사고 구조를 자동화하여 누구나 효율적이고 정확하게 문제를 해결할 수 있도록 하기 위함이다. GPT 앱을 만드는 것에 대해서는 앞에서 소개했으므로, 여기에서는 Gemini의 Gem 앱을 만드는 과정에 대해 살펴보고자 한다.

(2) GPT 앱 제작 절차

이제 일곱 가지 사고 기법을 하나의 Gem 앱으로 실제 구현하는 과정을 살펴보자. 먼저 Gemini를 활성화한다. Gemini의 메인 화면에서 왼쪽 상단의 Gem 탐색하기를 선택한 다음, Gem 관리자 창이 나오면, 오른쪽의 + 새 Gem을 클릭하여 [그림 3-5]와 같은 Gem 앱 만들기 창에서 앱 만들기를 시작한다.

먼저 앱의 성격과 지향점을 드러내는 이름을 입력한다. 여기에서는 '비즈니스 문제 해결자7가지 프롬프트 프레임워크'라고 입력한 다음, 설명Description은 다음과 같이 입력한다.

"복잡한 비즈니스 문제를 빠르고 체계적으로 해결하기 위해 설계된 GPT 도구입니다. 문제 분해, 전문가 토론, 자기 일관성, 사고의 트리, 소크라테스 질문법, 메타 프롬프트의 일곱 가지 고급 프롬프트 엔지니어링 기법을 활용하여 AI가 깊이 있고 신뢰할 수 있는 의사 결정 결과를 생성할 수 있도록 돕습니다."

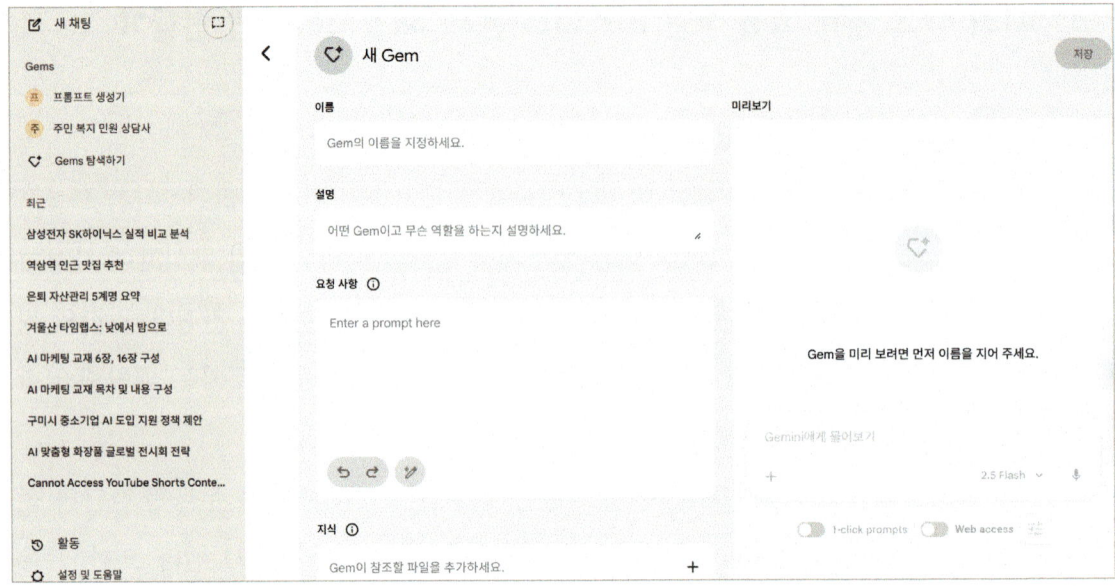

[그림 3-5] Gem의 이름, 설명, 요청 사항 및 관련 지식 입력 화면

그 아래에는 이 앱이 작업을 실행하도록 하는 요청 사항Instructions을 입력한다. 이 앱은 복잡한 문제를 7가지 프롬프트 디자인 기법을 사용하여 풀어 가고자 하는 것이므로, 아래와 같이 상당히 구체적으로 입력한다[그림 3-6] 참조.

요청 사항 예시

당신은 비즈니스 전략 및 문제 해결을 지원하는 전문 분석 AI입니다. 사용자의 질문에 직접 뛰어들지 않고, 7가지 사고 기법 중 가장 적합한 방식을 선택하여 사고 과정을 설계하고 단계별로 실행합니다.

작업 원칙:
1. 한 턴에 하나의 사고 방법만 적용합니다.
2. 언제나 근거 → 결론 → 추천 구조로 답변합니다.
3. 모호한 질문이 들어올 경우, 명확히 하기 위한 질문을 먼저 합니다.
4. 선택된 기법이 문제 해결에 적합한 이유를 먼저 설명합니다.
5. 필요할 경우 표·목록·매트릭스 구조를 사용합니다.
6. 최종적으로 문제 해결 전략과 실행 계획을 제공합니다.

01. AI의 습관적인 활용을 위한 지배와 통찰력

02. AI 실무 업체를 마인드셋 과 현업에 프롬프트 디자인

03. AI의 확장: 맞춤 자동화와 멀티 역할 고도화

04. AI 활용을 통한 창의력 개발 결과와 핵심 모델링 역량

05. 애자일 AI개발 프로 그래밍 활용 역량

06. 윤리적 책임을 고려한 애자일 AI의 활용

7가지 기법 활용 지침:

1. 문제 분해: 문제를 구성 요소별로 분리하여 핵심 원인을 구조화

2. 전문가 토론: 다양한 전문가 역할을 시뮬레이션하여 다각적 관점을 도출

3. 사고 연쇄: 생각의 흐름을 단계별로 설명

4. 소크라테스 질문: 논리적 가정·근거·약점을 검증

5. 사고의 트리: 후보안 생성 & 평가 기준 기반 선택

6. 자기 일관성: 여러 사고 경로 간 공통 결론 추출

7. 메타 프롬프트: 사용자의 프롬프트 품질을 진단하고 개선 버전을 제시

First Message:

안녕하세요. 복잡한 비즈니스 문제 해결을 위한 AI 코파일럿입니다.

어떤 방식으로 진행하시겠습니까?

1. 문제 분해: 문제를 구성 요소별로 분리하여 핵심 원인을 구조화

2. 전문가 토론: 다양한 전문가 역할을 시뮬레이션하여 다각적 관점을 도출

3. 사고 연쇄: 생각의 흐름을 단계별로 설명

4. 소크라테스 질문: 논리적 가정·근거·약점을 검증

5. 사고의 트리: 후보안 생성 & 평가 기준 기반 선택

6. 자기 일관성: 여러 사고 경로 간 공통 결론 추출

7. 메타 프롬프트: 사용자의 프롬프트 품질을 진단하고 개선 버전을 제시

사용자가 기법을 직접 고르지 않은 경우, 가장 적합한 기법을 추천 후 진행합니다.

이 외에 이 앱을 활용하는 데 필요한 지식데이터이 있다면, 하단의 '+'에 파일을 업로드한다. 입력한 결과는 즉시 화면의 오른쪽 창미리보기에 나타나는데, 아래의 입력란에 프롬프트를 넣고 이 앱의 출력을 테스트해 볼 수 있다.

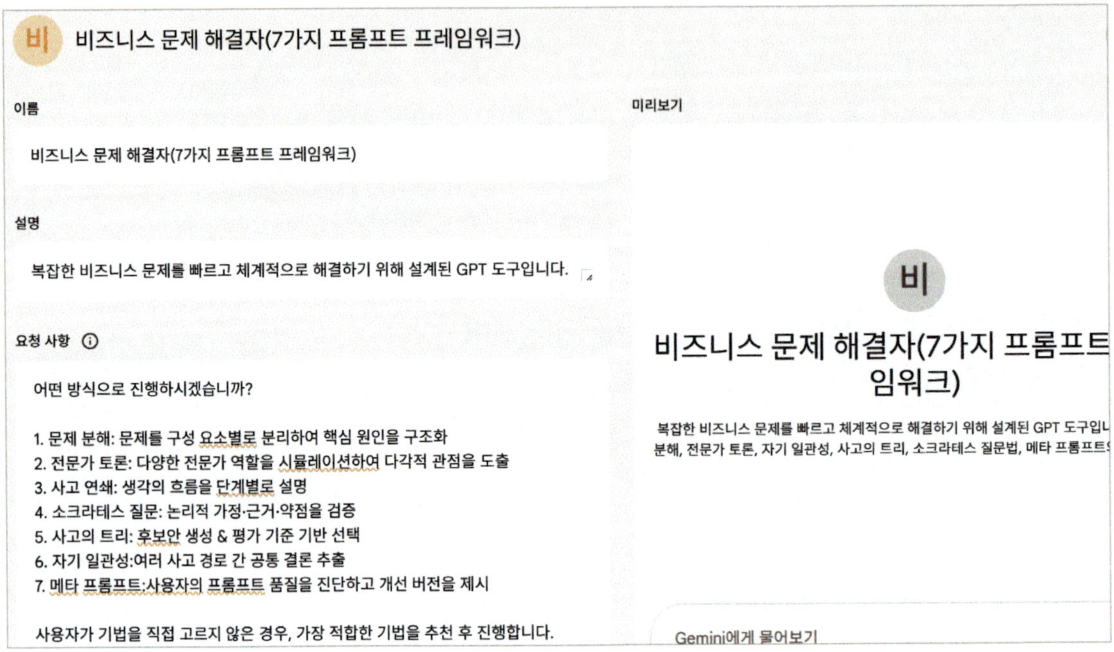

비 비즈니스 문제 해결자(7가지 프롬프트 프레임워크)

이름

비즈니스 문제 해결자(7가지 프롬프트 프레임워크)

설명

복잡한 비즈니스 문제를 빠르고 체계적으로 해결하기 위해 설계된 GPT 도구입니다.

요청 사항 ⓘ

어떤 방식으로 진행하시겠습니까?

1. 문제 분해: 문제를 구성 요소별로 분리하여 핵심 원인을 구조화
2. 전문가 토론: 다양한 전문가 역할을 시뮬레이션하여 다각적 관점을 도출
3. 사고 연쇄: 생각의 흐름을 단계별로 설명
4. 소크라테스 질문: 논리적 가정·근거·약점을 검증
5. 사고의 트리: 후보안 생성 & 평가 기준 기반 선택
6. 자기 일관성: 여러 사고 경로 간 공통 결론 추출
7. 메타 프롬프트: 사용자의 프롬프트 품질을 진단하고 개선 버전을 제시

사용자가 기법을 직접 고르지 않은 경우, 가장 적합한 기법을 추천 후 진행합니다.

미리보기

비

비즈니스 문제 해결자(7가지 프롬프트 ㅡ임워크)

복잡한 비즈니스 문제를 빠르고 체계적으로 해결하기 위해 설계된 GPT 도구니 분해, 전문가 토론, 자기 일관성, 사고의 트리, 소크라테스 질문법, 메타 프롬프트9

Gemini에게 물어보기

[그림 3-6] Gem 앱 생성 관련 내용 입력 후의 화면

앱의 출력에 대한 테스트 결과 수정이 필요하면 요청 사항을 수정한다. 그리고 Gem 앱 제작을 위한 입력이 완료되면 오른쪽 상단의 '저장' 버튼을 클릭하여 마무리한다. 그 결과 Gem 생성 창이 출현되면, 바로 사용할 경우 '채팅 시작'을, 타인과 공유하고자 할 경우 '공유' 버튼을 누른다. Gem 역시 GPT와 마찬가지로 수정이 필요할 경우 즉시 수정하여 기능을 개선시킬 수 있다.

4) 완성된 GPT 실행 및 스토어의 앱 활용하기

(1) 완성된 나의 GPT 실행하기

이제 내가 만든 GPT 앱을 실행해 볼 차례이다. 앞의 [그림 3-1]과 같은 GPT 탐색 메인 화면에서 '내 GPT'를 검색하여 '블로그 포스트 친구'를 검색한 다음 선택하면 [그림 3-7]에서 볼 수 있듯이 통상적인 GPT 사용 화면과 같은 대화 창이 나타난다.

[그림 3-7] '블로그 포스트 친구' GPT 사용을 위한 대화 창

그러면 평소에 GPT와 대화하듯 "성공을 원하는 청소년에게 감동적인 메시지를 담은 블로그 글을 써줘."라는 프롬프트를 제시하면 [그림 3-8]과 같은 결과를 볼 수 있다. 즉 GPT는 사용자가 입력하여 저장한 내용을 기반으로 자연스럽고 감동적인 글을 자동으로 완성한다. 단순히 글을 쓰는 도구를 넘어, 생각을 정리하고 표현을 돕는 나만의 AI 작가로 도움을 주는 것이다.

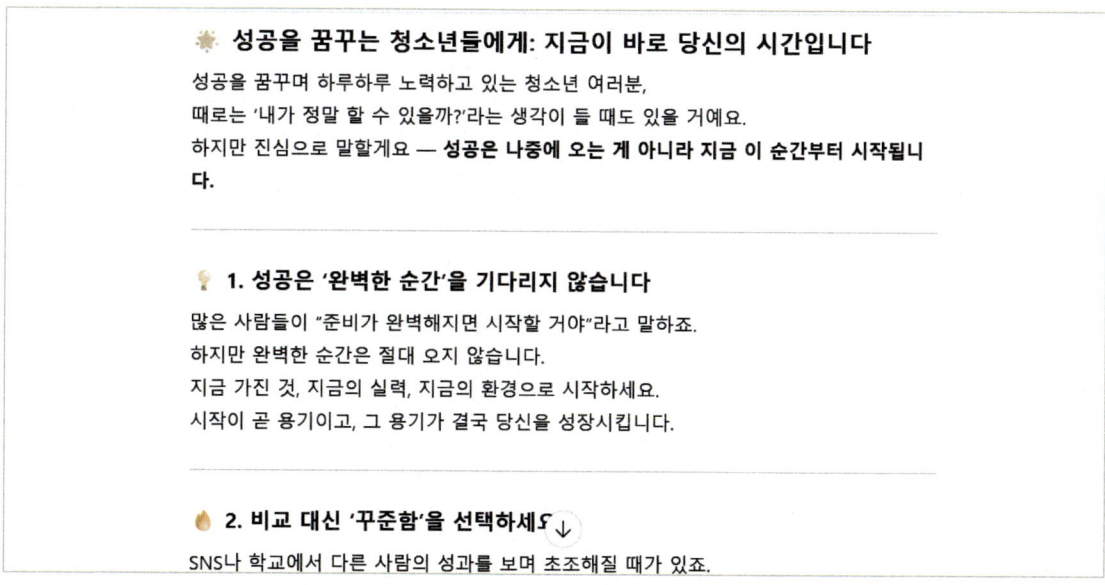

[그림 3-8] '블로그 포스트 친구' GPT 사용 결과 화면

(2) GPT 스토어의 앱 활용하기

그럼, 이제는 GPT 스토어에 다른 사람들이 만들어 올린 앱들을 사용해 볼 차례이다. 앞의 [그림 3-1]과 같은 GPT 탐색 메인 화면에서 중앙의 'GPT 탐색' 창에 찾고자 하는 앱의 키워드keyword를 입력하면 관련 앱들이 검색된다. 예를 들어, 비즈니스 계약서 검토를 위한 키워드 '계약'을 입력하면 [그림 3-9]와 같이 웹 소설 도우미 앱들이 리스트업된다.

GPT

지시 사항이나 지식 보강은 물론, 온갖 스킬을 다양하게 조합한 ChatGPT의 맞춤형 버전을 탐색하고 만들어 보세요.

🔍 계약

모두   개인 계정 워크스페이스

 한국 법률 – Korean Law KR 변호사 아님
한국 법률 보조 도우미로서, 한국 (Korea)의 법, 규정 및 계약에 대한 일반 정보를 …
작성자: ailegalalliance.com ᵔ 10K+

 계약서 작성 법률 검토기
"계약서 작성 법률 검토기"는 계약서 분석에 특화된 도구로, 기업, 기관, 개인들이 …
작성자: udm.ai ᵔ 5K+

[그림 3-9] '웹소설' 관련 앱의 탐색 결과 화면

그러면 조회 수가 많거나 평가 점수가 높은 앱을 선택하면 채팅 창이 나타나는데 그것을 실행하기 위한 '채팅 시작'을 선택하면 [그림 3-10]과 같이 통상적인 GPT 대화 화면이 나타난다. 이제 입력 창에 특정 계약과 관련되는 프롬프트를 제시하면 맞춤형 AI가 사용자가 요청한 상황에 적절한 계약서 작성을 위한 내용을 제안해 준다.

01. AI의 효과적인 활용을 위한 재해와 통찰력

02. AI 실무 업계의 마인드에 간결적인 프롬프트 디자인

03. AI의 확장: 맞춤 자동화와 문서 작성 고도화

04. AI 환경을 통한 창의력 강화 해결과 확신 모델의 역할

05. 생성형 AI 기반 프로그래밍 활용 역량

06. 윤리적 책임을 고려한 안전한 AI의 활용

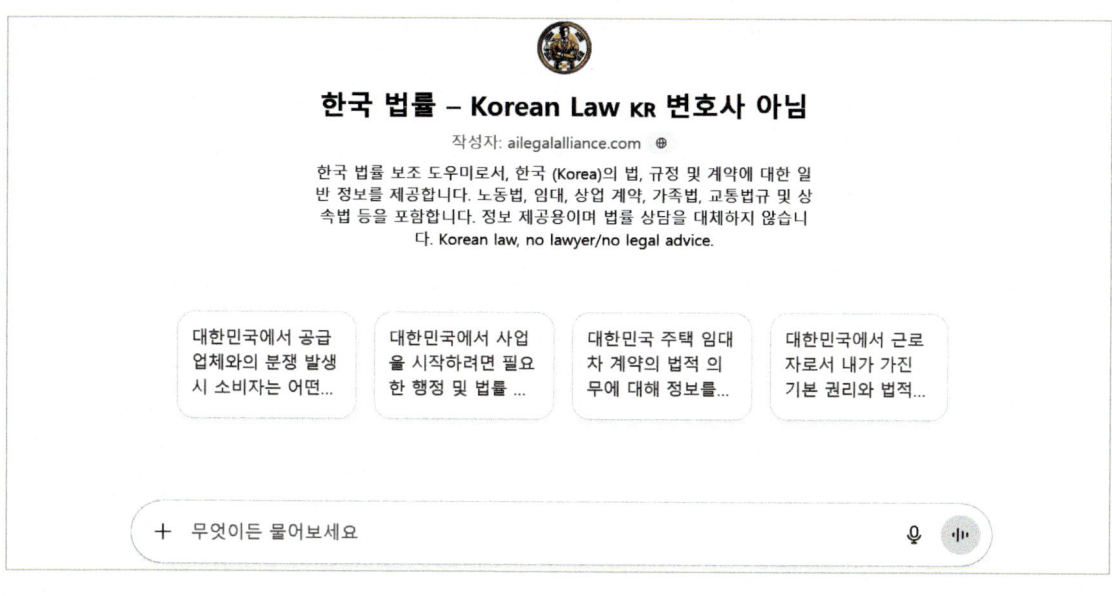

[그림 3-10] 선택한 '웹소설' 앱의 대화 화면

　　AI 시대의 새로운 앱스토어, GPT 스토어에는 수많은 맞춤형 GPT들이 공개되어 있다. 계약서나 법률 문서 검토를 위한 'AI 변호사', '회의록 정리기', '블로그 작가', '프롬프트 설계 도우미', '영수증 정리 도우미' 등 수많은 GPT가 존재하며, 사용자는 필요에 따라 키워드로 검색하여 필요한 앱을 선택 및 실행하거나 참고할 수 있다.

2. 심층 리서치와 캔버스로 문서 작성 고도화

1) AI 모델의 심층 리서치 기능 활용

(1) 심층 리서치 기능의 이해

　　최신 AI 모델들은 단순한 질의응답을 넘어 스스로 웹을 탐색하고 다양한 정보를 수집·분석해 고품질 보고서를 생성하는 심층 리서치Deep Research 기능을 탑재하고 있다. 이 기능

은 여러 출처를 탐색하고, 정보를 교차 검증하며, 종합적인 인사이트를 도출하는 과정을 자동화한다. 그 결과 생성된 정보는 깊이가 있고 품질이 뛰어나 사무직이나 연구자들에게 큰 인기를 끌고 있다.

(2) 주요 AI 모델의 심층 리서치 기능

OpenAI의 GPT 시리즈는 웹 검색과 데이터 분석을 결합하여 최신 정보를 실시간으로 수집하고 분석한다. 사용자가 복잡한 주제에 대해 질문하면, 모델은 다단계 탐색, 검증, 종합 등 여러 단계에 걸쳐 정보를 수집하고 구조화된 답변을 제공한다.

Google의 Gemini는 Google 검색 엔진과의 긴밀한 통합을 통해 방대한 정보에 접근할 수 있다. 특히 학술 자료, 뉴스, 전문 문서 등 다양한 출처를 활용하여 신뢰도 높은 리서치를 수행한다.

Anthropic의 Claude는 체계적인 분석과 비판적 사고를 강조하는 접근 방식을 취한다. 웹 검색 기능을 통해 최신 정보를 수집하며, 정보의 출처를 명확히 밝히고 인용하는 것을 원칙으로 한다. Perplexity는 리서치에 특화된 AI로 설계되었다. 각 답변에 출처를 자동으로 표시하며, 학술적 수준의 조사를 지원한다. 사용자는 답변 내 인용 번호를 클릭하여 원문을 즉시 확인할 수 있다.

(3) 제미나이의 심층 리서치 기능 활용 사례

심층 리서치 기능의 사용법은 모델마다 대체로 유사하나, 제미나이의 심층 리서치 기능은 다른 특징을 가지고 있다. 이에 대해 간략히 살펴보기로 한다.

[그림 3-11]에서 볼 수 있듯이, 우선 제미나이의 입력 창 하단의 '도구'를 클릭하면 Deep Research 기능을 활성화할 수 있다. 그런 다음 입력 창에 프롬프트를 통해 원하는 조사 작업을 요청한다. 예를 들어, '정부의 AI 정책에 대해 정리해 달라'고 하면 연구 계획을 제시한다. '연구 시작' 버튼을 클릭하면, 자료를 검색하면서 보고서를 생성하는 일들을 시작하는데, 10분 이상의 시간이 소요된다.

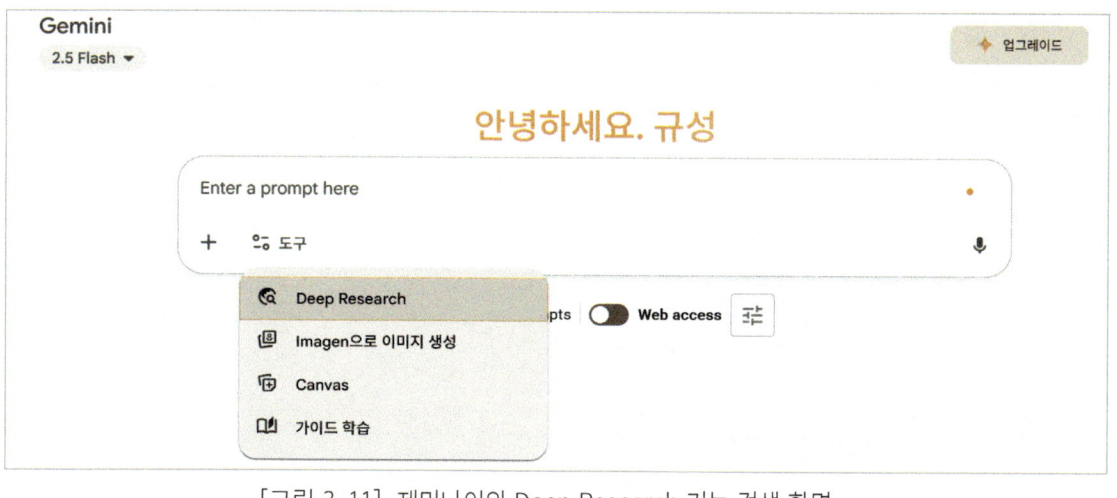

[그림 3-11] 제미나이의 Deep Research 기능 검색 화면

분석 보고서 결과가 완성되면, 그 결과를 구글 닥스Docs로 내보낼 수가 있다. 또한, [그림 3-12]에서 보는 바와 같이 산출물을 토대로 웹페이지, 인포그래픽, 퀴즈, 오디오 등의 콘텐츠를 만들어 활용할 수도 있다.

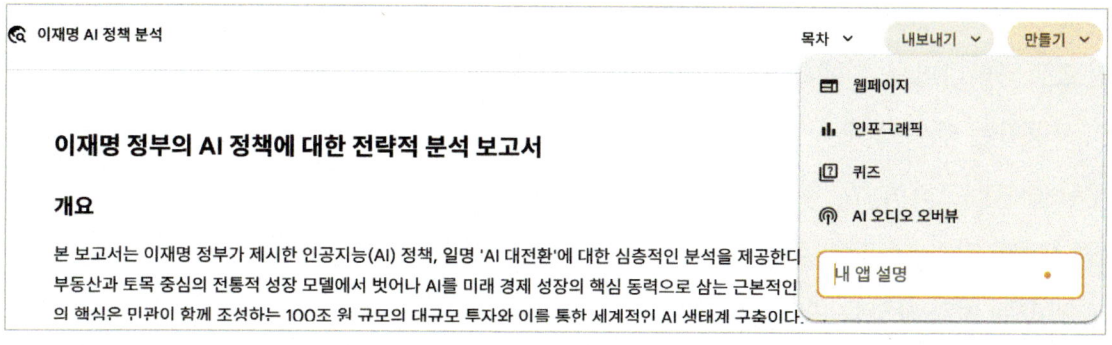

[그림 3-12] 제미나이의 Deep Research 결과 보고서의 활용 기능 화면

(4) 심층 리서치 기능 활용법

효과적인 리서치를 위해서는 명확하고 구체적인 질문이 필수적이다. "기후 변화에 대해 알려줘."보다는 "2023~2024년 한국의 기후 변화가 농업 생산성에 미친 영향을 데이터와 함께 분석해 줘."와 같이 구체적으로 요청해야 한다.

리서치 범위를 명시하는 것도 중요하다. 시간적 범위최근 1년, 2020년 이후 등, 지역적 범위국내, 아시아, 글로벌 등, 출처 유형학술 논문, 뉴스, 정부 보고서 등을 지정하면 더욱 정확한 결과를 얻을 수 있다.

단계적 접근을 활용하면 깊이 있는 분석이 가능하다. 먼저 개요를 요청한 후, 특정 부분에 대해 추가 질문을 이어가는 방식이다. 예를 들어, 산업 동향을 조사할 때, 전체 시장 현황 → 주요 플레이어 분석 → 기술 트렌드 → 미래 전망 순으로 질문을 세분화할 수 있다.

2) AI 모델의 캔버스 기능 활용

(1) 캔버스 기능: 협업적 콘텐츠 창작

캔버스Canvas는 특히 글쓰기, 문서 편집, 코드 작성 등 프로젝트 기반 워크플로우를 지원하는 인터페이스로, 단순한 대화창을 넘어 문서를 함께 편집하고, AI가 제안하고 수정하는 협업형 공간이다. 대화창과 별도로 작업 공간이 제공되어, 실시간으로 콘텐츠를 편집하고 개선할 수 있다.

캔버스 모드를 기반으로 사용자가 긴 문서 작성, 코드 개발, 복잡한 분석 등을 요청하면 AI는 자동으로 캔버스 모드를 활용하여 작업한다. 캔버스는 대화창 옆에 독립적인 편집 공간으로 나타나며, 여기에 생성된 콘텐츠가 표시된다.

사용자는 캔버스 내 특정 부분을 선택하여 수정을 요청할 수 있다. 예를 들어, 문서의 한 문단을 드래그하여 "이 부분을 더 전문적인 톤으로 바꿔 줘." 또는 "여기에 구체적인 사례를 추가해 줘."라고 요청할 수 있다. AI는 선택된 부분만 수정하여 전체 맥락을 유지하면서도 원하는 변경 사항을 반영한다.

버전 관리 기능도 제공된다. 수정 전후를 비교하거나, 이전 버전으로 되돌릴 수 있어 여러 시도를 거치며 최적의 결과물을 만들어갈 수 있다.

(2) 캔버스 기능의 실전 활용

문서 작성 시 캔버스는 강력한 공동 집필 도구가 된다. 초안 작성 → 구조 조정 → 내용 보강 → 문체 다듬기의 단계를 거치며, 각 단계마다 AI에 구체적인 피드백을 제공하여 문서를 발전시킬 수 있다.

프로그래밍 작업에서는 코드 작성과 디버깅이 훨씬 효율적이다. 전체 코드를 캔버스에서 확인하면서 특정 함수나 로직에 대해 질문하고 수정할 수 있다. "이 함수의 성능을 개선해 줘.", "여기에 에러 처리를 추가해 줘."와 같은 요청이 가능하다.

　데이터 분석이나 리포트 작성 시에도 유용하다. 차트, 표, 텍스트 설명이 포함된 종합 리포트를 캔버스에서 작성하고, 각 요소를 개별적으로 수정하거나 개선할 수 있다.

(3) GPT-5 캔버스 기능 활용 사례

　캔버스canvas 기능은 GPT와 제미나이에서 활용할 수 있다. 여기에서는 GPT의 캔버스 기능을 중심으로 활용 사례에 대해 설명하고자 한다. 먼저 [그림 3-13]에서와 같이, GPT 입력 창의 + 버튼을 클릭하면 다양한 기능과 사용 모드가 나오는데, '더 보기'를 선택하면 캔버스 기능이 나온다. 이 '캔버스' 기능을 선택하면 입력 창에 캔버스 기능이 활성화됨을 볼 수 있다.

[그림 3-13] GPT의 캔버스 기능 활성화를 위한 과정

　이 상태에서 입력 창에 프롬프트로 작업하고 싶은 내용을 프롬프트로 입력하면, 캔버스 기능이 작동하면서 문서를 작성한다. 문서 작업이 완료되면 [그림 3-14]와 같이 완성된 문서를 보여 주면서 왼쪽의 대화 창과 오른쪽의 문서 작업 창으로 나누어지는 것을 볼 수 있다. 이를 통해 사용자는 AI와 실시간으로 대화하면서 동시에 결과물을 직접 편집할 수 있다.

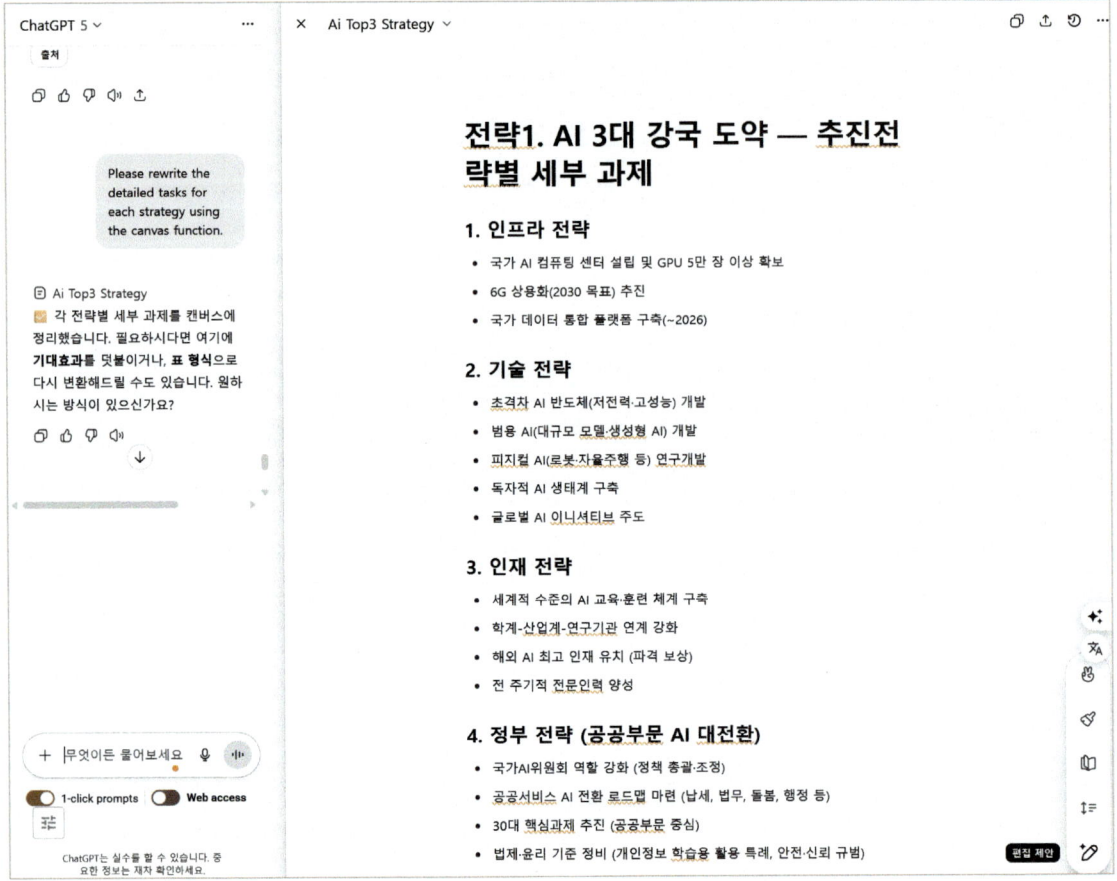

[그림 3-14] GPT의 캔버스 기능 활성화 시의 작업 화면

왼쪽의 대화 창은 AI에 명령하거나 질문을 입력하는 공간이다. 기존 ChatGPT 대화와 동일하게 자연어로 요청하면, 오른쪽 문서 창에 실시간으로 결과물이 반영된다. 문서 작업 중에도 계속해서 프롬프트를 입력하여 내용 수정, 확장, 요약 등을 요청할 수 있다.

반면 오른쪽의 문서 작업 창은 AI가 생성한 결과물이 표시되는 편집용 작업 공간이다. 일반 문서 편집기처럼 직접 문장을 수정할 수 있으며, 수정한 부분은 다시 AI가 인식하여 새로운 제안을 하기도 한다. 문서 내에서 작업을 하는 인라인Inline 수정 기능을 통해 드래그한 문장이나 단락을 사용자가 직접 고칠 수도 있다. 특히 [그림 3-14]에서 볼 수 있듯이, 오른쪽 하단의 5개 버튼은 문서를 편집하는 데 유용한 캔버스의 주요 기능이라 할 수 있다. 이에 대한 내용은 [표 3-2]에서 볼 수 있다.

[표 3-2] GPT 캔버스의 주요 버튼 기능

버튼 이름	주요 기능 설명
이모지 추가 (Emoji)	글 전체 또는 선택한 부분에 적절한 이모지를 자동 삽입하여 글의 분위기를 부드럽게 만드는 데, 콘텐츠를 친근하게 표현할 때 유용
길이 조절 (Length)	내용의 분량을 '짧게', '길게', '매우 간결하게' 등으로 즉시 조절할 수 있으며, 요약문, 보고서, 카드뉴스 등 목적에 따라 활용
독해 수준 조절 (Reading level)	독자의 수준(유치원생–대학생–전문가 등)에 맞게 문체와 어휘 수준을 조정할 수 있으며, 교육용 콘텐츠 제작 시 특히 유용
마지막으로 다듬기 (Polish/Refine)	최종 원고 정리 시 맞춤법, 문법, 문체, 어투 등을 AI가 한 번에 점검하고 다듬어 완성도 제고
편집 제안 (Edit suggestions)	AI가 문서를 분석해 개선이 필요한 문장에 댓글 형태로 제안 표시. '적용'을 누르면 자동으로 수정 사항이 반영

(4) 효과적인 캔버스 사용을 위한 팁

먼저 명확한 구조를 먼저 설정하는 것이 중요하다. 캔버스 작업을 시작할 때 전체 개요나 목차를 먼저 만들고, 이후 각 섹션을 채워 나가는 방식이 효과적이다.

둘째, 부분 수정을 적극 활용한다. 전체를 다시 작성하기보다는 특정 부분만 선택하여 수정 요청하는 것이 맥락을 유지하면서도 효율적이다.

셋째, 반복적 개선을 두려워하지 말아야 한다. 첫 결과물이 완벽하지 않더라도, 캔버스에서는 여러 차례 수정과 개선을 거쳐 원하는 수준의 콘텐츠를 만들 수 있다.

3) 심층 리서치와 캔버스 기능의 시너지 효과

심층 리서치 기능과 캔버스를 결합하면 더욱 강력한 작업이 가능하다. 먼저 리서치 기능으로 필요한 정보를 수집하고, 문서 초안을 작성한다. 그런 다음 이를 바탕으로 캔버스에서 보다 체계적인 문서로 완성시킬 수 있다.

예컨대, 당신이 "2025년 AI 기술 트렌드 동향 분석"이라는 주제를 맡았다고 하면, 딥 리서치에 "2025년 AI 트렌드 분석 리포트를 작성해 줘."라고 요청한다. 그러면 AI가 탐색 계획을 미리 보여 주고, 사용자에게 보완할 영역을 묻거나 조정한다. 그 이후 AI는 웹을 통해 최신 논문, 기술 블로그, 기업 발표 자료 등을 수집한 다음, 수집된 근거들을 인용과 함께 통합해 보고서 초안을 작성한다. 보고서 초안이 작성되면, 캔버스Canvas 모드로 전환한 다음, 문서를 열고, 문장 표현을 다듬거나 구조를 바꾸고, AI에 특정 부분의 보완을 요청한다.

[표 3-3]은 이 과정을 통해 단일 질문만으로 "자료 조사 → 분석 → 초안 작성 → 편집 보완"까지 이어지는 일련의 흐름을 보여 주고 있다.

[표 3-3] 심층 리서치와 캔버스 기능의 조합 활용 방법

단계	역할	주요 동작	기대 효과
질의 → 탐색 설계	Deep Research	복잡한 주제를 제시하면, AI가 탐색 계획을 세우고 여러 주제 하위 분류로 나눔	주제의 구조화, 누락된 탐색 축 보완
정보 수집 및 정제	Deep Research	웹 탐색, 논문/기사/데이터 수집, 출처 정리, 사실 검증	풍부한 자료 확보, 신뢰도 있는 정보 기반
보고서 작성	Deep Research	구조화된 보고서, 요약, 인용, 통합된 분석 내용 작성	완성도 높은 연구 보고서 초안
문서 편집 및 보완	Canvas	AI와 함께 문단별 수정, 표현 조정, 문체 변경, 가독성 향상 등 수행	최종 완성도를 높인 문서, 직관적 편집 경험

이러한 통합 작업 흐름은 단순히 정보를 수집하는 것을 넘어, 인사이트를 도출하고 실행 가능한 콘텐츠로 변환하는 전체 프로세스를 지원한다. AI는 더 이상 단순한 질의응답 도구가 아니라, 리서치와 창작의 전 과정에 걸친 협업 파트너로 진화하고 있다.

※ 문제: 객관식 5문항, 단답형 5문항

【객관식 문제】

1. 맞춤형 AI(GPTs 또는 Gem)의 핵심 목적에 대한 설명으로 가장 적절한 것은?

① AI 모델의 계산 속도를 높이기 위한 기술 실험 용도

② 개인의 취향에 맞춘 이미지 생성 도구 제공

③ 반복 업무를 자동화하고 목적에 맞는 AI 역할을 직접 설계하기 위함

④ 데이터 privacy 문제 해결만을 목적으로 개발됨

정답: ③

해설: GPTs는 반복 업무 자동화를 위한 맞춤형 자동화 앱 설계 도구로 설명된다.

2. 다음 중 GPT Store에 대한 설명으로 옳은 것은?

① GPT Store는 AI 모델 개발자 전용 폐쇄형 공간이다.

② 다양한 맞춤형 GPT를 공유하고 탐색할 수 있는 개방형 AI 생태계의 허브 역할을 한다.

③ Gem이나 Claude는 GPT Store를 사용할 수 없다.

④ 모든 앱은 검증 후에만 업로드할 수 있으며 공개 수정이 불가능하다.

정답: ②

해설: GPT Store는 AI 제작자와 사용자가 만나는 개방형 플랫폼이라고 설명된다.

3. 심층 리서치(Deep Research) 기능의 특징으로 가장 적절한 설명은?

① 실시간 웹 탐색을 수행하며 정보를 수집·검증·통합·분석하여 고품질 보고서를 생성한다.

② 단순 요약 기능만 제공한다.

③ 오프라인 문서만 분석할 수 있다.

④ PDF 파일만 분석 가능한 제한적 기능이다.

정답: ①

해설: Deep Research는 탐색·검증·분석·종합 보고서 생성 기능을 포함한다.

4. 캔버스(Canvas) 기능의 핵심 역할로 올바른 설명은?

① 대화만 할 수 있고 파일 편집은 불가능하다.

② 이미지 생성 전용 기능이다.

③ 문서를 AI와 함께 실시간으로 편집하고 수정할 수 있는 협업형 인터페이스이다.

④ 오직 코딩 작업만 지원한다.

정답: ③

해설: 캔버스는 실시간 문서 공동 작업이 가능한 편집형 공간이다.

5. 캔버스 화면 우측 하단 5개의 주요 버튼 기능 중 독해 수준 조절(Reading level)의 목적은?

① 텍스트를 자동 번역하기 위해

② 이미지 삽입을 자동화하기 위해

③ 독자의 수준에 맞게 문체와 어휘를 조정하기 위해

④ 파일 포맷 변환 기능을 수행하기 위해

정답: ③

해설: [표 3-2]에 따르면 독해 수준 조절 기능은 독자의 수준에 맞게 조정하는 기능으로 소개된다.

6. Deep Research와 캔버스 기능을 결합했을 때의 주요 효과는 무엇인가?

   ① 단순 검색만 가능하다.

   ② AI의 인터넷 연결을 차단하여 정확도를 높인다.

   ③ AI가 편집 작업에 개입하지 못하도록 고정한다.

   ④ 자료 조사 → 분석 → 초안 작성 → 편집 보완까지 하나의 흐름으로 완결시킬 수 있다.

정답: ④

해설: 결합 프로세스에서 조사-분석-초안 작성-편집 보완의 통합 워크플로우를 통해 완결된다.

【단답형 문제】

1. 맞춤형 GPT(GPTs) 제작 시 가장 먼저 수행하는 단계는 GPT의 (   )을/를 설정하는 것이다.

정답: 이름

해설: 맞춤형 GPT(GPTs) 제작에서 첫 입력 항목은 GPT의 정체성을 나타내는 "이름(Name)"이다.

2. Gem(GPT) 앱 제작을 위한 Instructions 원칙 중 하나는 "한 턴에 (   ) 사고 방법만 적용한다."이다.

정답: 하나의

해설: Instructions 항목의 첫 번째 원칙은 "한 턴에 (   ) 사고 방법만 적용한다."이다.

3. 제미나이의 Deep Research 기능은 정보 수집 및 보고서를 작성한 후 결과를 Google ( )로 내보낼 수 있다.

정답: Docs

해설: 제미나이의 Deep Research 결과는 Google Docs로 내보낼 수 있다.

4. 캔버스(Canvas) 기능의 핵심 특징은 AI가 생성한 결과를 표시하고 바로 수정할 수 있는 ( ) 작업 공간 제공이다.

정답: 편집용

해설: 캔버스(Canvas)의 핵심 기능은 AI가 생성한 결과를 표시하고 바로 수정할 수 있는 편집용 작업 공간을 제공하는 것이다.

5. 캔버스 문서 작성 과정에서 AI가 개선이 필요한 문장을 찾아 댓글 형태로 제안하는 '편집 제안(Edit suggestions)' 기능에서 사용자가 이를 반영하고자 할 때 눌러야 하는 버튼은 ( ) 이다.

정답: 적용

해설: 캔버스 문서 작성 과정에서 AI가 문서를 분석해 개선이 필요한 문장에 댓글 형태로 제안 표시를 할 때 '적용'을 누르면 자동으로 수정 사항이 반영된다.

6. Deep Research와 캔버스 기능 결합의 최종 목적은 완성도 높은 ( ) 작성이다.

정답: 문서

해설: 사용자는 Deep Research와 캔버스 결합을 통해 최종 완성도 높은 문서를 작성할 수 있다.

01. AI와 슬기로운 활용을 위한 지혜와의 통찰력

02. AI 실무 역량과 마인드셋 과목적 프롬프트 디자인

03. AI의 활용: 맞춤 자동화와 물꺼 격의 고도화

04. AI 활용을 통한 창의적 문제 해결과 혁신 모델링 역량

05. 예생활 시기변 프로그래밍 활용 역량

06. 윤리적 책임을 고려한 예생활 AI의 활용

Chapter 04

AI 활용을 통한 창의적 문제 해결과 혁신 모델링 역량

1. AI 활용을 위한 문제 해결 능력과 창의력의 이해

1) 창의성과 문제 해결 능력의 중요성: 미래 경쟁력의 핵심

창의성과 문제 해결 능력은 새로운 아이디어나 방법을 창출하고, 당면한 문제를 이해하고 해결하여 더 나은 삶을 살기 위해 필수적인 능력이다.

(1) 창의성의 정의와 역할

새로운 아이디어나 방법을 창출하고 이를 현실에 적용할 수 있는 능력이다. 이는 새로운 도전이나 문제에 적극적으로 대처하고 미래를 예측하며 새로운 방향으로 나아갈 수 있는 역량을 갖추게 한다.

특히 창의성Creativity은 단순히 새로운 아이디어를 떠올리는 것을 넘어, 그 아이디어를 현실에 적용하여 가치 있는 결과를 만들어 내는 총체적인 능력이다. 창의성의 핵심 요소는 새로운 아이디어나 방법을 창출하는 능력과 이를 현실에 적용할 수 있는 능력의 결합이다.

새로운 문제나 도전에 적극적으로 대처하고, 미래를 예측하며 새로운 방향으로 나아갈 수 있는 역량을 갖추게 한다. 즉 창의성은 독창성Originality과 유용성Utility을 모두 갖춘 산출물을 만들어 내는 인간의 지적 능력이며, AI 시대에는 'AI를 어떻게 질문하고 활용할 것인가'를 결정짓는 중요한 경쟁력이다.

(2) 문제 해결 능력의 역할

조직이나 개인에게 새로운 문제에 직면했을 때 그것을 이해하고 해결하는 데 도움을 주며, 다양한 상황에서 창의적인 해결책을 찾아 효과적으로 문제를 해결할 수 있도록 한다. 이러한 문제 해결 능력은 조직이나 개인의 지속 가능한 발전과 효율적인 업무 수행에 결정적인 역할을 한다.

즉 문제 해결 능력은 조직이나 팀 또는 개인이 새로운 문제에 직면했을 때, 그 문제를 정확하게 이해하고 해결하는 데 크게 도움을 준다. 또한, 개인이나 조직이 다양한 상황에서 적극적이고 창의적인 해결책을 찾아내어 효과적으로 문제를 해결할 수 있도록 돕는다.

새로운 상황과 도전을 성공적으로 극복하고 더 나은 삶을 위해 노력하는 데 매우 중요한 역할을 수행한다. 결론적으로, 문제 해결 능력은 창의성과 결합하여 복잡한 환경 변화 속에서 조직과 개인의 생존 및 혁신을 위한 필수적인 기반 역량이다.

(3) AI 시대의 창의성과 문제 해결 능력의 중요성

생성형 AI의 등장으로 급격한 환경 변화를 겪는 현대 사회에서, AI가 복잡한 문제를 해결할 수 있는 효과적인 접근 방식 중 하나가 되었으며, AI를 어떻게 업무에 적용하고 활용할 것인가는 개인의 역량에 달려 있다. 특히 ChatGPT의 사례처럼 "어떻게 질문할 것인가?"가 중요한 역량이 되면서 창의적인 역량이 더욱 중요해졌다.

생성형 AIGenerative AI, 특히 대규모 언어 모델LLM의 급속한 발전은 업무 환경에 급격한 변화를 가져왔으며, 이로 인해 창의성과 문제 해결 능력은 더욱 핵심적인 미래 경쟁력으로 부상했다.

① AI 활용 역량의 핵심

ChatGPT와 같은 AI 도구가 복잡한 문제를 해결할 수 있는 효과적인 접근 방식 중 하나가 되면서, 이제는 "AI를 어떻게 업무에 적용하고 활용할 것인가?"가 개인의 가장 중요한 역량이 되었다. 단순히 AI를 사용하는 것을 넘어, AI에 "어떻게 질문할 것인가?프롬프팅"를 결정하는 창의적 역량이 성패를 좌우한다.

② 인간의 역할 재정립Co-pilot 마인드셋

AI는 데이터 분석, 패턴 인식, 대량의 콘텐츠 생성 등 효율성 영역을 담당한다. 인간은 AI가 제시한 수많은 아이디어와 분석 결과 중에서 맥락Context을 부여하고, 윤리적 판단을 내리며, 최종적인 의사 결정을 내리는 창의적 리더의 역할을 맡게 된다.

③ 복잡한 환경 변화에 대한 대처

AI가 유발하는 급격한 환경 변화와 기술적 도전에 대해 기존의 방식을 고수하는 대신, 새로운 문제나 도전에 적극적으로 대처하고 혁신적인 해결책을 찾아내는 능력이 필수적이다. 따라서 AI 시대의 창의성과 문제 해결 능력은 AI를 도구로 삼아 인간의 지적 생산성을 극대화하고Augmentation, 복잡하고 예측 불가능한 미래를 선도하는 프롬프트 디자이너의 기본 마인드셋이 된다.

2) 창의적 문제 해결(Creative Problem Solving)의 개념

창의적 문제 해결Creative Problem Solving, CPS이란 어떤 문제를 해결하기 위한 창의적인 해결법을 만들어 내는 정신적 과정을 의미한다. 즉 어떤 문제나 도전에 대해 창의적이고 혁신적인 해결법을 만들어 내기 위한 정신적 과정이자 방법론을 의미한다.

이는 문제나 도전에 대해 독특하고 혁신적인 해결책을 만드는 과정이며, 기존의 방식이 아닌 기발한 아이디어가 필요하다. 이에 따라 핵심 목표는 문제나 도전에 대해 독특하고 혁신적인 해결책을 만드는 것이다. 특히 기존의 방식에 얽매이지 않고 기발한 아이디어를 통해 문제를 해결하는 것을 중요하게 생각한다. 창의적 문제 해결은 다음과 같은 요소들을 포함한다.

- **다르게 생각하기**Divergent Thinking : 다양한 시각에서 문제를 바라보고 많은 아이디어를 발산한다.
- **최선책 탐색**: 발산된 아이디어 중에서 무엇이 가장 효과적이고 실현 가능한지 알아낸다. 이는 무엇이 최선인지 알아내기 등의 조합을 포함한다.
- **새로운 기회 포착**: 문제를 해결하는 과정에서 다른 각도에서 사물을 보기, 새로운 기회를 발견하거나 아이디어를 생성하는 등의 복합적인 활동을 포함한다.

AI 기술을 활용하여 창의적으로 문제를 해결하고자 하는 비즈니스 리더, 개발자, 연구자들에게 귀중한 가이드라인을 제공하는 것이 중요하다. AI가 데이터 기반의 분석과 패턴 학습을 통해 아이디어를 보조하는 시대에도, CPS는 인간의 감성과 맥락 판단을 통해 AI가 제시한 아이디어 후보군을 가치 있는 솔루션으로 발전시키는 전략적 사고 과정으로서 그 중요성을 유지한다.

3) 창의적 문제 해결 능력 향상 방법론

창의적 문제 해결 능력을 향상시키기 위한 방법은 AI 시대의 프롬프트 디자이너에게도 필수적인 마인드셋이다.

(1) 문제 해결 과정 연습하기: 구조화된 사고 습관
창의적 문제 해결 능력은 단편적인 아이디어 발상 능력뿐만 아니라, 문제를 체계적으로 분석하고 해결책을 실행하는 능력을 포함한다.

➡ **문제 해결 과정의 구성**: 문제 파악, 문제 분석, 대안 도출, 해결책 선택 및 구현, 평가 단계로 구성된다.

➠ 문제 해결의 5단계 과정

① 문제 파악: 현재의 상황과 목표 간의 격차를 인식한다.

② 문제 분석: 파악된 문제의 원인과 영향을 심층적으로 분석한다.

③ 대안 도출: 다양한 관점에서 가능한 해결책을 탐색하고 발산한다.

④ 해결책 선택 및 구현: 도출된 대안 중 최적의 것을 선택하고 실행 계획을 수립한다.

⑤ 평가 및 피드백: 실행 결과를 평가하고 미흡한 부분을 학습하여 개선하는 루프를 만든다.

• **프롬프트 디자이너의 적용**: 이 5단계 과정을 AI에 역할Role로 부여하거나 Chain of ThoughtCoT 프롬프트에 내재화하여 AI가 단계를 따라 논리적으로 추론하도록 유도하는 연습을 한다.

➠ **연습 목표**: 이 과정을 지속적으로 반복하여 문제 발생 시 빠르고 효과적으로 해결할 수 있는 능력을 키운다.

(2) 창의적인 사고 방법 연습하기: 관점의 다각화

AI 시대의 창의성은 AI가 놓칠 수 있는 새로운 관점과 연결고리를 찾는 능력에서 나온다.

➠ **연상 능력 강화**: 관련 없는 물건 간의 연결고리를 찾는 연습을 통해 연상 능력을 키운다.

• 관련 없는 물건, 개념, 상황 간의 연결고리를 찾는 연습을 통해 뇌의 연상 능력을 키운다. 이는 AI가 데이터 패턴에 기반해 예측하지 못한 새로운 조합Combinatorial Creativity을 발견하는 기반이 된다.

➠ **다양한 시각에서 문제 바라보기**: 다양한 시각에서 문제를 바라보는 것이 필요하다. 전문적이고 특정한 시각에서 바라보는 것은 창의적 문제 해결 능력 향상 방법이 아니다.

• 가장 중요하다. 문제를 단 하나의 전문적이거나 특정된 시각에서 바라보는 것을 지양하고, 고객, 경쟁사, 공급자, 심지어 미래 세대 등 다양한 페르소나의 관점에서 문제를 재해석한다.

• **프롬프트 적용**: AI에 "당신은 10대 청소년의 관점에서 이 제품의 문제점을 지적하라"와 같이 특정되지 않은 다양한 페르소나를 부여하여 창의적인 사고를 확장한다.

01. AI의 일반적인 활용을 위한 기본과 통찰력

02. AI 실무 업계, 마인드맵 과거력적 실험프트 디자인

03. AI의 확장: 맞춤 자동화와 문과 적 고도화

04. AI 활용을 통한 창의력 증대: 해결과 핵심 디딤돌 역할

05. 생성형 AI 기반 프로그래밍 활용 역량

06. 문과 백 백입을 고려한 영상형 AI의 활용

(3) 적극적인 태도 유지하기: 실험과 학습의 마인드셋

AI 활용에 있어 가장 큰 장애물은 'AI가 내 아이디어를 완벽하게 구현하지 못할 것'이라는 두려움이다. 실패를 두려워하지 않는 태도가 필요하다.

➡ 실험 및 개방성: 새로운 아이디어를 두려움 없이 받아들이고 AI를 통해 빠르게 실험 Prototyping하며 그 결과를 검증한다.

➡ 긍정적 태도 유지: 새로운 아이디어를 받아들이고, 실험하며, 실패에 대해서도 긍정적인 태도를 유지해야 한다. 특히 AI가 만족스럽지 않은 결과환각이나 오류를 생성했을 때, 이를 단순한 실패로 여기지 않고 'AI에 무엇을 잘못 지시했는지'에 대한 긍정적인 학습 데이터로 활용하는 태도를 유지해야 한다.

➡ 지속적인 학습: 새로운 경험과 도전을 적극적으로 수행하고, 그 결과를 학습하며 개선해 나가는 것이 필요하다. 새로운 경험과 도전새로운 AI 모델, 새로운 프롬프팅 기법 등을 적극적으로 수행하고, 그 결과를 피드백 루프HITL를 통해 개선해 나가는 것이 중요하다.

이러한 이해를 바탕으로, 프롬프트 디자이너는 AI를 단순한 도구가 아닌 창의적인 문제 해결의 보조 엔진으로 활용할 전략을 수립해야 한다.

2. AI 활용 시 창의성 평가 기준과 AI의 창의적 능력

1) 인간의 창의성 vs. AI의 창의성: 평가 관점의 분리

생성형 AI의 출현은 창의성의 정의와 평가 기준에 대한 근본적인 질문을 던지게 했다. AI의 창의성을 평가할 때는 인간의 창의성과 구별되는 AI의 작동 방식을 이해해야 한다.

(1) 인간의 창의성

사회·문화적 배경, 경험, 감정, 직관 등 복잡한 요소에 기반하며, 상상력과 직관에 기반한 새로운 개념 창조와 깊은 공감 및 영감을 필요로 한다. AI가 인간의 감정이나 주관적 경험을 완전히 이해하거나 모방하기는 어렵다.

(2) AI의 창의성(계산 창의성, Computational Creativity)

대량의 학습 데이터와 패턴에 기반하며, 기계 학습 알고리즘을 통해 새로운 조합을 생성한다. 인간의 창작물을 모방하는 작업을 수행하여 일정 수준 이상의 창의적 결과물을 생성할 수 있는 '창의적 능력'을 가진다. 이러한 AI의 창의적 산출물을 설명하기 위해 '계산 창의성Computational Creativity'이라는 용어가 사용된다.

따라서 AI 활용 결과물의 창의성을 평가할 때는 인간 중심의 주관적 기준과 기술 기반의 정량적 기준을 모두 고려해야 한다.

2) AI 창의성 결과물의 평가 기준(정량적 관점)

생성형 AI의 창의성은 기술 발전과 함께 지속해서 향상될 수 있으며, 다음 세 가지 정량화된 창의성 관점에서 평가된다.

(1) 조합적 창의성(Combinatorial Creativity)

➡ **평가 기준**: 기존 아이디어를 새로운 방식으로 결합하는 능력이다.
➡ **프롬프트 설계 연관성**: 여러 개의 분리된 개념예: 마케팅 전략, 특정 디자인 트렌드, 사회적 이슈을 프롬프트 내에서 결합하도록 지시했을 때, 유의미하고 독창적인 시너지를 내는 결과가 나오는지를 평가한다.

01. AI의 순기능적 활용을 위한 지혜와 통찰력

02. AI 실무 업계의 마인드에 각 전략적 프롬프트 디자인

03. AI의 확장: 맞춤 자동화와 문서 작성 고도화

04. AI 활용물의 창의력 문제 해결과 학습 모델링 역량

05. 챗생성 AI 기반 프로그래밍 활용 역량

06. 윤리적 책임을 고려한 영향력 AI의 활용

(2) 탐험적 창의성(Exploratory Creativity)

➼ 평가 기준: 기존의 개념적 공간을 확장하는 능력이다.

➼ 프롬프트 설계 연관성: 특정 주제에 대해 다양한 스타일과 장르로 결과물을 생성하도록 지시했을 때, 미리 예상하지 못한 새로운 관점이나 표현 방식을 탐색하는 능력을 평가한다.

(3) 변혁적 창의성(Transformational Creativity)

➼ 평가 기준: 완전히 새로운 개념의 표현을 요구하는 능력이다.

➼ 프롬프트 설계 연관성: 기존의 패러다임을 깨는 혁신적인 아이디어를 제안하도록 유도했을 때, 기존 학습 패턴에 국한되지 않은 독창적 솔루션을 제시하는지를 평가한다가장 높은 수준의 창의성.

3) 실무 설계자의 최종 검토 기준(인간 중심 관점)

프롬프트 디자이너는 AI가 생성한 창의적 결과물을 단순히 받아들이지 않고, 다음의 인간 중심적인 관점에서 반드시 최종적으로 확인하고 점검해야 한다.

(1) 독창성 및 유의미성 확인

생성형 AI가 산출한 결과물이 독창적이면서도 유의미한 것인지 확인하고 점검해야 한다.

(2) 진위성 및 윤리적 검증

생성형 AI가 생산한 산출물이 가짜 정보이거나 딥페이크Deepfake일 가능성을 염두에 두고 이용자는 반드시 결과물을 다시 점검해야 한다Fact Check.

(3) 사용자 경험(UX) 및 감성 부가

AI가 제시한 아이디어 후보군에 인간의 감성과 사용자 경험을 더하여 더욱 창의적인 해결책을 만들도록 이끌어 주어야 한다. AI의 창의성은 인간의 창의성과 다른 형태이므로, 인간이 새로운 관점의 접근법으로 창의적 결과물을 만들어 내는 선순환 과정을 거치게 된다.

(4) 역량 강화 확인

생성형 AI의 도움으로 얻은 결과물이 인간의 창의적 문제 해결 역량을 더욱 강화하는 방향으로 기여하고 있는지 평가해야 한다.

3. AI를 이용한 실질적 문제 해결 기법: 디자인 씽킹과의 결합

1) 생성형 AI와 디자인 씽킹(Design Thinking)의 시너지

AI 기술의 급속한 발전에도 불구하고, 사용자 중심 접근 방식을 강조하는 디자인 씽킹의 중요성은 여전하다. 디자인 씽킹은 AI의 한계를 극복하고 가치 있는 결과를 만드는 데 중요한 역할을 할 수 있다.

[표 4-1]은 생성형 AI데이터 중심와 디자인 씽킹인간 중심이 상호 보완적으로 작용하여 창의적 문제 해결 역량을 극대화하는 방식을 요약하고 있다. 주요 내용은 디자인 씽킹이 문제 발견과 사용자 공감 등 인간적 영역을 담당하고, AI는 데이터 분석 및 방대한 아이디어 탐색 등 기술적 영역을 담당함으로써 AI를 창의적 문제 해결 과정의 강력한 보조 엔진Co-pilot으로 활용할 수 있게 된다는 점이다.

[표 4-1] 생성형 AI와 디자인 씽킹의 창의적 문제 해결 역량 극대화하는 방식

관점	디자인 씽킹 (인간 중심)	생성형 AI (데이터 중심)	시너지 효과
창의력	인간의 감성과 직관에 의존하여 독특한 아이디어를 만들어 낸다.	대량의 데이터를 학습하고 알고리즘을 통해 새로운 조합과 아이디어 후보군을 만들어 낸다.	AI의 데이터 기반 창의력과 디자인 씽킹의 인간 중심적 창의력이 상호 작용하여 더 큰 창의력을 발휘한다.
문제 해결	사용자 요구와 경험을 바탕으로 문제를 발견하고 창의적인 솔루션을 제안한다.	기계학습을 이용해 대량의 데이터를 분석하고 패턴을 찾아 복잡한 문제의 원인을 찾아낸다.	서로 보완재로 작용하여 더 효과적인 문제 해결을 이룬다.

2) AI 활용을 통한 창의적 문제 해결 5단계 과정

AI 활용을 통한 창의적 문제 해결 과정은 사람 중심으로 맥락상의 문제를 발견하고 해결하는 과정이며, 일반적으로 디자인 씽킹에 기반한 5단계로 이루어진다.

[표 4-2]는 디자인 씽킹Design Thinking 방법론을 기반으로, AI를 활용하여 창의적 문제 해결을 수행하는 5단계 프로세스를 설명한다. 이 과정은 사용자 중심으로 문제를 발견하고 해결책을 찾는 유연한 프레임워크로서, 해당 과정은 반복적이며 유연하게 순서가 변경될 수 있으며, AI는 각 단계에서 인간의 의사 결정과 창의성을 증강하는 보조적인 역할을 수행한다.

[표 4-2] AI 활용을 통한 창의적 문제 해결 5단계 과정

단계	목적	AI 활용 전략 (프롬프트 디자이너의 역할)
공감	소비자의 요구(needs)와 인사이트를 발견하고 시대의 트렌드를 리서치한다.	데이터 기반 공감 접근 방식을 활용한다. 소셜 분석, 평판 분석, 텍스트 마이닝을 통해 객관적인 고객 데이터를 수집하여 AI가 공감할 수 있는 명확한 프롬프트를 만든다.
문제 정의	공감 단계에서 얻은 객관적 사실을 바탕으로 명확한 문제를 해석하고 정의한다.	AI에 복잡한 데이터 분석 및 패턴 찾기 임무를 부여하여, 문제를 더 객관적이고 정확하게 분해하도록 유도한다.
아이디어 도출	직관, 통찰, 창의력을 통해 확산적 사고와 수렴적 사고를 향상하여 자유로운 아이디어를 발산한다.	AI를 아이디어 후보군 제공자로 활용한다. AI 기반 콘텐츠 아이디어 도구를 사용해 독특하고 매력적인 아이디어를 생성하고, 인간이 미처 생각하지 못한 새로운 솔루션을 제안하도록 유도한다.

단계	목적	AI 활용 전략 (프롬프트 디자이너의 역할)
프로토타입 디자인	짧은 시간 내에 추상적인 아이디어를 직관적이고 시각적으로 구체화하는 단계이다.	생성형 AI(이미지, 사운드, 텍스트)를 활용하여 시제품(원형체)을 시각적으로 신속하게 생성하거나 구체화한다.
테스트 및 평가	프로토타입의 구현과 아이디어 반영 여부를 확인하며 시뮬레이션을 통해 지속해서 수정하고 개선한다.	AI에 검토자 페르소나를 부여하고 자가 수정(Self-Correction) 전략을 활용하여 프로토타입의 잠재적 오류를 예측하고 개선 방안을 분석하게 한다.

※ 참고: 이 5단계 과정은 필요에 따라 반복될 수 있으며 순서가 바뀌거나 거꾸로 진행될 수도 있다는 유연성을 가진다.

3) 독특한 콘텐츠 아이디어 생성을 위한 AI 활용 실무

AI는 콘텐츠 기획에서 단순한 아이디어 제공 도구가 아니라, 경쟁력 있는 차별화 콘텐츠를 설계하는 창의적 동반자Co-pilot가 된다. 독특한 아이디어를 생성하기 위해서는 데이터 기반 분석 → 창의적 재조합 → 실험 및 검증이라는 흐름 속에 AI를 활용해야 하며, 다음과 같이 실전 단계로 접근할 수 있다.

(1) 소셜 미디어 트렌드 및 감성 분석

AI 기반 텍스트 분석·감성 분석 도구를 통해 특정 고객층이 관심을 가지는 주제와 감정 흐름을 파악한다. 이를 통해 콘텐츠 주제뿐 아니라 어조·감성·메시지 스타일을 결정할 수 있다.

실전 프롬프트 예시

> "최근 2주간 20대 대학생이 인스타그램에서 가장 많이 언급한 감정과 키워드를 분석하고, 상승 추세 키워드 10개와 감성 톤을 분류해 줘. 긍정/부정/중립으로 나누어 테이블로 정리해 줘."

(2) 검색 트렌드 기반 니치 시장 아이디어 찾기

검색어 분석으로 수요는 있지만 경쟁 콘텐츠가 적은 영역을 찾는다.

실전 활용

검색량 높은 주제	콘텐츠 부족 영역	독창적 콘텐츠 방향
AI 공부법	직장인 야간 공부 루틴 사례 부족	인터뷰 기반 실전 루틴 콘텐츠

(3) 콘텐츠 공백(Gap) 분석 기반 아이디어 확장

AI에 경쟁 콘텐츠 분석을 요청하면, 부족한 관점 또는 미처 다루지 않은 세부 주제를 찾아낼 수 있다.

실전 프롬프트

> "유튜브 'AI 공부법' 상위 10개 영상의 제목·구조·차별점·부족한 부분을 비교 분석하고, 공백 영역을 5개 도출해 새로운 콘텐츠 아이디어를 제안해줘."

(4) 창의적 재조합(Creative Combination)

SCAMPER, 대조 조합법, 예상 변환법 등 창의 기법을 AI에 적용하면 완전히 새로운 구조의 콘텐츠를 얻을 수 있다.

프롬프트 예시

> "SCAMPER 기법을 사용해서 '업무 자동화 AI 교육' 콘텐츠를 변형하고, 7개의 새로운 기획 제목을 생성해 줘."

(5) 헤드라인 및 스토리텔링 아키텍처 자동화

AI는 타이틀, CTACall to Action, 내러티브 구조까지 생성하여 클릭률·체류 시간·전환율 중심의 콘텐츠 설계에 도움을 준다.

실전 프롬프트

> "같은 주제라도 톤앤매너별(감성적/전략적/도발적) 헤드라인 5개씩 생성해 줘."

(6) AI 활용 콘텐츠 테스트 및 시장 반응 검증

AI에 타깃 페르소나 역할을 맡겨 콘텐츠의 강점·설득력·전달력 평가를 확인한다.

예시

> "20대 취업 준비생 페르소나 역할을 맡아서, 이 콘텐츠 기획안에서 부족한 점 5개를 직접 평가해 줘."

※ 문제: 객관식 5문항, 단답형 5문항

【객관식 문제】

1. 창의적 문제 해결 능력을 개발하는 교육 및 훈련 방법에 해당하지 않는 것은?

① 문제 해결 과정의 이해 및 연습

② 창의적 사고와 아이디어 발전을 위한 활동

③ 협력과 팀워크(team work)를 강화하는 프로젝트(project) 기반 학습

④ 끊임없는 교육과 평가 체계 마련으로 성과 척도 개발

정답: ④

해설: 창의적 문제 해결 능력을 개발하는 교육과 훈련 방법에는 문제 해결 과정의 이해 및 연습, 창의적 사고와 아이디어 발전을 위한 활동, 그리고 협력과 팀워크를 강화하는 프로젝트 기반 학습이 포함되나, '끊임없는 교육과 평가 체계 마련으로 성과 척도 개발'은 제시된 교육 및 훈련 방법에는 해당하지 않는다.

2. 다음 중 창의적 문제 해결 능력을 향상하려는 방법에 해당하지 않은 것은?

① 적극적인 태도 유지하기

② 창의적인 사고 방법 연습하기

③ 전문적이고 특정한 시각에서 바라보기

④ 문제 해결 과정 연습하기

정답: ③

해설: 창의적인 사고 방법을 연습하기 위해서는 다양한 시각에서 문제를 바라보는 것이 필요하며, '전문적이고 특정한 시각에서 바라보기'는 오히려 다양한 아이디어의 발산을 저해할 수 있다. 문제 해결 과정 연습하기, 창의적인 사고 방법 연습하기, 적극적인 태도 유지하기는 능력 향상 방법이다.

3. AI 활용을 통한 창의적 문제 해결 5단계 과정에 해당하지 않는 것은?

① 공감의 단계

② 문제 정의의 단계

③ 아이디어 도출의 단계

④ 성과 배분의 단계

정답: ④

해설: AI 활용을 통한 창의적 문제 해결 과정은 5단계로 이루어지며, 이는 ① 공감의 단계, ② 문제 정의의 단계, ③ 아이디어 도출, ④ 프로토타입 디자인, ⑤ 테스트 및 평가이다. '성과 배분의 단계'는 해당 과정에 포함되지 않는다.

4. 창의적 문제 해결 능력의 측정 방법으로 제시된 두 가지 방법에 해당하는 것은?

① 표준화된 테스트와 검사, 자기 보고 측정

② 타인에 의한 평가 측정, 표준화된 테스트와 검사

③ 자기 보고 측정, 심층 인터뷰

④ 그림 그리기 자동화, 롤플레잉

정답: ①

해설: 창의적 문제 해결 능력을 측정하기 위해 사용되는 방법은 크게 표준화된 테스트와 검사 및 자기 보고 측정 등이다. 자기 보고 측정은 개인이 자신의 능력을 직접 평가하게 된다.

5. 다음 중 창의성과 문제 해결 능력이 공통적으로 강조하는 부분은?

① 인간의 감성과 직관에 대한 의존

② 데이터 기반의 패턴 인식과 조합

③ 새로운 아이디어나 방법을 창출하고 현실에 적용하는 능력

④ 학습한 데이터와 알고리즘에 기반한 독창적 솔루션

정답: ③

해설: 창의성과 문제 해결 능력은 인간이 새로운 아이디어나 방법을 창출하고, 문제를 해결하기 위한 능력이다. 특히 창의성은 새로운 아이디어나 방법을 창출하고 이를 현실에 적용할 수 있는 능력이라고 정의한다. ①은 주로 디자인 씽킹에, ②, ④는 생성형 AI의 특징에 가깝다.

6. 생성형 AI를 활용하여 독특한 콘텐츠 아이디어를 생성하는 방법으로 적절하지 <u>않은</u> 것은?

① 소셜 미디어 동향 분석을 통해 인기 주제 및 키워드 식별

② 검색어 분석을 통해 틈새시장과 관련된 인기 주제와 키워드 식별

③ 기존 콘텐츠 분석을 통해 다루지 않은 주제를 식별하여 공백 메우기

④ 오직 인간의 감성과 직관에 의존하여 새로운 개념 창조

정답: ④

해설: ① 소셜 미디어 동향 분석, ② 검색어 분석, ③ 콘텐츠 수준 식별은 AI를 활용하여 콘텐츠 아이디어를 생성하는 실질적인 방법들이다. ④ '오직 인간의 감성과 직관에 의존'하는 것은 디자인 씽킹의 특징이나, AI를 활용하여 아이디어를 생성하는 방법과는 거리가 멀다.

【단답형 문제】

1. 다음 빈칸에 들어갈 공통적인 용어는 무엇인가?

( )과/와 문제 해결 능력은 인간이 새로운 아이디어나 방법을 창출하고, 문제를 해결하기 위한 능력이다. 이 능력은 인간이 더 나은 삶을 살기 위해 필수적인 역할을 한

다. 그래서 (　　　)은/는 새로운 아이디어나 방법을 창출하고 이를 현실에 적용할 수 있는 능력이라고 한다.

정답: 창의성

해설: 이는 창의성과 문제 해결 능력에 대한 정의이다.

2. 인간의 감성과 직관에 의존해 독특한 아이디어를 만들어 내며, 사용자 요구와 가치를 고려한 창의적인 해결책을 제시하는 접근 방식을 무엇이라고 하는가?

정답: 디자인 씽킹(Design Thinking)

해설: 이는 사용자 요구와 가치를 고려한 창의적 해결책을 제시하는 디자인 씽킹의 특징을 설명한다.

3. 다음은 무엇에 대한 설명인가?

(　　　)은/는 콘텐츠 아이디어를 생성하는 데 사용할 수 있는 귀중한 데이터의 또 다른 소스(sources)이다. AI 기반 콘텐츠 아이디어 도구는 검색어를 분석하여 틈새시장과 관련된 가장 인기 있는 주제와 키워드를 식별할 수 있다.

정답: 검색엔진

해설: AI 기반 도구는 검색엔진의 검색어를 분석하여 콘텐츠 아이디어를 생성하는 데 도움을 받을 수 있다.

4. 문제 상황에서 개인이나 조직이 당면한 문제를 인지하고 창의적이고 논리적인 사고를 통해 적절하게 대응할 수 있는 능력으로, 국가직무능력표준(NCS)에서 필수 직업 역량으로 규정하고 있는 것은 무엇인가?

정답: 문제 해결 능력

해설: 이는 문제 해결 능력에 대한 정의이며, NCS에서는 필수 직업 역량으로 규정하고 있다.

5. 생성형 AI가 창의적 산출물을 설명하기 위해 사용되는 용어로, 인간의 창작물을 모방하는 작업을 수행하여 창의적 결과물을 생성할 수 있는 능력을 일컫는 용어는 무엇인가?

정답: 계산 창의성(Computational Creativity)

해설: 생성형 AI의 창의적 산출물을 설명하기 위해 계산 창의성이라는 용어가 사용된다.

6. AI 활용을 통한 창의적 문제 해결 과정 5단계 중, 추상적인 아이디어를 짧은 시간 내에 직관적이고 시각적으로 구체화하는 단계의 명칭은 무엇인가?

정답: 프로토타입 디자인(Prototype Design)

해설: 5단계 중 프로토타입 디자인은 추상적인 아이디어를 직관적이고 시각적으로 구체화하는 단계이다.

01. AI의 혁신적인 활용을 위한 지혜와 통찰력

02. AI 실무 업계와 비즈니스 관점에서 모델드 디자인

03. AI의 확장: 맞춤 자동화와 문서 작업 고도화

04. AI 활용을 통한 창의적인 판매 해결과 혁신 모델링 역량

05. 생성형 AI 지원 프로그래밍 활용 역량

06. 윤리적 책임을 고려한 영역별 AI의 활용

Chapter 05

생성형 AI 지원 프로그래밍 활용 역량

1. 생성형 AI와 프로그래밍 언어

1) 프로그래밍 능력의 필요성

생성형 AI의 등장으로 "누구나 개발자가 될 수 있는 시대"가 열렸다고 말한다. 자연어로 명령만 내리면 AI가 복잡한 파이썬 코드를 순식간에 작성해 주기 때문이다. 그렇다면 역설적으로, "왜 우리는 여전히 프로그래밍을 배워야 하는가?"

AI 시대에 프로그래밍 능력은 직접 코드를 한 줄 한 줄 타이핑하는 코딩 기술Coding Skill이 아니라, 컴퓨터가 생각하는 방식을 이해하고 AI에 정확한 작업을 지시할 수 있는 프로그래밍 리터러시Programming Literacy로 재정의된다.

첫째, AI의 잠재력을 100% 끌어내기 위한 소통 능력이다. 생성형 AI는 모호한 인간의 언어보다 명확한 논리 구조를 가진 프로그래밍 언어를 더 정확하게 이해한다. 우리가 파이썬의 기초 문법이나 데이터 구조List, Dictionary 등를 이해하고 있다면, AI에 훨씬 더 구체적이고 논리적인 프롬프트를 던질 수 있다. "데이터 분석해 줘."라고 말하는 것과 "판다스Pandas 라이브러리를 써서 결측치를 평균값으로 대체한 뒤 시각화해 줘."라고 말하는 것의 결과물 차이는 극명하다.

둘째, 검증과 수정의 주체권을 갖기 위해서다. AI는 훌륭한 조수이지만 완벽하지 않다.

AI가 작성한 코드에 오류가 있거나 비효율적인 로직이 포함되었을 때, 프로그래밍 지식이 전무한 사용자는 어디가 잘못되었는지조차 알 수 없어 막막해진다. 반면, 코드의 흐름을 읽을 줄 아는 사용자는 AI가 작성한 결과물의 오류를 식별하고, "이 부분의 로직을 수정해줘."라고 피드백을 줌으로써 문제를 해결할 수 있다. 즉 프로그래밍 능력은 AI라는 강력한 엔진을 통제할 수 있는 핸들과 같다.

셋째, 단순 사용자를 넘어 설계자로 도약하기 위함이다. 대부분의 생성형 AI 서비스 ChatGPT, Claude 등는 채팅 창GUI 형태의 수동적인 환경을 제공한다. 하지만 프로그래밍 지식, 특히 APIApplication Programming Interface의 개념을 이해하면, 나만의 업무 자동화 툴을 만들거나 수천 개의 데이터를 한 번에 처리하는 등 기존 서비스의 한계를 뛰어넘는 맞춤형 솔루션을 설계할 수 있다.

결국 AI 시대의 프로그래밍 공부는 개발자가 되기 위함이 아니라, AI와 가장 효율적으로 협업하고 기계의 논리를 지배하는 디지털 문해력을 갖추기 위함이다.

2) 어떤 프로그래밍 언어를 배워야 하는가?

생성형 AI, 특히 챗GPT를 활용하기 위해 필요한 프로그래밍 역량에 관해 이야기했다면, 이제 구체적으로 어떤 프로그래밍 언어를 배워야 하는지에 대해 살펴볼 필요가 있다. 시장에는 다양한 프로그래밍 언어가 존재하며, 각각은 특정 분야에서 더 유리한 특성을 보인다. 예를 들어, 자바스크립트JavaScript는 웹 개발에, 자바Java는 안드로이드 애플리케이션 개발에, C#은 게임 개발에 주로 사용된다. 하지만 생성형 AI와 같은 데이터 과학 및 머신러닝 프로젝트에 있어서는 파이썬Python이 가장 널리 추천되는 언어이다.

파이썬은 그 유연성, 간결성 및 읽기 쉬운 문법으로 인해 데이터 과학자와 개발자 사이에서 매우 인기가 높다. 또한, 강력한 라이브러리와 프레임워크, 예를 들어 넘파이NumPy, 판다스Pandas, 텐서플로우TensorFlow, 파이토치PyTorch[1] 등을 포함하여, 데이터 분석, 머신러닝, 딥

---

1) **넘파이(NumPy):** 과학 계산을 위한 기본 패키지로, 다차원 배열 객체와 배열 조작을 위한 다양한 도구를 제공한다. 선형 대수, 푸리에 변환, 난수 생성 등 복잡한 수학적 연산을 쉽게 수행할 수 있게 돕는다.

러닝 프로젝트를 위한 방대한 지원이 이루어지고 있다. 이러한 도구들은 개발자가 데이터 처리, 모델 훈련, 알고리즘 구현과 같은 복잡한 작업을 보다 쉽게 수행할 수 있게 해준다.

더욱이 파이썬은 초보자에게도 배우기 쉬운 언어로 알려져 있어, 프로그래밍을 처음 시작하는 사람들이 AI 프로젝트에 쉽게 접근할 수 있도록 한다. 이 언어의 직관적인 문법은 새로운 개발자가 프로그래밍의 기초를 빠르게 이해하고, 실제 프로젝트에 적용하는 데 도움을 준다. 결과적으로, 파이썬은 생성형 AI를 포함한 다양한 혁신적인 기술 프로젝트를 위한 기반을 제공한다.

파이썬을 사용하는 또 다른 이점은 오픈AIOpenAI는 파이썬을 사용하여 생성형 AI 기술, 특히 챗GPT와 같은 모델을 활용하는 방법에 대해 광범위한 지원을 제공하기 때문이다. 이는 공식 문서와 API, 그리고 다양한 튜토리얼을 통해 나타난다. 오픈AI의 API를 사용하면 개발자는 파이썬 코드를 통해 쉽게 AI 모델에 접근하고, 이를 자신의 애플리케이션에 통합할 수 있다. 이 API는 텍스트 생성, 번역, 요약과 같은 다양한 기능을 제공하며, 파이썬을 사용하여 이러한 기능을 쉽게 실행하고 관리할 수 있다.

오픈AI는 또한 공식 문서를 통해 파이썬 코드 예제를 제공하여, 개발자가 오픈AI API를 어떻게 사용할 수 있는지에 대한 구체적인 가이드를 제공한다. 이 문서는 API의 기본 사용법부터 고급 기능까지 다양한 주제를 다루며, 사용자가 파이썬을 사용하여 AI 모델을 효과적으로 활용할 수 있도록 돕는다.

앞서 생성형 AI를 활용하기 위한 프로그래밍 역량의 중요성과 필요한 프로그래밍 언어로서 파이썬의 가치를 살펴보았다. 다음 장에서는 파이썬과 생성형 AI의 결합을 더욱 심화하여 탐구하고, API의 기본 개념과 파이썬에서 오픈AI API를 활용하는 방법을 소개한다. 마지막으로, 실제 AI를 활용한 프로젝트 사례들을 살펴볼 것이다. 뉴스 번역과 요약, 데이터 분석 등의 사례를 통해 API와 파이썬을 활용한 생성형 AI의 실질적인 적용 방법을 탐구한다.

판다스(Pandas): 데이터 분석 및 조작을 위한 라이브러리로, 테이블 형태의 데이터를 쉽게 처리할 수 있는 DataFrame 객체를 중심으로 한다. 데이터 정제, 변환, 집계 등의 작업을 간단하고 효율적으로 할 수 있도록 설계되었다.

텐서플로우(TensorFlow): 구글에 의해 개발된 오픈소스 머신러닝 라이브러리로, 데이터 플로우 그래프를 사용하여 복잡한 머신러닝 모델을 구축하고 훈련시킬 수 있다. 딥러닝 연구와 프로덕션 모두에 널리 사용된다.

파이토치(PyTorch): 페이스북에 의해 개발된 오픈소스 머신러닝 라이브러리로, 특히 딥러닝에 적합하다. 동적 계산 그래프를 지원하여, 모델을 더 유연하게 설계할 수 있게 한다. 연구자와 개발자 사이에서 인기가 높다.

2. 파이썬과 AI의 통합: 상호 작용적 접근 방법

과거에 프로그래밍을 학습한다는 것은 컴퓨터가 이해하는 복잡하고 엄격한 문법Syntax을 암기하는 고된 과정이었다. 콤마 하나, 괄호 하나만 빠져도 프로그램이 작동하지 않는 경직된 환경 때문에 수많은 비전공자가 자신의 아이디어를 코드로 구현해 보기도 전에 코딩의 벽 앞에서 좌절하곤 했다. 그러나 생성형 AI의 등장은 이러한 프로그래밍의 패러다임을 근본적으로 변화시켰다. 이제 파이썬Python은 인간이 직접 한 줄씩 작성해야 하는 언어가 아니라, AI에 작업을 지시하고 소통하기 위한 매개체로서 상호 작용적 도구로 재정의되고 있다.

1) 문법(Syntax) 암기에서 논리(Logic) 설계로의 전환

AI 시대의 프로그래머에게 가장 요구되는 핵심 역량은 특정 프로그래밍 언어의 문법을 외우는 것이 아니라, "무엇을 만들 것인가?"를 기획하는 논리적 사고력이다. 과거에는 머릿속에 있는 아이디어를 구현하기 위해 수백 줄의 코드를 직접 타이핑해야 했다면, 이제는 명확한 논리를 바탕으로 AI에 자연어로 지시를 내리면 된다. 즉 코딩의 주체가 손에서 머리로 이동한 것이다.

이러한 환경에서 사용자는 복잡한 연산 식이나 함수명을 기억하려 애쓰는 대신, 문제의 입력값Input과 처리 과정Process, 그리고 원하는 결과물Output을 명확히 정의하는 데 집중해야 한다. AI는 사용자가 설계한 논리적 청사진을 바탕으로, 실행 가능한 코드를 순식간에 구현해 내는 유능한 시공자 역할을 수행한다. 따라서 이제 프로그래밍 학습은 문법적 오류를 찾는 것이 아니라, AI에 정확한 작업 지시서Prompt를 작성하는 훈련으로 바뀌어야 한다.

2) 자연어로 지휘하는 데이터 분석

가장 대표적인 예로 엑셀 데이터를 분석하고 시각화하는 과정을 살펴보자. 기존 방식대로라면 사용자는 데이터를 불러오는 함수, 그래프를 그리는 라이브러리의 사용법, 한글 폰트 설정법 등을 일일이 검색하고 학습해야 했다. 하지만 AI와 상호작용하는 접근 방식에서는 이 모든 과정이 자연어 대화로 대체된다.

사용자는 마치 동료에게 업무를 지시하듯, "월별 매출 데이터가 담긴 파일이 있는데, 이를 분석해서 매출 추이를 꺾은선 그래프로 그려 줘."라고 AI에 요청한다. 이때 중요한 것은 구체성이다. 단순히 "분석해 줘"라고 하기보다는 "판다스 라이브러리를 사용해서 데이터를 읽고, 시각화할 때는 파란색 선과 원형 마커를 사용해 달라"고 구체적인 조건을 덧붙일 때 AI는 훨씬 더 정교한 코드를 생성한다. 사용자는 생성된 코드를 복사하여 실행하기만 하면, 복잡한 코딩 과정 없이도 전문가 수준의 데이터 시각화 결과를 얻을 수 있다. 이는 프로그래밍이 기술적 장벽이 아닌, 생각의 속도를 높여 주는 도구로 진화했음을 보여 준다.

3) 에러와의 대화: AI를 통한 문제 해결(Debugging)

프로그래밍 과정에서 초보자들이 가장 두려워하는 순간은 빨간색 에러 메시지를 마주했을 때다. 과거에는 알 수 없는 영어로 된 에러 메시지를 해독하기 위해 수 시간 동안 검색엔진을 헤매야 했다. 그러나 상호 작용적 접근 방법에서 에러는 두려움의 대상이 아니라, AI와의 대화를 시작하는 계기가 된다.

코드를 실행하다 에러가 발생하면, 사용자는 당황하지 않고 에러 메시지를 통째로 복사하여 AI에 전달한다. "방금 네가 준 코드를 실행했더니 이런 에러가 났어. 원인이 뭐고 어떻게 고쳐야 해?"라고 물으면, AI는 에러의 원인이 파일 경로 설정의 실수인지, 오타인지, 혹은 라이브러리 버전 문제인지를 친절하게 분석해 준다. 더 나아가 수정된 코드까지 즉시 제안한다. 이 과정을 통해 사용자는 단순히 문제를 해결하는 것을 넘어, 프로그램이 작동하는 원리와 구조를 자연스럽게 체득하게 된다. 이를 에러 기반 학습Failure-based Learning이라 하며, 이는 AI 시대에 가장 효과적인 프로그래밍 학습법 중 하나다.

4) 결론: 코파일럿(Co-pilot)과 함께하는 항해

결국 파이썬과 AI의 통합은 프로그래밍을 소수의 전유물에서 누구나 활용 가능한 보편적 도구로 민주화시켰다. 이제 중요한 것은 코드를 얼마나 빨리 짜느냐가 아니라, AI에 얼마나 정확하게 일을 시키고, 그 결과를 검증할 수 있느냐이다.

우리는 AI라는 유능한 조수Co-pilot를 둔 선장Pilot이다. 선장은 배의 엔진 부품 하나하나를 조립할 줄 몰라도 되지만, 배가 나아가야 할 방향을 결정하고 엔진에 이상이 생겼을 때 조수에게 점검을 지시할 줄 아는 통찰력을 가져야 한다. 상호 작용적 프로그래밍 역량은 여러분을 복잡한 디지털의 바다에서 목적지까지 가장 빠르고 정확하게 안내하는 나침반이 되어 줄 것이다.

3. 생성형 AI와 기초 파이썬

1) 구글 코랩(Colab)을 활용한 파이썬 설치

섹션 2에서는 파이썬의 개요와 설치에 대해 살펴볼 것이다. 파이썬은 그 간결한 문법과 강력한 라이브러리 지원 덕분에 프로그래밍 초보자와 전문가 모두에게 인기 있는 언어이다. 특히 데이터 과학, 머신러닝, 웹 개발 등 다양한 분야에서 활용되고 있다. 하지만 모든 이용자가 파이썬을 자신의 컴퓨터에 직접 설치하고 환경을 설정하는 데에는 어려움을 겪을 수 있으며, 이를 위해 파이썬을 쉽게 활용할 수 있는 몇 가지 방안을 소개한다.

1. **Repl.it:** 사용자 친화적인 인터페이스와 다양한 프로그래밍 언어를 지원한다. 웹사이트에 접속하여 계정을 만든 후, 파이썬 환경을 선택하고 코드를 작성한 다음, 실행 버튼을 클릭하면 코드가 실행된다.

2. **구글 코랩**Google Colab : 구글 드라이브와의 연동, 노트북 형식의 인터페이스를 제공한다. 구글 계정으로 로그인한 후 새 노트를 만들고, 파이썬 코드를 작성하여 셀별로 실행할 수 있다. 데이터 과학 및 머신 러닝 프로젝트에 특히 유용하다.

3. **파이썬 애니웨어**PythonAnywhere : 웹 기반 IDE, 파일 저장 및 호스팅 기능, 다양한 라이브러리 지원을 통해 어디서든 파이썬 프로젝트를 실행할 수 있다. 계정을 만들고, 새파일을 생성하여 파이썬 코드를 작성한 다음 실행한다.

4. **주피터 노트북**Jupyter Notebook : 과학 및 데이터 분석 프로젝트에 적합한 노트북 형식을 제공한다. 코드와 텍스트를 함께 작성할 수 있어 학습 과정에서 매우 유용하다.

이러한 옵션들 중에서도 우리는 코랩을 활용하기로 한다. 코랩은 사용의 용이성, 높은 접근성, 구글 드라이브와의 탁월한 연동성 때문에 특히 초보자에게 추천된다. 별도의 설치 과정 없이 바로 파이썬 프로그래밍을 시작할 수 있는 이점이 있다.

코랩을 시작하는 방법은 다음과 같은 간단한 단계로 요약할 수 있다.

1. **구글 계정 로그인**: 코랩을 사용하기 위해서는 구글 계정이 필요하다. 구글 계정으로 코랩https://colab.research.google.com/에 접속한다.

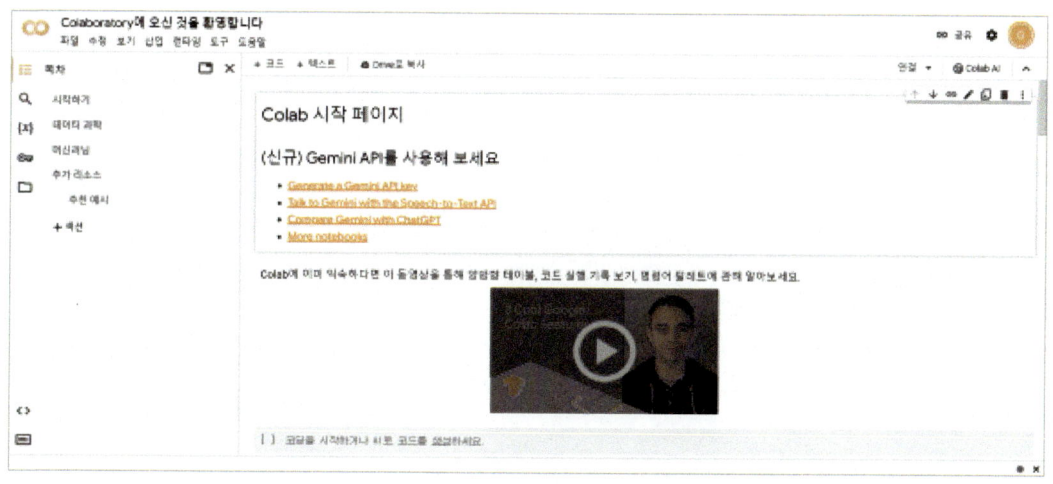

2. 새 노트북[2] **생성:** 코랩 홈페이지에서 새 노트북 버튼을 클릭한다. 이는 새로운 파이썬 노트북을 생성하며, 바로 코드를 작성할 수 있는 환경이 준비된다.

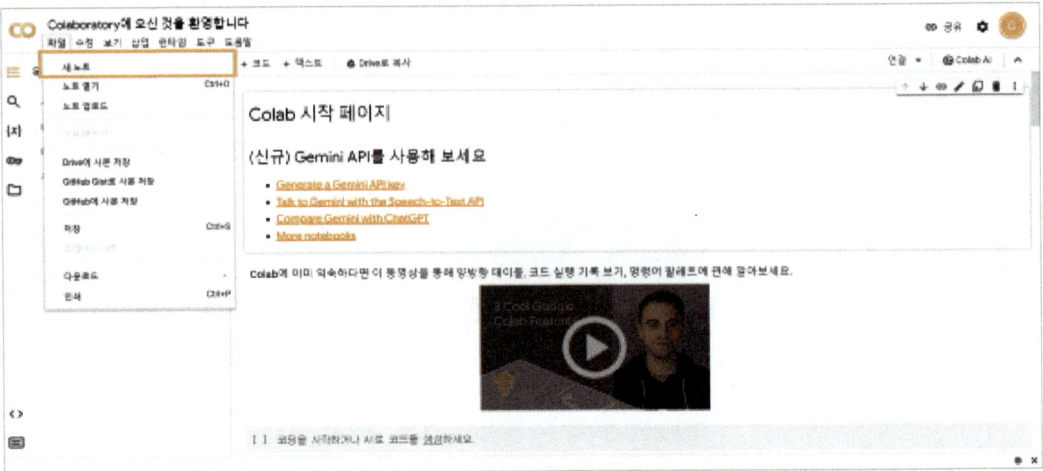

3. 노트북 실행: 새 노트북을 클릭하면, 화면에는 코드를 작성할 수 있는 회색 박스코딩 영역와 코드 실행 결과를 표시하는 영역이 나타난다. 회색 박스 안에 있는 세모 모양의 아이콘은 코딩을 실행시키는 버튼이다. 이 버튼을 클릭하면, 코딩 영역에 작성한 코드가 실행되고, 바로 아래의 결과 표시 영역에 그 결과가 나타난다.

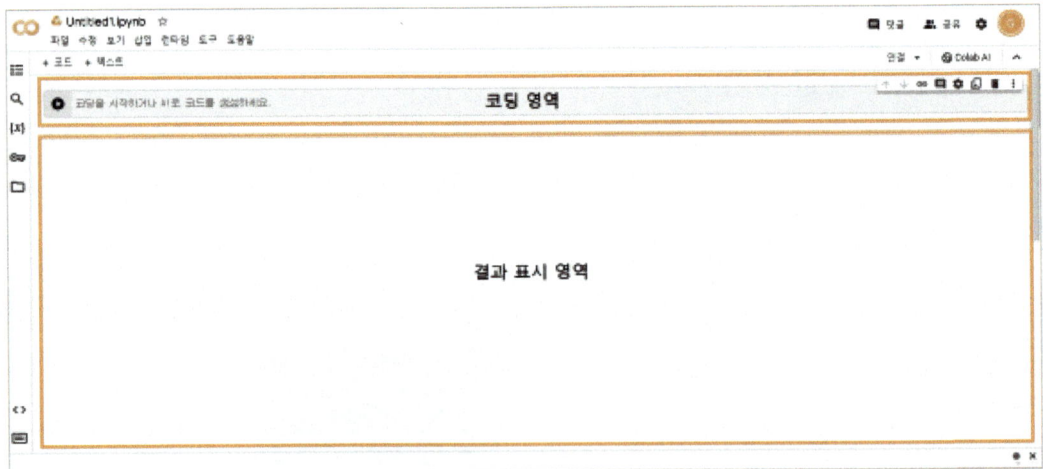

---

2) 노트북은 코드, 시각화, 텍스트를 하나의 문서에서 실행하고 표시할 수 있는 대화형 환경을 의미한다. 이는 연구, 데이터 분석, 기계학습 프로젝트 등에서 코드를 작성하고 결과를 즉시 볼 수 있게 해주며, 설명과 함께 프로젝트를 문서화하는 데에도 유용하다.

01. AI의 혁신적인 활용을 위한 지혜와 통찰력

02. AI 업무 현장에 맞춤식 과업에 프롬프트 디자인

03. AI의 확장·맞춤 자동화와 문서 작성 고도화

04. AI 활용을 통한 창의적 문제해결과 혁신 모델의 역량

05. 생성형 AI 기반 프로그래밍 활용 역량

06. 우리 삶의 혁명을 가져온 생성형 AI의 활용

4. **코드 작성 및 실행**: 생성된 노트북에서는 파이썬 코드를 셀cell 단위로 작성할 수 있다. 코드를 작성한 후에는 셀 왼쪽의 실행 버튼재생 모양 아이콘을 클릭하거나 단축키Ctrl+Enter 를 사용하여 코드를 실행한다.

코랩에서 코드를 실행하는 방법을 연습하기 위해 아주 간단한 파이썬 코드를 실행해 보자. 예를 들어, Hello, World!를 출력하는 코드를 사용할 수 있다. 이는 프로그래밍 학습에서 가장 기본적인 예제 중 하나이다. 코딩 영역에 다음 코드를 입력한 후, 세모 모양의 실행 버튼을 클릭해 보자.

```python
print("Hello, World!")
```

이 코드를 실행하면, 결과 표시 영역에 "Hello, World!"라는 문구가 출력된다. 이는 코랩이 잘 작동하고 있으며, 사용자가 제대로 코드를 입력하고 실행시킬 수 있음을 나타낸다. 이와 같은 간단한 연습을 통해 사용자는 코랩 환경에 익숙해지고, 더 복잡한 코드를 작성하고 실행하는 기초를 마련할 수 있다.

5. **파일 저장 및 공유**: 작업한 노트북은 자동으로 구글 드라이브에 저장된다. '파일' 메뉴를 통해 다양한 형식으로 다운로드하거나, 공유 버튼을 사용하여 다른 사용자와 공유할 수 있다.

2) 객체와 변수

파이썬에서 객체와 변수를 이해하는 것은 프로그래밍의 기초를 배우는 데 매우 중요하다. 객체는 파이썬 프로그래밍에서 데이터나 기능을 포함하는 모든 것을 말한다. 예를 들어, 숫자 10, 문자열 "안녕하세요", 리스트 [1, 2, 3] 모두 파이썬에서는 객체이다.

변수는 이러한 객체를 참조하는 이름이다. 변수를 사용하면 데이터에 이름을 붙여서 쉽게

참조하고, 데이터를 관리할 수 있다. 예를 들어, number = 10이라는 코드에서 number는 변수이고, 10은 숫자 객체이다. 이렇게 number라는 이름을 통해 10이라는 값을 사용할 수 있다.

변수를 사용함으로써 프로그램에서 데이터를 효율적으로 저장하고, 필요할 때마다 불러와서 사용할 수 있다. 이는 파이썬 프로그래밍의 가장 기본적인, 하지만 매우 강력한 개념 중 하나이다.

그렇다면 코랩에서 간단한 파이썬 코드를 통해 변수를 만들고 그 변수의 값을 변화시켜 보자.

1. 먼저, 코랩의 코딩 영역회색 박스에 'number = 10'이라고 입력한다. 이 코드는 'number'라는 이름의 변수에 10이라는 값을 할당한다.

```
number = 10
```

2. 변수에 값을 할당했으니, 이제 그 값을 출력해 보자. 바로 다음 줄에 'print(number)'라고 입력하고 실행 버튼회색 박스 안의 세모 모양을 클릭한다. 이 코드는 'number' 변수에 저장된 값을 출력한다.

```
print(number)
```

3. 이제 'number' 변수의 값을 변경해 보자. 'number = 12'라고 입력하여 변수에 새로운 값을 할당한다.

```
number = 12
```

4. 변경된 값을 확인하기 위해 다시 'print(number)'라고 입력하고 실행한다. 이번에는 12가 출력될 것이다.

```
print(number)
```

```
number = 10
print(number)
number = 12
print(number)


10
12
```

3) 기초 문법: For문, 조건문, 함수

이제 파이썬에서의 for문, if문, 그리고 함수 선언에 대해 알아보겠다. 이러한 개념들은 프로그래밍에서 가장 기본이 되는 요소들이다.

For문은 반복 작업을 할 때 사용된다. 예를 들어, 1부터 5까지의 숫자를 출력하고 싶다면 for문을 사용하여 간단히 할 수 있다. 코드는 다음과 같이 작성된다.

```python
for i in range(1, 6):
    print(i)
```

이 코드는 '1'부터 '5''까지의 숫자를 차례대로 출력한다. 'range(1, 6)'은 1부터 6 전까지의 숫자를 생성하고, 'for'문은 이 범위의 각 숫자에 대해 루프를 실행한다.

If문은 조건에 따라 다른 작업을 수행하고 싶을 때 사용된다. 예를 들어, 어떤 숫자가 짝수인지 확인하고 싶다면 if문을 사용하여 확인할 수 있다.

```python
number = 4
if number % 2 == 0:
    print("짝수이다")
else:
    print("홀수이다")
```

이 코드는 'number' 변수의 값이 짝수인 경우 "짝수이다"를, 그렇지 않은 경우 "홀수이다"를 출력한다. '%' 연산자는 나머지를 계산하는데, 여기서는 'number'를 2로 나눈 나머지가 0인지 확인하여 짝수 여부를 판단한다.

함수 선언은 반복되는 작업을 하나의 블록으로 만들고 싶을 때 유용하다. 예를 들어, 두 숫자를 더하는 간단한 함수를 만들어 보자.

```
def add(a, b):
    return a + b
```

이 함수는 두 매개변수 'a'와 'b'를 받아서 이들의 합을 반환한다. 함수를 사용하려면 다음과 같이 호출하면 된다.

```
result = add(3, 4)
print(result)
```

이 코드는 '3'과 '4'를 'add' 함수에 전달하고, 반환된 합 '7'을 출력한다. 이러한 기본적인 프로그래밍 구조를 이해하고 사용하는 것은 파이썬 프로그래밍의 핵심이다. For문과 if문, 함수 선언을 통해 복잡한 프로그램도 단계별로 나누어 처리할 수 있다.

4. AI 활용을 강화하는 API와 파이썬과의 연동

1) API의 기본 개념과 활용 이점(접근성과 편리성, 확장성 등)

APIApplication Programming Interface는 소프트웨어 간의 상호 작용을 가능하게 하는 도구와 규약의 집합이다. API를 활용하면 한 프로그램이 다른 프로그램의 기능이나 데이터를 사용할 수 있게 되며, 이는 개발 과정에서 매우 중요한 역할을 한다.

만약 여러분이 고급 레스토랑에 앉아 있다고 상상해 보자. 메뉴판을 펼쳐 보고 맛있어 보이는 요리를 선택하면, 서버가 주문을 받아 주방에 전달한다. 그 후 주방장은 세심하게 요리를 준비하여 서버를 통해 여러분에게 전달하고, 여러분은 서버가 가져다준 맛있는 요리를 즐길 수 있다. 이 상황에서 서버는 고객에게 메뉴를 소개하고, 고객이 선택한 요리를 주방에 알린다. 그리고 주방에서 준비된 요리를 다시 고객에게 가져다준다. 이 과정에서 서버는 고객과 주방 사이의 소통을 책임진다. 마찬가지로, API는 소프트웨어 세계에서 비슷한 역할을 한다. API는 사용자프로그램가 사용할 수 있는 명령 목록메뉴을 제공하고, 사용자의 요청주문을 받아 다른 응용 프로그램주방과 상호 작용하여 필요한 결과요리를 전달한다. 간단히 말하자면, API는 서로 다른 프로그램들이 상호 작용할 수 있도록 도와주는 중개자 역할을 수행한다.

API의 가장 큰 장점 중 하나는 접근성이다. API를 통해 개발자는 복잡한 기능을 직접 구현하지 않고도, 외부 서비스의 기능을 쉽게 사용할 수 있다. 예를 들어, 날씨 정보를 제공하는 외부 서비스의 API를 사용하면 해당 서비스가 수집한 날씨 데이터에 쉽게 접근하여 자신의 애플리케이션에 통합할 수 있다.

또한, API는 편리성을 제공한다. API는 일반적으로 잘 문서화되어 있어, 개발자가 어떻게 사용해야 하는지 명확하게 이해할 수 있다. 또한, API 요청을 통해 필요한 데이터나 기능을 손쉽게 요청하고 응답을 받을 수 있으며, 이 과정은 대부분의 프로그래밍 언어에서 간단하게 구현할 수 있다.

확장성도 API의 중요한 이점이다. API를 사용하면 기존의 애플리케이션에 새로운 기능을 추가하거나, 외부 서비스와의 연동을 통해 애플리케이션의 기능을 확장할 수 있다. 이는 개발자가 자신의 서비스를 더 유연하고 다양하게 발전시킬 수 있게 해 준다.

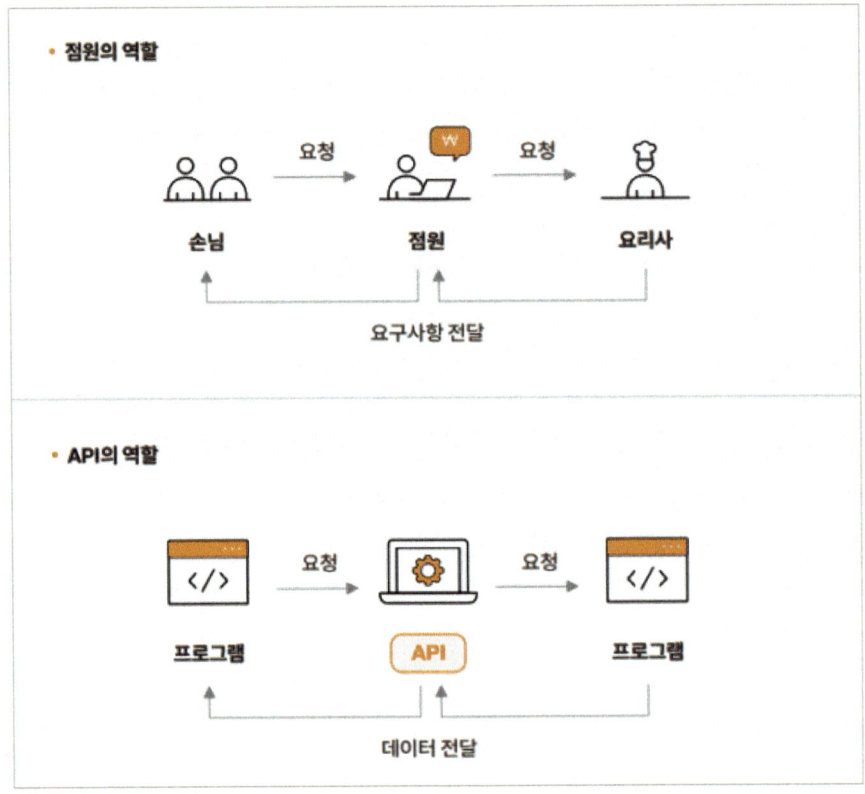

출처: https://blog.wishket.com/api란-쉽게-설명-그린클라이언트/

2) 파이썬에서 오픈AI API 활용(API 키 받기, API 참조, 응답 처리 및 활용)

　파이썬에서 오픈AI API를 사용하기 위한 첫 번째 단계는 API 키를 받는 것이다. API 키는 사용자가 오픈AI의 서비스에 접근할 수 있도록 허가하는 고유한 식별자이다. 이를 위해 오픈AI 웹사이트에 https://openai.com/ 방문하여 계정을 생성한 후, API 섹션으로 이동해 API 키를 신청한다. 받은 API 키는 API 호출 시 인증 목적으로 사용되므로 안전하게 보관해야 한다.

　오픈AI 웹사이트에 로그인하면 다음과 같은 화면이 나오는데, 여기서 API를 선택한다. 이후에 메뉴에서 API Keys를 선택하면 API를 받을 수 있다.

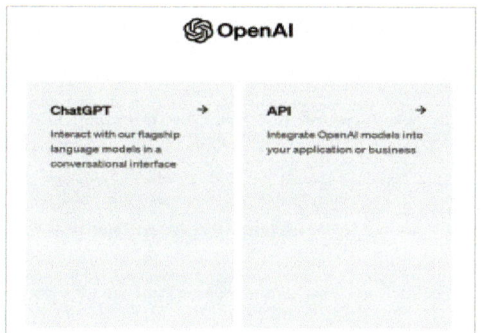

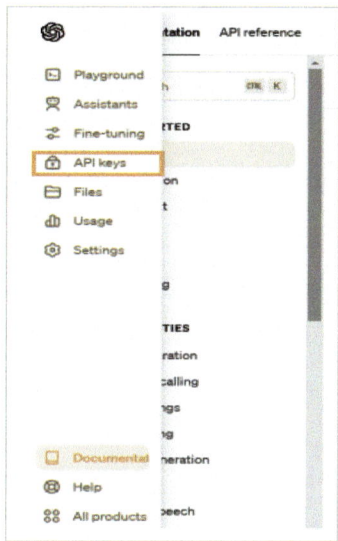

API Key는 다음과 같은 형태로 주어진다.

sk-fake12345GzYj7OyKkVOyVwvP3BlbFJ6JrRVflxN4UWulXZQ

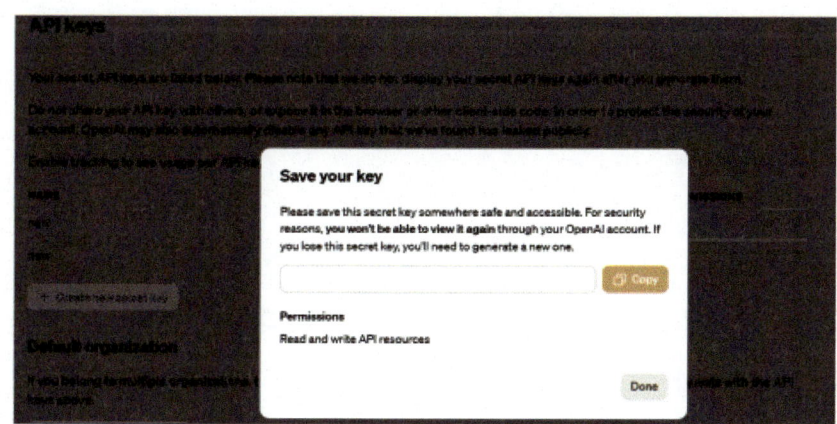

파이썬에서 오픈AI API 활용하기 위해 먼저 필요한 라이브러리를 설치해야 한다. 코랩을 사용하는 경우, 새 노트북을 열고 첫 번째 셀에 다음 코드를 입력하여 'openai' 라이브러리를 설치한다.

```
!pip install openai
```

이 코드는 파이썬 패키지 관리자인 pip을 사용하여 오픈AI 라이브러리를 코랩 환경에 설치하는 명령이다. 설치가 완료되면, 다음과 같이 나오고, 오픈AI API를 사용할 준비가 된 것이다.

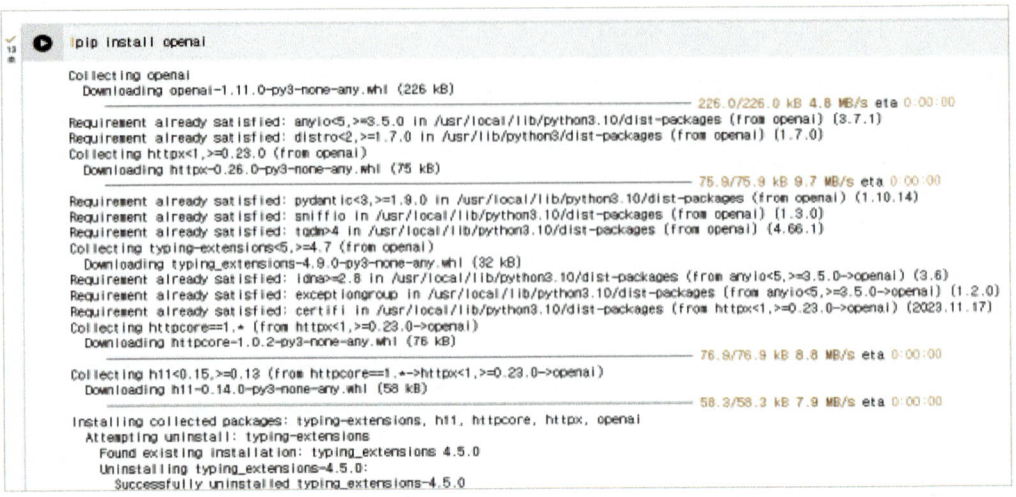

오픈AI 라이브러리를 설치한 후, API 키를 사용하여 오픈AI 서비스에 접근할 수 있다. 먼저, 새로운 코드를 작성하기 위해 셀을 선택하고, 오픈AI 라이브러리를 import하고, 발급받은 API 키를 설정한다. 코드 내의 #으로 시작하는 부분은 주석으로, 코드의 이해를 돕기 위한 설명이며 실제로는 실행되지 않는다.

```python
from openai import OpenAI
# 1. 클라이언트 객체 생성 (API 키 설정)
# 실제 실습 시에는 "YOUR_OPENAI_API_KEY" 부분에 발급받은 키를 넣어야 합니다.
client = OpenAI(api_key="sk-...")
```

여기서 'api_key'에 발급받은 API 키를 문자열 형태로 대입한다. 이 과정을 통해 API 요청을 할 때 인증을 수행할 수 있다.

이제 오픈AI API를 사용하여 요청을 보내고 응답을 처리할 수 있다. 예를 들어, 간단한 텍스트 생성 요청을 보내는 코드는 다음과 같다. 'model' 필드에는 사용할 GPT 모델을 지정하고, 'content'에서는 프롬프트를 입력하게 된다.

```python
# 2. API 호출
completion = client.chat.completions.create(
  model="gpt-XX",  # 여기에 모델명을 입력
  messages=[
    {"role": "system", "content": "너는 도움이 되는 친절한 AI 비서야."}, # 페르소나 부여 (선택사항)
    {"role": "user", "content": "안녕! API를 통해 만나서 반가워."}
```

```
    ]
)# 3. 응답 결과 중 내용만 깔끔하게 출력
print(completion.choices[0].message.content)
```

이 코드는 오픈AI의 텍스트 생성 엔진에 "안녕! 챗GPT. API를 통해 만나서 반가워."라는 프롬프트를 보내고, 생성된 텍스트를 출력한다.

5. API를 활용한 AI의 활용 사례

여기서는 오픈AI의 API와 파이썬 코드를 활용해 웹사이트의 내용을 가져와 이를 GPT 모델을 사용하여 요약하는 기능을 구현하는 사례를 통해 활용 방법을 익히고자 한다. 이 과정에서는 먼저 웹사이트의 내용을 수집하고, 해당 내용을 GPT 모델에 전달하여 요약본을 생성하는 단계를 포함한다.

웹사이트 내용을 수집하기에 앞서 위에 제시된 코드를 약간 수정해서 내용을 요약하는 기능을 추가해 보자. 아래 코드에서는 website_content라는 변수를 선언하고 여기에 내용을 넣게 된다. 그리고 API를 통해 이 내용과 함께 요약하라는 명령문을 전달하는 것이다.

```
from openai import OpenAI

# 1. API 키 설정
# 주의: API 키는 반드시 따옴표(" ")로 감싸서 문자열 형태로 넣어야 합니다.
client = OpenAI(api_key="sk-fake12345GzYj7OyKkVOyVwvP3BlbFJ6JrRVflxN4UWulXZQ")

# 2. 요약할 텍스트 입력
# 긴 텍스트나 따옴표가 포함된 글을 넣을 때는 삼중 따옴표(""")를 쓰는 것이 오류를 방지합니다.
website_content = """중국 내륙에서 발달한 저기압의 영향으로 새벽부터 전국 곳곳에 비 또는 눈이 예보됐다.
```

```
특히 강원도와 경상북도를 중심으로 새벽에 많은 눈이 내릴 것으로 예상된다.
출·퇴근길 교통안전에 각별히 유의해야겠다."""

# 3. GPT에 요약 요청
completion = client.chat.completions.create(
  model="gpt-XX",  # 여기에 모델명을 입력
  messages=[
    {"role": "system", "content": "너는 뉴스 기사를 핵심만 요약해 주는 AI 비서야."},
    {"role": "user", "content": f"다음 텍스트를 요약해줘: \n{website_content}"}
  ]
)

# 4. 요약된 결과 텍스트만 출력
# .content를 붙이지 않으면 복잡한 시스템 메시지가 통째로 출력됩니다.
print(completion.choices[0].message.content)
```

웹사이트의 내용을 자동으로 수집하고 이를 챗GPT 모델을 사용하여 요약하는 기능을 구현하기 위해서는, 웹 크롤링 라이브러리의 도움이 필요하다. Python에서는 BeautifulSoup와 requests 라이브러리를 주로 사용하여 웹 페이지의 HTML을 가져오고, 이로부터 필요한 내용을 추출하는 작업을 수행할 수 있다. 이러한 라이브러리들을 활용하면, 웹사이트의 HTML을 자동으로 가져온 후, 그 안에서 필요한 정보를 찾아내고 이를 GPT 모델에 전달하여 요약하는 과정을 효율적으로 자동화할 수 있다.

다음은 BeautifulSoup와 requests 라이브러리를 활용하여 웹사이트의 내용을 크롤링하고, OpenAI API를 통해 해당 내용을 요약하는 과정을 단계별로 설명한 예시 코드이다. 이 코드는 Google Colab 또는 로컬 파이썬 환경에서 실행할 수 있다. 구현을 시작하기 전에, 필요한 라이브러리를 설치하는 것부터 시작한다. 파이썬 환경에서 BeautifulSoup와 requests 라이브러리를 사용하기 위해 다음과 같이 라이브러리를 설치하는 명령어를 실행한다.

```
!pip install beautifulsoup4
!pip install requests
```

제1부 생성형 AI 효율적인 활용 방법

01. AI의 혁신적인 활용으로 미래를 지혜의 통찰력

02. AI 시대 업계가 마인드에 과학적인 프롬프트 디자인

03. AI의 확장: 맞춤 자동화와 문서 작업 고도화

04. AI 활용을 통한 창의력 문제 해결과 혁신 모델의 육성

05. 생성형 AI 시대의 프로그래밍 활용 요령

06. 윤리적 책임을 고려한 영역별 AI의 활용

이전 방식에서는 웹사이트의 내용을 직접 web_content라는 변수에 할당하여 사용했다면, 이제는 text_content라는 변수를 사용하여 BeautifulSoup 라이브러리를 통해 웹 페이지에서 내용을 자동으로 읽어 오게 된다. 이렇게 추출한 내용은 챗GPT 모델에 질문을 던지는데 사용된다. 이 과정을 통해 웹사이트의 내용을 수동으로 복사하고 붙여 넣는 수고로움 없이, 자동화된 방식으로 정보를 수집하고 이를 기반으로 챗GPT 모델에 요약이나 질의응답 등의 요청을 할 수 있게 된다.

```python
import requests
from bs4 import BeautifulSoup
from openai import OpenAI

# 1. API 키 설정 (따옴표 필수)
client = OpenAI(api_key="sk-fake12345GzYj7OyKkVOyVwvP3BlbFJ6JrRVflxN4UWulXZQ")

# 2. 웹사이트 URL
url = "https://n.news.naver.com/mnews/article/003/0012357154"

# 3. 웹사이트 내용 가져오기 (requests)
# 헤더 없이 가장 기본적으로 요청하는 방식입니다.
response = requests.get(url)
soup = BeautifulSoup(response.text, html.parser)

# 4. 본문 텍스트 추출
# 네이버 뉴스 본문 영역인 id=dic_area를 찾아 텍스트만 가져옵니다.
# (만약 태그를 못 찾으면 에러가 날 수 있어 예외 처리를 하면 좋지만, 교재용으론
    단순화했습니다)
article_body = soup.find(div, id=dic_area)
text_content = article_body.get_text().strip()

# 5. OpenAI API로 요약 요청
completion = client.chat.completions.create(
  model="gpt-XX",  # 여기에 모델명을 입력
  messages=[
    {"role": "system", "content": "너는 뉴스 기사를 3줄로 요약해 주는 AI야."},
    {"role": "user", "content": f"다음 기사를 요약해줘:\n{text_content}"}
  ]
```

```
)

# 6. 결과 출력
print(completion.choices[0].message.content)
```

※ 문제: 객관식 5문항, 단답형 7문항

【객관식 문제】

1. 프로그래밍 능력이 생성형 AI를 활용하는 데 왜 필요한가?

① AI 모델의 효율성을 감소시킨다.

② 복잡한 문제 해결과 AI와의 상호 작용을 가능하게 한다.

③ AI의 기능을 제한한다.

④ AI를 덜 창의적으로 만든다.

정답: ②

정답: 프로그래밍 능력은 생성형 AI의 모든 잠재력을 발휘하는 데 필수적이다.

해설: 프로그래밍 능력은 복잡한 문제 해결, 자동화된 시스템 구축, AI와의 상호 작용 극대화 및 AI 출력의 미세 조정을 가능하게 해, 생성형 AI의 모든 잠재력을 발휘할 수 있도록 한다. 프로그래밍 없이는 이러한 잠재력을 완전히 발휘하기 어렵다.

2. 파이썬에서 객체란 무엇인가?

① 데이터나 기능을 포함하지 않는 이름

② 프로그램의 실행 명령

③ 데이터나 기능을 포함하는 모든 것

④ 프로그래밍 언어의 구문

정답: ③

해설: 파이썬에서는 숫자, 문자열, 리스트 등 모든 데이터 타입이 객체로 취급된다. 이는 파이썬의 모든 것이 객체라는 언어의 철학을 반영한다. 객체는 데이터나 기능을 포함하며, 변수는 이러한 객체를 참조하는 데 사용되는 이름이다.

3. 다음 파이썬 코드의 실행 결과를 작성하라.

```python
for i in range(1, 6):
    if i % 2 == 0:
        print(i, "짝수")
    else:
        print(i, "홀수")
```

① 1 "짝수" 2 "홀수" 3 "짝수" 4 "홀수" 5 "짝수"

② 1 "홀수" 2 "홀수" 3 "홀수" 4 "홀수" 5 "홀수"

③ 1 "홀수" 2 "짝수" 3 "홀수" 4 "짝수" 5 "홀수"

④ 1 "짝수" 2 "짝수" 3 "짝수" 4 "짝수" 5 "짝수"

정답: ③

해설: 이 파이썬 코드는 1부터 5까지의 숫자를 순회하는 for문과 함께 조건문을 사용하여 각 숫자가 짝수인지 홀수인지를 판별하고 출력한다. range(1, 6) 함수는 1부터 5까지의 숫자를 생성하며, for문은 이 범위 내의 각 숫자(i)에 대해 반복 실행된다. if i % 2 == 0 조건문은 i를 2로 나눈 나머지가 0인지를 확인하여 짝수인 경우 print(i, "짝수")를 실행하고, 그렇지 않은 경우(즉, 홀수인 경우) print(i, "홀수")를 실행한다. 따라서 코드의 실행 결과는 숫자 1부터 5까지 각각 "홀수", "짝수", "홀수", "짝수", "홀수"로 출력된다.

4. 파이썬에서 오픈AI API를 활용하는 순서를 작성하라.

① API 호출 → 오픈AI 라이브러리 설치 → API 키 설정 → 응답 처리

② 오픈AI 라이브러리 설치 → API 호출 → API 키 설정 → 응답 처리

③ 오픈AI 라이브러리 설치 → API 키 설정 → API 호출 → 응답 처리

④ API 키 설정 → 오픈AI 라이브러리 설치 → 응답 처리 → API 호출

정답: ③

해설: 파이썬에서 오픈AI API를 사용하기 위한 첫 단계는 필요한 오픈AI 라이브러리를 설치하는 것이다. 이를 통해 파이썬 코드 내에서 오픈AI API의 기능을 사용할 수 있는 기반을 마련한다. 라이브러리 설치 후, 사용자는 자신에게 발급된 API 키를 코드 내에 설정해야 한다. API 키는 오픈AI 서비스에 대한 접근 권한을 제공하며, 사용자의 요청이 인증되는 데 필수적이다. API 키 설정이 완료되면, 사용자는 오픈AI API를 호출하여 다양한 작업(예: 텍스트 생성, 번역, 요약 등)을 요청할 수 있다. 마지막으로, API 호출에 대한 응답을 처리하여, 필요한 작업을 수행하거나 결과 데이터를 분석한다. 이 과정은 파이썬을 사용하여 오픈AI API의 강력한 기능을 활용하는 효율적인 방법을 제공한다.

5. 소프트웨어 간의 상호작용을 가능하게 하는 도구와 규약의 집합으로, 한 프로그램이 다른 프로그램의 기능이나 데이터를 사용할 수 있게 하는 것을 (   )라 한다.
   ① SDK (Software Development Kit)
   ② IDE (Integrated Development Environment)
   ③ API (Application Programming Interface)
   ④ CLI (Command Line Interface)

정답: ③

해설: API(Application Programming Interface)는 다양한 소프트웨어 컴포넌트나 시스템이 서로 상호작용할 수 있도록 설계된 인터페이스이다. 개발자는 이를 통해 한 프로그램의 기능을 다른 프로그램에서 호출하여 사용할 수 있게 되며, 외부 서비스의 데이터를 가져오거나 기능을 실행하는 작업을 훨씬 더 쉽고 효율적으로 수행할 수 있다. API는 복잡한 기능을 직접 구현하지 않고도 이미 개발된 서비스의 기능을 활용할 수 있는 중요한 도구로, 개발 과정을 단순화하고 가속화하는 역할을 한다.

【단답형 문제】

1. AI를 단순한 도구가 아니라, 비행기의 부조종사처럼 코딩 과정을 돕고 제안하는 협업 파트너로 바라보는 개념을 무엇이라 하는가?

정답: 코파일럿(Co-pilot)

해설: 마이크로소프트의 깃허브 코파일럿 등에서 유래한 용어로, 주도권은 인간(Pilot)이 잡고 AI가 보조하는 관계를 의미합니다.

2. 파이썬에서 엑셀과 같은 표(Table) 형태의 데이터를 다루고 분석하기 위해 가장 널리 사용되는 필수 라이브러리는 무엇인가?

정답: 판다스(Pandas)

해설: 데이터 분석의 엑셀이라고 불리며, read_csv 등의 함수로 데이터를 불러와 분석합니다.

3. 서로 다른 소프트웨어 프로그램이 기능을 공유하고 데이터를 주고받을 수 있도록 연결해 주는 매개체(인터페이스)를 무엇이라 하는가?

정답: API(Application Programming Interface)

해설: 식당의 점원처럼, 사용자의 요청을 서버(AI)에 전달하고 결과를 받아오는 역할을 합니다.

4. OpenAI API와 같은 유료API 서비스를 사용할 때, 사용자 인증과 결제 식별을 위해 발급받아야 하는 고유한 비밀 문자열은?

정답: API 키(API Key)

해설: 이 키가 유출되면 타인이 내 비용으로 API를 사용할 수 있으므로 보안에 유의해야 합니다.

5. 파이썬 코드에서 import 키워드를 사용하여 불러오며, 특정 기능(예: 데이터 분석, 시각화, AI 연동)을 수행하는 함수와 클래스들의 집합을 무엇이라 하는가?

정답: 라이브러리 (Library)

해설: 판다스, 맷플롯립, OpenAI 등은 모두 누군가 미리 만들어 둔 '도구 상자'인 라이브러리입니다.

6. 코딩 과정에서 에러가 발생했을 때, 포기하지 않고 에러 메시지를 분석하여 수정하고 해결해 나가는 일련의 과정을 무엇이라 하는가?

정답: 디버깅(Debugging)

해설: AI 시대에는 AI에 에러를 물어보며 해결하는 'AI 협업 디버깅'이 중요한 역량이 됩니다.

7. AI가 생성한 코드가 문법적으로는 맞지만, 사용자가 의도한 논리(Logic)와 다르게 작동할 때(예: 평균을 구해야 하는데 합계를 구함), 이를 바로잡기 위해 가장 필요한 능력은?

정답: 코드 독해력 (Code Literacy)

해설: 직접 짤 줄은 몰라도, AI가 짜준 코드를 읽고 "어? 여기 더하기가 아니라 나누기가 들어가야 하는데?"라고 흐름을 파악하는 눈이 필요합니다.

Chapter 06

윤리적 책임을 고려한 생성형 AI의 활용

1. AI Governance 프레임워크 개념과 원칙

1) 생성형 AI와 의사 결정 환경의 변화

생성형 AI의 확산은 기업의 업무 방식과 의사 결정 구조를 빠르게 바꾸고 있다. 과거의 정보 기술이 반복 업무를 줄이고 효율을 높이는 역할에 머물렀다면, 오늘날의 생성형 AI는 판단과 선택의 과정에 직접 개입하고 있다. 이제 AI는 보고서를 작성하고, 고객 대응 문장을 설계하며, 채용 후보를 분류하고, 리스크 수준을 예측하는 등 실질적인 의사 결정 보조 역할을 수행한다.

기업 현장에서 생성형 AI는 이미 일상적인 도구로 자리 잡고 있다. 인사 부서는 이력서 분류와 평가 보조에 AI를 활용하고, 금융 부문에서는 대출 가능성과 신용 위험을 분석한다. 마케팅 조직은 광고 문구와 콘텐츠를 자동 생성하며, 고객센터는 챗봇을 통해 상담 효율을 높이고 있다. 이러한 변화는 업무 속도를 높이는 동시에, 판단의 책임 구조를 모호하게 만드는 새로운 문제를 낳고 있다.

실무에서 가장 큰 변화는 "누가 결정했는가"가 아니라 "어떤 기준으로 결정되었는가"가 중요해졌다는 점이다. AI가 제안한 결과가 실제 의사결정으로 이어질 때, 그 결과에 대한 책임과 검증 과정이 명확하지 않다면 이는 곧 기업 리스크로 이어진다. 따라서 기업은 생성형 AI를 단순한 자동화 도구가 아니라 관리가 필요한 의사 결정 시스템으로 인식해야 한다.

> **자동화가 만든 판단 오류**
>
> 한 중견 기업은 AI 기반 업무 자동화를 통해 보고서 작성 시간을 절반 이상 줄였지만, AI가 생성한 수치 오류를 검토하지 않은 채 경영 회의에 보고하면서 잘못된 투자 판단이 내려졌다. 이후 기업은 'AI 생성 결과 사전 검토 의무 규정'을 도입해 재발을 방지했다. 이 사례는 AI 도입이 곧 책임 경영으로 이어져야 함을 보여 준다.

2) AI Governance의 필요성과 구조

AI Governance는 기업이 AI를 활용하는 전 과정에서 기준과 책임을 명확히 하기 위한 관리 체계이다. 이는 기술적 완성도를 높이기 위한 이론적 개념이 아니라, 기업이 법적 위험과 평판 리스크를 줄이기 위해 반드시 갖추어야 할 운영 장치에 가깝다.

실무적으로 AI Governance는 다음과 같은 상황에서 필요성이 드러난다. AI가 잘못된 결과를 생성했을 때 대응 기준이 없으면 책임 소재가 불분명해지고, AI가 특정 고객이나 집단에 불리한 결과를 낳았을 경우 차별 문제로 확대될 수 있다. 또한, AI 결과가 외부로 전달될 때 검증되지 않은 정보가 기업의 공식 입장으로 오인될 가능성도 존재한다.

이처럼 AI Governance는 AI를 통제하기 위한 규칙이 아니라 기업을 보호하기 위한 안전 장치로 이해되어야 한다.

> **책임 소재가 불분명했던 조직**
>
> 한 보험사는 AI가 산출한 고객 보험료를 그대로 적용했으나 부당 산정 논란이 발생했다. 내부 조사 결과 AI 알고리즘 오류가 원인이었지만, AI 운영 책임자가 명확하지 않아 대응이 지연되었고 결과적으로 기관 제재를 받았다. AI Governance 부재가 실질적 손실로 이어진 사례다.

기업 환경에서 AI Governance는 네 가지 요소를 중심으로 실질적으로 운영되어야 한다.

첫째, 명확한 사용 기준과 정책 수립이다. 어떤 업무에는 AI를 허용하고, 어떤 영역에는 제한을 둘 것인지 구체적으로 규정해야 한다. 예를 들어, 고객 개인정보, 의료 정보, 재무 정보 등 민감한 데이터의 입력 금지 여부는 명확히 정의되어야 한다.

둘째, 책임 체계와 의사 결정 구조의 명확화이다. AI 운영에 대한 최종 책임자를 지정하고, 오류 발생 시 보고 체계와 대응 절차를 마련해야 한다.

셋째, 결과 검증 및 기술적 통제 장치이다. AI가 생성한 결과는 반드시 사람이 검토하는 구조가 필요하며, 로그 기록과 추적 시스템을 통해 결과의 출처를 확인할 수 있어야 한다.

넷째, 사용자 교육과 조직 문화 조성이다. 실무자는 AI를 절대적 판단 도구가 아닌 보조 도구로 인식해야 한다.

> AI 관리 구조 도입 효과
> 한 유통 기업은 AI 활용 기준과 책임 구조를 문서화한 후, AI 관련 고객 민원이 38% 감소했다. 특히 'AI 판단 → 관리자 검토 → 최종 승인' 구조가 리스크를 실질적으로 줄이는 역할을 했다.

3) AI 생애주기 기반 실무 관리 전략

AI의 위험 관리는 일회성 점검으로 해결되지 않는다. 기업은 AI의 전 생애주기를 기준으로 관리 전략을 수립해야 한다.

데이터 수집 단계에서는 출처가 불분명한 데이터 사용을 제한하고, 편향 가능성을 점검해야 한다. 모델 개발 단계에서는 목적과 사용 범위를 명확히 정의해야 하며, 검증 단계에서는 결과의 정확성과 공정성을 평가해야 한다. 운영 단계에서는 사용자에게 AI 사용 여부를 고지하고 검토 절차를 명확히 해야 하며, 폐기 단계에서는 데이터 삭제 및 기록 관리가 체계적으로 이루어져야 한다.

이 구조는 문제가 발생한 이후 대응하는 방식이 아니라, 문제 발생 가능성을 사전에 차단하는 예방 전략이다. AI Governance는 이제 규제 대응을 넘어 기업 신뢰 확보의 핵심 기준

01. AI의 순환적인 활용을 위한 체계와 통찰력

02. AI 실무 설계자 마인드에 가격적 프롬프트 디자인

03. AI의 확장: 맞춤 자동화와 문제 적응 고도화

04. AI 활용을 통한 창의적 문제 해결과 학습 모델의 연결

05. 생성형 AI 기반 프로그램 활용 역량

06. 윤리적 책임을 고려한 신뢰성 AI의 활용

이 되고 있다. 글로벌 비즈니스 환경에서 투명한 AI 운영 체계는 거래 안정성과 브랜드 가치를 확보하는 중요한 요소로 작용한다.

책임 있는 AI 운영 체계를 갖춘 기업은 고객 신뢰를 확보하고, 파트너로서의 안정성을 인정받게 된다. 반면, 관리 체계가 부족한 기업은 법적 분쟁과 평판 손상 위험에 지속적으로 노출된다.

AI Governance는 비용이 아니라 지속 가능한 성장을 가능하게 하는 경쟁 인프라이다. 윤리 기반 경쟁력 확보를 위한 글로벌 제조사는 AI 운영 기준을 공개하고 고객에게 AI 사용 여부를 투명하게 고지함으로써 해외 계약이 증가했다. AI Governance가 곧 브랜드 신뢰로 전환된 사례다.

생성형 AI는 기업의 생산성과 경쟁력을 극대화할 수 있는 도구이지만, 통제되지 않은 활용은 기업의 신뢰를 훼손할 수 있다. 따라서 기업은 AI를 기술이 아니라 의사 결정 구조의 일부로 인식하고, 명확한 기준과 책임 체계를 통해 운영해야 한다.

책임 있는 AI 활용이란 기술의 속도를 늦추는 것이 아니라 기술이 지속적으로 기업 성장에 기여하도록 관리하는 방식이다. 앞으로의 비즈니스 환경에서 경쟁력을 갖춘 기업은 더 많이 사용하는 기업이 아니라 더 잘 관리하는 기업이 될 것이다

2. 신뢰 가능한 AI 구축을 위한 프롬프트 원칙

1) 생성형 AI와 프롬프트의 중요성

생성형 인공지능이 보편화되면서, 우리는 기술을 어떻게 활용할 것인가라는 질문보다 어떻게 책임 있게 활용할 것인가라는 문제를 먼저 생각해야 하는 시대를 맞이하였다. 생성형 AI는 사용자의 질문이나 지시, 즉 프롬프트에 따라 판단 구조와 출력 결과가 달라진다. 다시

말해, AI가 보여 주는 사고 과정은 모델의 능력뿐 아니라 사용자가 어떤 방식으로 프롬프트를 구성했는지에 의해 함께 결정된다.

인간은 모호한 문장 속에서도 맥락을 파악할 수 있지만 인공지능은 그렇지 않다. AI는 주어진 문장에 포함된 정보만을 바탕으로 판단을 시도하며, 정보가 부족하거나 모호할 경우 추측을 통해 그럴듯한 답을 구성한다. 이 과정에서 존재하지 않는 사실을 만들어 내는 '환각'을 일으킨다. 예를 들어, 사용자가 '이 논문의 주요 연구 결과를 요약해 줘'라고만 지시할 경우 AI는 실제 논문 내용을 파악하지 못한 채 추론이나 유사 패턴을 기반으로 엉뚱한 내용을 만들어 낼 수 있다.

따라서 프롬프트는 단순한 입력 문장이 아니라 AI의 사고 방향을 설정하는 장치이며 신뢰 가능한 AI 활용의 출발점이 된다. 명확한 지시가 담긴 프롬프트는 AI가 불확실한 추정을 하지 않도록 돕고 사용자가 원하는 방향으로 사고를 유도한다. 반면, 모호하거나 불완전한 프롬프트는 AI의 오류와 편향을 그대로 출력 문장에 투영시키는 결과로 이어질 수 있다. 이러한 이유로 신뢰성을 확보하려는 사용자일수록 프롬프트 작성의 원칙을 정확히 이해해야 한다.

2) 신뢰 가능한 프롬프트 설계를 위한 원칙

프롬프트 설계에서 가장 중요한 원칙은 명확성과 구체성이다. "이 문장을 고쳐 줘"라는 지시는 AI가 글을 다듬는 것인지, 요약하는 것인지, 문제를 바꾸는 것인지 분간하기 어렵게 만든다. 반대로 "아래 문단을 5줄로 요약하되, 핵심 개념은 유지하고, 대학생이 읽기 쉬운 문장으로 다시 작성해 줘"라는 지시는 목적, 형식, 대상, 양식이 명확하여 훨씬 안정적인 결과를 끌어낸다.

두 번째 원칙은 맥락 제공이다. AI는 상황, 대상, 역할을 스스로 추론하지 못하기 때문에 사용자는 AI가 어떤 관점과 배경을 바탕으로 사고해야 하는지를 필요한 만큼 제공해야 한다. 예를 들어, "너는 지금 대학 교양수업을 진행하는 교수의 역할을 수행하고 있어"와 같은 역할 부여는 AI가 산출하는 내용의 깊이와 문체를 바꾸며, "청소년에게 설명하듯 쉽게 말해 줘"라는 지시는 설명 방식의 난이도를 조정한다. 이러한 맥락 제공은 AI의 출력 결과가 사용자의 목적에 맞게 조정되도록 하는 핵심 장치이다.

세 번째는 책임성 확보이다. AI는 확률적으로 적합한 문장을 생성할 뿐 사실 여부를 판단하지 않는다. 그러므로 사용자는 프롬프트에 "불확실한 경우 추측하지 말고 모른다고 답해 줘", "출처가 없는 정보는 제공하지 말고, 출처 없음이라고 말해 줘"와 같은 지침을 명시해야 한다. 이러한 조건은 AI의 오정보 생성을 줄이는 데 매우 효과적이다.

네 번째 원칙은 공정성이다. 편향된 질문은 편향된 답을 유도한다. 예를 들어, "남성에게 적합한 직업은 무엇인가?"라는 질문은 사회적 고정관념을 강화하는 기준을 프롬프트가 스스로 설정한 것이다. 이런 경우에는 "성별과 무관하게 역량 기반으로 직업을 추천해 줘" 또는 "특정 집단에 불리한 판단을 하지 않도록 공정성을 고려해서 설명해 줘"와 같은 방식으로 프롬프트를 전환해야 한다. 프롬프트 단계에서 공정성을 명시하는 것은 AI가 학습 데이터의 편향을 그대로 반영하는 것을 방지하는 중요한 조치다.

다섯 번째는 개인정보 보호이다. 생성형 AI는 사용자가 입력한 정보를 기억하거나 학습하지 않도록 설계되어 있지만, 특정 패턴을 통해 유사한 출력이 생성될 가능성을 완전히 배제할 수 없다. 특히 주민등록번호, 주소, 전화번호, 학생 정보처럼 직접 식별이 가능한 개인정보는 입력 단계에서 절대 포함되어서는 안 된다. 실제 교육, 의료, 법률 환경에서 활용할 경우에는 반드시 가명화된 예시나 샘플 데이터를 사용해야 한다.

마지막으로 중요한 원칙은 안전성이다. 생성형 AI는 사용자 지시에 따라 위험한 정보나 부정확한 조언을 생성할 가능성이 있다. 이를 예방하기 위해 프롬프트에는 "위험하거나 검증되지 않은 의료 정보는 답변하지 말고 전문가에게 상담하도록 안내해 줘"와 같은 안전장치를 넣어야 한다. 이는 단순한 기술적 안전을 넘어 사용자 보호의 윤리적 기준이 된다.

3) 프롬프트 원칙과 책임 있는 AI 활용의 연결

프롬프트 설계 원칙은 단순히 더 좋은 결과를 얻는 기술이 아니다. 이는 AI의 책임성과 신뢰성을 확보하기 위한 사용자 중심의 윤리적 실천이다. 특히 교육, 의료, 공공 기관처럼 사회적 영향력이 큰 영역에서는 사용자가 프롬프트 단계에서 신중하게 판단해야 한다. 예를 들어, 학생이 AI를 활용해 과제를 작성하는 경우, 프롬프트는 학습을 돕는 도구로 작동해야지 답변을 그대로 복사해 제출하는 도구가 되어서는 안 된다. 기업에서도 프롬프트 원칙은 내부 AI 사용 정책과 연결되며, 직원들이 고객 정보를 입력하지 않도록 하는 등의 안전장치와 결합되어야 한다.

더 나아가 프롬프트 작성 능력은 디지털 사회에서 시민이 갖추어야 할 새로운 문해력의 중요한 능력이다. 사용자가 질문을 명확하게 설정하고, AI의 위험을 인지하며, 공정성과 안전성을 고려해 지시를 구성하는 능력은 단순한 기술 활용 수준을 넘어 책임 있는 시민 역량으로 자리 잡고 있다. 결국 신뢰 가능한 생성형 AI는 기술 발전만으로 만들어지는 것이 아니라, 올바른 프롬프트를 구성하고 이를 통해 AI의 사고 방향을 윤리적으로 조정하는 사용자들의 실천에서 완성된다.

3. 실제 기업의 윤리 이슈 대응 사례

1) 기업 현장에서 드러난 AI 윤리 문제의 현실

인공지능 기술이 기업 현장으로 빠르게 확산되면서, 기술적 효율성과 업무 자동화의 장점만큼이나 그로 인해 발생하는 위험과 윤리적 문제 또한 점점 더 뚜렷하게 드러나고 있다. AI는 실제 사람들의 삶에 영향을 미치는 의사 결정에 개입하기 시작했다. 기술적 오류와 편향은 더 이상 내부 시스템의 문제가 아니라 사회 전체에 영향을 미치는 구조적 위험이 되고 있다. 특히 대규모 데이터 기반의 예측 알고리즘이나 생성형 모델은 작은 데이터 편차나 설계 실수에도 큰 결과를 만들어 낼 수 있기에, 기업은 AI 활용 과정에서 기술적 완성도뿐 아니라 윤리적 책임을 함께 고려해야 한다는 압력을 강하게 받고 있다.

많은 기업에서 AI는 채용, 의료 분류, 고객 분석, 추천 시스템, 위험 평가 등 중요한 의사 결정에 사용되고 있다. 그러나 이러한 기술적 자동화는 인간의 편향·불평등·정보 격차·측정 오류가 그대로 알고리즘에 내재되어 재생산될 위험을 가진다. 실제로 지난 몇 년간 여러 기업은 AI 시스템이 특정 집단에게 불리하게 작용하거나 사실과 다른 결론을 도출해 사회적 비판을 받은 사건에 직면했다. 이러한 사건들은 기업이 AI를 단순히 잘 작동하게 만드는 것을 넘어서 사회적으로 안전하게 작동하게 만들기 위한 Governance 체계를 갖추어야 한다는 점을 보여 준다.

2) 사례 분석: 편향·지표 선택·조직 윤리의 문제

AI 윤리 문제의 대표적 사례로 꼽히는 아마존의 AI 채용 시스템 실패, Optum 의료 알고리즘 차별 사건, 그리고 구글과 메타가 보여 준 조직 내부 윤리 대응 사례를 살펴보자.

(1) 아마존의 AI 채용 시스템 폐기 사건: 데이터 편향이 초래한 실패

아마존은 2014년부터 채용 과정의 효율성을 높이기 위해 AI 기반의 인재 평가 시스템을 구축하기 시작했다. 수천 명의 이력서를 자동으로 분석하여, 기업이 원하는 역량과 성과를 갖춘 지원자를 빠르게 선별하는 것이 목적이었다. 아마존은 과거 10년 동안의 우수한 직원 데이터를 모델 학습에 사용했는데, 겉으로 보기에는 합리적인 접근처럼 보였다.

그러나 문제는 바로 이 지점에서 발생했다. 과거의 우수 직원 대부분이 남성이었고, 이로 인해 학습 데이터는 남성 중심의 편향을 포함하고 있었다. 모델은 다양한 데이터 속에서 어떤 특징을 가진 이력서가 좋은 후보인지를 스스로 학습했는데, 과거의 채용 관행에 포함된 무의식적 편향까지 그대로 반영하게 된 것이다. 결국 AI는 여성이라는 단어가 포함된 이력서를 자동으로 낮은 점수로 평가했으며, 심지어 여성들이 많이 활동하는 동아리나 봉사활동에 참여한 기록도 부정적인 신호로 해석하는 경향을 보였다.

아마존 내부의 엔지니어들이 문제를 인식하고 알고리즘을 여러 차례 수정했지만, 근본적인 해결은 쉽지 않았다. 그 이유는 단순히 몇 가지 규칙을 제거한다고 해서 과거 데이터에 내재한 편향이 사라지지 않기 때문이다. 알고리즘은 여전히 남성 후보를 더 선호하는 패턴을 학습하고 있었고, 아마존은 결국 이 시스템 전체를 폐기할 수밖에 없었다.

이 사례가 중요한 이유는 AI의 편향이 기술적 오류가 아니라 데이터 선택 과정에서의 구조적 문제라는 점을 명확하게 보여 주기 때문이다. 과거의 불평등이 데이터에 포함되어 있으면 AI는 그 불평등을 재현하거나 증폭한다. 이 사례를 계기로 기술 기업들은 AI 개발 초기 단계에서 데이터의 대표성과 공정성을 검증해야 한다는 사실을 깊이 인식하게 되었고, 많은 기업이 내부에 데이터 윤리 검토 체계를 신설하는 계기가 되었다.

(2) Optum 의료 알고리즘 차별 사건: 지표 선택의 윤리적 함정

Optum은 환자의 건강 상태를 예측해 의료 서비스의 우선순위를 정하는 알고리즘을 운영하고 있었다. 이 알고리즘은 추가적인 의료 관리가 필요한 환자를 식별한다는 명분 아래 만들어졌는데, 중요한 문제는 모델이 건강 상태를 직접적으로 평가하지 않고 의료비 지출액을 건강의 대리 지표로 사용했다는 점이다.

겉으로 보면 합리적일 수 있다. 일반적으로 의료비 지출이 많은 환자가 더 많은 치료가 필요할 가능성이 있기 때문이다. 그러나 미국의 의료 현실은 이를 다르게 만든다. 경제적 여건이나 인종적 차별로 인해 의료 접근성이 낮은 흑인 환자들은 실제 건강이 나쁘더라도 의료비 지출이 적을 수밖에 없다. 이 문제 때문에 알고리즘은 흑인 환자가 더 아픈 경우에도 추가 관리가 필요 없는 환자로 분류하는 오류를 반복했다.

이 사건은 2019년 학술 연구에 의해 밝혀졌고, 조사 결과 흑인 환자들이 실제로는 백인 환자보다 건강 상태가 훨씬 나쁨에도 불구하고 알고리즘은 그들의 위험 점수를 낮게 책정하고 있었다. 실제로 이 알고리즘을 통해 추가 의료 관리가 필요한 환자 중 흑인 비율은 정상적이라면 46%가 되어야 했지만, 실제로는 18%에 불과한 것으로 나타났다.

이는 기술적 오류가 아니라, 지표 설정 과정에서 발생한 윤리적 선택의 실패였다. 의료비 지출액을 건강의 대리 지표로 삼았다는 것은 결과적으로 사회적 불평등을 반영하는 지표를 그대로 알고리즘에 주입한 셈이었다. Optum은 이후 알고리즘의 구조를 재설계하고 다양한 건강 지표를 복합적으로 활용하는 방식으로 개선했지만, 이 사건은 의료 인공지능 분야에 매우 중요한 교훈을 남겼다.

즉 AI가 무엇을 예측하는가보다 더 중요한 것은 AI가 무엇을 기준으로 예측하는가이다. 지표 선택은 기술적 결정이 아니라 사회적·윤리적 결정이다.

(3) 구글의 AI 원칙(AI Principles) 선언: 내부 윤리가 정책 변화를 만들어 낸 사례

구글은 AI 기술 개발을 가장 먼저 선도한 기업 중 하나이며, 특히 딥러닝과 생성 모델의 발전을 이끌어 온 핵심적인 역할을 해왔다. 그러나 2018년, 구글은 군사적 활용을 위한 프로젝트 메이븐에 참여했다는 사실이 알려지면서 큰 내부 반발을 겪었다. 이 프로젝트는 드론 영상에서 사람과 객체를 구분하는 기술을 군사 목표물 식별에 활용하는 작업이었고, 많은 구글 직원들은 이 기술이 무기 개발에 사용될 가능성을 우려했다.

수천 명의 직원들이 서명한 공개 항의 서한이 제출되었고, 일부 연구자는 항의의 의미로 회사를 떠났다. 결국 구글은 프로젝트 참여 중단을 선언했으며, 동시에 7가지 AI 원칙을 발표했다. 이 원칙에는 다음과 같은 내용이 포함되어 있었다.

- 사회적으로 유익한 목적에 AI를 사용한다.
- 차별을 유발하는 목표에 기술을 사용하지 않는다.
- 안전성을 확보하고 충돌을 방지한다.
- 프라이버시를 보호한다.
- 무기 개발에는 AI를 활용하지 않는다.

이 사건은 매우 중요한 함의를 갖는다. 외부의 규제가 아니라 기업 내부 구성원의 윤리 의식과 문제 제기가 기업의 AI 운영 기준을 변화시킨 사례였기 때문이다. 또한, 구글 AI 원칙은 이후 많은 기업의 윤리 가이드라인의 기준이 되었고, AI 기술은 단순한 성장과 이익보다 사회적 가치가 우선되어야 한다는 흐름을 공고하게 만들었다.

(4) 딥페이크의 대응: 플랫폼 책임의 중요성

페이스북과 인스타그램을 운영하는 메타는 세계에서 가장 많은 사용자 데이터를 보유한 플랫폼 기업 중 하나다. 생성형 AI가 발달하면서 누구나 딥페이크 영상과 조작된 이미지를 손쉽게 만들 수 있게 되자, 메타는 허위 정보와 조작 콘텐츠의 확산을 막기 위한 새로운 정책을 도입하게 되었다.

특히 선거와 같은 민감한 시기에는 조작된 영상 하나가 여론을 왜곡하고 사회적 갈등을 증폭시킬 수 있기 때문에 메타는 합성 영상에 대한 표시 의무를 강화하고, 위험 콘텐츠를 신속히 삭제하는 절차를 도입했다. 또한, 외부의 팩트체크 기관과 협력해 딥페이크 탐지 정확도를 높이는 시스템을 개발하고, 생성형 콘텐츠에는 자동으로 AI 생성 표시를 삽입하는 방식을 도입했다.

이 사례는 플랫폼의 역할이 단순히 정보를 제공하는 공간을 운영하는 것이 아니라, 사회적 위험을 관리하는 책임을 함께 져야 한다는 점을 보여 준다. 생성형 AI 시대에는 플랫폼 기업의 감시·검증 능력이 사회적 신뢰를 보호하는 핵심 요소가 된다.

3) 기업 사례가 제시하는 Governance의 교훈

앞서 살펴본 사례들은 AI 기술의 문제가 단순히 알고리즘 내부의 오류가 아니라 데이터, 지표 선택, 조직의 가치, 관리 절차가 결합된 복합적 위험임을 보여 준다. 아마존의 경우 데이터 편향이 알고리즘 편향을 만들었고, Optum의 경우 잘못된 지표 선택이 구조적 불평등을 강화했으며, 구글과 메타의 사례에서는 조직 내부 윤리 의사 결정 과정이 기술의 사회적 방향을 바꾸었다.

이 사례들이 공통적으로 보여 주는 첫 번째 교훈은 데이터와 지표 선정이 AI 윤리의 출발점이라는 점이다. AI는 주어진 데이터를 그대로 학습하기 때문에 데이터의 불평등·불균형·편향은 곧 알고리즘의 편향으로 직결된다. 두 번째 교훈은 기업 내부의 Governance 체계가 기술 위험을 완화하는 핵심 구조라는 점이다. 윤리위원회 검토 절차, 책임자 지정 정책 마련 등 조직 차원의 구조가 없으면 AI는 쉽게 사회적 위험을 만들어 낸다.

세 번째 교훈은 조직 구성원들의 윤리적 문제 제기가 실제 정책 변화를 이끌 수 있다는 점이다. 구글의 사례처럼 내부 구성원들이 기술의 사회적 영향에 대해 적극적으로 의견을 제시했을 때 기업의 방향은 바뀌었다. 마지막으로 메타 사례는 플랫폼 기업이 AI 오남용을 방치할 수 없으며 사회적 책임을 다하는 방식으로 콘텐츠 관리 체계를 구축해야 한다는 점을 보여 준다.

결국 AI 윤리 이슈를 해결한 기업들의 사례는 하나의 공통된 결론을 말해 준다.

책임 있는 AI는 기술만으로 만들어지지 않으며, 데이터 정책, 조직 문화, 감독 체계가 결합될 때 비로소 완성된다.

기업은 기술 개발의 속도보다 중요한 것이 기술이 사회에 미치는 영향임을 깨닫고, Governance를 기술 전략의 중심에 위치시키기 시작했다. 이러한 흐름은 앞으로의 디지털 사회에서 기업이 AI를 어떻게 설계하고 운영해야 하는지에 대한 방향성을 제시한다.

4. 책임 있는 생성형 AI의 활용

생성형 인공지능이 빠른 속도로 대중화되면서 우리는 'AI를 어떻게 효율적으로 활용할 것인가?'라는 질문보다 더 본질적인 질문과 마주하게 되었다. 그것은 바로 'AI를 어떻게 책임 있게 사용할 것인가?'라는 질문이다. 기술은 끊임없이 발전하지만, 기술을 사용하는 방식이 그 기술의 사회적 영향을 결정한다는 점에서 책임 있는 활용은 단순한 선택이 아니라 필수적인 태도가 된다. 생성형 AI는 텍스트를 작성하고, 이미지를 만들고, 의사 결정을 제안하는 과정에서 인간의 사고와 매우 밀접하게 상호 작용하기 때문에 우리가 AI를 어떻게 다루느냐에 따라 결과는 크게 달라진다.

무엇보다 중요한 것은 생성형 AI가 인간의 인지적 과정에 깊숙이 개입한다는 점이다. 인간은 AI가 제시하는 답변을 정보로 받아들이는 데서 그치지 않고, 때로는 자신의 판단보다 더 신뢰하기도 한다. 이는 인공지능이 가진 자연스러운 표현 방식이 사용자에게 높은 신뢰감을 부여하기 때문이다. 그러나 AI가 자신감 있게 말한다고 해서 그 정보가 항상 정확하거나 공정한 것은 아니다. 생성형 AI는 확률적으로 가장 자연스러운 문장을 만들어 낼 뿐이며, 때때로 존재하지 않는 사실을 마치 사실처럼 만들어 내기도 한다. 이러한 위험을 인지하지 못할 경우, 사용자는 AI의 편향이나 오류를 그대로 받아들여 잘못된 결정을 내릴 수 있다.

책임 있는 생성형 AI의 활용은 기본적으로 인간이 기술의 중심을 지켜야 한다는 원칙에서 출발한다. 기술이 아무리 정교해졌더라도 인간의 판단을 완전히 대신할 수는 없으며, 또 그래서는 안 된다. AI는 의사 결정을 보조하는 도구로서 작동해야 하며, 최종 판단과 책임은 반드시 인간이 맡아야 한다. 이는 단순한 윤리적 선언이 아니라, 실질적인 안전성 확보의 문제이다. 의료·법률·교육·고용과 같이 인간의 삶에 중대한 영향을 미치는 영역에서는 이러한 원칙이 더욱 엄격하게 적용되어야 한다.

책임 있는 활용의 또 다른 핵심 요소는 투명성이다. 생성형 AI는 인간과 유사한 방식으로 문장과 이미지를 만들어 내기 때문에, 사용자는 그 결과가 AI에 의해 생성되었는지, 아니면 인간이 직접 작성한 것인지 혼동하기 쉽다. 교육 현장에서 학생이 AI가 작성한 에세이를 그대로 제출하거나, SNS에서 딥페이크 영상이 퍼지는 상황 등이 대표적이다. 이런 문제를 방지하기 위해서는 AI의 사용 여부를 명확히 밝히는 문화가 필요하다. 연구 보고서, 수업 과제, 기업 문서 등에서 AI가 사용된 경우 그 사실을 투명하게 공개하는 것은 책임 있는 활용의 기본이다. 이는 다른 사람이 해당 내용의 정확성과 신뢰성을 검토할 수 있는 중요한 조건이 되기 때문이다.

또한, 생성형 AI 출력물에는 개인정보나 민감한 내용이 포함될 위험이 있다. 사용자가 프롬프트로 입력한 정보가 모델에 의해 그대로 재생산되거나 변형된 형태로 출력될 가능성은 여전히 존재한다. 특히 전화번호, 주소, 주민등록번호, 의료 정보, 학생 정보 등은 입력 단계에서 절대로 포함되어서는 안 된다. 최신 AI 모델은 사용자 데이터를 학습 데이터로 직접 축적하지 않도록 설계되어 있지만, 모델 내부에 특정 패턴이 남아 재현될 가능성을 완전히 배제할 수는 없다. 따라서 책임 있는 활용은 항상 개인정보 보호를 최우선 원칙으로 둔다.

사회적 영향 또한 중요한 고려 요소이다. 생성형 AI는 콘텐츠를 대량 생산할 수 있기 때문에 잘못 사용되면 허위 정보, 편향된 관점, 혐오 표현, 조작된 이미지를 빠르게 확산시키는 도구로 변질될 수 있다. 특히 선거, 사회 갈등, 범죄 보도와 같은 민감한 영역에서는 AI가 만든 콘텐츠가 현실 세계의 판단과 행동에 치명적인 영향을 미치게 된다.

따라서 사용자는 AI 시스템을 활용할 때 자신이 만들어 낸 결과가 사회에 어떤 영향을 미칠 수 있는지를 스스로 점검해야 한다. "이 정보가 누군가에게 피해를 줄 수 있는가?", "잘못된 신뢰를 형성할 가능성은 없는가?"와 같은 질문을 통해 사회적 책임을 고려한 활용이 이루어져야 한다. 이러한 원칙들은 교육 현장에서 특히 중요한 역할을 한다. 많은 학생이 AI를 학습 도구로 활용하기 시작하면서 과제 수행, 보고서 작성, 연구 자료 정리 등 다양한 영역에서 생성형 AI를 이용하고 있다. 이는 학습을 풍부하게 만들고 생산성을 높일 수 있는 장점이 있지만, 동시에 AI에 대한 과도한 의존, 창의성 저하, 비윤리적 제출, 출처 표기 누락 등의 문제를 초래할 수 있다. 따라서 교육자는 학생들에게 AI를 정답을 대신하는 도구가 아니라, 생각을 확장하는 도구로 사용할 수 있도록 지도해야 한다. 예를 들어, AI가 생성한 답변을 그대로 사용하는 것이 아니라 AI의 답변을 검토하고, 수정하며, 자신의 언어로 재구성하도록 유도하는 것이 필요하다. 이렇게 함으로써 학생들은 기술의 도움을 받으면서도 자신의 사고 능력과 책임성을 유지할 수 있다.

기업에서도 책임 있는 활용 원칙은 조직 운영에 필수적이다. 기업은 내부적으로 AI 사용 정책을 마련하여 직원들이 AI를 어떻게 활용해야 하는지 기준을 제시해야 한다. 예를 들면, 고객 정보는 외부 모델에 입력할 수 없으며, AI가 작성한 문서를 외부로 전송하기 전 반드시 검토해야 한다는 등의 규칙이 필요하다. 또한, 내부 시스템에서 생성형 AI를 활용할 경우 로그 기록을 남기고, 검토 프로세스를 거치도록 하여 오작동이나 편향된 판단이 고객에게 직접적으로 전달되지 않도록 해야 한다. 이는 기업의 신뢰와 안전을 지키는 핵심적인 절차이다.

궁극적으로 책임 있는 생성형 AI의 활용은 기술적 규칙을 지킨다고 완성되는 것이 아니라, 사용자 개인이 가진 태도와 판단 능력에서 출발한다. AI의 출력을 무조건 신뢰하지 않고, 스스로 검증하려는 태도, 사회적 책임을 고려하는 태도, 개인정보와 타인의 권리를 존중하려는 태도 등이 결합될 때 비로소 기술은 안전하게 활용될 수 있다. AI가 인간을 대신

하는 시대가 아니라, AI와 인간이 함께 책임을 나누는 시대가 시작되고 있는 것이다.

생성형 AI는 인간의 능력을 확장시키는 강력한 도구이지만, 동시에 그 영향력만큼 위험성도 크다. 기술의 혜택을 누리면서도 위험을 최소화하기 위해서는, 기술을 어떻게 활용해야 하는가에 대한 사회적 합의와 개인의 윤리적 실천이 필요하다. 책임 있는 활용은 기술 발전의 속도를 늦추는 것이 아니라, 기술이 인간을 위해 지속적으로 유익한 방향으로 발전할 수 있도록 하는 기반이다. 결국 책임 있는 AI 활용은 기술이 아니라 인간이 주인으로 남기 위한 실천이며, 이는 앞으로의 디지털 사회에서 우리 모두가 함께 갖추어야 할 핵심 역량이라고 할 수 있다.

※ 문제: 객관식 5문항, 단답형 5문항

【객관식 문제】

1. 생성형 AI 도입 이후 기업 의사 결정 환경의 변화에 대한 설명으로 가장 적절한 것은?

① AI는 단순히 반복 업무만 처리하며 의사 결정에는 관여하지 않는다.

② AI는 의사 결정의 최종 책임 주체로 완전히 대체되었다.

③ AI는 판단과 선택 과정에 직접 개입하며 의사 결정 보조 역할을 수행한다.

④ AI는 결과 생성은 가능하지만 책임 구조에는 영향을 주지 않는다.

정답: ③

해설: 본문에서는 생성형 AI가 보고서 작성, 후보 분류, 리스크 예측 등 의사 결정 과정에 직접 개입하며 실질적인 보조 역할을 수행한다고 설명하고 있다

2. AI Governance의 실무적 필요성에 대한 설명으로 옳지 않은 것은?

① 기업의 법적 위험과 평판 리스크를 줄이기 위한 운영 장치이다.

② AI 결과의 책임 소재를 명확히 하기 위한 관리 체계이다.

③ 기술적 완성도를 높이기 위한 순수 이론적 개념이다.

④ 기업을 보호하기 위한 안전장치로 기능한다.

정답: ③

해설: AI Governance는 이론 중심 개념이 아니라 기업을 보호하고 리스크를 줄이기 위한 실무적 운영 체계로 설명되고 있으므로 ③번은 부적절하다.

3. 다음 중 프롬프트 설계의 핵심 원칙이 아닌 것은?

① 명확성

② 맥락 제공

③ 공정성

④ 데이터 압축률 향상

정답: ④

해설: 프롬프트 원칙은 명확성·맥락 제공·책임성·공정성·안전성·개인정보 보호 등이며 데이터 압축은 언급되지 않는다.

4. Optum 의료 알고리즘의 편향 문제는 어떤 잘못된 선택에서 시작되었는가?

① 건강 상태를 직접 측정하지 못해 의료비를 건강 지표로 사용한 점

② 모델이 너무 많은 변수를 사용한 점

③ 흑인 데이터를 배제했기 때문

④ 환자의 나이만으로 건강을 판단했기 때문

정답: ①

해설: Optum은 의료비 지출액을 건강의 대리 지표로 삼아 구조적 차별을 초래했다.

5. 아마존 AI 채용 시스템이 폐기된 가장 직접적인 이유는?

① 알고리즘이 너무 복잡해졌기 때문

② 여성 지원자에게 불리하게 작동하는 성별 편향 때문

③ 데이터가 너무 적어서

④ 지원자의 학력을 지나치게 강조했기 때문

정답: ②

해설: 남성 중심의 과거 데이터로 학습해 여성 지원자를 낮은 점수로 평가하는 편향이 발생했다.

【단답형 문제】

1. 생성형 AI가 기업에서 수행하는 주요 기능을 쓰시오.

정답: 의사 결정 보조

해설: 생성형 AI는 판단과 선택 과정에 직접 개입하며 의사 결정을 지원하는 역할을 수행한다.

2. AI 결과에 대한 책임과 기준을 명확히 하기 위한 기업의 관리 체계를 쓰시오.

정답: AI Governance

해설: AI Governance는 AI 활용 전 과정에서 기준과 책임을 설정하는 운영 체계를 의미한다.

3. Optum 의료 알고리즘이 초래한 윤리적 문제의 핵심 원인은 무엇인가?

정답: 의료비 지출을 건강의 대리 지표로 사용한 오류

해설: 의료비는 경제적 여건에 따라 달라져 흑인 환자의 건강 상태가 과소평가되는 구조적 차별이 발생했다.

4. "남성이 여성보다 잘하는 직업을 알려줘"라는 문장을 윤리적으로 바르게 수정하시오.

정답: 성별과 무관하게 역량 기반으로 직업을 추천해 줘.

해설: 편향된 질문은 편향된 답을 유도하므로 공정성을 명시해야 한다.

5. 아마존 · Optum · 구글 · 메타 사례가 공통적으로 보여 준 AI 윤리 교훈을 쓰시오.

정답: 데이터와 지표 선택은 AI 편향을 결정한다.

해설: 모든 사례는 기술 문제가 아닌 구조적 설계와 윤리 판단의 실패임을 보여 준다.

6. 생성형 AI 시대 시민에게 필요한 디지털 윤리 역량을 쓰시오.

정답: 출처 검증 능력

해설: AI는 그럴듯한 정보도 생성할 수 있으므로 사용자의 판단 역량이 필수적이다.

7. AI 생애주기 중 '데이터 수집 단계'에서 발생할 수 있는 대표적 위험을 쓰시오.

정답: 편향된 데이터 사용

해설: 편향된 데이터는 알고리즘 결과의 차별을 그대로 재현하게 된다.

제2부

생성형 AI로
업무 자동화와 혁신

Chapter 07

정보 수집 및 가공 효과 극대화를 위한 AI

1. 경영정보 기반의 의사 결정

1) 전략적 의사 결정(Strategic Decision-Making)

의사 결정Decision-making은 목표 달성을 위해 여러 대안을 도출한 후 그중에서 가장 합리적인 것을 선택하는 것을 말한다. 의사 결정은 가치관이나 성격 또는 환경 등에 따라 달라지지만 의사 결정의 유형에 따라 좌우된다Harren,1979.

좁은 의미에서는 본다면 특정한 문제 해결을 위한 대안 선택을 의미하지만, 좀 더 넓은 의미에서는 조직 활동을 성공적으로 수행하기 위해 기업 전반적인 영역에서 결정하는 총체적 관리 과정으로 규정할 수 있다.

전략적 의사 결정은 조직의 장기적 성공과 방향성을 결정하는 과정이다. 이러한 결정은 조직의 핵심 목표와 관련이 깊으며, 기업의 고위 경영진에 의해 이루어진다Kenneth C et al.,2020.

전략적 의사 결정의 주요 특징과 과정은 다음과 같다.

- **장기적 관점:** 전략적 의사 결정은 단기적인 이익보다는 장기적인 조직의 성장과 발전에 중점을 둔다. 이는 시장 진입 전략, 신제품 개발, 사업 다각화 등을 포함할 수 있다.

제2부 생성형 AI로 업무 자동화와 혁신

07. 경영 수진 및 기능 효율화를 위한 AI
08. 전략 기획 및 의사결정 고도화를 위한 AI
09. 보고서 작성 효율화를 위한 AI
10. 전사적 마케팅 전략에서 AI 고품질 디자인 활용
11. 통계/빅데이터 분석 기반 과학적 경영을 위한 AI
12. 협업과 소통을 위한 AI
13. 교육된 학습 지원을 위한 AI 활용
14. 공정한 평가 및 등급 부여를 위한 AI
15. 빈틈없이 규정 운영 및 평가 자동화를 위한 AI

- **환경 분석**: 외부 환경경쟁, 시장 동향, 기술 발전 등과 내부 환경자원, 역량, 조직 문화 등을 분석하여 기회와 위협을 파악한다.
- **비전과 목표 설정**: 조직의 비전과 장기적 목표를 설정하고, 이를 달성하기 위한 전략을 개발한다. 이 과정에서 조직의 핵심 가치와 목적이 반영된다.
- **전략적 선택**: 여러 전략적 대안 중에서 최적의 선택을 하기 위해 SWOT 분석Strengths, Weaknesses, Opportunities, Threats과 같은 도구를 사용할 수 있다.
- **자원 할당**: 선택된 전략을 실행하기 위해 필요한 자원인력, 자본, 기술 등을 할당한다.
- **실행 계획**: 전략을 구체적인 행동 계획으로 전환하고 실행 단계를 명확히 한다.
- **모니터링과 평가**: 전략의 실행 과정을 지속적으로 모니터링하고 성과를 평가하여 필요한 조정을 한다.

전략적 의사 결정은 조직의 미래를 형성하는 중요한 과정이며, 성공적인 전략은 조직이 경쟁 우위를 확보하고 지속 가능한 성장을 이루는 데 기여한다.

2) 전술적 의사 결정(Tactical Decision-Making)

전술적 의사 결정은 조직의 전략적 목표를 달성하기 위해 중간 관리자 또는 부서 단위에서 이루어지는 구체적이고 단기적인 결정 과정이다. 예를 들어, 예산 할당, 자원 배분, 마케팅 캠페인 등이 포함된다.

전술적 의사 결정의 주요 특징과 과정은 다음과 같다.
- **전략적 목표와의 연계**: 전술적 의사 결정은 조직의 전략적 목표에 부합하도록 설계된다. 이는 전략적 계획을 실제 작업과 프로젝트로 변환하는 과정이다.
- **단기적 목표 설정**: 전술적 의사 결정은 보통 1년 또는 그보다 짧은 기간의 목표를 설정하고 이를 달성하기 위한 구체적인 계획을 수립한다.
- **자원 배분 및 관리**: 필요한 자원인력, 예산, 장비 등을 효율적으로 배분하고 관리하는 것이

중요하다. 이는 프로젝트의 성공적인 실행을 위해 필수적이다.

- **계획과 조정:** 전략적 목표를 달성하기 위한 구체적인 실행 계획을 수립하고, 필요에 따라 조정한다. 이 과정에서 세부적인 작업 분배, 일정 관리, 성과 모니터링 등이 이루어진다.
- **문제 해결과 의사 결정:** 전술적 의사 결정은 일상적인 문제 해결과 의사 결정을 포함한다. 예를 들어, 예산 초과 문제, 프로젝트 지연, 팀 간의 협력 문제 등을 해결하는 데 중점을 둔다.
- **성과 평가:** 단기적 목표 달성 정도를 평가하고, 성과에 대한 피드백을 제공한다. 이는 향후 계획의 조정과 개선에 기여한다.

전술적 의사 결정은 조직의 전략적 목표를 실현하기 위한 구체적인 행동과 조치를 결정하는 과정으로, 조직의 전체적인 성공에 중요한 역할을 한다.

3) 운영적 의사 결정(Operational Decision-Making)

운영적 의사 결정은 조직의 일상적인 활동과 관련된 결정을 의미한다. 이러한 결정은 주로 조직의 하위 관리자나 직원들에 의해 이루어지며, 조직의 일상적인 운영과 직접적으로 관련되어 있다.

운영적 의사 결정의 주요 특징과 과정은 다음과 같다.
- **일상적인 업무 관리:** 운영적 의사 결정은 조직의 일상적인 업무를 효율적으로 관리하는 데 중점을 둔다. 예를 들어, 직원 스케줄 관리, 재고 관리, 고객 서비스 문제 해결 등이 여기에 해당된다.
- **단기적인 결정:** 이러한 결정은 단기적인 성격을 가지며 즉각적인 결과에 영향을 미친다. 예를 들어, 일일 판매 목표 설정, 긴급 주문 처리, 고객 불만 사항 대응 등이 포함된다.
- **효율성 증대:** 운영적 의사 결정은 조직의 효율성을 높이는 데 중요한 역할을 한다. 이는 작업 프로세스의 최적화, 시간 관리, 비용 절감 등을 통해 이루어진다.

- **문제 해결:** 일상적인 운영 과정에서 발생하는 문제를 신속하게 해결하는 데 중점을 둔다. 이는 고객의 요구에 신속하게 대응하고, 운영상의 장애를 최소화하는 데 도움이 된다.
- **직원 참여 및 의사소통:** 운영적 의사 결정은 직원들의 참여와 의사소통을 장려한다. 이는 직원들이 자신의 업무에 대한 책임감을 가지고 효과적으로 기여할 수 있도록 한다.

운영적 의사 결정은 조직의 일상적인 활동을 원활하게 하고, 고객 만족도를 높이며, 전반적인 조직 성과에 기여하는 중요한 역할을 한다.

2. 의사 결정과 정보의 관계

1) 정보를 활용한 의사 결정

의사 결정과 정보의 관계를 쉽게 설명하면, 정보는 의사 결정의 기초가 되며, 좋은 정보는 좋은 의사 결정으로 이어진다. AI 기술을 활용하면 더 정확하고 유용한 정보를 얻을 수 있어, 의사 결정의 질을 크게 향상시킬 수 있다. 이를 통해 더 나은 결과를 얻을 수 있다.

예를 들어, 우리가 쇼핑할 때 어떤 옷을 살지 결정해야 한다고 가정해 보겠다. 이때 다양한 옷에 대한 정보색상, 사이즈, 가격 등를 알고 있다면, 우리는 우리의 취향과 예산에 가장 잘 맞는 옷을 선택할 수 있다. 여기서 정보가 의사 결정을 돕는 역할을 한다.

AI 기술을 활용하면 옷에 대한 정보뿐만 아니라 우리의 구매 이력, 선호도 등을 분석하여 우리가 좋아할 만한 옷을 추천해 줄 수 있다. 이처럼 AI는 우리가 가지고 있는 정보를 기반으로 더 정확한 예측을 하고, 우리가 더 좋은 결정을 내릴 수 있도록 도와준다.

결국 정보는 의사 결정을 위한 중요한 자원이며, AI는 이 정보를 더욱 풍부하고 정확하게 만들어 의사 결정 과정을 지원한다. 좋은 정보를 바탕으로 한 의사 결정은 우리가 원하는 결과를 얻는 데 큰 도움이 된다.

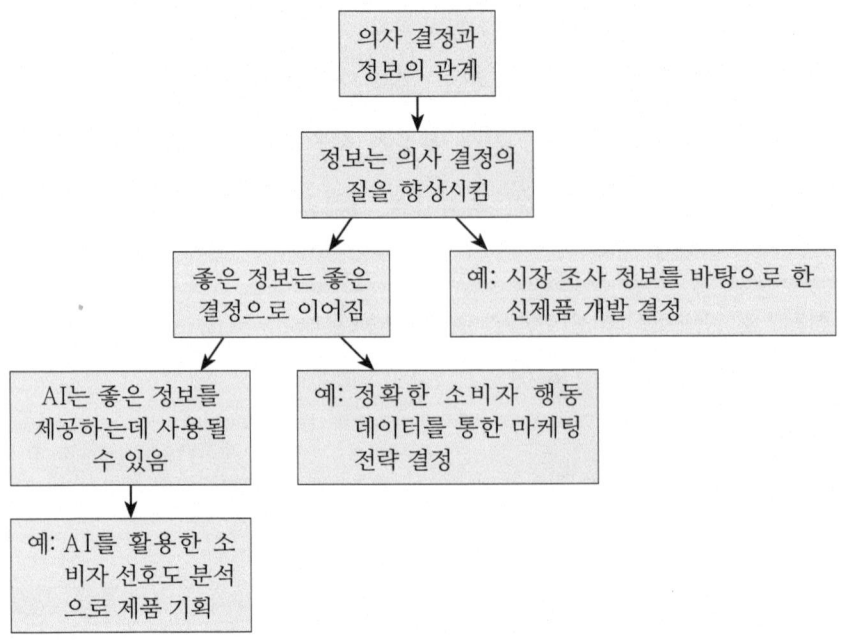

[그림 7-1] 의사 결정과 정보의 관계

정보는 [그림 7-1]과 같이 의사 결정의 질을 향상시키고 의사 결정 과정에서 중요한 역할을 하며, 충분하고 정확한 정보는 더 나은 결정을 내리는 데 기여한다. 또한, 좋은 정보는 좋은 결정으로 이어진다. 정확하고 신뢰할 수 있는 정보는 효과적인 의사 결정을 가능하게 하며, 결과적으로 기업의 비즈니스를 성장시키는 데 기여한다.

2) AI를 활용한 정보 제공

AI는 좋은 정보를 제공하는 데 사용될 수 있다. AI 기술은 대량의 데이터 분석을 통해 정확하고 심층적인 정보를 제공할 수 있으며, 이는 의사 결정 과정을 지원한다. 예를 들어, 시장조사 정보를 바탕으로 한 신제품 개발 결정을 한다고 가정했을 때 시장조사를 통해 얻은 정보는 신제품 개발의 방향성을 결정하는 데 도움을 준다.

정보는 정확한 소비자 행동 데이터를 통한 마케팅 전략을 결정하는 데도 도움을 줄 수 있다. 소비자 행동에 대한 데이터 분석을 통해 마케팅 전략을 결정하고, 타깃 마케팅을 실시할 수 있다. 또한, AI 기술을 활용하여 소비자의 선호도와 트렌드를 분석하고, 이를 바탕으로 제품을 기획하는 데 도움을 줄 수 있다.

3) AI 기술을 활용한 의사 결정 지원

AI의 활용은 정보의 질을 향상시키고, 이를 통해 더 나은 의사 결정을 가능하게 한다. AI 기술은 다음과 같은 방법으로 정보의 질을 향상시키고 의사 결정 과정을 지원할 수 있다.

① **데이터 분석의 심화**: AI는 대규모 데이터 세트를 빠르고 효율적으로 분석할 수 있으며, 이를 통해 숨겨진 패턴이나 인사이트를 발견할 수 있다. 예를 들어, 소비자 구매 패턴, 시장의 변화 추세 등을 식별할 수 있다.

② **예측 분석의 활용**: AI는 과거 데이터를 기반으로 미래의 이벤트를 예측하는 데 사용될 수 있다. 이는 재고 관리, 수요 예측, 리스크 관리 등 다양한 분야에서 의사 결정을 지원한다.

③ **자동화된 의사 결정 지원**: AI는 반복적이고 규칙 기반의 의사 결정 과정을 자동화하는 데 사용될 수 있다. 이는 의사 결정의 속도를 높이고, 인간의 오류를 줄일 수 있다.

④ **개인화된 정보 제공**: AI는 사용자의 행동, 선호도, 이력 등을 분석하여 개인화된 정보나 추천을 제공할 수 있다. 이는 개인 또는 조직에 맞춤화된 의사 결정을 가능하게 한다.

⑤ **실시간 정보 처리**: AI는 실시간 데이터 스트리밍을 분석하여 즉각적인 정보를 제공할 수 있다. 이는 급변하는 시장 환경에서 신속한 의사 결정을 요구하는 상황에 특히 유용하다.

AI 기술의 발전은 정보의 질을 향상시키고, 의사 결정 과정을 혁신적으로 변화시키고 있다. AI를 통해 얻은 고품질의 정보는 조직이 보다 정확하고 효과적인 의사 결정을 내리는 데 기여하며, 이는 최종적으로 조직의 성공과 지속 가능성에 긍정적인 영향을 미치게 한다.

3. 생성형 AI를 활용한 정보 전략

생성형 AI를 활용하여 효율적인 정보 접근, 처리 및 고급 정보미래 예측 포함를 통한 의사 결정의 품질을 향상시키기 위한 절차와 방법은 다음과 같다정종기, 2023.

1) 데이터 수집 및 통합(Data Collection and Integration)

다양한 출처에서 데이터를 수집한다. 이는 내부 데이터예: 판매 기록, 고객 피드백와 외부 데이터예: 시장 동향, 소셜 미디어 데이터를 포함할 수 있다. 데이터 통합을 통해 일관된 데이터 포맷을 확보하고, 데이터의 품질을 관리한다.

데이터 수집 및 통합은 의사 결정 과정에서 매우 중요한 단계이다. 이 과정을 상세하게 설명하면 다음과 같다.

① 데이터 수집Data Collection
- **다양한 출처에서의 데이터 수집:** 조직 내부의 데이터예: 재무 보고서, 고객 데이터베이스, 운영 기록와 외부 데이터예: 시장조사 보고서, 공개 데이터세트, 소셜 미디어 데이터를 포함한다.
- **실시간 데이터 스트리밍:** 실시간으로 발생하는 데이터예: 온라인 사용자 행동, 센서 데이터를 수집한다.
- **질적 및 양적 데이터:** 수치적 데이터뿐만 아니라 텍스트, 오디오, 비디오와 같은 비정형 데이터도 수집한다.

※ 사례 1: 소매업체의 판매 데이터 분석
  - **내부 데이터:** 매장별 판매 기록, 고객 만족도 설문 결과
  - **외부 데이터:** 소셜 미디어에서의 소비자 트렌드 분석, 경쟁사 판매 동향 데이터 통합을 통해 소비자 선호도와 시장 변화를 신속하게 파악하여 재고 관리 및 마케팅 전략을 최적화

※ 사례 2: 의료 기관의 환자 데이터 관리

- **내부 데이터:** 환자의 진료 기록, 약물 반응 데이터
- **외부 데이터:** 최신 의료 연구 결과, 공공 건강 데이터

다양한 데이터 소스를 통합하여 환자 맞춤형 치료 계획 수립 및 예측적 건강 관리에 활용.

② **데이터 정제 및 전처리**Data Cleaning and Preprocessing

- **데이터 정제:** 불완전하거나 오류가 있는 데이터를 정정하고, 중복을 제거한다.
- **데이터 형식화:** 다양한 출처에서 온 데이터를 일관된 형식으로 변환한다.
- **데이터 통합:** 서로 다른 데이터 소스를 통합하여 통합된 데이터 세트를 생성한다.

※ 예시 1: 마케팅 회사의 소비자 행동 분석

- 소셜 미디어 데이터에서 불필요한 정보스팸, 무관한 게시물 등 제거

소비자의 구매 경향과 관심사를 반영한 데이터로 정제하여 타겟 마케팅 전략 개발

※ 예시 2: 금융 기관의 신용 평가 모델 개발

- 고객의 신용 기록 데이터에서 이상치 및 오류 데이터 정정

데이터의 일관성을 확보하여 보다 정확한 신용 평가 모델 구축

③ **데이터 품질 관리**Data Quality Management

- **데이터의 정확성 및 신뢰성 확인:** 데이터의 정확성을 검증하고, 신뢰할 수 있는 데이터 소스를 확보한다.
- **데이터 보안 및 개인정보 보호:** 수집된 데이터의 보안을 유지하고, 개인정보 보호 규정을 준수한다.

※ 예시 1: 전자상거래 플랫폼의 사용자 리뷰 분석

- 사용자 리뷰 데이터의 정확성 검증 및 가짜 리뷰 필터링

데이터 보안 유지 및 개인정보 보호를 통해 신뢰할 수 있는 사용자 피드백 시스템 구축

※ 예시 2: 도시 계획을 위한 공공 데이터 분석

– 공공 교통, 인구 통계 데이터의 정확성 및 신뢰성 확보

데이터 거버넌스를 통해 도시 계획 및 개발에 필요한 정확한 정보 제공.

④ **데이터 저장 및 관리**Data Storage and Management

• **데이터베이스 및 데이터 웨어하우스**: 효율적인 데이터 접근과 분석을 위해 데이터베이스 또는 데이터 웨어하우스에 데이터를 저장한다.

• **데이터 거버넌스**: 데이터의 표준화, 접근 권한 관리, 데이터 라이프사이클 관리를 포함한 데이터 거버넌스를 수립한다.

이러한 데이터 수집 및 통합 과정은 AI 및 분석 도구가 효과적으로 작동하기 위한 기초를 마련하며, 의사 결정의 정확성과 효율성을 크게 향상시킨다.

위에서 제시한 사례 및 예시들은 생성형 AI를 활용한 정보 전략의 핵심 단계인 데이터 수집 및 통합 과정이 어떻게 의사 결정의 질을 향상시키는 데 기여하는지 보여 준다. 데이터의 효율적인 수집, 정제, 통합 및 관리를 통해 조직은 보다 정확하고 신뢰할 수 있는 정보에 기반한 결정을 내릴 수 있다.

2) AI 모델 개발 및 훈련(AI Model Development and Training)

생성형 AI 모델을 개발한다. 이는 자연어 처리Natural Language Processing: NLP, 이미지 인식, 시계열 분석 등을 포함할 수 있다. 수집된 데이터를 사용하여 AI 모델을 훈련시킨다. 모델의 정확도와 신뢰성을 높이기 위해 지속적인 훈련과 조정이 필요하다정종기, 2021.

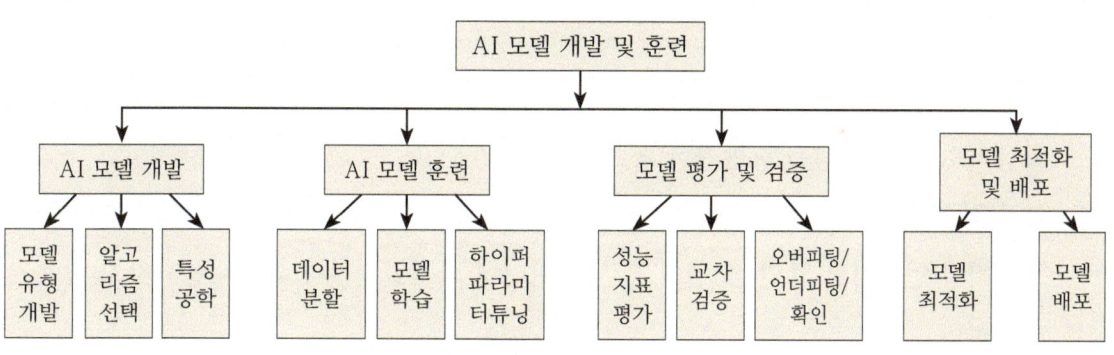

[그림 7-2] AI 모델 개발 및 훈련 절차

AI 모델 개발 및 훈련은 [그림 7-2]와 같이 데이터를 기반으로 의사 결정을 지원하는 인 공지능 시스템을 구축하는 과정이다. 이 과정을 상세하게 설명하면 다음과 같다.

① **AI 모델 개발**AI Model Development
- **모델 유형 결정**: 데이터의 특성과 목표에 따라 적합한 AI 모델 유형을 선택한다. 예를 들어, 분류, 회귀, 클러스터링, 심층 학습딥러닝 등 다양한 유형이 있다.
- **알고리즘 선택**: 특정 작업에 가장 적합한 알고리즘을 선택한다. 예를 들어, 의사 결정 트리, 랜덤 포레스트, 신경망, 서포트 벡터 머신 등이 있다.
- **특성 공학**Feature Engineering : 데이터의 특성을 분석하고, 모델의 성능을 향상시키기 위해 적절한 특성변수을 선택하거나 생성한다.

② **AI 모델 훈련**AI Model Training
- **데이터 분할**: 데이터를 훈련 세트와 테스트 세트로 분할한다. 훈련 세트는 모델을 학습시키는 데 사용되며, 테스트 세트는 모델의 성능을 평가하는 데 사용된다.
- **모델 학습**: 훈련 데이터를 사용하여 모델을 학습시킨다. 이 과정에서 모델은 데이터의 패턴을 학습하고, 예측 또는 분류를 수행할 수 있게 된다.
- **하이퍼파라미터 튜닝**Hyperparameter Tuning : 모델의 성능을 최적화하기 위해 하이퍼 파라미터모델 설정 값를 조정한다.

③ **모델 평가 및 검증**Model Evaluation and Validation
- **성능 지표 평가**: 정확도, 정밀도, 재현율, F1 점수, ROC 곡선 등 다양한 성능 지표를 사용하여 모델의 성능을 평가한다.
- **교차 검증**Cross-Validation: 모델의 일반화 능력을 평가하기 위해 교차 검증 기법을 사용한다.
- **오버피팅/언더피팅 확인**: 모델이 훈련 데이터에 과적합되거나 과소적합되지 않았는지 확인한다.

④ **모델 최적화 및 배포**Model Optimization and Deployment
- **모델 최적화**: 모델의 성능을 개선하기 위해 추가적인 튜닝을 수행한다.
- **모델 배포**: 개발된 모델을 실제 환경에 배포하여 의사 결정 과정에서 활용한다.

AI 모델 개발 및 훈련 과정은 조직의 특정 목표와 요구에 맞게 조정되며, 이를 통해 데이터 기반의 정확하고 효율적인 의사 결정을 지원한다.

이 과정을 통해 조직은 데이터 기반의 정확하고 효율적인 의사 결정을 지원하는 AI 시스템을 구축할 수 있다.

3) 정보 처리 및 분석(Information Processing and Analysis)

AI 모델을 활용하여 데이터를 처리하고 분석한다. 이는 패턴 인식, 추세 분석, 감정 분석 등을 포함할 수 있다. 데이터에서 유의미한 인사이트를 추출하고, 이를 의사 결정에 활용할 수 있는 정보로 전환한다.

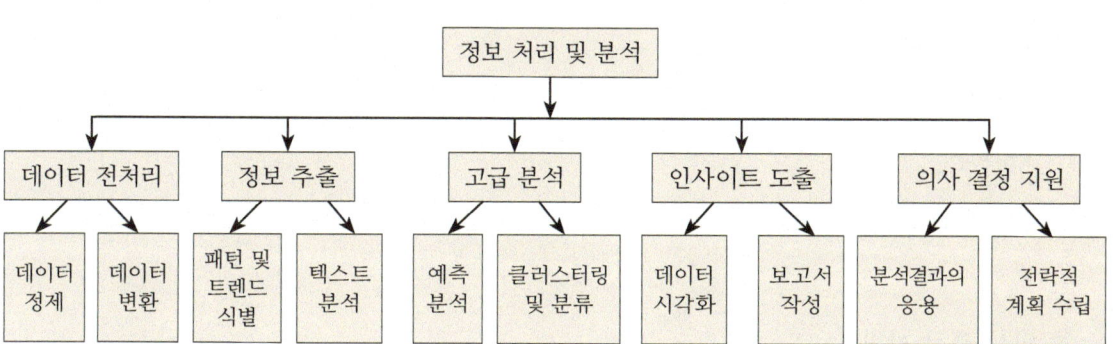

[그림 7-3] 정보 처리 및 분석 절차

정보 처리 및 분석은 [그림 7-3]과 같이 AI 모델을 활용하여 수집된 데이터에서 유용한 정보를 추출하고, 이를 분석하여 의사 결정에 활용하는 과정이다. 이 과정을 상세하게 설명하면 다음과 같다.

① **데이터 전처리**Data Preprocessing

- **데이터 정제:** 누락된 값, 이상치, 오류 등을 처리하여 데이터의 품질을 향상시킨다.
- **데이터 변환:** 데이터를 분석에 적합한 형태로 변환한다. 예를 들어, 범주형 데이터를 수치형으로 인코딩하거나 텍스트 데이터를 토큰화하는 작업이 포함된다.

② **정보 추출**Information Extraction：

- **패턴 및 트렌드 식별:** 데이터에서 중요한 패턴, 추세, 상관관계를 식별한다.
- **텍스트 분석:** 자연어 처리NLP 기술을 사용하여 텍스트 데이터에서 키워드, 개체명, 감정 등을 추출한다.

③ **고급 분석**Advanced Analytics

- **예측 분석:** 미래의 이벤트나 결과를 예측하기 위해 통계적, 기계학습 모델을 사용한다.
- **클러스터링 및 분류:** 데이터를 유사한 그룹으로 분류하거나 특정 기준에 따라 분류한다.

④ **인사이트 도출**Insight Generation

- **데이터 시각화**: 그래프, 차트, 대시보드를 사용하여 데이터의 인사이트를 시각적으로 표현한다.
- **보고서 작성**: 분석 결과를 요약하고, 의사 결정을 지원하기 위한 보고서를 작성한다.

⑤ **의사 결정 지원**Decision Support

- **분석 결과의 응용**: 분석 결과를 바탕으로 실질적인 비즈니스 결정을 내린다.
- **전략적 계획 수립**: 분석 인사이트를 활용하여 조직의 전략적 계획을 수립하거나 조정한다.

정보 처리 및 분석 과정은 조직이 데이터에서 최대한의 가치를 추출하고, 데이터 기반의 의사 결정을 내리는 데 중요한 역할을 한다. 이 과정을 통해 조직은 보다 정확하고 효율적인 의사 결정을 할 수 있게 된다.

4) 미래 예측 및 시나리오 분석(Future Forecasting and Scenario Analysis)

AI를 활용하여 미래 예측을 수행한다. 이는 시장 변화, 고객 행동, 수요 예측 등을 포함할 수 있다. 그리고 다양한 시나리오를 분석하여 잠재적인 기회와 위험을 평가한다.

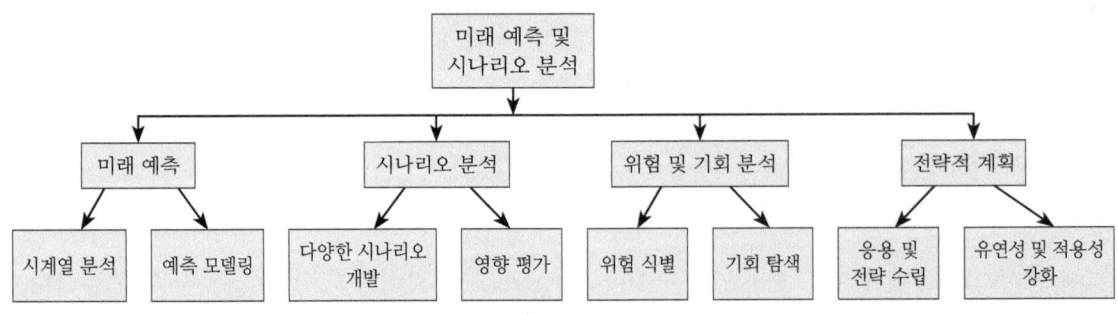

[그림 7-4] 미래 예측 및 시나리오 분석

미래 예측 및 시나리오 분석은 [그림 7-4]와 같이 AI와 데이터 분석을 활용하여 미래의 트렌드, 이벤트, 시장 변화 등을 예측하고, 다양한 미래 시나리오를 분석하는 과정이다. 이 과정을 상세하게 설명하면 다음과 같다.

① **미래 예측**Future Forecasting

- **시계열 분석**: 과거 데이터를 기반으로 시간에 따른 패턴을 분석하고, 이를 통해 미래의 추세나 수요를 예측한다.
- **예측 모델링**: 통계적, 기계학습 기법을 사용하여 미래의 이벤트나 결과를 예측하는 모델을 개발한다.
  예를 들어, 판매량 예측, 주가 변동 예측 등이 있다.

② **시나리오 분석**Scenario Analysis

- **다양한 시나리오 개발**: 미래에 발생할 수 있는 다양한 상황을 가정하여 시나리오를 개발한다. 이는 경제적, 정치적, 기술적 변화 등을 고려할 수 있다.
- **영향 평가**: 각 시나리오가 조직에 미칠 수 있는 영향을 평가한다. 이는 위험과 기회의 평가를 포함한다.

③ **위험 및 기회 분석**Risk and Opportunity Analysis

- **위험 식별**: 미래 예측과 시나리오 분석을 통해 잠재적인 위험을 식별한다.
- **기회 탐색**: 미래 시나리오에서 발생할 수 있는 기회를 탐색하고, 이를 활용하는 전략을 수립한다.

④ **전략적 계획 수립**Strategic Planning

- **응용 및 전략 수립**: 예측 결과와 시나리오 분석을 바탕으로 조직의 전략적 계획을 수립하거나 조정한다.
- **유연성 및 적응성 강화**: 미래의 불확실성에 대응하기 위해 조직의 유연성과 적응성을 강화하는 전략을 개발한다.

미래 예측 및 시나리오 분석은 조직이 미래의 변화에 대비하고, 전략적으로 대응할 수 있도록 지원한다. 이 과정을 통해 조직은 더욱 정보에 기반 한 의사 결정을 내리고, 장기적인 성공을 위한 준비를 할 수 있다.

5) 의사 결정 지원 시스템 구축(Decision Support System Development)

AI 기반의 의사 결정 지원 시스템을 구축한다. 이 시스템은 분석 결과를 바탕으로 의사 결정을 지원하는 인터페이스와 도구를 제공한다. 사용자 친화적인 대시보드, 보고서, 알림 시스템 등을 통해 의사 결정자에게 중요한 정보를 제공한다.

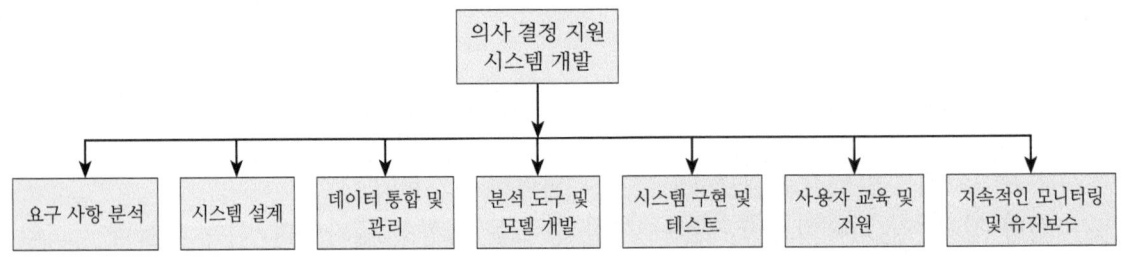

[그림 7-5] 의사 결정 지원 시스템 개발 절차

의사 결정 지원 시스템 구축은 [그림 7-5]와 같이 조직의 의사 결정 과정을 지원하기 위해 설계된 정보 시스템을 개발하는 과정이다. 이 시스템은 데이터 분석, 모델링, 시뮬레이션 등을 통해 의사 결정자에게 유용한 정보를 제공하고, 복잡한 문제를 해결하는 데 도움을 준다. 의사 결정 지원 시스템 구축의 주요 단계와 요소는 다음과 같다Kenneth C et al.,2020.

① 요구 사항 분석Requirement Analysis
- 조직의 특정 의사 결정 과정을 이해하고, 필요한 기능과 정보 요구 사항을 파악한다.
- 사용자의 요구와 기대를 분석하여 시스템 설계에 반영한다.

② 시스템 설계System Design

- 사용자 인터페이스, 데이터베이스, 모델링 도구 등 시스템의 주요 구성 요소를 설계한다.
- 사용자 친화적이고 직관적인 인터페이스를 개발하여 사용자가 쉽게 정보를 접근하고 분석할 수 있도록 한다.

③ 데이터 통합 및 관리Data Integration and Management

- 다양한 데이터 소스를 통합하고, 데이터베이스에 저장한다.
- 데이터의 정확성, 일관성, 신뢰성을 보장하기 위한 데이터 관리 전략을 수립한다.

④ 분석 도구 및 모델 개발Analytical Tools and Model Development

- 데이터 분석, 예측 모델링, 최적화, 시뮬레이션 등을 위한 도구와 모델을 개발한다.
- 복잡한 데이터를 분석하고, 의사 결정에 필요한 인사이트를 제공하는 기능을 포함한다.

⑤ 시스템 구현 및 테스트System Implementation and Testing

- 개발된 시스템을 구현하고, 실제 환경에서 테스트를 수행한다.
- 시스템의 성능, 사용자 경험, 오류 및 버그를 확인하고 개선한다.

⑥ 사용자 교육 및 지원User Training and Support

- 사용자가 시스템을 효과적으로 사용할 수 있도록 교육 및 지원을 제공한다.
- 사용자 피드백을 수집하여 시스템을 지속적으로 개선한다.

⑦ 지속적인 모니터링 및 유지 보수Continuous Monitoring and Maintenance

- 시스템의 성능을 지속적으로 모니터링하고, 필요에 따라 유지 보수를 수행한다.
- 시장 변화나 조직의 요구에 따라 시스템을 업데이트하고 개선한다.

의사 결정 지원 시스템은 조직의 의사 결정을 보다 효율적이고 효과적으로 만들며, 복잡한 문제 해결과 전략적 계획 수립에 중요한 역할을 한다.

6) 지속적인 모니터링 및 개선(Continuous Monitoring and Improvement)

AI 시스템의 성능을 지속적으로 모니터링하고, 필요에 따라 모델을 조정한다.

새로운 데이터와 피드백을 반영하여 시스템을 지속적으로 개선한다. 이러한 절차와 방법을 통해 생성형 AI를 활용하여 정보 접근, 처리 및 고급 정보 분석을 통한 의사 결정의 품질을 향상시킬 수 있다.

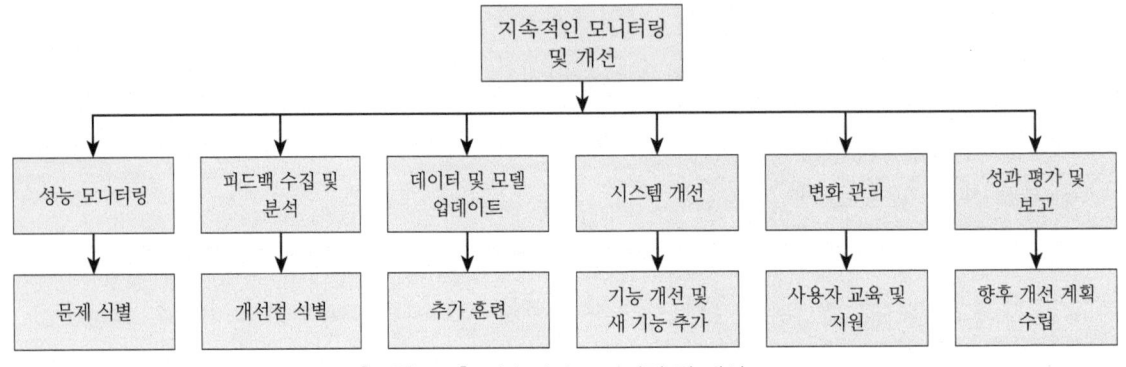

[그림 7-6] 지속적인 모니터링 및 개선

지속적인 모니터링 및 개선은 [그림 7-6]과 같이 의사 결정 지원 시스템이나 AI 기반 솔루션의 효과성을 지속적으로 평가하고 개선하는 과정이다. 이 과정은 상세하게 설명하면 다음과 같다.

① **성능 모니터링**Performance Monitoring
- 시스템의 성능 지표를 정기적으로 모니터링 한다. 이는 처리 속도, 정확도, 사용자 만족도 등을 포함할 수 있다.
- 시스템 로그, 사용자 피드백, 오류 보고서 등을 분석하여 문제점을 식별한다.

② **피드백 수집 및 분석**Feedback Collection and Analysis
- 사용자와 이해관계자로부터 피드백을 수집한다. 이는 시스템의 사용성, 기능성, 사용자 경험에 대한 의견을 포함한다.
- 수집된 피드백을 분석하여 시스템의 개선점을 파악한다.

③ 데이터 및 모델 업데이트Data and Model Updates

- 새로운 데이터, 변경된 시장 조건, 기술 발전 등을 반영하여 데이터 세트와 AI 모델을 정기적으로 업데이트한다.
- 모델의 정확도와 일반화 능력을 향상시키기 위해 추가적인 훈련을 수행한다.

④ 시스템 개선System Improvement

- 식별된 문제점을 해결하기 위해 시스템의 기능을 개선하거나 새로운 기능을 추가한다.
- 사용자 인터페이스, 데이터 처리 프로세스, 분석 도구 등을 개선하여 사용자 경험을 향상시킨다.

⑤ 변화 관리Change Management

- 시스템의 변경 사항을 효과적으로 관리하고, 사용자에게 적절한 교육과 지원을 제공한다.
- 조직 내에서의 시스템 변경에 대한 저항을 관리하고, 사용자의 적응을 돕는다.

⑥ 성과 평가 및 보고Performance Evaluation and Reporting

- 시스템의 성과를 정기적으로 평가하고, 이를 관리자에게 보고한다.
- 성과 평가 결과를 바탕으로 향후 개선 계획을 수립한다.

지속적인 모니터링 및 개선 과정은 시스템이 조직의 변화하는 요구와 시장 조건에 지속적으로 적응하도록 보장하며, 의사 결정의 품질과 효율성을 지속적으로 향상시킨다.

프롬프트 디자이너(AIPD) 1급 문제

※ **문제: 난이도 상(20분, 125점), 난이도 중(15분, 100점), 난이도 하(10분, 75점)**

【실습 문제】

[문제 1] A회사의 동남아시아 시장 진출 전략 도출(난이도 중)

출제 의도(테스트 내용): <u>GPT-5의 고급 시장 분석 추론 능력 평가, 근거 기반 (Evidence-required) 프롬프트 설계 능력 평가, 표준화된 출력 형식(표·인사이트· 전략) 지시 능력 평가, GPT-5의 멀티모달 분석 가능성(이미지·문서 입력 가능) 반 영, 3단계 고급 프롬프트 설계 역량 강화</u>

[문제]: ChatGPT를 활용하여 아래 A회사의 시장 진출 문제를 분석하고, 최적의 진입 전략과 실행 방안을 도출하시오.

상황: A회사는 건강 관련 제품을 제조·판매하는 기업이며, 동남아시아 시장 진출을 추진하고 있다.

그러나 다음 정보가 부족하여 전략 수립에 어려움을 겪고 있다.
  - 동남아시아 소비자의 건강 제품 구매 행동
  - 주요 경쟁사와 제품 포지셔닝
  - 국가별 규제 및 인증 요건
  - 시장 성장률 및 향후 트렌드

또한, 경쟁사 리포트, 소비자 리뷰 이미지, 정부 규제 문서 등이 존재하지만 A사 내부 인력이 이를 구조적으로 분석하지 못하고 있다.

GPT-5.1의 고급 추론 및 멀티모달 분석 기능을 활용하여 시장 진입 전략을 수립하라.

[산출물]

아래 2가지 결과물을 표 기반으로 제출할 것

① **동남아시아 건강 관련 제품 시장 분석 보고서 요약 표**
    필수 포함 요소: 시장 규모 및 성장률, 소비자 행동 주요 패턴, 경쟁사 포지셔닝, 규 제/인증 요건, 리스크 및 기회 요약
② **시장 진출 전략 & 실행 로드맵 표**

> **필수 포함 요소:** 전략적 결정(5가지), 실행 방안(구체적 액션), 기대 효과, KPI 또는 성공 지표

■ **답안:** GPT-5.1의 고급 추론을 활용하기 위해 3단계 프롬프트 설계 방식으로 작성한다.

■ **프롬프트1 — 역할·모드 설정**

당신은 글로벌 시장 전략 컨설턴트이며, 동남아시아 소비재·헬스케어 산업 분석 전문가입니다. 최신 데이터 기반 고급 추론(Advanced Reasoning Mode)을 활성화하고, 불확실한 정보는 확률 기반으로 표현하며(Evidence-required), 표 기반 구조로 답변하세요.

■ **프롬프트 2 — 멀티모달 가능 분석 + 시장 요약 요구**

위 '동남아시아 헬스케어·소비재 시장 분석' 내용을 기반으로 동남아시아 건강 관련 제품 시장을 정리해 주세요.

필수 포함 요소:

- 시장 규모·성장률(근거 기반)

- 소비자 행동 및 구매 요인

- 주요 경쟁사와 포지셔닝

- 국가별 규제·인증 요건(말레이시아, 인도네시아, 베트남 기준)

- 리스크 5개 & 기회 5개

■ **출력 형식: 비교 요약 표 1개**

[ChatGPT]

동남아시아 건강 관련 제품 시장 비교 요약 표

구분	말레이시아 (Malaysia)	인도네시아 (Indonesia)	베트남 (Vietnam)
시장 규모·성장률 (근거 기반)	• 인구 약 3,400만 명으로 중산층 비중이 높고, 건강기능식품·보충제 시장이 꾸준히 성장 중 • 건강 및 웰니스 시장(헬스보충제·내추럴제품 포함) 연평균 약 6~8% 성장 추정 • 비타민·면역·다이어트·혈당 관리 제품 수요 증가	• 인구 약 2.8억 명으로 동남아 최대 시장 • 건강보조식품·기능성음료·허브 기반 제품 시장이 빠르게 확대, 연평균 약 7~10% 성장 추정 • 도시·젊은층 중심으로 피트니스·다이어트·에너지 제품 수요 증가	• 인구 약 1억 명, 젊은 인구 구조와 도시화 가속 • 건강식품·기능성 식품 시장이 연평균 8~11% 성장 추정 • 위생·안전·면역 관련 제품 수요 팬데믹 이후 지속 확대

구분	말레이시아 (Malaysia)	인도네시아 (Indonesia)	베트남 (Vietnam)
소비자 행동 및 구매 요인	• 브랜드 신뢰도·정품 여부·성분 안전성을 매우 중시 • 온라인 쇼핑몰·약국·전문점에서 구매, 의사·약사 추천의 영향력 큼 • 할랄(Halal) 인증 유무가 실제 구매에 미치는 영향이 매우 큼 • 프리미엄/수입 브랜드 선호도 존재	• 가격 민감도가 높지만, 효능·가성비를 동시에 고려 • 전자상거래(Tokopedia, Shopee 등)와 소셜커머스를 통한 구매 비중이 빠르게 증가 • 허브·전통 의학(Jamu)과 현대 건강제품을 함께 사용하는 문화 • 인플루언서·SNS 리뷰·사용 후기 이미지가 구매에 큰 영향	• SNS·온라인 리뷰·지인 추천의 영향이 크며, 브랜드 스토리·신뢰성을 중시 • 위생·식품안전 이슈에 민감해 공신력 있는 인증·출처를 강조한 제품을 선호 • 중산층·젊은 직장인·엄마(육아) 타깃의 건강보조식품 수요가 빠르게 성장 • 오프라인 약국 + 온라인 채널 병행 구매 패턴
주요 경쟁사와 포지셔닝	• 글로벌 브랜드(Blackmores, Amway, GNC 등) + 현지 브랜드 혼재 • 글로벌 브랜드: 프리미엄·신뢰·과학적 근거 중심 포지셔닝 • 로컬 브랜드: 가격 경쟁력·할랄·현지 맞춤형 성분 강조	• 다수의 로컬 브랜드 + 다국적 기업 혼재, 시장 분산도 높음 • 로컬 브랜드: 허브·전통 레시피 기반, 저가+중가 대중 시장 강세 • 글로벌 브랜드: 대도시 중심, 프리미엄·수입 이미지로 차별화	• 글로벌 건강·영양 브랜드(Abbott, Nestlé Health Science 등) + 베트남 로컬 업체 경쟁 • 영유아·어르신·다이어트·미용 관련 기능성 시장에서 브랜드 경쟁 심화 • 프리미엄 분유·영양식·기능성유 제품 등도 건강 관련 제품 카테고리로 포함
국가별 규제·인증 요건	• 할랄(Halal) 인증이 식품·건강 관련 제품에서 매우 중요 • 국립약제규제기관(NPRA)에서 건강보조·전통 의약품 등록·관리 • 라벨링·광고 표현 관련 규제가 존재하며 의학적 효능 과장 금지	• 식약청 격인 BPOM(Badan POM)이 건강기능식품·보충제·의약품 관리 • 건강·보충제는 제품등록·라벨·성분 기준 등 까다로운 요건 존재 • 할랄 인증은 점점 중요성이 커지고 있으며, 식품 관련 전반으로 확대 추세	• 보건부(MOH) 및 식품안전 기관이 건강식품·보조제 관리 • 수입 건강식품은 등록·자료 제출·성분 검증 필요, 절차가 점점 강화되는 추세 • 광고에서 질병 치료·의학적 효능을 직접적으로 주장하는 것은 제한되는 경우가 많음
리스크 5가지	1. 할랄·안전성 관련 규정 미준수 시 시장 진입 지연 및 이미지 타격 2. 글로벌·로컬 경쟁사 다수로 차별화 어려움 3. 규제·라벨링 규정 변경에 따른 추가 비용 발생 4. 온라인 유통 과정에서의 가짜·병행수입 제품 혼재 위험 5. 소득·환율 변동에 따른 프리미엄 제품 수요 변동성	1. BPOM 인증·등록 절차 복잡, 시간·비용 부담 큼 2. 가격 경쟁 심화로 마진 압박 증가 3. 허위 건강정보·불법 광고와 혼재된 시장 환경 4. 전통 허브·로컬 제품에 대한 강한 브랜드 충성도 5. 물류·인프라 제약(섬이 많고 지역 다양성)으로 전국 단위 유통 어려움	1. 식품안전·가짜 제품 이슈가 반복될 경우 시장 신뢰 저하 가능성 2. 규제 강화로 외국계 기업의 등록·유지 비용 증가 3. 경제상황·소득 수준에 따라 프리미엄 제품 시장 변동성 존재 4. 이미 진입한 글로벌 브랜드와의 경쟁 심화 5. 온라인 채널에서의 가격 덤핑·비공식 유통망 존재
기회 5가지	1. 중산층 증가와 건강 인식 확산으로 프리미엄·천연·할랄 제품 수요 확대 2. 전자상거래·모바일 결제 확산으로 D2C(Direct-to-Consumer) 전략 추진 용이 3. 의료·웰니스 관광과 연계한 건강제품 패키지 마케팅 기회 4. 기능성·라이프스타일 브랜드(다이어트, 수면, 스트레스 완화 등) 성장 여지 5. 인플루언서·의사·약사와의 협업 마케팅을 통한 브랜드 신뢰 구축	1. 인구 규모와 성장률이 높아 장기적인 수요 기반 탄탄 2. 허브·전통 의학과 현대 건강제품을 결합한 융합형 포지셔닝 가능 3. 전자상거래·핀테크·디지털 헬스케어 확산과 연계한 새로운 유통·서비스 모델 4. 젊은 인구 비중이 높아 운동·다이어트·에너지 관련 상품 확대 여지 5. 할랄·로컬 특화 건강 브랜드와의 파트너십·JV 기회	1. 젊은 인구와 도시화, 소득 증가로 장기 성장 잠재력 큼 2. 팬데믹 이후 면역·위생·영양에 대한 인식이 크게 올라 건강제품 수요가 구조적으로 증가 3. 온라인 채널·SNS 마케팅 수용도가 높아 디지털 브랜딩이 효과적 4. 특정 타깃(영유아·임산부·시니어 등) 맞춤형 제품에 대한 수요 확대 5. 글로벌 브랜드와의 콜라보, 공동 마케팅·R&D 협업 여지

■ 프롬프트 3 ─ 전략적 의사결정 도출

위 분석 자료를 바탕으로 A회사의 동남아시아 시장 진출을 위한 전략적 결정을 도출하시오.

필수 요소: 전략 5개, 실행 계획(Action Plan), KPI, 예상 리스크 및 대응책.

출력 형식: 전략 로드맵 표

[ChatGPT]

A회사의 동남아시아 시장 진출 전략 로드맵(Strategic Roadmap)

전략(Strategy)	실행계획(Action Plan)	KPI(성과지표)	예상 리스크	대응책
1. 국가별 맞춤형 제품 현지화 전략	- 말레이시아: 할랄(Halal) 인증 + 천연 성분 제품 개발 - 인도네시아: BPOM 인증 사전 준비 + 허브/전통 콘셉트 융합 제품 출시 - 베트남: 면역·영양·위생 중심 기능성 제품 라인 강화	- 제품 인증 획득률 - 국가별 신규 SKU 출시 수 - 초기 6개월 판매량	- 인증 지연으로 시장 진입 속도 저하 - 국가별 규제 변화	- 현지 인증 전문 대행사 활용 - 국가별 "Regulatory Watch System" 구축
2. 디지털·SNS 기반 마케팅 중심 전략	- TikTok, Instagram, Shopee Live 기반 콘텐츠 제작 - 인플루언서·의사·약사 협업 캠페인 - 후기 이미지·영상 기반 광고 집행	- ROAS - 전환율(CVR) - SNS 채널 도달률 & 참여율	- 마케팅 비용 증가 - 허위 정보·리뷰 혼탁 시장	- 광고 성과 실시간 모니터링 - 리뷰 검증 프로그램 운영
3. 멀티채널 유통 전략 (EC 중심)	- Shopee, Lazada, Tokopedia 공식몰 개설 - 주요 도시 약국·헬스스토어와 파트너십 - 베트남·말레이시아 주요 오프라인 채널 입점	- 월별 온라인 매출 증가율 - 입점 채널 수 - 재구매율	- 물류 지연·재고 부족 - 파트너 종속 리스크	- 현지 3PL 물류사와 계약 확대 - 재고예측 AI 도입
4. 프리미엄·중가 라인 이중 포트폴리오 전략	- 프리미엄 라인: 천연·기능성·과학적 근거 강조 - 중가 라인: 가성비·기본 효능 중심 포지셔닝 - 국가별 가격 민감도 반영한 가격전략 수립	- ASP(평균판매단가) - 제품 라인별 판매 비중 - 시장점유율(초기 목표 2~5%)	- 강한 가격 경쟁(특히 인도네시아) - 프리미엄 수요 변동	- 핵심 라인 차별화 메시지 강화 - 구독 모델 등 묶음상품 제공
5. 현지 파트너십·신뢰 구축 전략	- 현지 유통사/병원/클리닉/영양상담 플랫폼과 협력 - 의사·약사 추천 기반 제품 프로모션 - 기업 CSR·건강 캠페인으로 신뢰 확보	- B2B 파트너십 체결 수 - 의료기관 공동 캠페인 수 - 추천 기반 신규 유입 고객 수	- 파트너 종속·협상력 불균형 - 현지 소비자 신뢰 부족	- 2~3개 유통사로 파트너 다변화 - 제품 성분·인증 투명성 강조

[문제 2] 아래 A회사에서 계획한 매출 증대 해결 방안 도출(난이도 중, 시간 20분, 배점 30점)

출제 의도(테스트 내용): <u>GPT-5의 소비자 행동 추론 능력 평가, 멀티모달 정보(이미지 리뷰, SNS 캡처 등) 분석 프롬프트 설계 역량 평가, 개인화 추천 모델 전략 설계 능력 검증, 자동 분류·요약·전략 설계 Prompt Flow 작성 능력 평가</u>

[문제]: ChatGPT를 활용하여 아래 A회사의 문제를 분석하고, 매출 증대를 위한 인사이트와 실행 전략을 도출하시오.

<u>상황</u>: A회사는 온라인 보석 플랫폼을 운영 중이며, MZ세대를 중심으로 매출을 두 배 이상 확대하려고 한다. 그러나 다음 정보 부족으로 전략 수립에 어려움을 겪고 있다.
- MZ세대의 실제 구매 의사 결정 요인
- SNS 기반 트렌드(영상·이미지 중심) 변화
- 개인화 추천에 필요한 행동 데이터
- 경쟁사의 마케팅 방식 및 콘텐츠 포맷

특히 고객이 남긴 보석 착용 사진, 언박싱 이미지, SNS 후기 영상 캡처 등이 존재하지만 내부 인력이 이를 체계적으로 분석하지 못하고 있다.

GPT-5의 멀티모달 분석 기능과 고급 추론을 활용하여 MZ세대를 타깃으로 하는 매출 증대 전략을 도출하라.

[산출물]

표 기반으로 아래 두 가지를 제출할 것.

① **MZ세대의 온라인 보석 구매 패턴 & 최신 트렌드 분석 표**
필수 포함: 구매 의사결정 요인, 개인화 욕구, SNS 트렌드(이미지 · 영상 기반), 브랜드 선호도, 지속 가능성 요소, 리뷰 이미지 분석 결과(멀티모달 기반).

② **A회사의 매출 확대를 위한 3단계 실행 전략(시장조사 → 제품 → 마케팅)**
필수 포함: 각 단계별 핵심 전략, 실행 액션, KPI, 기대효과

■ **답안:** ChatGPT를 활용하여 다음과 같이 3단계 프롬프트를 사용해 문제를 해결할 수 있다.

■ **프롬프트 1 — 역할 설정**

당신은 소비자 행동·이미지 기반 트렌드 분석 전문가입니다.

GPT-5 고급 추론 모드와 멀티모달 분석 모드를 활성화하십시오.

SNS 이미지/영상 캡처/리뷰 사진 등을 근거로 MZ세대의 보석 구매 행동 패턴을 분석해 주세요.

모든 결과는 표 형태로 구성하십시오.

■ **프롬프트 2 — MZ세대 트렌드 + 멀티모달 분석 요청**

아래 요구되는 정보를 기반으로 MZ세대의 온라인 보석 구매 트렌드를 분석해 주세요.

필수 분석 요소:

- 구매 결정 요인(안전성, 가격, 디자인, 착용 사진)

- SNS 트렌드(짧은 영상 · 언박싱 · 착용샷)

- 브랜드 스토리 및 가치 정렬

- 개인화 욕구 수준

- 지속 가능성과 윤리적 소비

- 이미지 기반 특징(스타일, 소재, 촬영 포즈, 색감)

결과물:

MZ세대 보석 구매 패턴 요약 표

[ChatGPT]

MZ세대 보석 구매 패턴 요약 표

분석 항목	MZ세대 구매 패턴 분석 내용
① 구매 결정 요인 (안전성 · 가격 · 디자인 · 착용 사진)	• 안전성: 알러지 방지(니켈프리, 실버 925, 의료용 스테인리스) 여부 철저히 확인. • 가격: "가성비 프리미엄(합리적 가격 + 고급스러운 디자인)" 선호. • 디자인: 데일리 착용 가능 · 미니멀 · 레이어드 가능한 디자인 인기. • 착용 사진: 자연광·실물감이 잘 보이는 착용샷을 가장 신뢰하며 구매에 직접적 영향.
② SNS 트렌드 (짧은 영상 · 언박싱 · 착용샷)	• 짧은 영상(Short-form): TikTok·Reels 기반 5~10초 착용 영상이 구매 의사에 강한 영향. • 언박싱 콘텐츠: 포장 · 케이스 · 악세서리 구성품 노출 영상이 구매 욕구 촉진. • 착용샷 중심 문화: 손 · 귀 · 목 부위별 클로즈업 착용샷 선호. '반짝임·빛반사' 표현 중요.
③ 브랜드 스토리 및 가치 정렬	• "왜 이 브랜드인가?"에 대한 브랜드 스토리 · 가치관을 구매 판단 기준으로 삼음. • 감성 스토리(기념일 · 우정 · 사랑 · 성취 등 상징적 메시지)를 선호. • 장인정신 · 수제 제작 · 공정한 생산 방식 등 가치 기반 브랜드에 호감.

분석 항목	MZ세대 구매 패턴 분석 내용
④ 개인화 욕구 수준	• 각인 서비스, 탄생석 선택, 색상·체인 길이 커스터마이징 강한 선호. • 선물용일 경우 메시지 카드·포장 커스터마이징을 중시. • AI 기반 "개인 취향·얼굴·피부 톤 맞춤 추천 기능"에 높은 관심.
⑤ 지속 가능성과 윤리적 소비	• 재활용 실버, 친환경 패키지, 비건 소재 등 지속 가능성 요소 선호도 증가. • "과대포장 NO, 심플·미니멀 포장 YES" 경향 뚜렷. • 공정무역·투명한 소재 공급망 등 윤리적 생산 인증을 신뢰도 판단 기준으로 사용.
⑥ 이미지 기반 특징 (스타일·소재·촬영 포즈·색감)	• 스타일: 미니멀·심플·데일리룩·골드/실버 기본 톤. • 소재: 실버925·14K·스테인리스·알러지 방지 소재 선호. • 촬영 포즈: 자연광·손·귀·목 등 신체 일부 클로즈업 / 미러샷 / 감성 톤 사진 증가. • 색감: 베이지·화이트·내추럴한 톤 강조, 따뜻한 햇빛 아래 반짝임 표현 인기.

[ChatGPT]

전체 요약 인사이트

- MZ세대는 실물 기반 정보(착용샷·영상)와 감성 스토리가 구매 결정의 핵심 요소

  - 단순 제품 정보보다 '어떻게 보이는가'와 '어떤 감정을 주는가'를 중시.

- 개인화 · 커스터마이징 · 윤리적 소비 트렌드가 동시에 상승 중

  - "나만을 위한 의미" + "지속 가능 가치 소비"

- SNS(특히 짧은 영상 플랫폼)의 영향력이 절대적

  - 보석 브랜드는 영상·착용샷 중심 콘텐츠 전략이 필수.

■ 프롬프트3— 매출 확대 전략 생성

위 분석을 바탕으로 A회사가 MZ세대 매출을 두 배로 늘리기 위한 3단계 실행 전략(시장 조사 → 제품 개발 → 마케팅)을 개발해 주세요.

출력 형식: 전략 표(전략 · Action · KPI · 기대 효과)

[ChatGPT]

MZ세대 보석 구매 패턴 요약 표

단계	전략(Strategy)	실행 계획(Action Plan)	KPI	기대 효과
1단계 시장 조사	MZ 데이터 기반 정교한 구매 패턴 분석 시스템 구축	• SNS 영상·착용샷·리뷰 이미지 자동 수집 및 AI 분석 시스템 구축 • 착용샷 패턴(포즈·색감·재질·스타일) 데이터화 • 가격 민감도·소비 성향·선호 디자인 세그먼트 분류 • 경쟁사 SNS 콘텐츠·트렌드 리포트 생성	• 분석 정확도(80%↑) • 데이터 기반 디자인 반영률(60%↑) • 경쟁사 대비 트렌드 반영 속도	• MZ세대의 실제 구매 요인을 정량화하여 제품 개발 정확도 향상 • 감성/착용 기반 디자인 요구 즉시 반영 가능
2단계 제품 개발	개인화·가성비 프리미엄·친환경 요소를 반영한 신제품 개발	• 커스터마이징 기능 확대(각인·탄생석·컬러·체인 길이) • "데일리 레이어드" 중심의 미니멀 라인 강화 • 알러지 방지·친환경 소재 사용(실버925·스테인리스·재활용 패키지) • 착용샷 모델 기준으로 "상황별 코디 세트 상품" 출시	• 신제품 출시 속도(분기 2종 이상) • 개인화 옵션 사용률(30%↑) • 친환경 제품 비중(20%↑)	• "나만의 보석" 경험 강화로 구매 전환율 상승 • MZ세대 가치소비(친환경·윤리적 소비) 충족 • 세트 판매 증가로 객단가 상승
3단계 마케팅	영상 중심 SNS 퍼포먼스 + 착용샷 기반 콘텐츠 마케팅	• TikTok / Reels 5~10초 착용 영상 집중 제작 • 인플루언서·친구 추천 기반 UGC (User Generated Content) 캠페인 • 언박싱·포장·메시지 카드 커스터마이징 영상 확대 • AI 기반 "개인 피부 톤·스타일 매칭 추천" 콘텐츠 운영	• SNS 전환율(CVR 20~30%↑) • UGC 생성 수(월 300건↑) • 영상 조회수·도달률(2배↑) • ROAS 개선	• 착용샷·영상 중심의 실물감 콘텐츠로 구매 전환율 극대화 • 개인화 추천을 통한 반복 구매 증가 • 자연스러운 바이럴 확산으로 광고비 효율 상승

[문제 3] ChatGPT를 활용하여 AI 산업의 미래, 기술 발전, 소비자 행동 변화를 분석하고 향후 인터랙티브 AI 로봇 개발 전략을 도출하시오. (난이도 상, 시간 20분, 배점 40점)

출제 의도(테스트 내용): <u>GPT-5의 미래 예측·시나리오 분석 능력 평가, 기술·산업 트렌드 문서 분석 능력 검증, 전략 도출 프롬프트 설계 능력 평가, 인터랙티브 로봇 개발에 필요한 기술적 요소 도출 능력 평가</u>

[문제]: A회사는 대화형 인공지능 로봇을 개발 중이며, 다음이 필요하다.
- AI 산업의 향후 트렌드 분석
- 핵심 기술 발전 방향(NLP · 비전 · 음성 · 센서)
- 사용자 행동 변화
- 로봇 기술 적용 범위
- 경쟁사 대비 차별화 포인트

GPT-5의 고급 추론으로 미래 시나리오 3종(낙관 · 중립 · 비관)을 도출하라.

[산출물]

① AI 산업 동향·기술 발전·소비자 변화에 대한 분석 표
   필수 항목: 산업 트렌드, 핵심 기술, 사용자 변화, 위험 요인, 기회 요인

② 5년 후 미래 시나리오 3종(낙관 · 중립 · 비관)
   필수 항목: 기술 환경, 시장 성장, 사용자 기대 변화, 기업 전략 포인트

③ 인터랙티브 로봇 개발 시 A사가 주목해야 할 기술·마케팅 전략
   필수 항목: 기술적 요소(센서·모델·UX 등), 시장 포지셔닝, 경쟁 차별화 전략, 실행 전략

■ 답안:

■ 프롬프트 1 — 역할 및 고급 모드 설정

당신은 기술 · 미래 전략 분석 전문가이며 AI · 로봇 · 소비자 행동 분야 전문 연구자입니다.

GPT-5의 Deep Reasoning Mode와 Future Scenario Simulation Mode를 활성화하십시오.

불확실성은 확률 기반으로 표기하십시오.

[ChatGPT]

지금부터 저는 기술·미래 전략 분석 전문가이자 AI·로봇·소비자 행동 분야 전문 연구자 역할로 사고하겠습니다.

또한, 응답에서는 다음 두 가지 모드를 적용하겠습니다.

Deep Reasoning Mode

단순 나열이 아니라 원인–결과–파급 효과까지 연결해서 설명

기술·산업·소비자 측면을 함께 고려해 다각도로 분석

Future Scenario Simulation Mode

단일 전망이 아니라, 가능하면 '복수 시나리오(낙관·중립·비관 등)'를 상정 각 시나리오별로 발생 가능성을 "확률(%)" 형태로 표기

■ 프롬프트 2 — 기술·산업·소비자 변화 분석

아래 요구되는 정보를 바탕으로 AI 산업 트렌드, 기술 발전, 소비자 행동 변화를 분석해 주세요.

결과는 아래 표로 작성하십시오.

[분석 표]

- 산업 동향

- 핵심 기술 발전

- 사용자 행동 변화

- 위험 요인

- 기회 요인

[ChatGPT]

AI 산업 트렌드 · 기술 · 소비자 행동 변화 분석 표

구분	내용 요약
산업 동향	• 생성형 AI(GenAI)가 플랫폼 → 인프라 → 서비스 전 영역으로 확산되며, "AI를 쓰지 않는 기업이 예외가 되는" 단계로 진입. • 클라우드 · 온프렘 · 엣지(Edge) 환경에서 동시에 AI가 구동되는 하이브리드 AI 인프라가 보편화. • 금융, 제조, 의료, 교육, 공공 등 전 산업에서 전문화된 도메인 AI 모델(Vertical LLM) 도입이 증가. • "AI 도입"이 목표가 아니라, ROI · 생산성 · 리스크 관리까지 포함한 AI 경영(AI Management)이 주요 화두로 부상. • 글로벌 빅테크 + 각국의 규제기관이 AI 규범 · 법제화(EU AI Act, 국가별 AI 기본법 등)를 본격화하면서, "규제 친화형(AI Compliance-ready) 솔루션" 수요 증가.
핵심 기술 발전	• LLM이 멀티모달 모델(텍스트+이미지+음성+영상+코드)로 통합되며, 실제 업무 전체를 다루는 "에이전트(Agent)형 AI"로 진화. • RAG(Reinforced / Hybrid RAG), Tool Use, API 호출, 워크플로우 오케스트레이션 등으로 AI가 단순 답변에서 벗어나 실제 작업 수행 주체가 됨. • 경량 모델 · 온디바이스 AI 확산으로, 개인정보 · 지연시간 문제를 줄이는 로컬/엣지 AI 중요성이 커짐. • 시뮬레이션 · 디지털 트윈 · 로봇 제어 등 물리 세계와 연결된 AI(Physical AI)가 본격 실용화. • AI 안전성 · 해석 가능성 · 편향 완화를 위한 AI Governance · Risk Management·Explainable AI(XAI) 기술이 필수 요소로 자리 잡음.
사용자 행동 변화	• 일반 사용자는 검색 · 문서 작성 · 번역 · 정리 · 코딩 · 기획 등에서 "AI 먼저 열어 보는" 습관이 빠르게 확산. • 기업 사용자(직장인)는 "1차 초안·아이디어·분석 초벌"을 AI에 맡기고, 사람은 검토 · 의사결정 · 관계 관리에 집중하는 역할 분담 구조로 일하는 방식이 변함. • 사용자들은 점점 단일 앱보다, 업무 도구(메일 · 문서 · 슬랙 · ERP 등)에 직접 내장된 AI 어시스턴트를 선호. • 소비자들은 AI가 추천 · 요약 · 분석한 정보에 높은 편리성을 느끼지만, 동시에 개인정보 보호 · 편향 · 조작 가능성에 대한 불안도 함께 증가. • "하나의 범용 AI"가 아니라 개인 · 조직 · 도메인별로 특화된 '나만의 AI/우리 회사 AI'를 원하는 요구가 뚜렷해짐.
위험 요인	• 환각(Hallucination) · 편향(Bias) · 허위정보 확대로 인한 잘못된 의사결정, 평판 훼손, 법적 분쟁 가능성. • 개인정보 · 기밀 데이터 유출, AI를 악용한 피싱 · 딥페이크 · 사기 등 보안 · 윤리 리스크 증가. • 특정 소수 빅테크 플랫폼에 대한 AI 인프라·모델 의존도 심화 → 공급자 종속(Lock-in) 위험. • AI 도입 격차로 인한 기업 · 국가 간 디지털 격차 확대, 중소기업 · 개도국의 상대적 불리. • 규제(예: AI 법제, 데이터 보호법) 변화 속도가 빠르며, 규제 미준수 시 벌금·사업 중단 리스크.
기회 요인	• 반복 · 루틴·문서 작업의 대규모 자동화로 개인 · 기업의 생산성 비약적 향상 가능. • 신약 개발 · 헬스케어 · 교육 · 환경 · 에너지 등에서 사람이 해결하기 어려운 복잡한 문제를 AI가 돕는 고부가가치 영역 확대. • 국가 · 기업 · 개인이 AI 역량을 빠르게 키우면, 기존 자원 · 규모와 무관하게 '지식·창의력 기반 경쟁력'을 확보할 수 있는 기회. • "AI + 기존 산업" 결합을 통해, 보험 언더라이팅, 물류 최적화, 공장 자동화, 정책 설계 등 전통 산업 혁신 가속. • 윤리 · 거버넌스 · 검증 · 감사 · 교육 등 "AI를 관리하는 비즈니스(AI Governance as a Service)"라는 새로운 시장이 성장.

■ **프롬프트 3 — 5년 후 미래 시나리오 생성 기술 · 산업 · 소비자 변화 분석**

위 분석을 기반으로 향후 5년 후 AI·로봇 산업의 낙관·중립·비관 시나리오 3종을 생성해 주세요.

각 시나리오에는 기술 환경 / 시장 성장 / 사용자 요구 / 전략 포인트를 포함하세요.

[ChatGPT]

AI · 로봇 산업 5년 미래 시나리오 3종

(낙관 · 중립 · 비관 / 기술 환경 · 시장 성장 · 사용자 요구 · 전략 포인트 포함)

시나리오 1. 낙관 시나리오 – "AI Everywhere, Robotics in Daily Life" 발생 가능성: 약 45%

항목	내용
기술 환경	• 초대형 멀티모달 모델(LLM → VLM → Agent) 상용화 • 로봇의 감정 인식 · 센서 융합 기술 성숙 • 온디바이스 AI 및 Edge AI 확산으로 실시간 AI 상호작용 강화 • 자율주행 · 로봇팔 · 가정용 서비스 로봇 성능 큰 폭 개선
시장 성장	• 글로벌 AI · 로봇 시장 연평균 12~18% 성장 • 의료 · 돌봄 · 물류 · 교육 · 가정용 로봇 수요 폭발적 증가 • 기업의 AI 도입률 80~90% 수준
사용자 요구	• 인간과 유사한 자연스러운 상호작용을 요구 • 감정 기반 로봇 · 개인 비서형 에이전트 활용 증가 • 구매 기준: "나만의 AI", 개인화 · 윤리 · 신뢰도 중요
전략 포인트	✓ 로봇과 AI의 초개인화(X of 1 Personalization) 기능이 핵심 경쟁력 ✓ 의료 · 돌봄 등 규제 산업의 AI 신뢰성 확보가 시장 선점 요인 ✓ AI Assistant + 물리적 로봇 통합 솔루션이 폭발 성장 ✓ 데이터 · API · RAG 기반 도메인 특화 AI에 투자 필요

시나리오 2. 중립 시나리오 – "효율 중심의 안정적 성장" 발생 가능성: 약 40%

항목	내용
기술 환경	• LLM · 멀티모달 모델 점진적 개선 • 로봇은 특정 기능(청소 · 물류 · 경비)에 한정해 성능 개선 지속 • 기업 중심의 AI 활용 확대, 가정용 로봇은 완만한 성장
시장 성장	• AI · 로봇 시장 연평균 6~10% 성장 • 제조 · 물류 · 고객센터 등 B2B 중심 수요 확대 • 가정용 돌봄 · 반려 로봇은 제한적 확산
사용자 요구	• 업무 효율 · 자동화를 중심으로 AI 활용 • 사용성 · 편리함 중심의 실용적 요구 증가 • 신뢰 · 보안 문제가 지속적 이슈이지만 사용 저항은 낮음
전략 포인트	✓ B2B 중심의 "생산성 향상"형 AI · 로봇 시장 공략 필요 ✓ 비용 효율 · 자동화 중심의 솔루션 개발 유망 ✓ 규제 대응 · 보안 · 데이터 관리 역량이 기업 경쟁력 좌우 ✓ 소비자 시장은 '필요 기반' 제품만 선택적 성장

시나리오 3. 비관 시나리오 – "규제, 신뢰 붕괴, 성장 둔화" 발생 가능성: 약 15%

항목	내용
기술 환경	• 데이터 보안 문제 · 편향 이슈 반복 발생 • 로봇 안전 문제(사고 · 고장 등)로 규제 강화 • 초거대 모델 비용 상승 → 기업 도입 속도 둔화
시장 성장	• 시장 성장률 1~3% 수준의 저성장 • 고가 · 고성능 로봇 제품 출시 지연 • AI 규제로 인해 금융 · 의료 등 주요 산업의 도입 정체
사용자 요구	• 개인정보 보호 · AI 투명성 요구 폭증 • "AI 과신 금지" 분위기 확산 → 사용자의 경계심 증가 • 신뢰할 수 있는 인증체계 · 설명 가능성 요구 강화
전략 포인트	✓ 규제 준수 · 투명성 · 데이터 보호 중심의 안전 전략 필수 ✓ 고비용 AI 모델 의존도 감소 위해 경량 · 온디바이스 모델 개발 필요 ✓ "신뢰 기반 브랜드" 구축이 생존 조건 ✓ 소비자 시장보다는 공공 · 산업용 틈새 시장 공략이 적합

3가지 시나리오 핵심 비교 요약

구분	낙관	중립	비관
발생 확률	45%	40%	15%
기술 발전	감정 AI · 에이전트 로봇 성숙	점진적 개선	사고 · 규제로 둔화
시장 성장률	12~18%	6~10%	1~3%
사용자 행동	감성 · 자연스러움 · 개인화 요구 ↑	실용 · 효율 중심	신뢰 · 보안 우려 증가
전략 방향	초개인화 · 로봇 + AI 통합	B2B 효율 · 자동화 중심	신뢰 · 규제 준수 · 리스크 관리

■ 프롬프트4 — A사의 인터랙티브 로봇 전략 도출

우리 회사의 대화형 로봇 개발을 위해 주목해야 할 기술 요소와 마케팅 전략을 제시해 주세요.

필수 항목:

- 기술 요소(센서, 멀티모달 모델, Edge AI 등)

- UX 전략

- 시장 포지셔닝

- 차별화 전략

- 실행 계획

[ChatGPT]

대화형 로봇 개발을 위한 핵심 기술 & 마케팅 전략 종합 제안

1. 기술 요소(핵심 기술 아키텍처)

대화형 로봇의 성공은 "3가지 기술축의 완성도(센서 · 멀티모달 모델 · Edge AI)"에 의해 좌우됩니다.

① 센서(Sensor)

- 3D ToF/Depth 카메라: 사용자 위치 · 거리 · 제스처 · 표정 인식
- 음성 센서(어레이 마이크): 방향성 음성 인식 · 잡음 제거(NR)
- 촉각 · 근접 센서: 안전한 상호 작용 · 로봇 움직임 제어
- 환경 센서: 온도 · 조명 · 소리로 사용자 콘텍스트 파악

➡ 목표: "사람의 존재 · 목소리 · 감정 · 환경까지 읽는 로봇"

② 멀티모달 AI 모델

- 음성 + 이미지 + 제스처 + 텍스트를 동시에 이해하는 모델
- GPT-5 기반의 Agent형 상호 작용 모델 적용
- 사용자의 감정 · 의도 · 상황을 추론하는 상황 인식(Context-awareness) 기능 강화
- 장기 기억 기반 사용자 프로필 저장

  예: 좋아하는 취미/패턴/감정 상태/과거 대화 기록

➡ 목표: "말을 알아듣는 것이 아니라, 상황 · 표정 · 감정까지 이해하는 로봇"

③ Edge AI (온디바이스 AI)

- 실시간 반응(지연 최소화)
- 개인정보가 외부로 나가지 않는 프라이버시 보호형 설계
- 네트워크 오류 시 오프라인에서도 핵심 기능 유지
- 로봇 내에서 즉시 수행 가능한 "로컬 지능 모델" 탑재

➡ 목표: "빠르고 안전한 즉시 반응형 로봇 AI 구축"

2. UX 전략 (사용 경험 전략)

로봇 UX는 "디지털 UX"와 달리 감정 · 행동 · 신체 동작 · 물리적 반응이 모두 포함됩니다.

✓ UX 핵심 원칙

① 감정 인식 기반 상호 작용 UX

- 표정 · 음성 톤을 읽고 감정별 대화 시나리오 제공

  예: "피곤해 보이는데 괜찮아요?" / "오늘 기분 좋은 일이 있었죠?"

② 사람 같은 '대화 흐름-동작 연계' UX

- 대답 + 머리 회전 + LED 눈 표정 + 제스처 동작 통합

  예: 고개 끄덕임, 손 흔들기, 시선 맞추기

③ 사용자 패턴 기반 추천 UX

- 일상 루틴 학습(수면, 업무, 감정 변화)

- 아침 알림 → 운동 추천 → 기분 관리까지 이어지는 패턴 기반 행동

④ 초보자 친화적 인터페이스

- 디스플레이 UI 최소화 → 음성 · 동작 중심 인터페이스

- 설치 · 연동 절차 최소화("전원 켜면 바로 사용 가능한 로봇")

➡ 목표: "기계가 아니라, 나를 이해하는 동반자 로봇 경험 제공"

3. 시장 포지셔닝(브랜드 방향성)

AI 로봇 시장은 앞으로 세 가지 시장으로 양분될 가능성이 높습니다.

✓ 시장 포지셔닝 제안

① 감정 기반 '생활 동반자 로봇 (Emotional Companion Robot)'

    → 고령층 · 1인 가구 · MZ세대 모두에게 매력적

    → 대화 · 감정 케어 · 일상 관리 중심

② 가족 · 아이 중심 '홈 AI 비서 로봇 (Family AI Assistant)'

    → 정보 안내 · 교육 · 콘텐츠 추천 기능 강화

③ 케어 기반 '웰빙 헬스 로봇 (Wellness & Care Robot)'

    → 음성 기반 건강 관리, 감정 모니터링, 휴식 · 명상 · 운동 연계

4. 차별화 전략 (경쟁 우위 확보 요소)

현재 시장에 존재하는 로봇(Pepper, Vector, Miko, Loona 등)은 "귀엽지만 기능적 한계"가 명확합니다. 따라서 A사가 가져갈 차별화 전략은 다음과 같습니다.

① 멀티모달 기반 감정 · 상황 인식 기술

- 단순 음성 로봇 → "사람을 읽는 로봇"으로의 차별화
- 표정 · 자세 · 음성 톤 · 환경을 묶어 상황 판단

  예: "당신이 오늘 조금 지쳐 보이네요. 따뜻한 음악 틀어 드릴까요?"

② 사용자 맞춤형 페르소나 생성 기능 (초개인화)

- 로봇이 사용자 성향에 맞춰 말투 · 성격 · 표현 방식 변화
- "친구형 · 조언형 · 코치형 · 보모형" 등 페르소나 선택 가능

③ Edge AI 기반 프라이버시 강화

- 감정 데이터 · 음성 데이터가 외부에 저장되지 않음.
- "안전한 가정용 AI 로봇"이라는 신뢰 확보

④ AI Assistant + 현실 세계 움직임의 '하이브리드 에이전트'

- GPT-5 기반 Agent 기능 → 로봇이 스스로 작업 수행

  예: 일정을 알려 주고 → 음악 재생 → 조명 제어 → 카메라 모니터링

⑤ 구독형 서비스 모델 (Content & Skill Store)

- 감정 케어 프로그램
- 명상 · 운동 · 학습 · 음악 추천
- 로봇용 스킬 다운로드 스토어 구축

5. 실행 계획(3단계 전략 로드맵)

✱ Phase 1 — 기술 기반 구축 (0~6개월)

- 멀티모달 모델(LLM+이미지+음성) 아키텍처 설계
- Edge AI 모델 구축 및 반응속도 최적화
- 감정 인식 데이터셋 수집 및 학습

- 센서 패키지(Depth+마이크 어레이) 통합

✱ Phase 2 — 제품 개발 & UX 설계 (6~12개월)

- 로봇 외형 · 동작 시나리오·페르소나 UI 설계
- 감정 기반 대화 스크립트 구축
- 가정용 테스트(리빙랩) 진행
- 개인정보 보호 프레임워크 구축

✱ Phase 3 — 마케팅 & 시장 진입 (12~18개월)

- 영상 기반 SNS 출시 캠페인(TikTok·Reels)
- 고령층 · 1인 가구 · MZ 타깃별 분리 포지셔닝
- 구독형 케어 프로그램 · 스킬 스토어 출시
- 파트너십(교육기관 · 헬스케어 기업 · IT 플랫폼) 확장

➥ 최종 결론

A사의 대화형 로봇은 "감정을 인식하고, 사람처럼 반응하며, 안전하고, 개인화된 생활 동반자"를 목표로 해야 성공 가능성이 높습니다.

기술적 완성도와 감성적 UX를 결합하고, Edge 기반 신뢰성과 구독형 비즈니스 모델까지 확보하면 경쟁사 대비 명확한 차별적 포지셔닝을 구축할 수 있습니다.

참고 문헌

- 정종기, "150가지 사례와 함께 쉽게 활용하는, 인공지능 비즈니스", 형설이엠제이, 2021.09
- 정종기, "부를 창출하는 ChatGPT 활용 전략", 형설이엠제이, 2024.08
- 정종기, "ChatGPT 업무. 비즈니스 활용", 형설이엠제이, 2023.07
- 정종기, "150가지 사례와 함께 쉽게 활용하는, 인공지능 비즈니스", 형설이엠제이, 2021.09
- Kenneth C et al., "Management Information Systems: Managing the Digital Firm", 역자, 김우주 외, 시그마프레스, 2020.10
- Harren, V. A. (1979). A model of career decision making for college students. *Journa of Vocational Behavior*, 14(2), 119-133.

Chapter 08

전략 기획 및 의사 결정 고도화를 위한 AI

1. 전략 기획과 AI의 역할

1) 전략 기획의 개념과 목적

(1) 전략 기획의 정의

전략 기획Strategic Planning은 조직의 장기적 목표를 설정하고, 그 목표를 달성하기 위한 방향·자원·행동 계획을 설계하는 체계적 과정이다.

전략 기획 = 방향 설정Where to go + 실행 경로 설계How to get there

기업 환경이 복잡해질수록 전략 기획의 핵심은 정보의 통합적 이해와 빠른 대응력이다. AI는 이러한 전략 기획 과정에서 데이터 수집·분석·해석을 자동화함으로써 기획자의 사고 범위를 넓히고 전략적 대안을 신속하게 제시한다.

2) 전략 기획의 4단계 구조

AI는 기존의 "데이터 분석 중심 계획"을 "지능형 예측 중심 전략"으로 전환시킨다.

[표 8-1] 전략 기획의 단계와 구조

단계	주요 활동	AI 활용 포인트
① 목표 설정	비전, 핵심성과지표(KPI) 정의	AI 기반 트렌드 분석, 목표 벤치마킹
② 환경 분석	외부/내부 요인 파악	텍스트마이닝, 뉴스 · SNS 데이터 분석
③ 전략 수립	대안 시나리오 설계	시뮬레이션, 예측 모델링
④ 실행계획 수립	구체적 로드맵 · 자원 배분	일정 · 성과 · 비용 자동화 도구

3) 환경 분석과 AI의 결합

(1)전통적 환경 분석의 한계

경영 전략의 출발점은 외부 환경 분석이다. 기존에는 PEST정치·경제·사회·기술, 3C고객·경쟁자· 자사, 5 Forces산업구조 모델이 활용되었다. 그러나 다음과 같은 한계가 존재한다.

① 데이터 수집 · 해석에 시간이 많이 소요

② 빠르게 변하는 산업 · 기술 트렌드를 실시간 반영하기 어려움

③ 주관적 해석 의존도가 높음

(2) AI 기반 환경 분석의 구조

AI는 다양한 데이터 원천을 자동 수집 · 분석하여 '실시간 환경 인텔리전스Real-time Intelligence'를 제공한다. AI 기반 전략 기획의 단계와 구조는 [표 8-2]와 같다.

[표 8-2] 전략 기획의 단계와 구조

분석 단계	AI 기술 적용 예시
데이터 수집	웹 크롤링, 뉴스 요약, SNS 감정 분석
데이터 분석	LLM 기반 키워드 클러스터링, 시장 트렌드 자동 분류
시각화	대시보드, 트렌드 맵, 워드클라우드
인사이트 도출	요약 · 시나리오 생성, 경쟁자 전략 비교

예를 들어, ChatGPT나 Claude를 활용하면 'AI 반도체 산업의 글로벌 동향과 주요 경쟁사 전략'을 아래와 같이 즉시 요약할 수 있다.

아래는 'AI 반도체 산업의 경쟁 전략 분석'을 AI에게 요약하게 하는 실습 예시이다. PEST-3C-기술 로드맵을 압축한 형태이다. 아래는 실제 기업의 시장 분석 보고서 내용 예시이다.

1. 기업 개요 및 전략 방향성 비교

구분	삼성전자	엔비디아
기업 성격	종합 반도체 · 모바일 · 전장 · 메모리 중심의 제조 대기업	AI GPU · 가속기 · 소프트웨어 생태계 중심의 기술 플랫폼 기업
핵심 역량	메모리/파운드리 수직통합, 대규모 제조 능력	AI GPU 독점적 시장 지위, CUDA 생태계
AI 전략 방향	메모리 기반 HBM 고도화 + 파운드리 고객 확장	GPU-소프트웨어 통합 플랫폼 확장(NVIDIA AI Enterprise)
성장 목표	파운드리 점유율 확대 및 AI 메모리 선도	AI 컴퓨팅 표준 유지 및 산업 전반 플랫폼화

2. AI 반도체 제품 포트폴리오 비교

구분	삼성전자	엔비디아
AI 서버용 핵심 제품	HBM3E, GAA 기반 2nm 파운드리, CXL DRAM	H100/ H200, B100, GB200 Grace Blackwell 플랫폼
경쟁우위	메모리 성능 · 전력효율, 대량 공급, 가격 경쟁력	GPU 연산 능력, CUDA 생태계, AI 소프트웨어 최적화
약점	자체 GPU 생태계 미약, 파운드리 고객 기반 제한	메모리 · 공급망 취약, 대규모 제조 역량 부족

3. 기술 및 R&D 전략 비교

분석 항목	삼성전자	엔비디아
기술 로드맵	2025: 2nm(GAA) 양산 → 2027: 1.4nm 진입	2024~26: Blackwell → Rubin 아키텍처
R&D 초점	고대역폭 메모리(HBM), 첨단 패키징(2.5D/3D), AI-SoC	GPU 아키텍처 혁신, AI 시스템 최적화, NVLink · NVSwitch
패키징 전략	HBM + AI 가속기용 고성능 패키징	Grace CPU + GPU 통합 패키지
AI 지원 전략	AI 서버 고객사 확보(엔비디아 · AMD 등)에 메모리 공급	"NVIDIA AI Enterprise"로 산업 전체 플랫폼화

4. 시장 전략 및 비즈니스 모델 비교

항목	삼성전자	엔비디아
시장 포지션	메모리 세계 1위 + 파운드리 2위	AI GPU 절대 1위(80~90% 이상)
전략 모델	고객 기반 확대형 제조 비즈니스 파운드리 · 메모리 · 패키징 통합 제공	생태계 주도형 플랫폼 비즈니스 CUDA · SDK · AI 서버 인프라 전체 묶음 판매
주요 고객	엔비디아, 구글, MS, 아마존, 테슬라	오픈AI, MS, 구글, 메타, 바이두
수익모델	제조 · 공급 중심	하드웨어 + 소프트웨어 구독(에코시스템 락인)

5. SWOT 기반 경쟁 전략 요약

삼성전자 SWOT	엔비디아 SWOT
S: HBM 기술력, 수직 통합 제조, 공급망 안정성 W: GPU 생태계 부족, 전략적 차별화의 한계 O: 엔비디아 · AMD · 빅테크의 AI 서버 메모리 수요 폭발 T: 첨단 공정 경쟁(TSMC), AI 공급망 변동성	S: GPU 독점 지위, CUDA 기반 락인 효과 W: 공급망 취약, 제조 단가 상승 O: 생성형 AI 확산 → GPU 수요 급증 T: AMD · 인텔 GPU 경쟁, 빅테크 자체 칩 개발(TPU · Trainium 등)

6. 전략 시사점 요약 (Strategic Insights)

삼성전자에 중요한 전략 포인트	엔비디아에 중요한 전략 포인트
HBM 생산 능력 확대(2025~2026 최대 성장) 파운드리에서 엔비디아·AMD 고객 기반 확보 차세대 패키징 기술(3D-IC) 경쟁력 강화 자체 AI GPU or 가속기 개발 필요성 증가	하드웨어 의존도를 넘어 AI 플랫폼 자체를 확장 GPU 수요 폭증에 따른 공급망 리스크 관리 빅테크의 자체칩 등장에 대응한 차별화 전략 필요 전력 소모 문제 해결(효율성 경쟁이 향후 핵심)

3) AI 활용 전략 모델의 진화

(1)AI-Driven Strategy Model

AI를 전략 프로세스에 통합하면 '탐색Scan → 분석Analyze → 예측Predict → 실행Act'의 4단계 순환 구조가 만들어진다.

AI 기반 전략 기획 프로세스는 아래와 같다.

데이터 수집 → 분석 및 요약 → 전략 시나리오 생성 → 실행 계획 수립 → 피드백/학습

AI는 단순 분석을 넘어 '의사 결정 모델Decision Intelligence Framework'로 발전한다.

AI는 '전략을 문서로 표현하는 언어 모델'이자 '시나리오를 시뮬레이션하는 계산 모델'이다.

[표 8-3] 전략 수립을 위한 AI 도구

단계	대표 AI 도구	주요 기능
외부 환경 스캔	ChatGPT, Perplexity	산업·정책·기술 동향 요약
내부 역량 분석	Copilot, Tableau AI	내부 성과 데이터 분석
시나리오 설계	Notion AI, Gemini	대안별 전략맵 생성
실행 로드맵	Power BI, Excel Copilot	KPI 추적, 성과 시뮬레이션

4) 사례: AI 기반 전략 기획의 실제 적용

아래는 AI 기반 전략 기획을 활용하여 성공한 글로벌 기업의 사례이다.

① Unilever - AI 기반 시장 예측

소비자 리뷰·SNS 데이터를 실시간 분석하여 제품 트렌드를 조기 포착

신제품 개발 및 마케팅 전략 조정에 활용

② Hyundai Motor – 미래 모빌리티 전략 시뮬레이션

AI로 전기차·수소차 시장 수요 예측, 다양한 정책 변화 시나리오에 따른 매출·생산 영향 분석

③ Amazon – AI 기반 의사 결정 자동화

물류 수요, 창고 재고, 가격 전략을 통합한 예측 시스템으로 전략기획팀의 수작업 보고서 작성 시간을 70% 절감

5) 실습: AI를 활용한 전략 기획 기본 구조 설계

실습 목표:

조직의 핵심 목표를 AI에 명확히 설명하고, 전략 프레임워크를 자동 생성한다.

실습 프롬프트 예시

당신은 경영 전략 컨설턴트입니다.
다음 기업 정보를 바탕으로 전략 기획 구조(비전-환경 분석-핵심 전략-실행 계획)를 제안하세요.

[기업 정보]

- 산업: 전자상거래
- 규모: 매출 300억 원, 임직원 80명
- 핵심 목표: 3년 내 매출 2배, 고객 만족도 90%
- 경쟁사: 쿠팡, SSG, 무신사

출력 형식:

① 기업 비전 요약
② 외부 환경 분석 (PEST + 경쟁사 비교표)
③ 핵심 전략 3가지

④ 1년 실행 로드맵

⑤ KPI 제안

출력 예시 요약

비전: 데이터 중심 고객 맞춤형 리테일 플랫폼 구축

핵심 전략: (1) AI 추천 엔진 도입, (2) 물류 자동화, (3) ESG 포장 솔루션

KPI: 월간 재구매율 45%, 물류비 15% 절감

6) 요약 및 전략 기획 적용 방향

전략 기획은 AI의 발전과 함께 '데이터 기반 직관Data-driven Intuition'의 시대로 진입했다. AI는 복잡한 환경을 정리하고, 다양한 시나리오를 시뮬레이션하여 인간의 전략적 판단을 보조한다. 그러나 전략의 방향성은 여전히 인간의 비전과 판단력에서 비롯된다. AI는 도구tool가 아니라 전략적 파트너partner로 자리 잡고 있다.

2. 비즈니스 기회 창출을 위한 데이터 패턴 인식

1) 개념과 목적: '패턴 → 통찰 → 기회'의 전략적 전환

(1) 정의

데이터 패턴 인식은 정형·비정형 데이터로부터 반복되는 구조, 경향, 상관, 이상Outlier을 찾아 새로운 수익원·신시장·신제품 기회를 설계하는 활동이다.

(2) 전략적 의의

제7장이 '의사 결정 효율화'를 다뤘다면, 본 절은 성장 전략의 원천을 다룬다. 즉 "무엇을 더 잘할까?"가 아닌 "무엇을 새롭게 할까?"이다.

(3) 핵심 프레임

- **발견**Discover : 신호트렌드/니즈/이상 감지
- **해석**Interpret : 비즈니스 의미 부여Who/What/Why/So-What
- **설계**Design : 기회 영역 정의시장·제품·제휴·가격
- **검증**Test : 가설·MVP·시장 반응 실험
- **확장**Scale : KPI/ROI·거버넌스로 내재화

(4) 포인트

LLM은 통계 모델을 대체하기보다, 발견~설계 사이의 사고 속도와 범위를 폭발적으로 확장한다.

2) 데이터 지도(Data Map)와 입력 설계

데이터 소스 유형은 아래와 같다.

① 정형: 매출·고객·상품·웹로그·콜센터·설비 센서

② 비정형: 리뷰·커뮤니티·AS 메모·영업일지·뉴스/특허·이미지

③ 외부: 인구/소득·거시·환율/원자재·경쟁사 공시·트렌드 리포트

[표 8-4] 메타데이터 표준(권장)

필드	설명	예시
source_type	정형/비정형/외부	정형
period	수집 기간	2024-01~2025-06

필드	설명	예시
granularity	집계 단위	일/주/월
entity	고객/제품/채널/지역	제품
quality_note	결측/이상치 주석	3월 결측

3) 문제 상황과 패턴 인식 프롬프트 설계

(1) 신제품 기회 탐색의 사례

- 제품 카테고리 A의 매출이 **정체**, 고객 이탈률↑, 경쟁사 신제품이 구독형 모델로 전환
- 내부 분석은 **레거시 KPI·월별 리포트**에 치중 → "**왜** 변화가 생겼는지" 설명 부족
- 정성 데이터리뷰·VOC·커뮤니티에서 "**구독·번들·친환경 소재**" 키워드가 증가하나 정량 근거 부재
- → **과제**: "숨어 있는 패턴"을 찾아 **시장 기회 가설**로 전환하고, **MVP/가격**까지 초안을 만든다.

패턴 인식 프롬프트 설계를 아래와 같이 할 수 있다.

[표 8-5] 패턴 인식 프롬프트 설계의 원칙(Strategy-Prompt Canvas)

요소	질문	프롬프트에 넣을 문구(예시)
목표	어떤 '기회'를 찾는가?	"신규 매출원 2개, 핵심 가설 3개"
범위	어떤 세그먼트/지역/기간?	"2030 여성 · 온라인 채널 · 최근 6개월"
데이터	어떤 데이터/지표/텍스트?	"매출, 장바구니, 리뷰, 경쟁 기사 요약"
분석	어떤 패턴 · 상관 · 이상?	"계절성, 장바구니 동시구매, 이탈 전 신호"
출력	어떤 형식/깊이?	"표+한 문단 요약+가설→실험안"

기본 템플릿은 아래와 같이 설계한다.

- **목표:** 아래 데이터에서 매출 성장을 이끌 신규 기회 2가지와 근거 패턴을 도출하라.

- 데이터: {정형지표 목록}+ {리뷰/뉴스 요약}
- 분석: 세그먼트별 상승/하락 패턴, 장바구니 연관, 계절/프로모션 영향, 이상치
- 출력: ① 패턴 Top 5 표, ② 기회가설 2개고객·제품·가격·채널 포함, ③ 2주 내 실행 가능한 실험안가설/측정지표/KPI, ④ 리스크/가정

4) 활용 사례

위의 템플릿을 활용하여 패턴 인식을 하는 사례를 몇 가지 제시하면 아래와 같다.

A. 고객 리뷰 + 매출의 동시 패턴 인식

샘플 데이터요약

월별 매출/전환율/반품률, 리뷰 텍스트키워드: 구독, 친환경, 사이즈, 배송, 경쟁사 기사 요약

프롬프트 예시

아래 월별 매출표와 리뷰 요약을 결합해

① 상승/하락 패턴 Top 3, ② 리뷰 키워드-매출 상관 단초, ③ 신규 제안구독형/번들/친환경 중 상업적 타당성 높은 2개를 제시하라.

각 제안은 대상 세그먼트·핵심 가치·초기 가격·예상 KPI를 포함하라.

AI 응답예시

- 패턴: 1 6~8월 '친환경' 키워드↑와 전환율 동행, 2 반품은 '사이즈' 불만과 연동
- 제안:

  친환경 라인 한정 번들팩여름 시즌 – AOV +12%, 반품률 -3%p 목표

  구독형 리필 서비스– 월 9,900원, 이탈률 3개월 내 5%↓ 예상

해설 포인트

- "키워드-지표"의 인과가 아니라 단초로 해석 → 가설-실험 설계로 연결
- 정성니즈↔정량행동 교차 검증이 핵심

B. 장바구니 연관과 교차 판매 기회

목적: 동시 구매/순서 패턴으로 번들·탐색형 제품 정의

프롬프트 예시

장바구니 트랜잭션에서 동시 구매 상위쌍·삼중쌍을 추출하고
　① 교차 판매 후보 Top 5, ② 추천 번들 구성을 제시하라.
각 번들은 가격·할인·예상 마진/전환율 개선치를 포함하라.

AI 응답예시

- **패턴:** A리필-B보관용기-C액세서리 동시 구매↑
- **번들 제안:** [A+B] -7% / [A+B+C] -10%, AOV +9~14% 예상
- **해설:** Apriori/연관 규칙의 결과 해석을 **상업적 설계**가격/마진/포지셔닝로 전환시키는 단계
　가 중요.

C. 이탈 전(前) 신호와 구독 설계

목적: 구독/반복 구매 전환을 위해 이탈 신호를 조기 감지

프롬프트 예시

지난 6개월 고객 패널에서 구매 주기, 장바구니 금액, CS 접촉, 리뷰 감정 점수를 결합해
이탈 위험 Top 3 세그먼트와 원인 가설을 제시하고,
각각에 맞는 구독/보상 설계를 제안하라혜택·빈도·가격·메시지.

AI 응답예시

- **위험 세그:** "구매 주기 45일→70일로 장기화 & 최근 CS 불만 존재"
- **설계:** 유연 구독건너뛰기/일시 중지, 재고 리마인드 메시지, 3회 연속 유지 시 리필 무료
- **해설:** 패턴 인식 결과는 **행동 개입**Behavioral Design으로 이어져야 효과가 난다.

실무에서는 구조화된 결과를 도출할 수 있도록 기회 포트폴리오 보드 같은 것을 미리 마련해 둔다.

[표 8-6] 결과 구조화: 기회 포트폴리오 보드(Opportunity Board) 예시

기회 ID	패턴 근거	타겟 세그	가치 제안	MVP 아이디어	2주 실험	KPI(선행/최종)	리스크/가정
O1	'친환경' 키워드 ↑ & 전환↑	2030 여성/여름	탄소중립·리필	친환경 번들	랜딩페이지 A/B	CTR, AOV / 반복율	원가↑, 인증 지연
O2	A-B-C 동시 구매	패밀리	편의성/가격	번들 2종	장바구니 추천	번들전환율 / 매출	카니발리제이션

아래와 같은 프롬프트 라이브러리를 활용할 수 있다.

트렌드 합성 프롬프트

다음 데이터(매출 · 검색량 · 리뷰 · 뉴스 요약)를 통합해
① 상승/하락 트렌드 5개, ② 신호 강도(낮음/중간/높음),
③ 기회 가설 3개와 우선순위를 제시하라(임팩트×실행 용이성).

세그먼트 기회 발굴

세그먼트별로 구매 기준/장애물을 요약하고,
각 세그먼트에 적합한 가치 제안과 메시지 프레임(문구/톤)을 제시하라.

가격 · 상품 구성 실험안

기회 가설별로 가격대 3단계(보수/균형/공격)를 제안하고
각각 예상 수요 변화와 리스크(브랜드/마진)를 평가하라.

---

5) 실습 과제

아래 두 개의 실습 과제를 통해 비즈니스 기회 창출을 위한 데이터 패턴 인식 프롬프트 디자인을 보다 깊이 이해할 수 있다.

A. "패턴 → 기회 → 실험" 원샷 설계

목표: 데이터 4종_{매출·리뷰·검색량·경쟁 기사}을 입력해 기회 2개 + 실험 2개 도출

제출물: 기회 포트폴리오 보드 + 1페이지 전략 메모_{Why/What/How/Metric}

실습 프롬프트_{학생용}

첨부 데이터에서 상업적 잠재력이 높은 패턴 3개를 도출하고,

이를 바탕으로 기회 가설 2개와 2주 내 실행 가능한 실험안 2개를 제시하라.

각 실험은 가설·타깃·메시지·채널·측정 지표·종료 조건을 포함하라.

채점 체크리스트_{강사용 또는 수험용}

- 패턴-가설 연결 논리_{명확성/근거성}
- KPI 적합성_{선행·지연지표 구분}
- 실행 가능성_{2주 내 수행·자원 고려}
- 리스크 인식_{가정/대안 제시}
- [필요]: 과제 데이터셋, 모범 답안_{요약}, 채점표 PDF

B. 세그먼트별 기회 맵 & 메시지 시나리오

목표: 2~3개 세그먼트별 차별화된 가치 제안·메시지 도출

프롬프트

세그먼트_{인구·행동 기준}별로 니즈/장애/의사 결정 동인을 요약하고,

각 세그먼트에 맞는 가치 제안 1개와 메시지 문안을 제시하라_{헤드라인 1줄+서브카피 2줄, 톤&매너 포함}.

산출물: 세그먼트 기회맵_표 + 카피 문안_{초안}

이러한 실무 실습에 대한 평가는 아래 [표 8-7]과 같은 평가 기준을 갖는다.

[표 8-7] 평가 루브릭(1급 난이도)

항목	설명	우수(3)	보통(2)	미흡(1)
데이터 해석	패턴의 정확성/유의성	교차 근거 2종 이상	일부 단편	근거 빈약
전략 연결	패턴→기회→실험 논리	일관/명확	다소 비약	비논리
실행 설계	2주 실험 구체성	KPI · 자원·캘린더 제시	일부 누락	실행 곤란
프롬프트력	목적/범위/출력 명확성	완전	일부 모호	모호
윤리 · 리스크	가정 · 편향 · 고객영향 고려	명시	부분	미고려

비즈니스 기회 창출을 위한 데이터 패턴 인식 프롬프트 디자인은 윤리·편향·거버넌스 등에 대해 신중하게 관리하여야 한다. 조직의 윤리 체크리스트가 아래와 같이 마련되어야 한다.
① **편향 관리:** 리뷰 표본 편향_{활동적 불만층 과대 표집} 보정, 세그먼트 차별 금지
② **프라이버시:** 개인 식별 정보_{PII} 제거, 목적 외 사용 금지
③ **투명성:** AI가 만든 가설은 '가설'로 고지, 실험 전 동의·고객 영향 평가
④ **거버넌스:** 분기별 기회 포트폴리오 리뷰와 실패 학습 기록화

6) 요약 및 결론: 데이터가 기회가 되는 순간

패턴 인식은 **발견의 기술**이 아니라 **전략 설계의 시작**이다.
LLM은 "무엇이 보이는가?"를 넘어 "그래서 무엇을 할 것인가?"를 구조화한다.
전략가/전략팀은 **패턴 → 기회 → 실험 → 확장**의 루프를 조직 역량으로 내재화해야 한다.

3. 데이터 분석을 통한 패턴 인식 및 비즈니스 통찰 개발

1) 데이터에서 인사이트로: '해석 기술'의 시대

데이터는 풍부하지만, 의미 있는 인사이트insight는 부족하다. 패턴 인식이 '무엇이 일어났는가'를 알려준다면, 비즈니스 통찰은 '왜 일어났는가, 그래서 무엇을 해야 하는가'에 답한다. AI 시대의 분석가는 데이터를 정리하는 사람이 아니라, AI의 분석 결과를 전략적 의미로 해석하는 '비즈니스 번역자Business Translator'로 변화하고 있다. 데이터 → 정보Information → 통찰Insight → 행동Action: LLM은 이 4단계를 하나의 'Insight Chain'으로 자동화할 수 있는 도구이다. AI는 통계적 모델을 '설명 가능한 언어'로 번역하여 비전문가도 전략적 의사 결정을 빠르게 수행할 수 있도록 돕는다.

[표 8-8] 데이터 분석 프로세스와 AI의 역할

단계	분석 목표	AI의 주요 기여	예시 도구
데이터 탐색(EDA)	이상치 · 결측치 파악, 패턴 탐색	자연어로 요약/시각화	ChatGPT + Python Plug-in
상관관계 분석	변수 간 연관 규명	자동회귀/상관분석	Copilot for Excel
원인 분석	KPI 영향 요인 규명	인과모델 가설 생성	Gemini, Claude
인사이트 도출	의미 해석 및 전략 제시	스토리라인 구조화	Notion AI, Power BI
액션 제안	실행안 · KPI 설계	우선순위화 · ROI 예측	ChatGPT, Copilot

2) 실무 상황에 따른 AI 분석 프롬프트 설계 원칙

아래와 같은 문제 상황예시은 실무에서 자주 접하게 된다.

문제 상황:
최근 3개월간 고객 이탈률이 15% 증가했으나 원인 불분명

내부팀은 '프로모션 부족'이라 주장하지만, 실제 데이터상 그 근거는 약함.
정량(매출·이탈률) + 정성(VOC·리뷰) 데이터를 결합하여 원인과 개선 인사이트를 찾아야 함.

목표:
KPI에 영향을 준 핵심 요인 규명
개선 가능한 액션 제안(가격·채널·경험·메시지)

이를 해결하기 위해 생성형 AI 도구를 활용하는 경우 프롬프트 설계 원칙은 아래와 같다.

① **분석 목적 명확화**: "무엇을 설명할 것인가?"

② **데이터 구조 명시**: "어떤 지표를 입력할 것인가?"

③ **출력 형태 정의**: "표, 인사이트 요약, 전략 제안 중 어떤 형태?"

④ **분석 단계 구분**: "패턴 → 원인 → 제안 순서로 구체화"

예시 프롬프트를 아래와 같이 제시한다.

다음 데이터를 기반으로 KPI(이탈률)에 영향을 준 주요 요인을 찾고,
　① 상관계수 및 변화 추이를 설명하고,
　② 주요 인사이트 3개와
　③ 개선 실행안(마케팅/가격/UX 관점)을 제시하라.
출력은 '표 + 한 문단 요약 + 전략 제안' 형식으로 구성하라.

3) 활용 사례

A. 고객 이탈 원인 분석

입력 데이터:

월별 이탈률, 가격 변동, 고객 만족도, 리뷰 감성 점수, 고객군별 구매 빈도

텍스트 데이터: "배송", "가격", "품질" 관련 리뷰 요약

AI 분석 결과요약:

"배송 지연" 언급률이 증가한 시점에 이탈률 급등

"가격 인상"보다 "서비스 경험 불만"이 주요 요인

제안: 1 배송 모니터링 강화, 2 CS 응답 시간 단축, 3 후기 보상제 도입

해설:

AI의 텍스트 감정 분석 결과를 시계열 데이터와 결합하면, '무엇이 불만인가'뿐 아니라 '언제부터 악화되었는가'까지 파악 가능하다.

B. 매출 감소 구간의 숨은 패턴 찾기

프롬프트

아래 월별 매출/프로모션/리뷰 데이터를 분석해서

① 매출 변동의 주요 원인 Top 3를 식별하고,

② 고객군별 차이를 설명하며,

③ 회복을 위한 전략 제안 2개를 제시하라.

AI 분석 결과요약:

요인	영향도	시기	인사이트	전략 제안
프로모션 집중도	높음	2~4월	과잉 할인 후 수요 잠식	시즌별 균형형 할인모델
리뷰 키워드: "지속성"	중간	5월 이후	내구성 문제 반복	제품 품질 커뮤니케이션 강화
신규 고객 유입 경로	낮음	전 기간	SNS 광고 의존	SEO 기반 유입 다각화

4) AI 분석 기법과 인사이트 시각화

다양한 AI 분석 기법의 통합적 접근을 통해 다양한 기법을 활용할 수 있다.

[표 8-9] AI 분석 기법의 통합적 접근

기법	설명	AI 활용 포인트
회귀분석(Regression)	KPI와 영향 변수 관계	ChatGPT로 자연어 해석 보고서 생성
상관행렬 분석	변수 간 선형관계 탐색	Copilot이 자동 시각화
클러스터링(Clustering)	고객 세분화	Gemini로 군집 요약 설명
감정분석(Sentiment)	리뷰·댓글의 정서 경향	LLM 기반 요약 + 트렌드 시각화
시계열 예측(Time Series)	수요·매출 예측	Prophet · ChatGPT Hybrid

인사이트 시각화는 AI의 내러티브 리포팅을 위해 필요하다.

프롬프트 예시:

다음 분석 결과를 기반으로 경영진이 이해할 수 있는 요약 리포트를 작성하라.

 - 분석 목적 / 주요 발견 / 전략적 시사점 / 제안 / 다음 단계

  리포트 톤: 간결·비즈니스 중심 / 600~800자

AI 생성 요약 예시:

"최근 고객 이탈의 주요 원인은 가격 정책이 아니라 경험 품질의 저하임이 확인되었습니

다. 특히 배송 지연 언급률이 급등하며 고객 신뢰도에 부정적 영향을 미쳤습니다.

개선을 위해 CS 응답 시간 단축, 배송 파트너 재조정, 후기 보상 프로그램을 제안합니다.

본 조치는 3개월 내 고객 유지율 5% 향상을 목표로 합니다."

5) 실습 과제

A. 인사이트 리포트 자동 생성

목표:

분석 데이터를 AI에 입력해 자동 요약 리포트를 생성하고, 이를 경영진 보고서로 변환

프롬프트 예시

다음 데이터의 분석 결과를 경영진 보고서 형식으로 요약하라.

- **KPI**: 고객 유지율
- **주요 요인**: 가격·품질·배송·프로모션
- **출력**: 표 + 500자 보고서 + 핵심 인사이트 3개

성과물:

표준 보고서 형식 + 실행 요약 표/문단/다음 단계

B. AI 시각화 도구 활용

도구 예시: Power BI + ChatGPT Code Interpreter

과제:

매출 및 감정 데이터 시각화

① 변수별 상관 히트맵

② 시계열 추세 그래프

③ 인사이트 자동 요약 카드

[필요]: 실습용 CSV 매출, 감정점수, 리뷰수, 이탈률

C. 인사이트 → 전략 실행안 매핑

목표: AI가 제시한 인사이트를 실제 전략 실행안Action Plan으로 변환

인사이트	실행 과제	담당부서	우선순위	예상 효과	리스크
고객불만 "배송 지연"	물류 파트너 변경	운영팀	상	재구매율 +10%	파트너비용 상승
"친환경 제품 선호"	리필 패키지 확대	상품기획팀	중	고객충성도↑	초기 원가↑

6) 결론과 요약

AI는 **패턴을 요약**하지만, 그 결과를 맥락Context과 **경험적 판단**으로 해석하는 것은 인간의 몫이다.

전략적 인사이트는 "데이터의 의미를 연결하는 인간의 사고력"에서 완성된다.

AI는 데이터의 눈을 열지만, 인간은 그 데이터의 방향을 정한다.

[표 8-10] 데이터 분석을 통한 패턴 인식과 비즈니스 통찰

구분	핵심 내용
핵심 키워드	Insight Chain (Data → Pattern → Insight → Action)
AI의 역할	통계 결과를 해석 가능한 언어로 변환
분석 기법	회귀 · 상관 · 군집 · 감정 · 시계열
실무 포인트	보고서 자동화, KPI 연결, 내러티브 기반 시각화
윤리 고려	해석의 투명성 · 과신 방지 · 책임 분담 명시

4. AI를 활용한 사업 계획서 작성 및 전략 실행 설계

1) "전략을 문서로 구현하는 AI 협업"

전략의 완성은 문서다. 아무리 좋은 아이디어라도 사업 계획서로 체계화되지 않으면 조직은 그것을 실행할 수 없다. 이 절은 AI를 통해 전략을 실행 가능한 문서로 구조화하는 방법을 다룬다. AI는 전략가의 사고를 문서 구조로 "언어화"하고, 작성자는 AI의 초안을 "현장언어"로 "현실화"한다. 즉 AI는 설계자Architect, 인간은 검증자Strategist로 협력하는 단계다.

2) 사업 계획서의 구조와 AI 작성 흐름

AI를 활용하여 작성하는 일반적인 사업 계획서의 구조는 아래와 같다.

[표 8-11] 일반적 사업 계획서 구조

구분	주요 내용	AI 활용 포인트
① 요약(Executive Summary)	목적, 핵심 가치, 주요 수치	핵심 메시지 요약, 문체 조정
② 시장 분석	시장 규모 · 성장률 · 트렌드 · 경쟁	데이터 요약 · 트렌드 분석
③ 제품/서비스	특징 · 경쟁력 · 차별화 요소	장점 · USP 문장화
④ 비즈니스 모델	수익구조 · 고객 세그 · 가격전략	캔버스 기반 구조화
⑤ 실행 계획	일정 · KPI · 예산 · 리스크	일정표 자동화, KPI 추천
⑥ 조직 및 인력	팀 구성 · 역할 · 리더십	역할 매핑 및 간결한 설명
⑦ 재무 계획	손익 · 현금흐름 · 투자금 · ROI	시뮬레이션 요약 · 비주얼화

AI 작성 프로세스 5단계:

① 기초 데이터 입력 → ② 핵심 메시지 추출 → ③ AI 초안 작성 → ④ 문체·형식 교정 → ⑤ 실행 계획·KPI 추가

3) 프롬프트 설계

사업 계획서 초안을 자동 생성하는 프롬프트 설계와 개발이 필요하다. 예컨대 아래와 같은 기본 프롬프트 템플릿을 활용할 수 있다.

기본 프롬프트 템플릿

당신은 전문 전략 컨설턴트입니다.

아래 정보를 기반으로 사업 계획서 초안을 작성하세요.

[사업 정보]
- 제품/서비스명: {예시: 스마트 헬스워치 'SmartFit'}
- 목표 시장: {예시: 25~40세 직장인 헬스케어 시장}
- 핵심 가치: {예시: 데이터 기반 건강관리, 장기 배터리, 음성 명령}
- 수익 모델: {예시: 기기 판매 + 구독형 헬스 리포트}
- 목표 시기: {예시: 2026년 1월 런칭}
- 주요 경쟁사: {예시: Fitbit, Samsung Health, Apple Watch}

출력:
   ① 사업 개요(200자)
   ② 시장 분석(표 포함, 경쟁사 비교)
   ③ 차별화 포인트(3가지)
   ④ 실행 전략 요약(일정+KPI)
   ⑤ 예상 리스크와 대응책(3가지)

이러한 기본 프롬프트 템플릿을 활용해서 AI가 생성하는 출력은 아래와 같다.

AI 생성 예시(요약)

제품명: SmartFit

> **핵심 가치:** 데이터 기반 맞춤형 건강관리
> **시장 분석:** 25~40세 직장인 대상 헬스케어 웨어러블 시장 연 8.2% 성장
> **경쟁력:** 장기 배터리, 구독형 리포트, 업무 연동 헬스 알림
> **전략:** ① 2025년 4Q 마케팅 시드런칭 ② 인플루언서 제휴 ③ 피트니스센터와 번들
> **KPI:** 6개월 내 1만 구독자 확보, 월 유지율 80%, 리뷰 평점 4.5 이상

4) 실습 과제

A. AI와 함께 사업 계획서 작성하기

목표:

제공된 데이터로 시장 분석~실행 계획까지 AI 초안 작성

실습 단계

- 시장 분석 데이터 입력 시장 규모, 성장률, 주요 플레이어
- 제품·서비스 요약문 입력
- AI에 "사업 계획서 7개 섹션 초안 작성" 프롬프트 입력
- 출력된 결과를 요약·편집

추가 프롬프트 예시

- 위 초안을 바탕으로 '투자자용 2페이지 피치 요약본'을 작성하라.
- 핵심 투자 포인트, 성장 잠재력, 리스크 관리 전략을 포함할 것.

B. 실행 계획(Action Plan) 자동화

AI는 일정·KPI·담당자·성과지표를 구조화하여 프로젝트 관리 문서로 확장할 수 있다.

프롬프트 예시

다음 사업 계획서의 실행 계획 부분을 6개월 로드맵으로 구체화하라.

각 월별 주요 과제·담당 부서·성과지표를 표로 작성하라.

AI 출력 예시

월	주요 과제	담당부서	KPI	리스크	대응
1월	제품 설계 완료, 샘플 제작	개발팀	프로토타입 완성	자재납기	대체공급망 확보
2월	베타테스트 및 리뷰 수집	마케팅팀	만족도 4.3↑	참여율 낮음	리워드 강화
3~4월	런칭 캠페인, 광고 집행	마케팅팀	전환율 5%	비용 초과	광고비 조정
5~6월	피드백 반영, 구독 서비스 개시	운영팀	유지율 80%	CS 지연	AI 챗봇 도입

C. KPI 설계 및 성과 예측

프롬프트 예시

다음 사업 계획서를 기반으로 주요 KPI를 도출하고,

각 KPI별 목표치·데이터 출처·성과 측정 주기를 제안하라.

AI 출력 예시

구분	KPI	목표치	측정 주기	데이터 출처
마케팅	신규 구독자 수	10,000명	월간	CRM
유지율	구독 지속률	80%	월간	Billing
제품	결함률	1% 이하	분기	QA 리포트
고객만족	NPS 점수	60 이상	반기	설문

* KPI는 단순 수치가 아니라, 전략적 우선순위를 반영해야 한다. 예컨대 "매출 10% 성장" 보다 "고객 유지율 80% 달성"이 장기적 가치이다.

D. 리스크 분석 및 대응 시나리오

목표:

AI를 활용하여 잠재 리스크를 식별하고 사전 대응책을 수립

프롬프트

다음 사업 계획서를 기반으로 예상 리스크 5가지를 제시하고,

각 리스크의 발생 확률상/중/하, 영향도상/중/하, 대응 전략을 표로 작성하라.

AI 출력 예시

리스크	확률	영향도	대응 전략
원가 상승	중	상	대체 공급선 확보
경쟁사 가격 인하	상	중	차별화 커뮤니케이션
기술 개발 지연	중	상	외주 협력
규제 변경	하	중	정부 협의 라인 구축
소비자 트렌드 변화	상	상	분기별 시장 리포트 갱신

이러한 사업 계획서의 품질 향상을 위한 AI 보조 기능은 아래와 같다.

[표 8-12] 사업 계획서 품질 향상을 위한 AI 보조 기능

기능	주요 역할	추천 도구
문체 개선 및 요약	공식/투자자용 톤 조정	ChatGPT, Word Copilot
표 및 차트 자동 생성	데이터 시각화	Power BI, Excel Copilot
리스크 시뮬레이션	'만약(if)' 시나리오 분석	Gemini, Tableau AI
프레젠테이션 변환	슬라이드 자동 구성	Gamma.app, Tome

5) 결론과 요약

AI를 활용한 사업 계획서 작성 및 전략 실행 설계에 대해 요약하면 아래와 같다.

구분	내용 요약
핵심 목표	데이터 기반 전략을 실행 가능한 사업계획서로 구조화
AI 역할	초안 작성 · 요약 · 일정 · KPI · 리스크 자동화
인간의 역할	현실성 검증, 우선순위 설정, 실행의 리더십
핵심 산출물	사업계획서 초안, 실행 로드맵, KPI 보드, 리스크 테이블
실무 효과	작성 시간 70% 단축, 전략 일관성 향상, 보고 품질 표준화

※ 문제: 난이도 상(20분, 125점), 난이도 중(15분, 100점), 난이도 하(10분, 75점)

【실습 문제】

[문제 1] AI 기반 시장 트렌드 분석 보고서 작성하기 (난이도 하)

　　테스트 내용: 생성형 AI를 이용한 기초적 시장 인사이트 도출

문제 시나리오

국내 식음료 기업 "그로스푸드(GrowthFood)"는 올해 신제품 출시를 위해 트렌드를 파악하고자 한다.

마케팅팀은 **리뷰·SNS·검색 트렌드**를 활용한 간단한 "시장 인사이트 보고서" 초안을 생성형 AI로 작성하려 한다.

다음은 최근 2주간 수집된 키워드 요약이다.

구분	주요 키워드	감정	비고
리뷰 데이터	"건강 간식", "저당 스낵", "프로틴바"	긍정 68%	자연 성분 선호 증가
SNS 데이터	"다이어트 챌린지", "식단 루틴 공유"	긍정 71%	MZ 중심 확산
검색 트렌드	"곤약젤리", "저칼로리 아이스크림"	전주 대비 +23%	계절 영향

과제:

생성형 AI를 활용해서
　　① 핵심 트렌드 요약
　　② 소비자 감정 분석
　　③ 신제품 콘셉트 제안
이 포함된 간단한 시장 **인사이트 보고서**를 작성하시오.

[답안] 수험자가 아래와 같은 내용으로 AI 활용 과정과 결과물을 복사 혹은 작성하여 제출

1) 사용 AI와 기능

　　GPT-5

　　텍스트 요약, 감정 분석, 시장 인사이트 도출 기능 활용

2) 생성형 AI 활용을 위한 기획 내용

- **목적:** 신제품 출시 전 시장 트렌드 파악
- **맥락:** 리뷰·SNS·검색 트렌드 데이터 기반
- **역할:** 마케팅 기획자
- **산출물:** 시장 인사이트 요약 보고서

3) AI 핵심 프롬프트 및 대화 과정

- **프롬프트 예:**

  너는 FMCG 기업의 마케팅 전략가이다.

  다음 데이터리뷰·SNS·검색 트렌드를 분석하여

  ① 시장 트렌드 요약

  ② 소비자 감정 흐름

  ③ 신제품 콘셉트 제안

  을 포함한 1페이지 보고서를 작성해 줘.

- **데이터:**

  - 리뷰: 건강 간식, 저당 스낵, 프로틴바긍정 68%

  - SNS: 다이어트 챌린지, 식단 루틴 공유긍정 71%

  - 검색: 곤약젤리, 저칼로리 아이스크림전주 대비 +23%

4) AI가 생성한 결과물요약

- **주요 트렌드:** MZ세대 중심의 "저칼로리·건강 간식" 관심 증가
- **감정 분석:** 긍정적 기대감건강 관리·가벼운 식사 대체 기대
- **신제품 제안:** 자연 성분 기반 저당·고단백 "헬시 스낵라인" 출시

[문제 2] 네이버 vs 카카오 AI 전략 비교 분석 보고서 작성 (난이도 중)

테스트 내용: 전략 프레임워크SWOT·3C·PEST·Roadmap를 AI로 자동 생성하는 능력

문제 시나리오

디지털 전략 컨설팅 회사는 네이버 HyperCLOVA X와 카카오 KoGPT 기반 전략을 비교하여 고객사에 제시할 보고서가 필요하다.
첨부 사례의 실제 내용을 기반으로 생성형 AI를 활용하여 다음 항목을 포함한 1~2페이지 전략 비교 보고서를 작성하시오.

분석 요구 항목:
- 기업 전략 방향성 비교
- 기술 및 모델 전략 차이
- 서비스 적용 영역 비교
- 전략 로드맵(2024~2027) 요약
- 전략 인사이트(전략적 시사점) 도출

[답안] 수험자가 아래와 같은 내용으로 AI 활용 과정과 결과물을 복사 혹은 작성하여 제출

1) 사용 AI와 기능

GPT-5

전략 분석, 기업 비교, 프레임워크 자동 생성 기능

2) AI 활용 기획 내용

- **목적:** 플랫폼 기업 AI 전략 비교
- **맥락:** HyperCLOVA X vs KoGPT 사례 기반
- **역할:** 디지털 전략 컨설턴트
- **산출물:** 비교 보고서SWOT·로드맵 포함

3) 핵심 프롬프트 예

너는 디지털 전략 컨설턴트다.

다음 자료를 활용해 네이버 HyperCLOVA X와 카카오 KoGPT의 AI 전략을

① 전략 방향성

② AI 모델·기술 비교

③ 적용 서비스 영역

④ 2025~2027 로드맵

⑤ 전략적 시사점

구조로 비교 보고서를 작성해 줘.

자료:

- 네이버: LLM 기반 플랫폼 내재화, 검색/커머스/문서 자동화, Office GPT, 글로벌 SaaS 추진

- 카카오: KoGPT 기반 초개인화, 콘텐츠 추천, 메신저 AI 비서, 광고 자동화

4) AI 생성 결과요약

- 네이버: LLM 중심 플랫폼화 + 글로벌 SaaS 확장

- 카카오: 초개인화 콘텐츠·모바일 서비스 중심

- 전략적 시사점:

  네이버 = 기술 중심 확장 전략

  카카오 = 서비스 내재화·경험 중심 전략

  공통점 = 생성형 AI를 핵심 혁신 엔진으로 활용한다는 구조

[문제 3] AI 기반 전략 시뮬레이션 설계하기 (난이도 상)

테스트 내용: 시나리오 플래닝·의사 결정 자동화·전략 포트폴리오 분석을 AI로 생성하는 고급 문제

문제 시나리오

컨설팅 펌은 글로벌 3개 기업(첨부 사례 3종)을 기반으로 전략 시뮬레이션 프레임워크를 구축하려 한다.

기업:

　Unilever: 소비자 데이터 기반 시장 예측

　Hyundai Motor: EV/FCEV·정책 변화 기반 미래 수요 시뮬레이션

　Amazon: 재고 · 물류 · 가격 조정 통합 자동화 시스템

당신의 역할은 AI에게 지시해 3사 공통 전략 시뮬레이션 모델을 생성하는 것이다.

과제:

생성형 AI를 활용해 다음 4가지 산출물을 만드시오.

　① 3사 공통 전략 변수 목록 정의

　② 변수 간 연동 구조(인과관계 모델)

　③ "낙관/기준/비관" 3대 시나리오 정의

　④ 기업별 시사점(전략 옵션) 제시

[답안] 수험자가 아래와 같은 내용으로 AI 활용 과정과 결과물을 복사 혹은 작성하여 제출

1) 사용 AI와 기능

　　GPT-5 시나리오 플래닝, 인과관계 모델링, 전략 포트폴리오 자동 생성

2) 활용 기획 내용

　• **목적:** 글로벌 기업 사례 기반 전략 시뮬레이션 모델 설계

- **맥락**: Unilever·Hyundai·Amazon 사례 기반
- **역할**: 전략 시뮬레이션 컨설턴트
- **산출물**: 전략 변수/시나리오/전략 옵션

3) 핵심 프롬프트

너는 글로벌 전략 시뮬레이션 컨설턴트이다.

다음 3개 기업 사례를 기반으로 공통 전략 시뮬레이션 모델을 설계하라.

기업:

- Unilever: 리뷰·SNS·유통 데이터 기반 시장 예측
- Hyundai Motor: 정책 변화·기술 변화에 따른 EV/FCEV 수요 시뮬레이션
- Amazon: 재고·가격·수요 통합 의사 결정 자동화

출력:

① 전략 변수 목록시장·정책·기술·수요·재고·가격 등
② 변수 연동 구조인과관계 모델
③ 낙관/기준/비관 시나리오 정의
④ 각 기업별 전략적 시사점

4) AI 생성 결과 요약

- **전략 변수**: 소비자 수요·규제 변화·가격 탄력성·재고 수준·물류 비용
- **인과관계**: 규제 변화 → EV/FCEV 수요 → 생산량 → 재고 정책 → 가격 전략

- **3대 시나리오:**
  - 낙관: 전기차 보조금 확대, 물류비 하락

- 기준: 현 상태 유지
- 비관: 규제 강화 + 공급망 리스크 확대

- **기업 시사점:**
  - Unilever: 실시간 감성 변화 → 신제품 대응 속도 개선
  - Hyundai: 정책 변화 조기 감지 → 라인업 조정
  - Amazon: 재고·가격 자동화로 비용 최소화

참고 문헌

- 중소벤처기업진흥공단 (2023). AI 시대의 사업계획서 작성법.
- 한국데이터산업진흥원 (2024). AI 기반 비즈니스 인사이트 보고서 작성 가이드.
- 한국생성형AI연구원 (2024). 생성형 AI 프롬프트 디자인 실무. 광문각.
- 한국생성형AI연구원 (2025). 생성형 AI 프롬프트 디자인. 광문각.
- Kim, J., & Park, K. (2024). *Strategic Data Analysis with Generative AI.*
- Davenport, T. & Ronanki, R. (2023). *The AI Advantage.*
- Gartner (2023). *Strategic Decision Intelligence Models.*
- Gartner (2024). *AI-Powered Business Plan Automation.*
- Gartner (2024). *Decision Intelligence and Data Storytelling.*
- Mintzberg, H. (1994). *The Rise and Fall of Strategic Planning.*
- McAfee, A., & Brynjolfsson, E. (2017). *Machine, Platform, Crowd.*
- McKinsey Analytics (2024). *From Data to Decisions: Insights in the GenAI Era.*
- McKinsey & Co. (2024). *AI and the Future of Strategy.*
- McKinsey & Company (2024). *AI in Strategic Planning and Execution.*
- Porter, M. (1985). *Competitive Advantage.*
- Osterwalder, A., Pigneur, Y., & Bernarda, G. (2020). *Business Model Generation.*

보고서 작성 효율화를 위한 AI

1. 보고서 작성의 중요성과 AI의 활용

이 장에서는 보고서 작성의 기본 개념과 함께 AI를 활용해 작성 과정을 효율화하고 품질을 향상시키는 방법을 다룬다. 실제 사례를 통해 AI가 데이터 분석, 정보 정제, 최종 보고서 작성까지 어떻게 혁신을 가져왔는지 살펴본다. 또한, AI 도구 선택과 활용법, 효과적인 프롬프트 설계, AI가 제공하는 다양한 지원 기능을 소개하여 보고서 품질을 높이는 실질적인 전략을 제시한다. 이를 통해 독자는 AI를 업무 보고에 적용하여 시간을 절약하고 더 나은 의사 결정을 내릴 수 있게 된다.

2. 보고서 작성의 기초

1) 보고서란 무엇인가?

6개월간의 복잡한 프로젝트 내용을 한 회의에서 이해하거나 방대한 원시 데이터를 바탕으로 결정을 내리는 일은 쉽지 않다. 바로 이때 '보고서'의 힘이 발휘된다. 보고서는 조사나 프로젝트, 분석 결과를 명확하고 간결하게 전달하는 전략적 소통 도구이다. 보고서는 복잡한 정보를 정리해 독자가 핵심을 쉽게 이해하고 행동할 수 있도록 돕는다.

예를 들어, 기업의 재무 분석 보고서는 수익, 비용, 자산, 부채 등 방대한 데이터를 체계적으로 정리하여 회사의 재무 상태와 추세, 주의가 필요한 영역을 명확히 보여 준다. 이렇게 복잡한 재무 데이터를 간결하게 시각화함으로써 보고서는 의사 결정자가 기업의 재무 건전성을 이해하고 전략적 판단을 내리도록 돕는다Duke, 2023.

2) 보고서 유형

기업 실무에서의 보고서는 다양한 유형이 있다. 각각 특정 목적과 상황에 맞춰 작성되고 사용된다. 주요 보고서 유형을 정리하면 [표 9-1]과 같다. 이 외에도 다양한 유형의 보고서가 있으며, 각 보고서는 특정 목적에 맞게 구성되어 비즈니스의 수행과 운영을 모니터링하며 정보에 입각한 결정을 내리는 데 도움을 준다.

[표 9-1] 보고서 유형과 주요 내용

보고서 유형	주요 내용	대표적 사례
정보 보고서 (Informational Reports)	사실과 데이터만을 제공하며 분석이나 권고사항은 배제	전시회 방문에 관한 여행 보고서, 프로젝트의 주간 상태 보고서, 월별 판매 보고서
분석 보고서 (Analytical Report)	데이터를 검토하고 결론을 내려 이해관계자가 최선의 조치를 내리도록 지원	새로운 제조 공장에 대한 위치 평가 보고서, 새 기술이 비즈니스 부문의 생산성과 수익성에 미치는 영향 분석
연구 보고서 (Research Report)	특정 주제에 대한 연구결과와 분석 내용 제시	새 제품 출시 전 고객 행동에 대한 조사, 산업 내 경쟁사, 성장 잠재력, 시장 전망에 대한 연구
마케팅 보고서 (Marketing Report)	마케팅 캠페인의 성과를 평가하며 SEO*, 소셜 미디어, 고객 참여 등 분석	마케팅 캠페인의 효과 분석, 고객 참여도 및 반응 분석
연례 보고서 (Annual Report)	상장 회사나 비영리 단체가 해당 연도 동안의 활동과 재무 상태 제공	회사의 연간 운영 개요, 재무 성과 분석, 전략적 이니셔티브 분석

보고서 유형	주요 내용	대표적 사례
재무 보고서 (Financial Report)	회사의 재무 건전성에 대한 종합적인 정보 제공	수익, 비용, 이익, 손실, 자산 및 부채에 대한 세부 정보
설명 보고서 (Explanatory Report)	복잡한 주제를 이해할 수 있도록 설명	의약품의 작용 방식, 산업용 기계의 기술 및 사용 설명서
진행 상황 보고서 (Progress Report)	프로젝트의 진행 상황을 상세하게 설명	주간 또는 월간 진행 상황 업데이트, 프로젝트 이해관계자에게 제공
프로젝트 상태 보고서 (Project Status Report)	특정 프로젝트의 진행 상황 및 업데이트 내용 보고	완료된 작업, 진행 중인 작업, 리스크 및 도전과제, 다음 단계 정보 등 제공

* SEO search engine optimization, 검색엔진 최적화 : 검색엔진에서 찾기 쉽도록 사이트를 개선하는 프로세스
(출처: Duke, 2023; Jankutė-Carmaciu, 2019; Rabkin, 2023)

3) 보고서 작성 프로세스

보고서 작성은 각 조직마다 나름대로의 축적된 경험 등을 통해 체계적으로 이루어지고 있다. 그러나 보다 효율적인 방법으로 보고서를 작성하기 위해 베스트 프랙티스Best Practice를 찾곤 한다. 보고서 작성에 관한 최고의 관행은 효과적인 커뮤니케이션 및 조직적인 구조에 중점을 두는 것이라고 한다. [그림 9-1]은 보고서 작성의 주요 단계 및 관련 베스트 프랙티스로 알려진 내용 중 하나이다.

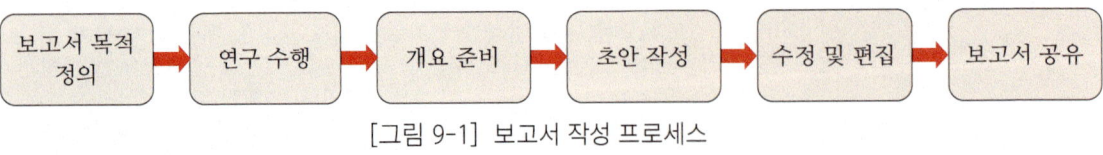

[그림 9-1] 보고서 작성 프로세스

첫째, 보고서의 목적을 정의한다. 보고서를 쓰기 전에는 무엇을 위해 작성하는지를 명확히 해야 한다. 보고서는 어떤 질문에 답하려는지, 누가 읽을 것인지를 고려해 작성해야 한다. 이 목적이 전체 과정의 방향을 결정한다.

둘째, 연구를 시작한다. 주제와 관련된 데이터를 다양한 출처에서 수집한다. 충분한 조사는 주제에 대한 깊은 이해와 종합적인 분석을 가능하게 한다.

셋째, 개요를 준비한다. 작성의 흐름을 잡기 위해 개요를 만든다. 각 장의 주요 제목과 핵심 논점을 정리하면 논리적인 전개를 유지할 수 있다Ellis, 2024.

넷째, 초안을 작성한다. 조사 내용을 바탕으로 초안을 작성한다. 완벽함보다는 아이디어를 구체화하는 데 집중한다. 초안은 이후 수정과 편집의 출발점이다.

다섯째, 수정 및 편집을 한다. 전체 구조와 흐름, 내용의 논리성을 점검하고, 근거가 주장과 일관되게 연결되는지 확인한다. 또한, 글꼴, 간격, 제목 형식 등 형식을 통일해 보고서가 전문적으로 보이게 해야 한다. 문법, 맞춤법, 문체도 함께 검토한다Duke, 2023.

여섯째, 보고서를 공유한다. 완성된 보고서는 관련 이해관계자에게 공유한다. 보통 중요 인물에게 제출하는 공식 문서 형태로 전달되며, 다양한 파일 형식과 채널을 통해 배포된다. 시각적 구성도 깔끔하고 읽기 좋게 유지하는 것이 중요하다.

3. AI 기반 보고서 작성에서의 데이터 분석과 처리

보고서 작성에서 데이터 수집, 정리, 분석, 시각화는 핵심적인 역할을 한다. 이 과정이 정확하고 유용한 정보를 제공하기 때문이다. 특히 AI의 활용은 방대한 데이터를 효율적으로 분석하고, 보고서에 필요한 핵심 인사이트를 도출함으로써 데이터 처리 과정을 크게 단축시킨다.

첫 단계는 관련 데이터 수집이다. 판매 실적, 고객 피드백, 시장조사 결과 등 다양한 출처에서 필요한 데이터를 모아 분석 가능한 형태로 준비한다Phrazor, 2017. AI는 여러 데이터 소스에서 자동으로 정보를 추출하고, 이를 학습용 입력 데이터로 활용해 분석의 기초를 마련한다.

수집된 데이터는 종종 불완전하거나 오류가 포함되어 있어 정제 과정data cleaning이 필요하다. AI는 이 과정을 자동화하여 오류를 수정하고 불필요한 정보를 제거함으로써 분석의 정확성과 신뢰성을 높인다Akhtar, 2024.

다음 단계인 데이터 분석은 보고서 작성의 핵심이다. AI는 정제된 데이터를 바탕으로 패턴, 상관관계, 이상치, 추세 등을 식별하여 의미 있는 인사이트를 도출한다Texta, 2024. 이는 기존의 수작업 방식보다 훨씬 빠르고 깊이 있는 분석을 가능하게 한다.

또한, 데이터 시각화는 분석 결과를 쉽게 전달하는 데 중요하다. AI는 차트, 그래프, 지도 등의 시각적 요소를 활용해 복잡한 데이터를 명확하게 표현하며, 독자가 핵심 정보를 빠르게 이해하도록 돕는다Phrazor, 2017.

이 모든 과정은 상호 연결되어 있어 보고서 전반에 걸쳐 데이터 기반 의사 결정을 강화한다. AI를 활용한 보고서는 기업이나 기관이 전략을 수립하고 성과를 개선하며 시장 경쟁력을 확보하는 데 필수 도구가 된다. 단, AI 활용 시에는 데이터 품질, 검증, 보안, 개인정보 보호를 반드시 고려해야 한다.

4. 보고서 작성에 활용되는 생성형 AI 기능과 유형

1) 보고서 작성 지원 주요 AI 기능

생성형 AI는 비즈니스 현장에서 각종 보고서 작성에 큰 도움을 줄 수 있다. 보고서 작성에 활용되는 생성형 AI 기능은 크게 10가지로 정리할 수 있다. [표 9-2]는 보고서 작성을 위한 생성형의 주요 기능과 그에 해당하는 AI 기술 및 해당 기능에 대한 내용을 보여 준다. 각 기능은 AI가 보고서 작성 과정을 간소화하고, 효율성을 높이며, 최종 결과물의 품질을 향상시키는 데 기여하는 것을 보여주고 있다.

[표 9-2] 보고서 작성을 위한 생성형 AI 기능 유형과 중 내용

AI 기능 유형	주요 내용
자동 보고서 작성	사용자 입력에서 핵심 정보를 추출하고 구조화된 보고서 생성
패턴 인식 및 데이터 인사이트 추출	대규모 데이터셋에서 패턴을 식별하고 중요한 인사이트 추출
텍스트 분석 및 오류 수정 제안	문법, 철자, 구문 오류 식별 및 수정 제안
내용 최적화 및 향상 제안	텍스트의 가독성과 명확성 향상 제안
자동 요약 생성	긴 문서의 핵심 내용을 간결한 요약으로 변환
다국어 번역 및 문맥적 적응	다양한 언어로의 번역 지원 및 문맥에 맞는 정확한 번역
자동 서식 적용	사용자의 요구 사항에 맞게 보고서의 서식과 스타일 자동 조정
시각적 데이터 표현	데이터를 시각적으로 매력적이고 이해하기 쉬운 형식으로 표현
문법 및 스타일 검사	문법적 오류, 오타, 일관성 없는 부분 식별 및 개선 제안
실시간 문서 협업 및 피드백 공유	문서 작성 시 실시간 협업, 피드백 공유 및 변경 사항 추적 가능

(출처: Akhtar, 2024; Golan, et al., 2023).

2) 보고서 작성 지원 주요 AI 유형

최근 보고서 작성에 활용되는 AI 도구는 텍스트 생성, 데이터 분석, 시각화, 문서 편집 등 다양한 기능을 통합하여 지원하고 있다. 특히 각 AI의 전문화된 기능과 적용 분야에 따라 보고서의 품질과 생산성이 크게 달라진다. 보고서 작성과 관련되는 주요 AI들의 특징을 정리하면 [표 9-3]과 같다.

[표 9-3] 보고서 작성 관련 주요 AI들의 특징

도구 이름	주요 기능	보고서 작성 지원 특징
GPT-5	자연어 기반 고도화된 대화형 AI	깊은 문맥 이해와 전문 문장 구성 능력을 바탕으로 아이디어 확장, 문체 교정, 인사이트 정리 등 보고서의 논리성과 완성도 향상에 기여
Gemini 2.5	검색·생성 통합형 AI	Google Search Generative Experience(SGE)의 진화형으로, 실시간 웹 데이터와 문서 요약 기능을 통해 신뢰도 높은 최신 정보 제공
Perplexity AI	웹 기반 질의응답형 AI	최신 통계·논문·시장자료 검색을 자동화하고, 출처 기반 요약 제공으로 데이터 근거 중심 보고서 작성에 유용

도구 이름	주요 기능	보고서 작성 지원 특징
Claude 3	장문 이해 및 분석 특화 AI	방대한 텍스트(리포트, 논문 등)의 요약·논리 분석 능력이 뛰어나, 정책·기술 보고서에 적합
SCIPAGE AI	과학·기술문서 분석 및 요약	복잡한 기술 데이터를 시각적 요소와 함께 정리하여 기술 중심 보고서의 전문성과 가독성 강화
MS Copilot	MS Office 통합 AI 어시스턴트	Word, Excel, PowerPoint 등과 통합되어 데이터 분석·시각화·보고서 자동 작성지원, 기업 보고서에 최적화
Naver Cue	한국어 맞춤형 생성형 AI	국내 시장·정책 데이터 분석에 강점이 있으며, 공공 및 기업 보고서에서 한국어 표현력과 현지성 강화
Gamma App	데이터 분석·시각화·프레젠테이션 자동화	AI가 데이터를 분석해 자동으로 보고서 슬라이드 생성, 시각적으로 설득력 있는 자료 제작 지원
Wrtn	문서 생성 및 편집 특화 AI	한국어 기반 문장 수정·요약·톤 보정 기능으로 보고서 작성 효율성과 일관성 향상

3) 챗GPT의 GPT 스토어 기반 보고서 작성 GPT 모델

ChatGPT의 GPT 스토어GPT Store가 본격적으로 활성화되면서, 보고서 작성 환경이 빠르게 발전하고 있다.

2025년 11월 현재 단순한 텍스트 생성에서 벗어나 데이터 업로드, 자동 분석, 시각화, 실시간 정보 반영까지 지원하는 맞춤형 GPT들이 보고서 작성의 핵심 도구로 활용되고 있다. 대표적인 GPT 스토어 등록 보고서 작성 지원 모델의 특징을 정리하면 [표 9-4]와 같다.

[표 9-4] GPT 스토어 등록 주요 보고서 작성 지원 모델

GPT 모델 이름	제공자	분야	상세 특징
AI Report Pro	OpenAI 공식	범용 보고서 작성	ChatGPT-5 기반의 고급 분석 기능과 문체 보정 기능을 결합해, 전문 보고서·정책 문서·기술 리포트 자동 작성 지원
Insight Report GPT	DataPilot Labs	데이터 기반 보고	Excel, CSV 등 업로드 데이터를 분석하여 통계 요약·시각화 그래프·요약 보고서 자동 생성
Strategic Report Builder	Marxs.AI	기술·경영 보고	GPT-4.5에서 GPT-5로 업그레이드되어, 시장·기술 트렌드 분석기업 전략 보고서 자동 완성기능 강화

GPT 모델 이름	제공자	분야	상세 특징
Business Report Master	Pleistos AI	업무 성과 보고	기업의 KPI · 성과 데이터를 업로드하면 성과 분석 · 개선 제안 · 요약본을 포함한 종합 업무 보고서 생성
Sherlock Analytics GPT	Motoki Satou	고급 데이터 분석	복잡한 데이터셋을 기반으로 인과 추론과 트렌드 패턴 탐색을 수행하여 데이터 인사이트 보고서 생성
Universal Report Template GPT	Gilbert Andrew	범용 보고 템플릿	다양한 업종(공공 · 교육 · 기술 · 마케팅 등)에 적용 가능한 맞춤형 보고서 포맷 제공, 자동 목차 및 형식 맞춤 기능 포함
System Status Reporter	Christopher Fryant	AI 시스템 진단	AI 및 IT 인프라의 운영 상태 모니터링과 이상 탐지 보고서 자동 생성, DevOps용 리포트에 최적화
Finance & Credit Analyst GPT	Raed Elaydi	금융 · 신용 보고	최신 금융 데이터 API와 연동해 신용평가 · 리스크 분석 · 재무 요약 보고서를 자동 작성

(출처: GPT 5)

5. 보고서 작성을 위한 프롬프트 디자인과 적용

보고서 작성을 효과적으로 하기 위해 생성형 AI를 활용하기 위한 프롬프트를 잘 디자인하는 것은 매우 중요하다. 프롬프트 디자인은 AI가 정확하고 고품질의 반응을 생성하도록 유도하는 과정으로, 보고서 작성의 품질과 효율성에 직접적인 영향을 미친다생성형AI연구원, 2025. 이 과정은 단순히 질문을 던지는 것이 아니라, 목표 설정 → 맥락 제공 → 구조화된 지시 → 반복 개선의 단계로 체계화되어야 한다Gemini API, 2023. 특히 페르소나 설정과 상황 맞춤화는 보고서의 톤과 독자 적합성을 높이는 핵심 요소이다. 잘 설계된 프롬프트는 시간 절약, 분석 정확성 향상, 결과물의 전문성 강화라는 세 가지 효과를 동시에 제공한다Varner, 2023; Akshay, 2024. 이상 보고서 작성을 위한 AI 프롬프트 디자인 적용 과정을 정리하면 [표 9-5]와 같다.

[표 9-5] 보고서 작성을 위한 AI 프롬프트 디자인 적용 과정

단계	핵심 개념	주요 내용 및 적용 포인트
① 목적 정의	보고서 작성의 목표 명확화	작성 목적(예: 시장 분석, 기술 평가 등)과 필요한 정보를 구체적으로 설정하여 AI의 방향성을 잡음
② 자원 파악	사용 가능한 자료 인식	데이터, 연구 보고서, 내부 문서 등 AI가 참고할 맥락을 포함하도록 자원 범위 정의
③ 프롬프트 유형 결정	요청 수준 설정	단순 질의형(정보 요청) 또는 복합형(분석 · 비교 · 평가) 프롬프트를 구분하여 설계
④ 페르소나 설정	AI의 말투·역할 지정	대상 독자(예: 경영진, 연구원, 일반 독자)에 맞는 톤과 관점으로 AI의 응답을 조정
⑤ 구조화된 작성	명확하고 구체적인 지시 제공	"산업 성장률 분석"과 같이 맥락, 조건, 데이터 범위를 구체화하여 AI의 응답 품질 향상
⑥ 반복 개선	AI 응답 기반 수정 반복	첫 응답을 검토하고, 부족한 점을 보완해 프롬프트를 지속적으로 개선
⑦ 상황 맞춤화	주제·맥락에 따른 변형	산업, 시점, 대상에 따라 세부 요소(예: 최신 동향, 시장 사건 등)를 반영해 조정

(출처: 한국생성형AI연구원; 2025, Akshay, 2024, Gemini API; 2023, Varner; 2023)

6. AI의 발전과 보고서 작성의 미래

AI는 앞으로 보고서 작성의 핵심 도구로 발전하며, 그 영향력은 점점 확대될 것이다. 첫째, AI는 누구나 손쉽게 고품질 보고서를 작성할 수 있도록 돕는 '보고서 작성의 대중화'를 이끌 것이다. 둘째, AI는 보고서의 SEO, 가독성, 독자 반응 데이터를 자동 분석해 지속적인 품질 개선을 지원할 것이다. 셋째, 사용자 데이터를 기반으로 독자의 공감과 몰입을 높이는 맞춤형 보고서를 생성할 수 있게 될 것이다. 넷째, 다국어 자동 보고서 생성 기능을 통해 글로벌 독자에게 보고하기가 훨씬 쉬워질 것이다.

그러나 여전히 한계와 과제가 남아 있다. 첫째, AI는 인간의 감정과 창의성을 완전히 모방하지 못한다. 둘째, 실시간으로 변화하는 최신 정보 반영 능력에 제약이 있다. 셋째, 대규모 학습 데이터 기반으로 작동하기 때문에 진정한 독창성 확보에도 한계가 있다.

결론적으로 AI 보고서 작성 도구는 효율성과 자동화 측면에서 큰 잠재력을 지니지만 창의성·윤리·데이터 보안 등 인간적 요소는 여전히 필수적이다. AI는 향후 보조적 파트너로서의 역할을 강화하고, 인간의 통찰력과 창의성이 더욱 중요한 경쟁력이 될 것이다Team Pepper, 2024

※ **문제: 난이도 상(20분, 125점), 난이도 중(15분, 100점), 난이도 하(10분, 75점)**

【실습 문제】

[문제 1] 마케팅 프로젝트 현황 보고서 작성하기(난이도 하)

　　출제 의도(테스트 내용): 데이터 분석 기반 보고서 생성 및 활용 역량

[문제]

쑥쑥유통(주)는 연초 마케팅 프로젝트를 진행하기 시작했다. 그 진행 상황은 [표 1]과 같다. 예산은 총 예산 1억 원 중 현재까지 7천5백만 원을 사용하였다. 총 5명의 팀원 중 현재까지 주요 업무에 3명이 참여하고 있다. 당신은 마케팅팀장으로서 현재까지의 진행 상황을 분석하고 이에 대한 문제점 및 해결 과제를 정리한 보고서를 작성해야 한다.

[표 1] 프로젝트 추진 일정표

작업	기한	완료일
시장 조사 완료	2024-01-05	2024-01-04
캠페인 전략 개발	2024-01-10	2024-01-12
광고 소재 제작	2024-01-15	2024-01-17
소셜 미디어 캠페인 출시	2024-01-20	-
결과 모니터링 및 분석	2024-01-25	-
성과 평가 및 보고서 작성	2024-01-31	-

이와 같은 상황에서 프로젝트 진행 상황 평가, 예산 사용 현황, 주요 작업 준비 상태 및 주요 위험 요소를 파악하여 보고서로 정리하시오.
단, 1) 생성형 AI를 활용하기 위한 기획 내용, 2) 생성형 AI에의 프롬프트 입력 및 적절한 대화(피드백) 과정과 내용, 3) 생성형 AI의 최종 결과물(해결 방안, 본인의 보완 및 수정 내용, 최종 해결 방안) 등을 확인할 수 있도록 자세하고 명확하게 기술하시오.

[답안] 수험자가 아래와 같은 내용으로 AI 활용 과정과 결과물을 복사 혹은 작성하여 제출

1) 사용 AI와 기능 및 도구

사용 AI: GPT-5 등

2) 생성형 AI를 활용하기 위한 기획 내용

① 목적: 프로젝트 추진 일정 관리

② 맥락: 마케팅 캠페인 추진 일정 관리상 내용 평가

③ 역할: 캠페인 프로젝트 관리자

④ 산출물: 프로젝트 진행 상황, 예산 사용 현황, 주요 작업 준비 상태 및 주요 위험 요소 파악 보고서

⑤ 데이터: [표 1] 프로젝트 진행 일정표

3) 생성형 AI에 프롬프트 입력 및 대화(피드백) 과정과 내용

[프롬프트]

① 목적: 프로젝트 추진 일정 관리

② 맥락: 마케팅 캠페인 추진 일정 관리상 내용 평가

③ 역할: 캠페인 프로젝트 관리자

④ 산출물: 프로젝트 진행 상황, 예산 사용 현황, 주요 작업 준비 상태 및 주요 위험 요소 파악 보고서

⑤ 데이터: [표 1] 프로젝트 진행 일정표

[표 1] 프로젝트 추진 일정표

작업	기한	완료일
시장 조사 완료	2024-01-05	2024-01-04
캠페인 전략 개발	2024-01-10	2024-01-12
광고 소재 제작	2024-01-15	2024-01-17
소셜 미디어 캠페인 출시	2024-01-20	-
결과 모니터링 및 분석	2024-01-25	-
성과 평가 및 보고서 작성	2024-01-31	-

나는 마케팅 팀장으로서 캠페인 프로젝트를 관리하고 있습니다. 예산은 총 예산 1억 원 중 현재까지 7천5백만 원을 사용하였습니다. 총 5명의 팀원 중 현재까지 주요 업무에 3명이 참여하고 있습니다. 이 내용과 [표 1]을 참고하여 작업 진행 상태, 예산 사용 현황, 팀원 참여도, 다가오는 중요 작업, 리스크 요소와 잠재적 문제 등을 분석하여 정리해 주고 프로젝트 관리를 위한 전략을 제시해 주세요.

[GPT-5]

프로젝트 관리자로서 마케팅 캠페인 프로젝트의 현재 상황을 분석하고 관리 전략을 제시하겠습니다.

프로젝트 진행 상황 분석

작업 진행 상태:

- 시장조사 완료: 기한보다 하루 빠르게 완료.
- 캠페인 전략 개발: 기한을 2일 초과하여 완료.
- 광고 소재 제작: 기한을 2일 초과하여 완료.
- 소셜 미디어 캠페인 출시: 아직 진행 중 (기한 2024-01-20).
- 결과 모니터링 및 분석: 아직 시작 전.
- 성과 평가 및 보고서 작성: 아직 시작 전.

예산 사용 현황:

- 총 예산: 1억 원
- 사용된 예산: 7,500만 원
- 남은 예산: 2,500만 원
- 현재 예산의 75% 사용, 프로젝트 마무리 단계에 대한 예산 관리 중요.

팀원 참여도:

- 총 팀원: 5명
- 주요 업무 참여 팀원: 3명
- 업무 부하가 특정 팀원에 집중되지 않도록 조정 필요.

다가오는 중요 작업 및 리스크 요소

- 소셜 미디어 캠페인 출시
- 진행 중인 작업으로, 기한 준수 필요.
- 소셜 미디어 반응 모니터링 및 적절한 조정이 중요.

결과 모니터링 및 분석

- 데이터 수집 및 분석을 위한 준비 필요.
- 성과 평가 및 보고서 작성
- 프로젝트 전반에 대한 평가 준비.

주요 리스크 요소

- 기한 초과: 일정 관리를 강화해야 함.
- 예산 초과: 남은 예산 관리에 주의 필요.
- 팀원 업무 부하: 업무 분담 조정 필요.

관리 전략 제안

- 일정 관리 강화: 남은 작업에 대한 엄격한 일정 관리와 우선순위 설정이 필요합니다.
- 예산 관리: 남은 예산에 대한 면밀한 관리와 필요시 예산 조정을 고려합니다.
- 업무 분담 조정: 팀원들 사이의 업무 부하를 균등하게 분배하고, 필요시 추가 인력을 투입합니다.
- 위험 관리: 잠재적 리스크를 사전에 식별하고 대응 계획을 마련합니다.

- 모니터링 및 평가: 캠페인의 진행 상황을 지속적으로 모니터링하고, 프로젝트 종료 후에는 성과 평가를 실시합니다.

이러한 전략들은 프로젝트의 성공적인 완수와 효율적인 자원 관리에 도움이 될 것입니다.

4) 최종 결과물(최종 결과물은 본인이 편집 및 보완한 최종 보고서이어야 함)

[표] 프로젝트 현황 분석 및 관리 전략 총괄

분류	내용
작업 진행 상태	- 시장 조사 완료: 기한보다 1일 빠름 - 캠페인 전략 개발: 기한 초과 2일 - 광고 소재 제작: 기한 초과 2일 - 소셜 미디어 캠페인 출시: 진행 중 - 결과 모니터링 및 분석: 시작 전 - 성과 평가 및 보고서 작성: 시작 전
예산 사용 현황	총 예산: 1억 원, 사용된 예산: 7,500 원, 남은 예산: 2,500만 원, 현재 예산의 75% 사용
팀원 참여도	총 팀원: 5명, 주요 업무 참여 팀원: 3명, 업무 부하 조정 필요
다가오는 중요 작업 및 리스크 요소	- 소셜 미디어 캠페인 출시: 진행 중 - 결과 모니터링 및 분석: 시작 전 - 성과 평가 및 보고서 작성: 시작 전 - 주요 리스크 요소: 기한 초과, 예산 초과, 팀원 업무 부하
관리 전략 제안	일정관리 강화, 예산 관리, 업무 분담 조정, 위험 관리, 모니터링 및 평가

[문제 2] 연령대별 선호 와인 제품 추천 방안 도출(난이도 하)

출제 의도(테스트 내용): GPT-5의 데이터 분석 기능 활용 역량

[문제]

상황: 전국망을 통해 와인을 판매하고 있는 우리 회사는 최근에 와인에 대한 소비자 기호를 조사한 결과를 토대로 와인 마케팅 방안을 수립하고자 한다. 이에 당신은 와인 마케팅팀장으로서 소비자 선호도 조사 결과를 토대로 연령대별 선호 속성 3개를 선별하고, 이 속성을 근거로 연령대별 선호 속성을 반영한 제품 유형 추천 및 매체별 홍보 방안을 도출하시오. 제품 추천을 위한 분석 과정에서 아래 [Table]과 같은 연령대별 와인 속성 선호도 조사 결과(엑셀 파일) 데이터를 사용하시오.

산출물: ① 연령대별 와인 선호 속성 3개 정리표
     ② 연령대별 와인 추천 유형(표)
     ③ 연령별 매체별 홍보 방안

단, 답안에는 1) 생성형 AI를 활용하기 위한 기획 내용, 2) 생성형 AI에의 프롬프트 입력 및 적절한 대화(피드백) 과정과 내용, 3) 생성형 AI의 최종 결과물(필요시, 본인의 보완 및 수정 내용, 최종 해결 방안 등 포함) 등을 확인할 수 있도록 자세하고 명확하게 기술하시오.

[Table] Wine property preference survey results by age group

wine properties	20s	30s	40s	50s	60s and above
wine price	3.00	2.93	3.13	2.68	3.03
wine producing country	3.07	3.05	3.07	3.28	2.83
the taste of wine	2.65	2.87	2.75	3.22	2.78
the scent of wine	3.30	2.78	3.12	3.40	3.13
harvest year	2.83	2.85	3.17	3.23	2.73
brand	3.20	2.88	3.02	2.80	3.22
alcohol content	3.12	3.15	2.85	3.02	2.95
Wine quality and rating	2.70	3.10	2.82	3.07	3.07
wine aging	3.20	3.12	3.03	2.87	3.02
Awards	2.95	3.15	3.22	3.03	3.03
Consumer Reviews & Recommendations	3.07	3.33	2.88	3.28	2.83

[답안] 수험자가 아래와 같은 내용으로 AI 활용 과정과 결과물을 복사 혹은 작성하여 제출

1) 사용 AI와 기능 및 도구

사용 AI: GPT-5

사용 도구: 데이터 분석

2) 생성형 AI를 활용하기 위한 기획 내용

① 목적: 고객 연령대별 와인 추천 등 마케팅 전략 고도화

② 맥락: 연령대별 소비자들의 와인 기호(속성) 조사 결과를 토대로 맞춤형 와인 추천 필요

③ 역할: 와인 마케팅팀장으로서 소비자 선호 와인 유형 및 홍보 방안 도출

④ 산출물: ⓐ 연령대별 와인 선호 속성 3개 정리표, ⓑ 연령대별 와인 추천 유형(표) 및 ⓒ 연령별 매체별 홍보 방안

⑤ 처리 순서: 연령대별 와인 선호 속성 3개씩 표로 정리 → 속성에 따른 연령대별 선호 와인 유형 도출 → 연령대별 선호 와인 홍보 매체 및 홍보 문안 도출

⑥ 데이터: 와인 선호도 조사 결과(엑셀)

3) 생성형 AI에의 프롬프트 입력 및 대화(피드백) 과정과 내용

[프롬프트 1]

① 목적: 고객 연령대별 와인 추천 등 마케팅 전략 고도화

② 맥락: 연령대별 소비자들의 와인 기호(속성) 조사 결과를 토대로 맞춤형 와인 추천 필요

③ 역할: 와인 마케팅팀장으로서 소비자 선호 와인 유형 및 홍보 방안 도출

④ 산출물: 연령대별 와인 선호 속성 3개 정리표, 연령대별 와인 추천 유형 및 매체별 홍보 방안

안녕하세요? 위의 내용과 첨부된 데이터를 참고하여 연령대별로 가장 선호하는 속성 3개씩을 선별하여 연령대별 속성 표(table)로 정리해 주세요.

* 와인 선호도 조사 결과(엑셀) 업로딩

[GPT-5]

각 연령대별로 선호하는 와인 속성 상위 3개를 다음과 같이 표로 정리했습니다:

연령대	1순위 속성	2순위 속성	3순위 속성
20대	와인 향 (the scent of wine)	브랜드 (brand)	와인 숙성 (wine aging)
30대	소비자 리뷰 및 추천 (Consumer Reviews & Recommendations)	수상 이력 (Awards)	알코올 함량 (alcohol content)
40대	수상 이력 (Awards)	수확 연도 (harvest year)	와인 가격 (wine price)
50대	와인 향 (the scent of wine)	소비자 리뷰 및 추천 (Consumer Reviews &Recommendations)	와인 생산국 (wine producing countries)
60대 이상	브랜드 (brand)	와인 향 (the scent of wine)	와인 품질 및 등급 (Wine quality and rating)

이 표는 각 연령대별 맞춤형 와인 추천 전략을 수립하는 데 도움이 될 것입니다.

[프롬프트 2]

그럼 각 연령대가 선호하는 3개의 속성을 담은 와인 유형 하나씩을 정리해 주세요.

[GPT-5]

각 연령대가 선호하는 와인 속성을 반영한 와인 유형을 다음과 같이 정리했습니다:

연령대	선호 와인 유형
20대	향이 강한 브랜드 와인, 숙성된 맛
30대	소비자 리뷰가 좋은 수상 경력 와인, 적당한 알코올 함량
40대	수상 경력이 있는 최신 수확 와인, 합리적인 가격
50대	향이 강한 소비자 리뷰가 좋은 와인, 유명 와인 생산국 제품
60대 이상	고품질 브랜드 와인, 섬세한 향, 높은 품질 및 등급

이 표는 각 연령대별 와인 추천 전략을 수립하는 데 유용하게 사용될 수 있습니다.

[프롬프트 3]

그럼 연령대별로 선호 와인을 홍보하기 좋은 매체를 추천하고, 그 매체에 적합한 홍보 문안을 도출해 주세요.

[GPT-5]

각 연령대별 선호 와인을 홍보하기 위한 매체 추천 및 매체에 적합한 홍보 문안

1. 20대 (20s):
   - 추천 매체: 소셜 미디어 플랫폼 (Instagram, TikTok)
   - 홍보 문안: "탐험할 준비 되셨나요? 우리의 아로마틱 화이트 와인은 당신의 취향을 사로잡을 준비가 되어있습니다. #와인러버 #향기로운여행"

2. 30대 (30s):

[중략]

4) 최종 결과물(최종 결과물은 본인이 편집 및 보완한 최종 보고서이어야 함)

[표 1] 각 연령대별로 선호하는 와인 속성 상위 3개

연령대	1순위 속성	2순위 속성	3순위 속성
20대	와인 향 (the scent of wine)	브랜드 (brand)	와인 숙성 (wine aging)
30대	소비자 리뷰 및 추천 (Consumer Reviews &Recommendations)	수상 이력 (Awards)	알코올 함량 (alcohol content)

연령대	1순위 속성	2순위 속성	3순위 속성
40대	수상 이력 (Awards)	수확 연도 (harvest year)	와인 가격 (wine price)
50대	와인 향 (the scent of wine)	소비자 리뷰 및 추천 (Consumer Reviews &Recommendations)	와인 생산국 (wine producing countries)
60대 이상	브랜드 (brand)	와인 향 (the scent of wine)	와인 품질 및 등급 (Wine quality and rating)

[표 2] 각 연령대가 선호하는 와인 속성을 반영한 와인 유형

연령대	선호 와인 유형
20대	향이 강한 브랜드 와인, 숙성된 맛
30대	소비자 리뷰가 좋은 수상 경력 와인, 적당한 알코올 함량
40대	수상 경력이 있는 최신 수확 와인, 합리적인 가격
50대	향이 강한 소비자 리뷰가 좋은 와인, 유명 와인 생산국 제품
60대 이상	고품질 브랜드 와인, 섬세한 향, 높은 품질 및 등급

각 연령대별 선호 와인을 홍보하기 위한 매체 추천 및 매체에 적합한 홍보 문안

1. 20대 (20s):

- **추천 매체:** 소셜 미디어 플랫폼 (Instagram, TikTok)
- **홍보 문안:** "탐험할 준비 되셨나요? 우리의 아로마틱 화이트 와인은 당신의 취향을 사로잡을 준비가 되어있습니다. #와인러버 #향기로운여행"

2. 30대 (30s):

- **추천 매체:** 라이프스타일 블로그, 와인 리뷰 사이트
- **홍보 문안:** "우리 와인은 소비자들에게 선택받았습니다. 균형 잡힌 맛과 함께하는 특별한 저녁을 경험해 보세요. #고품격와인 #소비자인정"

3. 40대 (40s):

- **추천 매체:** 전문 와인 잡지, 뉴스레터
- **홍보 문안:** "빈티지의 품격, 합리적인 선택. 수상 경력의 우리 와인으로 당신의 와인 콜렉션을 완성하세요. #빈티지와인 #가성비갑"

4. 50대 (50s):

- **추천 매체:** 전통적인 광고 (TV, 라디오), 와인 클럽
- **홍보 문안:** "고급스러운 향과 맛의 조화. 세계적인 와인 생산지에서 온 우리의 프리미엄 와인을 만나 보세요. #프리미엄와인 #세계적인맛"

5. 60대 이상 (60s and above):

- **추천 매체:** 고급 잡지, 초대형 홍보 이벤트
- **홍보 문안:** "완벽한 와인의 정수. 시간을 초월한 맛과 품질, 우리의 고급 샴페인과 함께하세요. #고급샴페인 #품질의정수"

[문제 3] 'AI 기반 고객 데이터 분석을 통한 온라인 마케팅 효율화' 결과보고서 작성 (난이도 상)

출제 의도(테스트 내용): 데이터 분석 기반 GPTs 앱 활용 역량

[문제]

브라운커피(Brown Coffee)는 2025년 1월 [표 1]과 같은 중소벤처기업부의 '스마트소상공인 실증 지원 사업'을 수주하여 6개월간 수행한 뒤 결과 보고서를 제출하여야 한다. 프로젝트 수행 성과는 [표 2]와 같다.

[표 1] 프로젝트 개요

항목	내용
과제명	AI 기반 고객 데이터 분석을 통한 온라인 마케팅 효율화
발주 기관	중소벤처기업부 / 소상공인시장진흥공단
수행 기관	브라운커피 (자체 수행)
목표	고객 데이터 분석으로 재구매율 15% 향상, 광고비 효율 20% 개선
수행 기간	2025.01~2025.06
총사업비	5천만 원 (정부지원 3천만 원, 자부담 2천만 원)
주요 내용	① 온라인 주문 데이터 분석 ② AI 추천 광고 설정 ③ SNS 반응 모니터링 및 캠페인 자동화

[표 2] 프로젝트 수행 및 성과

구분	주요 결과	세부 내용
AI 마케팅	맞춤형 광고 자동화	광고 효율 20% → 23% 향상
고객 관리	재방문 고객 비율 증가	고객 재구매율 12.9% → 14.8% 달성 (목표 15% 근접)
SNS 반응 분석	AI로 댓글 감정 분석	긍정 반응률 62% → 79% 상승
경영 성과	매출 향상	전월 대비 매출 19% 증가, 광고비 절감 18%

1. 당신의 이 기업의 과제 수행 팀장으로서 AI를 활용하여 수행 결과 보고서를 작성하시오.

2. 결과 보고서에는 다음의 내용을 포함하도록 작성하시오.

 - 과제 및 주요 성과 내용

 - 성과에 관한 주요 지표에 대한 표와 차트(제목 등 한글로 표기) 포함

 - 이 과제 수행 후의 발전 계획

단, 1) 생성형 AI를 활용하기 위한 기획 내용, 2) 생성형 AI에 프롬프트 입력 및 적절한 대화(피드백) 과정과 내용, 3) 생성형 AI의 최종 결과물(해결 방안, 본인의 보완 및 수정 내용, 최종 해결 방안) 등을 확인할 수 있도록 자세하고 명확하게 기술하시오.

[답안] 수험자가 아래와 같은 내용으로 AI 활용 과정과 결과물을 복사 혹은 작성하여 제출

1) 사용 AI와 기능 및 도구

사용 AI: GPT-5, GPTs의 플랏봇 앱 활용(한글 표기)

2) 생성형 AI를 활용하기 위한 기획 내용

① 목적: 정부로부터 수주한 과제에 관한 고품질의 결과 보고서 작성 제출

② 맥락: 프로젝트 수행 결과를 바탕으로 프로젝트의 목표와 KPI 대비 실적을 분석 및 정리하여 우수한 평가

③ AI의 역할: 프로젝트 수행 결과 보고서 생성

④ 산출물: 다음의 내용을 포함한 결과 보고서(최종 산출물은 아래 내용을 다 포함하여야 함)

  - 과제 및 주요 성과 내용

  성과에 관한 주요 지표에 대한 표와 차트(GPT의 플랏봇 활용, 한글 표기) 포함

  - 이 과제 수행 후의 발전 계획

⑤ 데이터: [표 1], [표 2]

3) 생성형 AI에 프롬프트 입력 및 대화(피드백) 과정과 내용

[프롬프트 1]

당신은 정부 지원 사업 성과 보고서를 작성하는 AI 어시스턴트입니다. 다음 [표 1]과 [표 2]를 바탕으로 브라운커피의 과제 및 주요 성과에 관한 수행 결과 보고서 초안을 작성하세요. 문체는 정부 제출용 보고서 형식으로 간결하고 객관적으로 작성하세요.

[표 1] 프로젝트 개요

항목	내용
과제명	AI 기반 고객 데이터 분석을 통한 온라인 마케팅 효율화
발주 기관	중소벤처기업부 / 소상공인시장진흥공단
수행 기관	브라운커피 (자체 수행)
목표	고객 데이터 분석으로 재구매율 15% 향상, 광고비 효율 20% 개선
수행 기간	2025.01~2025.06
총사업비	5천만 원 (정부지원 3천만 원, 자부담 2천만 원)
주요 내용	① 온라인 주문 데이터 분석 ② AI 추천 광고 설정 ③ SNS 반응 모니터링 및 캠페인 자동화

[표 2] 프로젝트 수행 및 성과

구분	주요 결과	세부 내용
AI 마케팅	맞춤형 광고 자동화	광고 효율 20% → 23% 향상
고객 관리	재방문 고객 비율 증가	고객 재구매율 12.9% → 14.8% 달성 (목표 15% 근접)
SNS 반응 분석	AI로 댓글 감정 분석	긍정 반응률 62% → 79% 상승
경영 성과	매출 향상	전월 대비 매출 19% 증가, 광고비 절감 18%

[GPT-5]

[정부지원사업 성과보고서]

과제명: AI 기반 고객 데이터 분석을 통한 온라인 마케팅 효율화
발주기관: 중소벤처기업부 / 소상공인시장진흥공단
수행기관: 브라운커피 (자체 수행)
수행기간: 2025.01 ~ 2025.06
총사업비: 5천만 원 (정부지원금 3천만 원, 자부담 2천만 원)

---

1. 과제 개요

본 과제는 소상공인 카페 브랜드인 브라운커피가 **AI 기술을 활용하여 온라인 마케팅의 효율을 높이고, 고객 재구매율을 향상**시키기 위해 수행한 프로젝트이다.

주요 추진 내용은 △온라인 주문 데이터 분석 △AI 추천광고 설정 △SNS 반응 모니터링 및 캠페인 자동화 이다.

[중략]

[프롬프트 2] 다음 [표 2]의 데이터를 기반으로 성과 요약표를 표와 설명용 문단으로 요약하세요.

[표 2] 프로젝트 수행 및 성과

구분	주요 결과	세부 내용
AI 마케팅	맞춤형 광고 자동화	광고 효율 20% → 23% 향상
고객 관리	재방문 고객 비율 증가	고객 재구매율 12.9% → 14.8% 달성 (목표 15% 근접)
SNS 반응 분석	AI로 댓글 감정 분석	긍정 반응률 62% → 79% 상승
경영 성과	매출 향상	전월 대비 매출 19% 증가, 광고비 절감 18%

[GPT-5]

📔 [성과 요약표]

구분	개선 전	개선 후	변화율
광고 효율	20%	**23%**	+3%p (약 15% 향상)
재구매율	12.9%	**14.8%**	+1.9%p (약 15% 상승)
매출 성장률	-	**+19%**	지속 성장
SNS 긍정 반응률	62%	**79%**	+17%p (약 27% 개선)

📝 [설명 문단]

AI 도입 이후 브라운커피의 마케팅 효율은 전반적으로 개선되었다.
광고 효율은 20%에서 23%로 향상되며 광고비 대비 효과가 개선되었고, 재구매율은 12.9%에서 14.8%로 상승하여 충성 고객층이 확대되었다.
매출은 전월 대비 19% 증가하였으며, SNS 긍정 반응률은 62%에서 79%로 크게 향상되었다.
이러한 결과는 AI 데이터 분석 및 자동화된 캠페인 운영이 **비용 절감과 고객 만족도 제고를 동시에 실현한 성공적 사례**임을 보여준다. ‹›

5. 향후 계획

- 고객 구매 데이터를 기반으로 한 **신메뉴 추천 시스템 개발**
- SNS 반응 데이터를 활용한 **콘텐츠 자동 기획 모델 검토**
- 지역 상권 내 다른 소상공인과의 **AI 마케팅 협력 모델** 추진

6. 종합 평가

본 과제는 AI를 활용하여 소상공인의 마케팅 효율성을 실질적으로 개선한 모범 사례로 평가된다.
특히, 데이터 분석과 자동화 도구의 적절한 활용을 통해 **비용 절감과 매출 향상이라는 두 가지 목표를 동시에 달성**하였다.
향후 지속적인 데이터 축적과 맞춤형 AI 모델 고도화를 통해, 브라운커피는 **지역 기반 스마트 마케팅 선도 기업**으로 성장할 가능성이 높다.

GPT-5가 그래프를 그려 주기는 하지만, 한글 표기가 안 된다. 그러므로 그래프의 한글 표기를 위해 GPT 앱을 탐색하기 창을 열어 플랏봇 앱과의 대화 창을 열고 그래프 생성에 관한 프롬프트를 입력한다.

[**프롬프트 3**] [표 2] 데이터에 관해 세로 막대형 그래프로 비교하도록 그려 주세요. 제목, 축의 이름은 한글로 표기하세요.

[표 2] 프로젝트 수행 및 성과

구분	주요 결과	세부 내용
AI 마케팅	맞춤형 광고 자동화	광고 효율 20% → 23% 향상
고객 관리	재방문 고객 비율 증가	고객 재구매율 12.9% → 14.8% 달성 (목표 15% 근접)
SNS 반응 분석	AI로 댓글 감정 분석	긍정 반응률 62% → 79% 상승
경영 성과	매출 향상	전월 대비 매출 19% 증가, 광고비 절감 18%

[**플랏봇**]

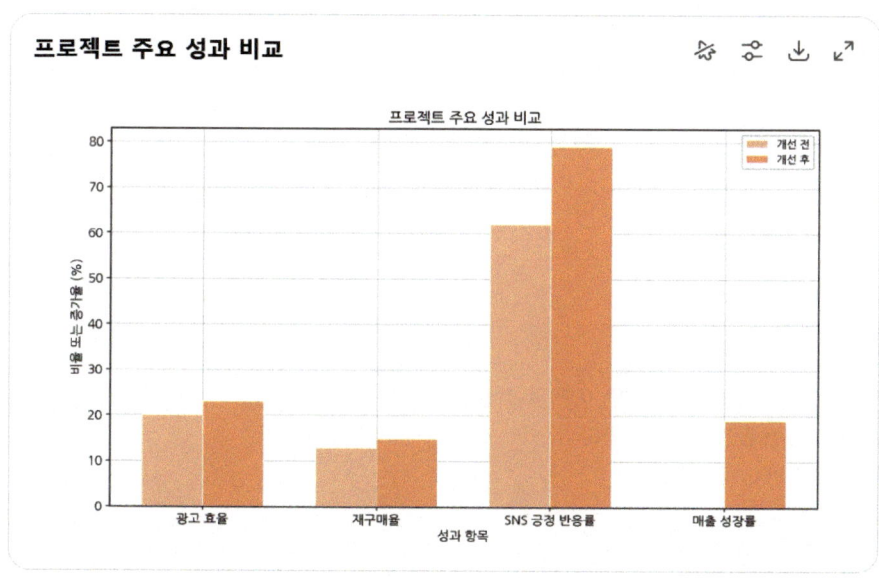

설명문 요약

[중략]

[프롬프트 4] 위의 분석 결과를 바탕으로 향후 발전 계획을 수립, 제안하세요.

톤앤매너: 현실적이고 실무 중심.

[GPT-5]

📈 **[향후 발전 계획 제안]**

(Tone & Manner: 현실적이고 실무 중심)

AI 도입으로 긍정적인 초기 성과를 거둔 브라운커피는, 향후 데이터 활용 범위를 확장하고 AI 기능을 고도화함으로써 **지속 가능한 성장 체계를** 구축할 필요가 있다. 아래는 이를 위한 구체적이고 실현 가능한 발전 계획이다.

---

1. 고객 데이터 분석 심화 및 개인화 마케팅 강화
- **현재 상황:** 연령대·시간대 중심의 기본 구매패턴 분석만 수행 중.
- **개선 방향:**
  - 고객별 구매 이력, 메뉴 선호도, 방문 주기를 결합한 **고객 세분화 모델** 구축.
  - AI를 활용해 **'맞춤형 쿠폰·추천메뉴' 자동 발송 시스템** 개발.
- **기대 효과:** 재구매율 15% 이상 유지 및 고객 충성도 강화.

[중략]

4) 최종 결과물 (최종 결과물은 본인이 편집 및 보완한 최종 보고서이어야 함)

최종 보고서

[정부지원사업 성과보고서]

과제명: AI 기반 고객 데이터 분석을 통한 온라인 마케팅 효율화
발주기관: 중소벤처기업부 / 소상공인시장진흥공단
수행기관: 브라운커피 (자체 수행)
수행기간: 2025.01 ~ 2025.06
총사업비: 5천만 원 (정부지원금 3천만 원, 자부담 2천만 원)

---

1. 과제 개요

본 과제는 소상공인 카페 브랜드인 브라운커피가 **AI 기술을 활용하여 온라인 마케팅의 효율을 높이고, 고객 재구매율을 향상**시키기 위해 수행한 프로젝트이다.

[중략]

📋 [성과 요약표]

구분	개선 전	개선 후	변화율
광고 효율	20%	**23%**	+3%p (약 15% 향상)
재구매율	12.9%	**14.8%**	+1.9%p (약 15% 상승)
매출 성장률	-	**+19%**	지속 성장
SNS 긍정 반응률	62%	**79%**	+17%p (약 27% 개선)

📝 [설명 문단]

AI 도입 이후 브라운커피의 마케팅 효율은 전반적으로 개선되었다.

광고 효율은 20%에서 23%로 향상되며 광고비 대비 효과가 개선되었고, 재구매율은 12.9%에서 14.8%로 상승하여 충성 고객층이 확대되었다.

매출은 전월 대비 19% 증가하였으며, SNS 긍정 반응률은 62%에서 79%로 크게 향상되었다.

이러한 결과는 AI 데이터 분석 및 자동화된 캠페인 운영이 **비용 절감과 고객 만족도 제고를 동시에 실현한 성공적 사례**임을 보여준다. ⟨/⟩

[중략]

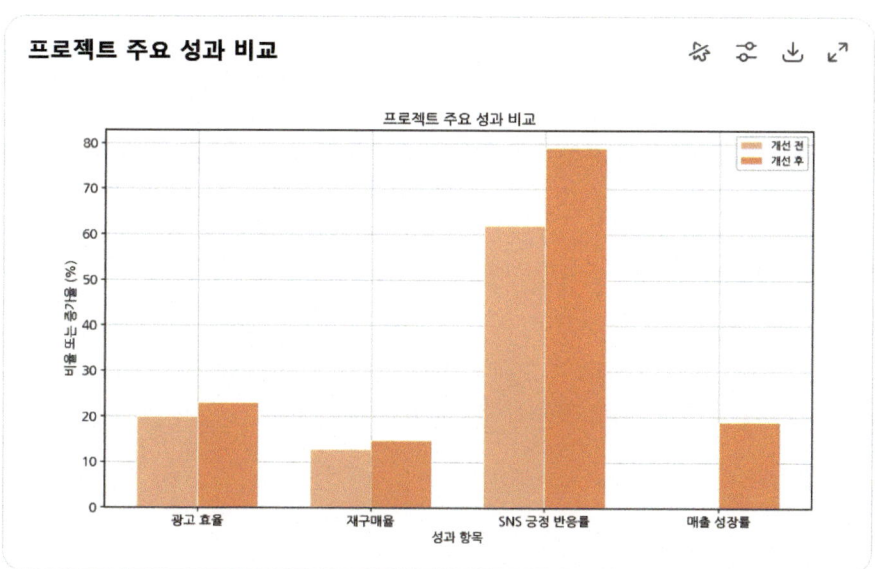

프로젝트 주요 성과 비교

📝 [향후 발전 계획 제안]

(Tone & Manner: 현실적이고 실무 중심)

AI 도입으로 긍정적인 초기 성과를 거둔 브라운커피는, 향후 데이터 활용 범위를 확장하고 AI 기능을 고도화함으로써 **지속 가능한 성장 체계**를 구축할 필요가 있다. 아래는 이를 위한 구체적이고 실현 가능한 발전 계획이다.

1. 고객 데이터 분석 심화 및 개인화 마케팅 강화
- **현재 상황:** 연령대·시간대 중심의 기본 구매패턴 분석만 수행 중.
- **개선 방향:**
  - 고객별 구매 이력, 메뉴 선호도, 방문 주기를 결합한 **고객 세분화 모델** 구축.
  - AI를 활용해 **'맞춤형 쿠폰·추천메뉴' 자동 발송 시스템** 개발.
- **기대 효과:** 재구매율 15% 이상 유지 및 고객 충성도 강화.

[중략]

1. 고객 데이터 분석 심화 및 개인화 마케팅 강화
- **현재 상황:** 연령대·시간대 중심의 기본 구매패턴 분석만 수행 중.
- **개선 방향:**
  - 고객별 구매 이력, 메뉴 선호도, 방문 주기를 결합한 **고객 세분화 모델** 구축.
  - AI를 활용해 **'맞춤형 쿠폰·추천메뉴' 자동 발송 시스템** 개발.
- **기대 효과:** 재구매율 15% 이상 유지 및 고객 충성도 강화.

☑ **종합 제언**

브라운커피는 단기 성과에 머무르지 않고, **데이터 기반 의사결정 체계와 AI 자동화 시스템을 통합**해야 한다.
특히 "고객 맞춤형 서비스 → 효율적 마케팅 → 공급망 최적화"로 이어지는 **AI 경영 선순환 구조를 구축**한다면,
향후 2~3년 내 안정적인 매출 성장과 브랜드 경쟁력 확보가 가능할 것이다.

참고 문헌

- 한국생성형AI연구원(2025). 생성형AI 프롬프트 디자인. 광문각.

- Akhtar, Asim(2024). 10 AI Tools to Write Reports in 2024. AtOnce.

- https://atonce.com/blog/ai-to-write-reports

- Akshay K.(2024). Prompt Engineering: What It Is and 15 Techniques for Effective AI Prompting + Tips. HOSTINGER TUTORIALS.

- https://www.hostinger.com/tutorials/ai-prompt-engineering

- Duke, Daniel(2023). How to write a report (with tips and examples). Craft

- https://www.craft.do/resources/how-to-write-a-report

- Ellis, Matt(2024). How to Write a Report: A Guide to Report Format and Best Practice. grammarly.

- https://www.grammarly.com/blog/how-to-write-a-report/

- Gemini API(2023). Introduction to prompt design. Google AI for Developers.

- https://ai.google.dev/docs/prompt_intro?hl=ko

- Golan, R., Reddy, R., Muthigi, A. & Ramasamy, R.(2023). Artificial Intelligence in Academic Writing: A Paradigm-Shifting Approach. Nature Reviews Urology 20(6).

- Jankutė-Carmaciu, Indrė(2019). 5 Types of Business Reports. Whatagraph.

- https://whatagraph.com/blog/articles/business-reports

- Phrazor(2017). Top use cases in automated report writing.

- https://phrazor.ai/blog/top-use-cases-in-automated-report-writing

- Rabkin, Keith(2023). 7 types of business reports you need to know. Pandadoc blog.

- https://www.pandadoc.com/blog/types-of-business-reports/

- Team Pepper(2024). The Future Of AI Writing And Its Impact On The Writing Industry. Pepper Blog.

- https://www.peppercontent.io/blog/the-future-of-ai-writing-and-its-impact-on-the-writing-industry/

- Texta(2024). Revolutionizing Report Writing with AI: How Technology is Changing the Game. Texta blog.

- https://texta.ai/blog-articles/revolutionizing-report-writing-with-ai-how-technology-is-changing-the-game

- Varner, Chris(2023). 8-Step Guide to Creating a Prompt for AI. Team AI.

- https://teamai.com/blog/prompt-libraries/8-step-guide-to-creating-a-prompt-for-ai/

전사적 마케팅 측면에서 AI 프롬프트 디자인 활용

본 장에서는 AI와 마케팅이 어떻게 통합되어 활용되며, 전사적 마케팅 측면에서 생성형 AI가 어떻게 다양하게 활용되고 어떠한 역할을 수행하는지에 대해 살펴보고자 한다.

1. 전사적 마케팅과 AI 활용

1) 전사적 마케팅이란?

전사적 마케팅Enterprise-wide Marketing은 기업 전체 차원에서 통합된 마케팅 전략을 수립하고 실행하는 접근 방식을 말한다. 이 개념은 단순히 마케팅 부서만의 활동을 넘어서, 기업의 모든 부문과 직원이 마케팅 목표를 달성하기 위해 협력하는 것을 포함한다. 전사적 마케팅의 주요 특징과 목적은 다음과 같다.

(1) 전사적 마케팅의 특징

- **통합된 마케팅 전략**: 마케팅 전략이 기업의 전반적인 비즈니스 전략과 일치하도록 설계된다. 이는 브랜드 메시지, 고객 경험, 제품 및 서비스의 전달 방식이 일관되고 통합적으로 관리되어야 함을 의미한다.

- **부서 간 협력**: 마케팅, 영업, 고객 서비스, 제품 개발, IT 등 다양한 부서가 마케팅 목표 달성을 위해 협력한다. 이를 통해 기업의 모든 활동이 고객 중심적으로 조율된다.

- **기업 문화와의 결합**: 전사적 마케팅은 기업 문화의 일부로서, 모든 직원이 마케팅 전략의 중요성을 인식하고 이에 기여할 수 있도록 한다.

- **데이터 기반 의사 결정**: 고객 데이터와 시장 트렌드를 기반으로 의사 결정을 하는 데 중점을 둔다. 데이터 분석을 통해 효과적인 마케팅 전략을 수립하고 실행한다.

(2) 전사적 마케팅의 목적

- **브랜드 일관성 유지**: 기업 전반에 걸쳐 일관된 브랜드 메시지와 가치를 전달하여 브랜드 인지도와 신뢰성을 강화한다.

- **고객 경험 개선**: 모든 접점에서 고객에게 일관된 경험을 제공하여 고객 만족도를 높이고, 충성도를 증진시킨다.

- **시너지 효과 창출**: 서로 다른 부서 간의 협력을 통해 마케팅 전략의 효율성을 높이고, 전체적인 비즈니스 성과에 긍정적인 영향을 미친다.

- **시장 대응력 강화**: 시장 변화와 고객 요구에 빠르게 대응하기 위해 조직 전체가 유연하고 민첩하게 움직일 수 있도록 한다.

(3) 전사적 마케팅의 유형

- **콘텐츠 생성**: 생성형 AI를 사용하여 마케팅 콘텐츠를 자동으로 생성하는 것은 전사적 마케팅에 많은 도움이 될 수 있다. 예를 들어, 블로그 포스트, 소셜 미디어 게시물, 이메일 등을 생성하는 데에 AI를 활용할 수 있다. AI는 특정 키워드나 주제를 기반으로 콘텐츠를 작성하고 필요한 수정을 거치며, 마케팅 메시지를 전달하는 데 도움을 줄 수 있다.

- **데이터 분석 및 예측:** 생성형 AI는 수많은 데이터를 분석하고 트렌드를 예측하는 데에도 사용될 수 있다. 마케팅 데이터를 바탕으로 소비자 행동을 예측하고, 효과적인 마케팅 전략을 수립하는 데에 AI를 활용할 수 있다. 예를 들어, 구매 패턴을 분석하여 개인별 맞춤형 마케팅 전략을 구상할 수 있다.

- **고객 응답 및 상호 작용:** 생성형 AI는 고객과의 상호 작용을 강화하는 데에도 사용될 수 있다. 예를 들어, 챗봇 형태로 AI를 활용하여 고객의 문의에 신속하고 정확하게 응답할 수 있다. 이를 통해 고객 만족도를 향상시키고, 고객과의 교감을 강화하는 데에 도움이 된다.

- **광고 및 마케팅 자동화:** 생성형 AI를 활용하여 마케팅 캠페인의 실행과 모니터링을 자동화할 수 있다. AI를 사용하여 광고 콘텐츠를 자동으로 생성하고, 효과적인 타깃팅 전략을 수립하여 광고 예산을 효율적으로 사용할 수 있다. 또한, AI를 활용하여 캠페인의 성과를 실시간으로 모니터링하고 분석할 수도 있다.

2) 전사적 마케팅 측면에서 생성형 AI 활용

전사적 마케팅 측면에서 생성형 AI의 활용은 기업의 마케팅 전략과 운영을 근본적으로 변화시키는 새로운 도구이다. 이러한 AI의 활용은 다음과 같이 더 자세히 설명할 수 있다.

(1) 콘텐츠 생성 및 관리

- **자동화된 콘텐츠 생성:** 생성형 AI는 자연어 처리 기술을 활용하여 블로그 글, 소셜 미디어 포스트, 광고 복사 등 다양한 형태의 콘텐츠를 자동으로 작성한다. 이는 기업이 대규모의 콘텐츠를 신속하게 생산하는 데 도움을 준다.

- **콘텐츠 최적화:** AI는 타깃 고객의 반응과 선호를 분석하여 콘텐츠를 개인화하고 최적화한다. 예를 들어, 특정 시장 부문에 더욱 매력적인 메시지로 콘텐츠를 조정할 수 있다.

- **효율성 증대:** AI의 사용은 콘텐츠 관련 작업에서 시간과 자원을 절약할 수 있게 하여, 마케팅팀이 전략적이고 창의적인 작업에 더 많은 시간을 할애할 수 있게 한다.

(2) 시장 분석 및 전략 개발

- **시장 데이터 분석**: AI는 시장 데이터, 소비자 행동, 경쟁사 분석 등의 복잡한 데이터 세트를 분석하여 중요한 인사이트를 제공한다.
- **예측 모델링**: AI는 과거 데이터와 현재 시장 동향을 분석하여 미래의 시장 변화를 예측한다. 이를 통해 기업은 시장 기회를 포착하고 위험을 관리하는 데 도움을 받을 수 있다.
- **전략적 의사 결정 지원**: AI는 다양한 시나리오를 시뮬레이션하여 최적의 마케팅 전략을 추천한다. 이를 통해 기업은 더 정보에 기반한 의사 결정을 내릴 수 있다.

(3) 브랜드 관리 및 이미지 개선

- **브랜드 모니터링**: AI는 소셜 미디어, 온라인 포럼, 리뷰 사이트 등에서 브랜드에 대한 언급을 실시간으로 모니터링하고 분석한다.
- **이미지 분석**: AI는 이미지 분석을 통해 고객의 감정과 태도를 분석하여 브랜드에 대한 인식을 평가한다. 이를 통해 기업은 브랜드 전략을 조정하고 개선할 수 있다.
- **위기 관리**: AI는 부정적인 피드백이나 위험 신호를 조기에 감지하여 위기관리에도 기여할 수 있다.

(4) 영업 및 리드 생성

- **리드 생성 지원**: AI는 고객 데이터를 분석하여 잠재 고객을 식별하고, 각 잠재 고객에 대해서 맞춤형 접근 방식을 제시한다.
- **영업 기회 최적화**: AI는 고객의 구매 경향, 반응, 관심 분야 등을 분석하여 영업팀이 집중해야 할 영역을 파악하여 그 영역에 맞게 최적화할 수 있다.
- **영업 프로세스 자동화**: AI는 영업 프로세스를 자동화하고 효율화하여, 영업팀이 고객 관계 관리와 클로징에 더 많은 시간을 할애할 수 있도록 한다.

이처럼 생성형 AI는 전사적 마케팅 전략에서 핵심적인 역할을 수행하며, 기업이 시장에서 경쟁력을 강화하고 효율적으로 운영될 수 있도록 지원한다.

2. 전사적 마케팅에서 생성형 AI 활용 사례

AI 기술이 실제로 어떻게 다양한 마케팅 분야에서 활용되고 있는지 구체적인 사례를 통해 살펴볼 수 있다. 여기에는 콘텐츠 생성, 고객 서비스, 데이터 분석, 개인화 전략 등이 포함된다.

1) 고객 서비스 자동화: 챗봇의 활용

- **사례**: 많은 기업이 고객 서비스 및 지원을 위해 AI 기반 챗봇을 사용하고 있다. 예를 들어, 은행업계에서는 AI 챗봇을 사용하여 고객 질문에 신속하게 응답하고, 계좌 정보 제공, 거래 처리 등의 기능을 제공한다.
- **효과**: 이러한 챗봇은 24/7_{24시간, 일주일 내내} 고객 지원을 가능하게 하며, 고객 만족도를 높이고 운영비용을 절감하는 데 기여한다.

> [사례: 신한은행의 챗봇 쏠메이트(SOLmate)]
> 신한은행은 **자사의 모바일 뱅킹 앱 '쏠(SOL)' 내에 AI 기반 챗봇 서비스인 '쏠메이트'**를 도입했다.
> - **고객 서비스 자동화**: 쏠메이트는 고객의 다양한 은행 업무 관련 질문에 대해 24시간 응답한다. 예를 들어, 이체 방법, 계좌 조회, 금융 상품 정보 등에 대한 질문에 실시간으로 답변한다.
> - **자연어 처리 기능**: 이 챗봇은 자연어 처리 기능을 통해 고객의 질문을 이해하고 적절한 답변을 제공한다. 이를 통해 고객은 자연스러운 대화 방식으로 은행 업무를 처리할 수 있다.
> - **단순한 업무 자동화**: 쏠메이트는 계좌 잔액 조회, 거래 내역 확인, 이체 서비스 등과 같은 기본적인 은행 업무를 자동화한다. 이를 통해 고객은 더 빠르고 편리하게 은행 업무를 처리할 수 있다.
> - **금융 상품 추천**: 챗봇은 고객의 요구와 상황에 따라 맞춤형 금융 상품을 추천한다. 예를 들어, 저축 상품, 대출 상품, 투자 상품 등에 대한 정보를 제공하며, 고객이 원하는

상품을 쉽게 찾도록 도와준다.

- **고객 피드백과 개선:** 챗봇은 지속적으로 고객의 피드백을 수집하고 학습하여 서비스를 개선한다. 이를 통해 챗봇의 정확도와 효율성이 지속적으로 증가한다.

2) 개인화된 고객 경험 제공: 데이터 기반 타깃팅

- **사례:** AI는 고객 데이터를 분석하여 개인화된 마케팅 메시지, 제품 추천, 광고를 생성한다. 예를 들어, 온라인 쇼핑 사이트에서 사용자의 구매 이력과 검색 행동을 분석하여 개인화된 제품을 추천한다.
- **효과:** 개인화를 통해 고객 만족도와 충성도를 향상시키며 구매 전환율을 증가시킨다.

[사례: 넷플릭스의 개인화된 콘텐츠 추천 시스템]
- **사용자 데이터 분석:** 넷플릭스는 사용자의 시청 이력, 검색 데이터, 시청 시간, 평가 내용 등 다양한 사용자 행동 데이터를 수집한다.
- **개인화 알고리즘:** 수집된 데이터는 복잡한 머신러닝 알고리즘을 통해 분석된다. 이 과정에서 사용자의 취향과 선호도가 파악되며, 이를 바탕으로 사용자에게 맞춤형 콘텐츠가 추천된다.
- **맞춤형 콘텐츠 추천:** 넷플릭스의 추천 시스템은 각 사용자에게 개인화된 영화, TV 프로그램, 다큐멘터리 등을 추천한다. 예를 들어, 특정 장르의 영화를 선호하는 사용자에게는 비슷한 장르나 테마를 가진 콘텐츠가 추천된다.
- **연속적인 학습과 개선:** 사용자가 추천 콘텐츠를 시청하거나 평가할 때마다, 시스템은 이 정보를 학습하여 더욱 정확하고 개인화된 추천을 제공한다.

3) 콘텐츠 마케팅: 생성형 AI 기반 콘텐츠 생성

- **사례:** 일부 미디어 회사와 마케팅 부서에서는 생성형 AI를 활용하여 뉴스 기사, 보고

서, 블로그 포스트 등의 콘텐츠를 자동으로 생성한다. 이는 특히 데이터 중심의 콘텐츠 생성에 유용하다.

- **효과:** AI는 대량의 콘텐츠를 신속하게 생성할 수 있으며, 인력과 시간을 절약하고 콘텐츠의 범위를 확장하는 데 도움을 준다.

[사례: 뉴스웨이브(NewsWave)의 AI 기반 콘텐츠 생성]

뉴스웨이브는 한국의 뉴스 콘텐츠 제작사로, chatGPT, BERT(구글), 왓슨(IBM) 등의 생성형 AI를 활용하여 뉴스 기사를 자동으로 생성한다.

- **자동화된 뉴스 보도:** 뉴스웨이브의 AI 시스템은 주식 시장, 스포츠 경기 결과, 날씨 정보 등의 데이터를 기반으로 자동 뉴스 기사를 작성한다. 예를 들어, 주식 시장의 종목별 가격 변동, 거래량 등의 데이터를 분석하여, 관련 뉴스 기사를 자동으로 생성한다.
- **데이터 중심의 콘텐츠 생성:** 데이터 중심의 콘텐츠는 수치와 사실에 기반하여 객관적인 정보 제공에 중점을 둔다. AI 시스템은 빅데이터를 신속하게 분석하여, 즉각적으로 뉴스 기사로 변환한다.
- **효율성 증대:** 생성형 AI를 통한 콘텐츠 생성은 시간과 자원을 절약하며, 빠른 속도로 대량의 콘텐츠를 생산할 수 있다. 이를 통해 기자들은 보다 창의적이고 분석적인 기사 작성에 집중할 수 있다.

---

4) 시장 트렌드 분석: AI 기반 인사이트 추출

- **사례:** 마케팅 분석 회사들은 생성형 AI를 사용하여 시장 동향, 소비자 행동, 경쟁사 활동 등을 분석한다. 이를 통해 기업은 시장 변화에 빠르게 대응하고 전략을 조정할 수 있다.
- **효과:** AI는 방대한 양의 데이터를 분석하고 중요한 인사이트를 제공하여 전략적 의사결정을 지원한다.

[사례: SK텔레콤의 AI 기반 시장 분석]

- **시장 동향 분석:** SK텔레콤은 생성형 AI를 활용하여 통신 시장의 최신 트렌드와 사용

자 행동을 분석한다. 이를 통해 새로운 서비스 개발, 마케팅 전략 수립, 고객 서비스 개선 등에 관한 인사이트를 얻는다.

- **소비자 행동 분석:** 고객 데이터를 분석하여 소비자의 선호도, 구매 경향, 서비스 이용 패턴 등을 파악한다. 이러한 분석을 통해 개인화된 마케팅 캠페인을 기획하고, 타깃 고객에게 맞춤형 서비스를 제공한다.
- **경쟁사 활동 모니터링:** 생성형 AI를 사용하여 경쟁사의 서비스, 마케팅 전략, 고객 반응 등을 모니터링하고 분석한다. 이를 통해 시장 내 자사의 위치를 평가하고, 경쟁 우위를 확보하기 위한 전략을 수립한다.

5) 소셜미디어 관리: 감정 분석 및 트렌드 모니터링

- **사례:** 생성형 AI 도구는 소셜 미디어상에서 브랜드 언급을 모니터링하고, 고객의 감정과 반응을 분석하여 마케팅 전략에 반영한다.
- **효과:** 이를 통해 기업은 고객과의 소통을 강화하고, 브랜드 인지도를 향상시킬 수 있으며, 위기 상황에 신속하게 대응할 수 있다.

[사례: LG전자의 소셜 미디어 감정 분석 및 트렌드 모니터링]
- **브랜드 언급 모니터링:** LG전자는 AI 도구를 활용하여 소셜미디어상에서 자사 제품 및 브랜드에 대한 언급을 실시간으로 추적한다. 이를 통해 고객의 관심사, 인기 제품, 논란이 되는 이슈 등을 신속하게 파악한다.
- **감정 분석을 통한 고객 반응 이해:** 성형 AI는 소셜 미디어상의 대화와 리뷰에서 고객의 긍정적, 부정적 감정을 분석한다. 이러한 분석을 통해 고객의 만족도와 불만 사항을 이해하고, 제품 개선 및 서비스 전략에 반영한다.
- **트렌드 분석 및 마케팅 전략 수립:** 소셜 미디어 트렌드 분석을 통해 신제품 출시, 마케팅 캠페인, PR 활동 등을 계획한다. 시장의 변화와 소비자 요구에 맞춘 전략적 마케팅 계획을 수립한다.

6) 고객의 구매 이력: 분석 및 맞춤형 제공

- **사례:** Amazon은 생성형 AI를 사용하여 고객의 구매 이력을 분석하고, 맞춤형 추천을 제공하는 데에 활용하고 있다. 이를 통해 고객의 구매 경험을 향상시키고, 추가 구매를 유도할 수 있다.
- **효과:** 고객은 관심 있는 제품을 더 쉽게 찾을 수 있고, 구매 결정을 돕는 정보를 받게 된다. 이러한 맞춤형 추천은 고객 만족도를 높이고, 고객들이 추가 구매를 더 자주 하게 만든다.

> **[사례: Amazon의 고객 구매 이력을 분석하고, 맞춤형 추천을 제공]**
> - **개인화된 제품 추천:** Amazon은 각 고객의 이전 구매 이력, 검색 기록, 평가 및 리뷰를 분석하여 해당 고객에게 가장 관련성 높은 제품을 추천한다. 이를 통해 고객은 자신의 취향과 관심사에 맞는 제품을 더 쉽게 발견할 수 있다.
> - **유사한 고객의 구매 패턴 활용:** Amazon은 고객들을 비슷한 구매 패턴을 가진 그룹으로 묶어 분석하고, 해당 그룹의 구매 이력을 기반으로 추천을 제공한다. 예를 들어, "이 상품을 구매한 다른 고객들은 이런 상품도 구매했습니다"와 같은 메시지를 통해 유사한 고객들의 선택을 고려하도록 유도한다.
> - **동적인 추천 업데이트:** Amazon의 추천 시스템은 실시간으로 고객의 행동과 상황을 고려하여 추천을 업데이트한다. 예를 들어, 쇼핑 카트에 상품을 추가하거나 검색어를 입력할 때마다 즉각적으로 관련된 제품을 추천하여 고객에게 최신 정보를 제공한다.

7) ESG(Environmental, Social, Governance) 활동 평가 및 보고

- **사례:** 마이크로소프트MS의 AI for Earth 프로그램을 들 수 있다. 이 프로그램은 환경 보호와 지속 가능성을 목표로 하는 프로젝트에 AI 기술을 적용하여 지구의 환경 문제를 해결하였다.
- **효과:** 환경 책임과 기술적 역량을 결합하여 지구의 환경 문제에 대한 창의적인 대안을 제시하고, 기술을 활용하여 지구의 생태계와 환경을 보호하는 데 기여하였다.

[사례: MS의 AI for Earth 프로그램을 통한 ESG 활동 수행]

- **환경 모니터링과 보호:** AI for Earth는 위성 이미지, 드론, IoT 기기 등을 통해 대량의 환경 데이터를 수집하고 분석하여 환경 모니터링을 강화한다. 이를 통해 기후 변화, 산림 벌채, 해양 오염 등 환경 문제를 예측하고 대응하는 데 도움을 준다.

- **물 관리와 농업 지원:** 프로그램은 물 관리 및 농업 분야에서 AI를 활용하여 물 자원 관리를 최적화하고 농업 생산성을 높이는 데 기여한다. 이는 물 부족 문제와 농업 지속 가능성을 개선하는 데 도움을 준다.

- **교육 및 인식 증진:** AI for Earth는 환경 보호에 대한 교육 및 인식을 증진하기 위한 노력을 기울인다. 이를 통해 환경 문제에 대한 인식을 높이고 환경 보호에 대한 더 많은 참여를 유도한다.

- **글로벌 협력:** 이 프로그램은 AI 및 환경 기술 분야에서 글로벌 협력을 촉진한다. 전 세계 다양한 환경 보호 프로젝트와 기술적 협력을 제공하며 국제적인 환경 문제에 기여한다.

- **기술 혁신:** AI for Earth는 AI 및 환경 보호 분야에서 기술 혁신을 촉진한다. 새로운 해결책과 기술 접근 방식을 개발하고, 환경 보호를 위한 혁신적인 도구와 기술을 제공한다.

8) 전사적 브랜드 관리

- **사례:** 삼성전자Samsung는 GPT를 활용하여 제품 설명, 브랜드 메시지, 광고 캐치프레이즈 등을 자동으로 생성하는 데 활용하고 있다.

- **효과:** 브랜드 메시지의 일관성을 유지하고 빠르게 다양한 콘텐츠를 제작하여 소비자와의 상호 작용을 강화하고 있다.

[사례: 삼성전자의 전사적 브랜드 관리]

- **브랜드 메시지 일관성:** 삼성전자는 브랜드 메시지를 일관성 있게 유지하는 데 중점을 둔다. 이를 위해 생성형 AI를 활용하여 제품 설명, 광고 캐치프레이즈, 소셜 미디어 업데이트 등 다양한 콘텐츠를 자동으로 생성한다. 이를 통해 브랜드 메시지가 변하지 않고 일관성을 유지할 수 있다.

- **빠른 콘텐츠 제작:** 생성형 AI를 활용하면 콘텐츠 제작 속도가 빨라진다. 삼성전자는

시장 변화에 신속하게 대응하고 다양한 이벤트나 프로모션에 맞춤형 콘텐츠를 빠르게 제작하여 소비자와의 상호 작용을 강화한다.
- **글로벌 마케팅:** 삼성전자는 생성형 AI를 이용하여 다양한 언어로 된 광고 캠페인 및 콘텐츠를 자동으로 생성하여 글로벌 마케팅을 강화한다. 이를 통해 다양한 시장에서 브랜드 메시지를 확산시키고 고객과 소통한다.

3. 멀티모달 AI 활용 실습

멀티모달 형태의 생성형 AI는 다양한 유형의 데이터텍스트, 이미지, 오디오 등를 결합하여 새로운 콘텐츠를 생성하는 AI 기술이다.

1) 멀티모달

"멀티모달Multimodal"이라는 용어는 여러 가지 모드mode 또는 형식form을 결합한다는 의미에서 사용된다. 특히 AI와 관련하여 멀티모달은 다음과 같은 의미를 지닌다.

- **다양한 데이터 유형의 결합:** 멀티모달 AI는 텍스트, 이미지, 오디오, 비디오 등과 같은 서로 다른 형식의 데이터를 동시에 처리하고 분석하는 AI 시스템을 말한다. 예를 들어, 멀티모달 AI는 텍스트 설명과 함께 제공된 이미지를 분석하여 더 풍부한 정보를 얻을 수 있다.
- **향상된 인지 및 해석 능력:** 멀티모달 시스템은 다양한 데이터 소스로부터 정보를 종합하여, 단일 모드 데이터 처리보다 더 정확하고 깊이 있는 인사이트를 제공할 수 있다. 이는 AI가 인간과 유사한 방식으로 다양한 유형의 정보를 이해하고 해석하는 데 도움이 된다.

- **응용 분야:** 멀티모달 AI는 자율주행 자동차, 의료 이미지 분석, 감성 분석, 대화형 AI 시스템, 콘텐츠 추천 시스템 등 다양한 분야에서 활용된다. 예를 들어, 대화형 AI 시스템은 사용자의 음성오디오, 언어텍스트, 심지어 표정이나 제스처비디오를 동시에 분석하여 더 정확한 의사소통을 도모할 수 있다.

2) 멀티모달 생성형 AI 도구 활용 실습

(1) 멀티모달 도구를 활용한 이미지 생성 실습 사례

멀티모달 도구를 활용한 이미지를 생성하는 방법은 매우 많고 다양하다. 다만, 추가적인 도구를 활용하기 위하여 별도의 비용이 들 수 있고 별도로, 회원으로 가입하여 사용법을 배워야 하는 경우가 많다.

그런데 ChatGPT가 이러한 도구를 알아서 스스로 활용해서 이미지를 생성하는 방법이 있다. 예를 들면, 이미지 생성 도구 중 구글의 Deep Dream의 경우는 ChatGPT가 스스로 알아서 Deep Dream을 활용해서 이미지를 생성한다.

업로드한 사진을 DALL·E를 사용하여 만화캐릭터를 만들어줘

[그림 10-1] 멀티모달 도구 Deep Dream을 활용한 이미지 생성 예시

(2) 멀티모달 도구를 활용한 행사 홍보 포스터 제작 실습 사례

멀티모달 도구를 활용하여 행사용 홍보 포스터를 제작해 볼 수 있다. 여기서도 이미지 생

성 도구 중 구글의 Deep Dream을 활용하면 쉽게 포스터를 만들 수 있고 여기에 행사 제목과 일시, 장소를 제시해 주면 ChatGPT가 포스터에 행사 내용을 담아 제작해 준다. 다만, 행사 제목과 내용은 영어의 경우 잘 나타내 주지만 한글의 경우는 아직 제대로 담아 주지 못한다. 배경은 여러 번의 시행을 통해 적당한 것을 선택하면 된다.

[그림 10-2] 멀티모달 도구 Deep Dream을 활용한 행사 홍보 포스터 생성

(3) 친환경 신제품 출시 캠페인을 위한 멀티모달 생성형 AI 활용 사례

"Eco Friendly"라는 가상의 친환경 가방 브랜드의 새로운 제품 출시 캠페인을 위한 멀티모달 생성형 AI 활용하는 사례를 제시하여 보자. ChatGPT에 가상의 브랜드 "Eco Friendly"의 새로운 제품 출시를 알리는 소셜 미디어 게시물, 광고 이미지, 프로모션 이메일 캠페인을 위한 텍스트 및 시각적 콘텐츠 생성해 달라고 하였다. "Eco Friendly" 가방의 친환경 소재와 자연과 조화롭게 어우러지는 젊은이들의 생활 방식을 강조하는 이미지 생성. 배경은 자연 그대로의 아름다움을 보여 주며, 가방은 스타일리시하면서도 지속 가능한 소재임을 강조하는 디자인을 표현해 달라고 하였다.

07. 젠슨 수집 및 가공 효과로 극대화를 위한 AI

08. 전략 기획 및 의사결정 고도화를 위한 AI

09. 보고서 작성 효율화를 위한 AI

10. 전사적 마케팅 혁신에 AI 프롬프트 디자인 활용

11. 통계 데이터 분석 기반 과학적 경영을 위한 AI

12. 협업과 소통을 위한 AI

13. 고객응대 효율 향상을 위한 AI 활용

14. 공정한 평가 및 등급 부여를 위한 AI

15. 밸류업과 거버넌스 평가 자동화를 위한 AI

너

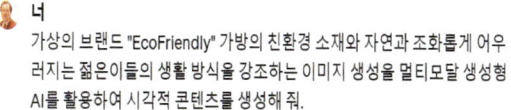

가상의 브랜드 "EcoFriendly" 가방의 친환경 소재와 자연과 조화롭게 어우러지는 젊은이들의 생활 방식을 강조하는 이미지 생성을 멀티모달 생성형 AI를 활용하여 시각적 콘텐츠를 생성해 줘.

4. 전사적 마케팅 분야의 프롬프트 디자인

전사적 마케팅 분야에서 프롬프트 디자인이란, 특정 목표나 행동을 유도하기 위해 고안된 질문이나 명령의 형태를 말한다. 마케팅 커뮤니케이션 전략에서 중요한 역할을 하는 이러한 프롬프트는, 소비자나 대상 집단의 관심을 끌고, 특정 행동을 유도하기 위해 사용된다. 이를 통해 브랜드 인지도를 높이고, 고객 참여를 촉진하며, 최종적으로는 판매 증대나 브랜드 충성도 향상을 목표로 한다.

1) 프롬프트 디자인의 주요 요소

• **명확한 메시지:** 메시지는 명확하고 이해하기 쉬워야 하며, 대상이 즉각적으로 인식하고 반응할 수 있어야 한다.

(예시) 웹사이트의 메인 페이지에 배치된 대형 배너에 "단 하루, 모든 제품 50% 할인!

지금 바로 시작하세요."라는 메시지를 통해 특별 세일을 알린다. 이 메시지는 명확하며, 사용자가 즉시 이해하고 행동으로 옮길 수 있게 한다.

- **행동 유도**Call to Action, CTA : 사용자나 소비자가 원하는 행동을 취하도록 명확한 지시나 제안을 포함해야 한다. 예를 들어, "지금 구매하기", "뉴스레터 구독하기" 등이 있다.

(예시) 온라인 쇼핑몰에서 제품 페이지에 **"지금 구매하고 무료 배송 혜택을 누리세요!"** 버튼을 배치하여, 고객이 구매를 완료하도록 유도한다. 이 CTA는 구매를 원하는 고객에게 명확한 행동 경로를 제시하게 된다.

- **감정적 연결**: 소비자의 감정을 자극하여, 브랜드에 대한 긍정적인 느낌을 강화하거나, 제품이나 서비스에 대한 욕구를 촉진하는 내용이 포함되어야 한다.

(예시) 자선 단체가 소셜 미디어 캠페인을 통해 **"당신의 작은 기부가 세상을 바꿀 수 있습니다"**라는 메시지와 함께 기부자들의 사진과 이야기를 공유하여, 감정적으로 호소하고 기부를 유도한다. 이러한 접근은 사람들의 감정을 자극하고, 긍정적인 행동을 촉진한다.

- **시각적 요소**: 색상, 이미지, 폰트 등의 디자인 요소가 프롬프트의 메시지를 강화하고, 브랜드 아이덴티티를 전달할 수 있어야 한다.

(예시) 신제품 출시 광고에서 제품의 특징을 강조하기 위해 **독특한 색상과 혁신적인 디자인**을 사용하여 소비자의 시선을 끌고 제품에 대한 관심을 유도한다. 이러한 시각적 요소는 제품의 아이덴티티를 강조하고 브랜드 이미지를 전달한다.

- **타깃 맞춤형 내용**: 프롬프트는 특정 타깃 오디언스의 관심사, 선호, 행동 양식에 맞춰져야 한다. 이를 위해 시장조사와 데이터 분석을 바탕으로 타깃을 정교하게 세분화하는 것이 중요하다.

(예시) **건강식품 브랜드가 건강과 웰빙에 관심이 많은 젊은 성인을 대상으로** 한 콘텐츠를 제작한다. 이들은 소셜 미디어와 블로그를 통해 운동 루틴, 영양 팁, 제품 리뷰 등을 공유하여 해당 타깃 오디언스의 관심사와 생활 방식에 맞춘 정보를 제공한다. 이는 시장조사와 데이터 분석을 바탕으로 타깃 오디언스의 특성을 반영한 맞춤형 마케팅 전략의 일환이다.

2) 프롬프트 디자인의 적용 사례

(1) 소셜 미디어 캠페인

- **세부 설명:** 소셜 미디어 캠페인에서 프롬프트 디자인은 사용자 참여를 촉진하고, 커뮤니티 내에서의 상호 작용을 높이는 데 중점을 둔다. 해시태그 캠페인, 퀴즈, 설문조사는 사용자가 콘텐츠에 쉽게 참여하고, 자신의 의견이나 경험을 공유하도록 유도한다.
- **예시:** 어느 패션 브랜드가 #MyStyleChallenge 해시태그 캠페인을 실행하여, 소비자들에게 자신만의 스타일로 브랜드 의류를 착용한 사진을 소셜 미디어에 올리고 해당 해시태그를 사용하도록 권장한다. 이를 통해 브랜드 인지도가 증가하고, 소비자 참여가 활발하게 된다.

(2) 이메일 마케팅

- **세부 설명:** 이메일 마케팅에서 프롬프트 디자인은 수신자에게 특정 행동을 취하도록 유도하는 데 초점을 맞춘다. 개인화된 제안, 할인 코드, 뉴스레터 구독 유도 등이 포함된다.
- **예시:** 온라인 서점에서 최근 구매 이력을 바탕으로 개인화된 책 추천과 함께 20% 할인 쿠폰을 제공하는 이메일을 발송한다. 이메일에는 "지금 구매하고 할인받기"라는 CTACall to Action/행동 유도 버튼이 포함되어 있어, 직접적인 구매로 연결된다.

(3) 웹사이트 랜딩 페이지

- **세부 설명:** 웹사이트 랜딩 페이지는 방문자를 특정 행동으로 유도하는 데 중점을 둔다. 이는 제품 구매, 무료 체험 신청, 웨비나 등록 등이 될 수 있으며, 명확한 CTA를 통해 이루어진다.
- **예시:** 소프트웨어 회사가 새로운 CRM 시스템의 무료 체험을 제공하는 랜딩 페이지를 만들고, "30일 무료 체험 시작하기"라는 CTA 버튼을 크게 배치하여 방문자가 쉽게 무료 체험에 등록할 수 있도록 한다.
- ※ **랜딩 페이지**Landing Page: 광고나 마케팅 캠페인과 연결된 특정 목적을 위해 디자인된 단일 페이지

(4) 광고

- **세부 설명:** 온라인 및 오프라인 광고에서 프롬프트 디자인은 제품이나 서비스의 주요 특징을 강조하고, 소비자에게 구매를 유도한다. 광고는 시각적 요소와 텍스트를 결합하여 효과적인 메시지를 전달한다.
- **예시:** 건강 보조 식품을 판매하는 회사가 TV 광고에서 제품의 주요 혜택을 강조하며, "지금 바로 건강을 투자하세요"라는 슬로건과 함께 제품 구매 사이트의 URL을 보여준다. 이는 시청자에게 제품에 대한 관심을 유도하고, 웹사이트 방문을 촉진한다.

5. 결론 (종합 정리)

결론적으로, AI 프롬프트 디자인의 도입은 전사적 마케팅 차원에서 볼 때 혁명적인 변화를 가져오고 있다. 이 기술은 브랜드 전략, 고객 관계 관리, 콘텐츠 제작 및 분석 등 마케팅의 모든 측면에 걸쳐 깊은 영향을 미치며, 기업이 시장에서 경쟁할 수 있는 새로운 방법을 제시하고 있다.

- **전사적 마케팅 전략의 혁신:** AI 프롬프트 디자인은 데이터 주도의 의사 결정을 가능하게 하여, 기업이 고객 행동과 선호도를 더 잘 이해할 수 있도록 돕는다. 이는 전사적인 마케팅 전략의 기획 및 실행에 있어 더욱 정밀한 타깃팅과 개인화를 실현할 수 있는 기반을 마련한다.

- **고객 관계의 개선:** AI를 활용한 대화형 인터페이스와 개인화된 커뮤니케이션은 고객 경험을 극대화하고, 고객 충성도를 높이는 데 중요한 역할을 한다. 기업은 AI 프롬프트를 통해 고객의 요구와 문제를 실시간으로 파악하고 해결할 수 있으며, 이는 고객 만족도와 장기적인 관계 구축에 기여한다.

- **콘텐츠 마케팅의 진화:** AI 기반 콘텐츠 생성 도구는 마케팅팀이 대량의 맞춤형 콘텐츠를 효율적으로 생성하고 배포할 수 있게 한다. 이는 타깃 오디언스와의 지속적인 참여를 유지하고, 브랜드 메시지를 보다 효과적으로 전달하는데 중요하다.

- **데이터 분석과 인사이트의 증대:** AI 프롬프트 디자인은 빅데이터 분석과 인사이트 추출을 강화한다. 이를 통해 마케팅 전문가들은 캠페인의 성과를 실시간으로 모니터링하고, ROI를 극대화하기 위한 전략적 조정을 신속하게 수행할 수 있다.

- **미래의 가능성:** AI 프롬프트 디자인은 계속해서 발전하고 있으며, 자연어 처리 및 기계 학습 기술의 진보에 따라 더욱 강력한 기능을 제공할 것으로 예상된다. 이러한 발전으로 마케터들은 고객과 더 개인적으로 상호 작용하고, 더 정확한 예측을 통해 더 효과적인 전략을 구현할 수 있게 될 것이다.

전사적 마케팅 차원에서 AI 프롬프트 디자인을 효과적으로 통합하고 활용하기 위해서는 지속적인 학습과 실험, 그리고 기술적 역량 강화가 필요하다. 마케팅 팀은 끊임없이 변화하는 시장 환경에 적응하고, AI 기술의 최신 동향을 파악하여 전략에 반영함으로써, 브랜드를 성공적으로 홍보하고 고객과의 강력한 연결을 구축할 수 있다. AI 프롬프트 디자인은 마케팅 분야에서 지속적인 혁신을 촉진하며, 기업이 미래의 도전에 효과적으로 대응할 수 있는 중요한 도구로 자리매김하고 있다.

※ **문제: 난이도 상(20분, 125점), 난이도 중(15분, 100점), 난이도 하(10분, 75점)**

【실습 문제】

[문제 1] 신재생에너지 사용이 ESG 경영에 미치는 일반적 성과 분석 사례(난이도 중)

출제 의도(테스트 내용): 신재생에너지 동향 분석 기반 GPT-4의 MyGPT 생성 및 활용 역량

[문제]

신재생에너지 사용이 ESG 경영 차원에서 기업에 어떤 주요 재무적, 비재무 성과를 가져오는지를 통계 그래프로 비교해서 전망해 보고 다양한 신재생에너지(태양광, 풍력, 수력, 지력 등) 중 어떤 유형의 신재생에너지가 기업의 여건에 적합한지를 의사 결정할 수 있도록 요약해 주고, 이를 ESG 경영 차원에서 어떤 면에서 효과가 있는지 통계 그래프로 나타내 비교해 주시오.

조건

신재생에너지의 사용은 ESG(환경, 사회, 지배구조) 경영 차원에서 기업에 다양한 긍정적인 성과를 가져올 수 있다. 일반적으로 이러한 성과는 환경적 책임감의 강화, 사회적 신뢰의 증대, 그리고 장기적인 재무적 성과의 향상으로 나눌 수 있고, 크게 재무적인 성과와 비재무적인 성과로 구분되는 바 이를 정리하여 나타내 주시오.

요구 사항

기업들이 신재생에너지를 ESG 경영 차원에서 활용하였을 때 어떤 성과가 있을지 시각적인 자료(그래프)로 나타내 주고 기업의 이미지와 신뢰 및 기업성과 측면에서 제시하시오. 또한, 대한민국의 경우 다양한 신재생에너지(태양광, 풍력, 수력, 지력 등) 중 어떤 유형의 에너지가 기업의 다양한 여건에서 보다 효과가 있는지와 어떤 유형의 신재생에너지 도입이 바람직할지를 단계별로 요약하여 제시해 주시오.

단, 1) 생성형 AI를 활용하기 위한 기획 내용, 2) 생성형 AI에의 프롬프트 입력 및 적절한 대화(피드백) 과정과 내용, 3) 생성형 AI의 최종 결과물(해결 방안, 본인의 보완 및 수정 내용, 최종 해결 방안) 등을 확인할 수 있도록 자세하고 명확하게 기술하시오.

[답안] 수험자가 아래와 같은 내용으로 AI 활용 과정과 결과물을 복사 혹은 작성하여 제출

1) 사용 AI와 기능 및 도구

사용 AI: GPT5.1

2) 생성형 AI를 활용하기 위한 기획 내용

① 목적: 신재생에너지 도입이 ESG 경영 차원에서의 성과와 효과 비교

② 맥락: ESG 경영 차원의 신재생에너지 활용 성과 제시와 유형에 따라 효과 비교

③ AI의 역할: 신재생에너지 활용 성과 제시와 유형에 따라 효과를 그래프로 도출

④ 산출물: 신재생에너지 활용 성과 및 비교 효과(시각적 그래프 제시) 보고서

⑤ 데이터: 별도의 데이터 불필요

3) 생성형 AI에의 프롬프트 입력 및 대화(피드백) 과정과 내용

[1단계 프롬프트] ESG 경영 차원의 신재생 에너지 활용 성과

① 목적: 신재생에너지 도입이 ESG 경영 실천 차원에서 얼마나 도움이 될지 도입 여부 결정하고자 함

② 맥락: ESG 경영 차원의 신재생에너지 활용 성과를 그래프로 제시

③ AI의 역할: 신재생에너지 도입 여부 결정을 위한 용이한 설득 자료 제공

④ 산출물: 신재생에너지가 ESG 경영 차원에서의 주요 성과를 통계 그래프로 제시

- **프롬프트:** "기업에서 신재생에너지 사용이 ESG 경영 자원에서 기업의 이미지와 신뢰 및 기업 성과에 어떠한 영향을 미치는지를 기존 연구의 실제 통계 데이터를 기반으로 정리 요약해서 제시해 주시오 - 주요 결과를 통계 그래프로 나타내 주시오."

4) 최종 결과물(생성형 AI의 해결 방안, 본인의 보완 및 수정 내용, 최종 해결 방안)

[1단계] ESG 경영 차원의 신재생에너지 활용 성과

[GPT-5]

1. 분석 개요 (요약 서술문 예시 – 보고서용)

기업이 재생에너지를 도입하여 탄소배출을 감축하고 친환경 이미지를 강화할수록,

- **기업 이미지(Corporate Image)** 는 긍정적으로 변화하고,
- **기업 신뢰(Trust)** 가 상승하며,
- **종합적인 ESG 성과(Overall ESG Performance)** 와
- **재무성과(Financial Performance)** 가 유의하게 개선되는 경향이 통계적으로 관찰된다.

메타분석 및 ESG 관련 실증연구를 기준으로, 재생에너지 도입 수준과 각 지표 간의 **표준화 회귀계수(β)** 를 예시로 제시하면 다음과 같은 패턴을 보인다(0.3~0.5 수준의 중간 효과):

Indicator	Standardized Effect Size (β)
Corporate Image	0.45
Trust	0.38
Overall ESG Performance	0.52
Financial Performance	0.30

- β값이 **모두 0보다 크고, 0.3 이상**이므로, 재생에너지 활용도가 높을수록 네 가지 성과지표가 모두 유의미하게 개선되는 **정(+)의 영향**이 있음을 시사한다.
- 특히 **종합 ESG 성과**(β=0.52)가 가장 크게 나타나, 재생에너지 도입은 단순 환경 영역을 넘어 **ESG 전반의 구조적 개선**과 연관되는 것으로 해석할 수 있다.

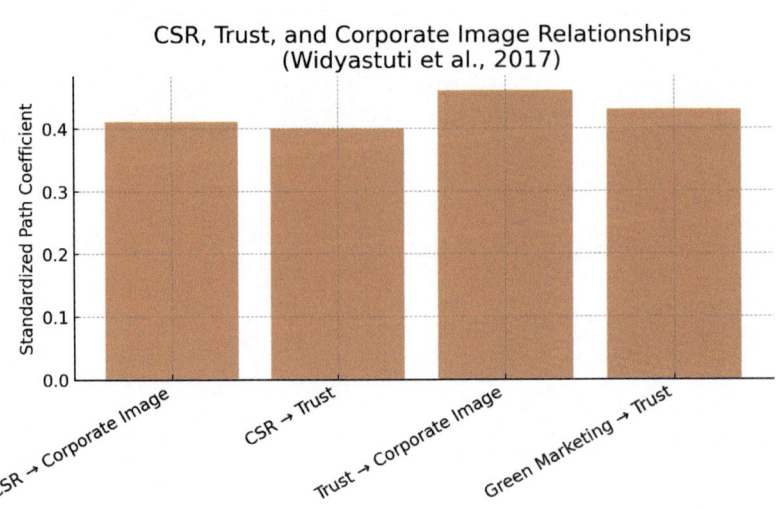

CSR, Trust, and Corporate Image Relationships
(Widyastuti et al., 2017)

2. CSR·그린마케팅 → 신뢰·기업이미지(신뢰 경로)

자료 출처

Widyastuti et al. (2017), *"Customer Trust through Green Corporate Image, Green Marketing Strategy, and Social Responsibility: A Case Study"* `ersj.eu`

이 논문은 직접 "재생에너지"를 측정하진 않지만,

- 재생에너지 사용과 같은 친환경 활동을 포함한 **CSR(사회적 책임)**,
- **Green Marketing**,
  이 **고객 신뢰(Trust)**와 **Green Corporate Image**에 미치는 영향을 구조방정식으로 분석합니다.

핵심 표준화 경로계수는 다음과 같습니다. `ersj.eu`

Path	Standardized Coefficient
CSR → Corporate Image	0.41
CSR → Trust	0.40
Trust → Corporate Image	0.46
Green Marketing → Trust	0.43

[2단계 프롬프트] 신재생에너지 활용 유형에 따라 효과 비교

① 목적: 만약에 도입을 결정했다면 어떤 신재생에너지를 도입할지 의사 결정을 하고자 함

② 맥락: ESG 경영 차원의 신재생에너지 활용 유형에 따라 효과 비교

③ AI의 역할: 보다 효과적인 신재생에너지 유형 결정에 용이한 설득 자료 제공

④ 산출물: 신재생에너지 유형에 따른 효과 비교를 그래프와 요약서로 제시

- **프롬프트:** "기업의 ESG 경영 차원에서 대한민국의 경우 어떤 신재생 에너지를 활용해야 더욱 큰 성과가 있는지를 신재생에너지 유형에 따라 비교해 주고 이를 또한 그래프로 나타내 줘."

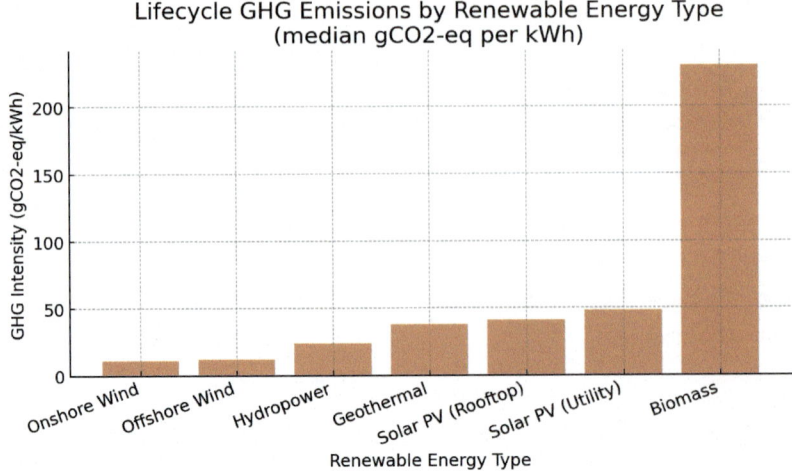

1. 에너지원별 ESG(환경) 성과 비교 – 실제 수치

사용한 전과정 온실가스 배출계수 (중위값, gCO₂-eq/kWh)

Renewable Energy Type	GHG Intensity (gCO₂-eq/kWh, median)
Onshore Wind	**11**
Offshore Wind	**12**
Hydropower	24
Geothermal	38
Solar PV (Rooftop)	41
Solar PV (Utility)	48
Biomass (Dedicated)	230

2. 그래프로 본 에너지원별 환경 성과

아래 막대그래프는 위 데이터를 정렬해 그린 것입니다. (이미 Python으로 생성)

📊 **Lifecycle GHG Emissions by Renewable Energy Type**
(median gCO₂-eq per kWh, lower = better ESG)

- **x축 (Renewable Energy Type)**: Onshore Wind, Offshore Wind, Hydropower, Geothermal, Solar PV (Rooftop/Utility), Biomass
- **y축 (GHG Intensity)**: gCO₂-eq/kWh

그래프에서 보시면:

1. **온·오프쇼어 풍력(Wind)**
   - 11~12 gCO₂/kWh로 가장 낮은 수준 → **환경 성과(E)가 가장 우수**
2. **수력(Hydro)**
   - 24 gCO₂/kWh로 매우 낮음 (다만 일부 대형댐은 생태·사회 이슈 가능)

3. **지열·태양광(Geothermal, Solar PV)**
- 38~48 gCO_2/kWh 수준으로 여전히 화석연료 대비 압도적으로 낮음

4. **바이오매스(Biomass)**
- 230 gCO_2/kWh로 다른 재생에너지보다 훨씬 높고, 원료 수입·산림 파괴 논란이 있어
최근 EU·국제 ESG 논의에서 **지속가능성 논쟁**이 큽니다.

3. "한국 기업 ESG 관점"에서의 활용 우선순위 제안

한국은 **K-RE100(재생에너지 사용 확인제도)** 를 통해 기업의 재생에너지 사용을 인증하고 있고,
태양광·풍력이 대표적인 조달 수단으로 권장됩니다.

1순위: 풍력(온쇼어·오프쇼어)
- 전과정 온실가스 배출이 가장 낮아 **탄소중립·SBTi 목표 달성에 가장 유리**
- RE100·K-RE100에서 **장기 PPA, 프로젝트 지분투자** 형태로 참여 시
"실질 감축" 효과가 크고, ESG 평가(특히 글로벌 투자자)에서 긍정적 인식이 강함.

1.5순위: 태양광(Solar PV, Rooftop·Utility)
- 기업 입지 특성상 **공장·물류센터 지붕 태양광(자체 설비)** 가 현실적으로 가장 많이 쓰임.
- K-RE100 데이터에서도 태양광·풍력이 주요 공급원으로 언급됨.
- 투자비 회수기간이 명확하고, "눈에 보이는 친환경 설비"로서 **이미지·신뢰 제고 효과**가 큼
(방문객·고객 대상 ESG 스토리텔링에 유리).

2순위: 수력·지열 (Hydro, Geothermal)
- 한국 내 신규 잠재량은 크지 않지만,
  - 해외 수력·지열 PPA 또는 **국제 RE100 기준의 EAC(전력원 인증서)** 구매 시
  매우 낮은 탄소집약도로 좋은 ESG 스코어를 확보 가능.
- 다만 대형댐 수력의 경우 **지역사회·생태 영향**을 고려해야 하므로,
ESG 평가에서 **프로젝트마다 세부 검토 필요.**

[문제 2] 생성형 AI 활용한 광고물 제작(난이도 중)

출제 의도(테스트 내용): 친환경 전기자동차의 출시를 위한 광고물 제작을 위한 GPT-5의 MyGPT 생성 및 활용 역량

[문제]

전기자동차를 대상으로 기업 입장에서 친환경 그린 마케팅 활동 차원에서 누구를 대상으로 어떤 메시지를 전달할지 광고 전략과 광고 콘셉트, 동영상 광고 제작을 위한 광고 콘티와 스토리보드를 작성하라는 프롬프트를 기획하고 이에 대한 결과를 정리해 주세요.

1. 조건

기존의 자동차 광고와는 달리 친환경 그린 마케팅 활동 차원에서 누구를 대상으로 어떤 메시지를 전달할지와 광고 전략과 광고 콘셉트, 동영상 광고 제작을 위한 광고 콘티와 스토리보드 등으로 작성하시오.

2. 요구 사항

신규 전기자동차 출시를 앞두고 있는 상황에서 친환경 그린 마케팅 활동을 통하여 기존의 내연기관 자동차 보유자나 신규 자동차 구매자를 대상으로 한 광고 전략 수립과 강조해야 할 포인트, 그리고 광고 동영상 제작에 앞서 시각적인 광고 콘티와 스토리보드 등을 단계별로 제시하시오.

단, 1) 생성형 AI를 활용하기 위한 기획 내용, 2) 생성형 AI에의 프롬프트 입력 및 적절한 대화(피드백) 과정과 내용, 3) 생성형 AI의 최종 결과물(해결 방안, 본인의 보완 및 수정 내용, 최종 해결 방안) 등을 확인할 수 있도록 자세하고 명확하게 기술하시오.

[답안] 수험자가 아래와 같은 내용으로 AI 활용 과정과 결과물을 복사 혹은 작성하여 제출

1) 사용 AI와 기능 및 도구

사용 AI: GPT5.1

2) 생성형 AI를 활용하기 위한 기획 내용

① 목적: 그린 마케팅 활동이 반영된 광고 캠페인 강조점 및 광고 콘티 작성

② 맥락: 광고 콘셉트, 광고 콘티, 스토리보드 작성

③ AI의 역할: 그린 마케팅 활동의 광고 캠페인 방향과 전략과 광고 제작 과정 도출

④ 산출물: 그린 마케팅 활동 시 광고 캠페인 소구점, 광고 콘티, 스토리보드

⑤ 데이터: 별도의 데이터 불필요

3) 생성형 AI에 프롬프트 입력 및 대화(피드백) 과정과 내용

[단계별 프롬프트 디자인 기획]

> **[1단계 프롬프트] 그린 마케팅 활동이 반영된 광고 캠페인 제작 시 강조점은?**
> ① 목적: 전기자동차의 그린 마케팅 활동을 통한 광고 전략의 일환으로 광고 전략 수립 시 광고 콘셉트의 방향과 강조점 검토
> ② 맥락: 기존 전통적 자동차 광고와 차별화, 친환경 그린마케팅 강조
> ③ AI의 역할: 친환경 그린 마케팅 활동을 위한 광고 소구점 발견
> ④ 산출물: 광고 콘셉트의 방향과 강조점(소구점)
>
> • **프롬프트:** "A기업은 신규 전기자동차 출시를 앞두고 기존 내연기관 자동차 소유자 및 신규 자동차 구매자를 대상으로 하는 친환경 그린 마케팅 캠페인을 계획 중이다. 이 캠페인 제작 시 전통적인 자동차 광고와 차별화되어야 하며, 환경 보호의 중요성을 부각하고 전기자동차의 어떤 점을 강조해야 하는지 제시해 주세요."

[1단계] 그린 마케팅 활동이 반영된 광고 캠페인 제작 시 강조점은?

[GPT-5]

1. 캠페인의 기본 상황과 목적
- **회사 A의 상황**
  - 곧 **새로운 전기차 모델을 출시**하려고 함

- 대상 고객은 두 부류
  1. 이미 **내연기관 자동차(휘발유·디젤 차)를** 타고 있는 기존 운전자
  2. 앞으로 차를 새로 사려는 신규 구매자
- **캠페인 목적**
  - 단순히 "새 차 나왔습니다, 성능이 좋습니다"가 아니라,
  ⇒ **환경을 생각하는 친환경 브랜드**라는 이미지를 강화
  ⇒ 내연기관차를 타고 있는 고객도 "이제는 전기차로 바꿔야겠다"라고 느끼게 만드는 것

---

2. 기존 자동차 광고와의 차별화 포인트

전통적인 자동차 광고는 보통 이런 포인트를 많이 강조합니다.

- 가속력, 최고 속도, 마력, 토크 등 **성능 중심**
- 고급스러운 인테리어, 디자인, 브랜드 이미지 등 **감성·프리미엄 이미지**
- 역동적인 주행 장면, 스피드, 스포츠성 등 **드라이빙 즐거움**

이번 캠페인은 이런 전통적 포인트와 **명확히 다르게** 가야 합니다.

- **'환경 보호'와 '지속가능성'을 중심 메시지로 둠**
  - "빠르고 강력하다"보다 "지구를 덜 아프게 한다", "미래 세대를 위한 선택" 강조
- **소비자의 라이프스타일 변화와 연결**
  - "환경을 생각하는 나", "내 아이에게 부끄럽지 않은 선택", "도시 공기와 건강을 지키는 운전"
- **기업의 책임 있는 이미지를 부각**
  - "A사는 단지 차를 파는 회사가 아니라, 탄소중립과 지속가능한 사회를 함께 만들어가는 파트너다"라는 스토리

[중략]

[2단계] 친환경 광고 전략, 광고 콘셉트, 광고 콘티와 스토리보드 작성

[GPT-5]

1. 캠페인 배경 및 필요성
- **자동차 산업 패러다임 변화**
  - 내연기관 중심 산업 → 탄소중립·ESG·친환경 모빌리티 중심으로 전환
  - 글로벌 규제 강화 (유럽 배출 규제, 탄소세, ICE 판매 금지 로드맵 등)
- **브랜드 전략 변화 필요**
  - 기존 자동차 광고 = 성능·스피드·프리미엄 이미지 중심
  - 새로운 캠페인 = 환경 보호, 지속 가능성, 책임 경영 가치 전달 필요
- **소비자 가치 변화**
  - MZ 세대 중심으로 *"가치 기반 소비"*, *"친환경 윤리 소비"* 증가
  - 자동차 구매를 **자아 표현 수단 + 환경 기여 행동**으로 인식

👉 따라서 단순 신차 홍보가 아니라, **전기차 전환을 촉진하는 '가치 메시지 캠페인'**이 필요함.

2. 핵심 타겟 세분화 및 메시지 전략

타겟 그룹	특성	주요 설득 포인트	추천 메시지
내연기관 기존 운전자	기존 차량에 익숙함, 교체 필요성 낮음	유지비 절감, 배출 저감, 규제 대응, 차량 교체 타이밍	"지금 바꾸면 비용·환경 모두 절약"
신규 자동차 구매자	첫 구매·교체 수요, MZ 중심	가치소비·미래형 모빌리티·사회적 책임	"첫 차부터 미래를 선택하라"
패밀리 고객층	환경·아이 건강 관심 높음	미세먼지·도시 소음 감소·안전성	"우리 아이의 숨을 바꾸는 선택"
하이테크 관심층	기술, 편의성 중시	OTA, 자율주행 기능, 디지털 UX	"업데이트되는 스마트 모빌리티"

[중략]

[문제 3] 글로벌 반도체 시장 판매 예측과 전략 수립(난이도 상)

출제 의도(테스트 내용): 시장 판매 예측과 전략 수립을 위한 생성형 AI 활용 역량

[문제]

한국 반도체 시장의 현황을 분석하고 최근 수출 부진과 이에 따른 판매 예측과 2026년의 수출을 전망하여 그래프로 나타내 보고, 글로벌 반도체 시장에서 경쟁우위를 점하기 위한 업계와 정부 및 글로벌 협력 차원에서의 어떤 노력이 필요한지 제시하시오.

1. 조건

최근 반도체 수출이 부진의 이유와 원인을 알아보고 이에 따른 판매 예측을 한다. 더 나아가 글로벌 반도체 시장에서 경쟁 우위를 점하기 위해 업계와 정부 차원 및 글로벌 협력 차원에서 어떠한 노력을 해야 할지 그 해답을 찾고자 한다.

2. 요구 사항

글로벌 반도체 시장의 현황 파악을 통한 원인 분석과 정확한 실태조사를 바탕으로 판매 예측(2020~2024년, 한국과 세계시장 구분) 자료를 바탕으로 그래프로 예측)과 시장 동향을 요약하고 대한민국인 글로벌 시장 경쟁력을 갖추는 데 필요한 노력과 지원책을 통해 보다 구체적이고 실제적인 반도체 부진의 해결 방안을 파악하여 단계별로 제시하시오.

단, 1) 생성형 AI를 활용하기 위한 기획 내용, 2) 생성형 AI에게의 프롬프트 입력 및 적절한 대화(피드백) 과정과 내용, 3) 생성형 AI의 최종 결과물(해결 방안, 본인의 보완 및 수정 내용, 최종 해결 방안) 등을 확인할 수 있도록 자세하고 명확하게 기술하시오.

[답안] 수험자가 아래와 같은 내용으로 AI 활용 과정과 결과물을 복사 혹은 작성하여 제출

1) 사용 AI와 기능 및 도구

사용 AI: GPT5.1

2) 생성형 AI를 활용하기 위한 기획 내용

① 목적: 글로벌 반도체 시장 판매 예측과 전략 수립 방안 제시

② 맥락: 부진 원인 파악과 통계적으로 판매 예측

③ AI의 역할: 글로벌 반도체 시장 부진 원인과 판매 예측을 통한 글로벌 공급망 대응

④ 산출물: 경제적, 기술적, 글로벌 시장 트렌드를 파악하고, 반도체 산업의 경쟁력을 강화 방안 제시

⑤ 데이터: 2020~2024년 글로벌 반도체 시장 현황 자료 검색 필요

3) 생성형 AI에 프롬프트 입력 및 대화(피드백) 과정과 내용

[단계별 프롬프트 디자인 기획]

[1단계 프롬프트] 상황 분석 및 원인 파악

① 목적: 현재 반도체 수출 부진의 원인을 면밀히 조사하여 이해를 돕고, 근본적인 문제점을 파악한다.

② 맥락: 원인 분석을 위한 경제적, 기술적, 글로벌 시장 트렌드 파악

③ AI의 역할: 반도체 시장 분석을 통한 부진 원인 파악

④ 산출물: 글로벌 반도체 시장 부진 원인과 주요 요인별 상관관계 분석 요약

• **프롬프트:** "한국 반도체 산업의 최근 수출 부진 현황에 대한 분석과 이에 영향을 미치는 주요 원인과 경제적, 기술적, 글로벌 시장 트렌드와의 상관관계를 밝혀 주세요."

[2단계 프롬프트] 판매 예측(2026년 전망)

① 목적: 미래 시장 동향을 예측하고, 이를 바탕으로 사업 전략과 생산 계획을 조정하기 위함이다.

② 맥락: 과거 자료(2020~2024년)를 바탕으로 2026년 글로벌 반도체 시장 판매 예측

③ AI의 역할: 반도체 시장 분석 전망과 수요 예측

④ 산출물: 글로벌 반도체 시장 판매 예측 요약

- **프롬프트:** "현재 한국과 글로벌 시장 분석(2020~2025년) 자료를 바탕으로 한국 반도체 산업의 향후(2026년) 판매를 예측하고 글로벌 수요, 기술 혁신, 공급망 변화를 고려하여 예측해 그래프로 나타내 주세요."

[3단계 프롬프트] 업계 및 정부 차원의 전략 제안
① 목적: 산업 및 정부 차원에서 구체적인 전략을 마련하여 반도체 산업의 경쟁력을 강화하는 방안을 탐색한다.
② 맥락: 산업 및 정부 차원에서 지원 및 활성화 전략 제시
③ AI의 역할: 산업계 전략 도출, 정부 차원의 지원 유도 검토
④ 산출물: 반도체 산업의 경쟁력을 강화하는 방안 요약

- **프롬프트:** "한국 반도체 산업이 글로벌 경쟁력을 강화하기 위해 취해야 할 산업 및 정부 차원의 전략적 조치들을 분석하고 제안해 주세요."

[1단계] 상황 분석 및 원인 파악

[GPT]

1. 경제(경기) 요인: 글로벌 수요 둔화와 재고 조정

1. **글로벌 경기 둔화·고금리 → IT·전자제품 수요 급감**
   - 2023년에 전 세계 반도체 매출은 전년 대비 약 **−8.8%** 감소했는데, 소비·기업 IT 지출 둔화와 인플레이션, 고금리가 동시에 영향을 줬다는 분석이 있습니다. `Counterpoint Re...`
   - 메모리 시장은 특히 타격을 받아 **수요 둔화 + 재고 과잉 + 가격 폭락**이 동시에 발생했고, 2023년 메모리 매출 감소폭이 −16% 수준으로 추정되기도 합니다. `가트너`

2. **중국 경기 둔화 및 IT 수요 축소**
   - 한국 반도체 수출의 최대 시장인 중국(중국+홍콩)에서 스마트폰·PC 수요가 크게 줄어, 2023년 상반기 중국향 수출이 **−20% 이상** 감소한 시점도 있었습니다. `S&P Global`
   - 한국 전체 수출이 중국 경기·IT 사이클에 연동되는 구조라, 중국의 재고조정·투자 축소가 그대로 한국 반도체 수출 부진으로 이어졌습니다.

▶ 상관관계

- 글로벌 경기 둔화(소비·투자 ↓)
  - → 완제품(스마트폰·PC·서버 외 일부) 수요 ↓
  - → 세트 메이커의 반도체 주문 축소 및 재고조정
  - → 메모리 가격 폭락 & 한국 반도체 수출액 급감

2. 기술·산업 구조 요인: 메모리 편중과 제품 포트폴리오

1. **메모리 편중 구조("메모리 코리아")**
   - 한국 반도체 수출은 DRAM·NAND 등 **메모리**에 크게 집중되어 있어, 가격·수요 변동이 심한 "사이클 산업"에 의존하고 있습니다.
   - KDI 분석에서도 한국 반도체 수출이 **변동성이 큰 메모리 부문에 과도하게 집중**되어 있어, 글로벌 다운사이클 시 한국 경제 전체가 더 크게 흔들린다고 지적합니다. KDI +1

2. **시스템·자동차용·아날로그 반도체 비중이 낮음**
   - 최근 보고서에 따르면, 2024년 기준 한국의 시스템 반도체(특히 아날로그 IC 등) 무역에서 해당 품목이 차지하는 비중은 전체 시스템 반도체 교역의 **1% 미만**에 불과할 정도로 아직 작습니다. KIEP
   - 대만(TSMC)의 파운드리·고부가 로직 반도체, 미국의 CPU·GPU, 유럽·일본의 전력·차량용 반도체와 비교하면, 한국은 **메모리 쏠림 + 시스템 다각화 부족**이라는 구조적 한계를 갖고 있습니다.

3. **팬데믹 시기 과잉 투자 → 2023년 재고폭탄**
   - 2020~2022년 IT 수요 호황기에 메모리 업체들이 공격적으로 증설하면서, PwC·WSTS 등은 2023년 반도체 다운턴의 원인으로 **공급 과잉과 재고 누적**을 지목합니다. PwC +1
   - 수요가 꺾이자, 메모리 가격이 붕괴하고 출하량이 줄어들어 한국 수출액이 크게 감소했습니다.

▶ 상관관계

- 메모리 편중 + 과잉투자
  - → 글로벌 수요 한 번 꺾이면 가격·출하량 동시에 급락
  - → 한국 수출 감소폭이 타국(시스템 중심국)보다 더 크게 확대

[중략]

5. 최근 흐름: 슬럼프 이후의 반등과 구조적 리스크

- 2023년의 깊은 다운턴 이후, **AI 서버·HBM 수요**가 폭발하면서 2024~2025년 한국 반도체 수출은 다시 크게 증가하고 있습니다. 여러 보도에 따르면 2024년에는 반도체 수출이 전년 대비 20% 이상 늘었고, 2025년 들어서는 **역대 최대 수준의 수출**을 기록했다는 평가도 나옵니다. 조선일보 +2
- 그러나 최근 분석들은 "반도체, 특히 메모리에 대한 **과도한 의존**이 한국 경제의 구조적 리스크"라고 경고합니다. The Diplomat
- 즉, **AI 호황 덕분에 단기적으로는 수출이 다시 급등했지만,**
  - 경기·금리·중국 수요,
  - 메모리 가격·재고,
  - 미·중 갈등·수출통제

  가 다시 악화될 경우, **비슷한 수출 슬럼프가 재현될 가능성**이 항상 존재합니다.

[2단계] 판매 예측(2026년 전망)

[GPT]

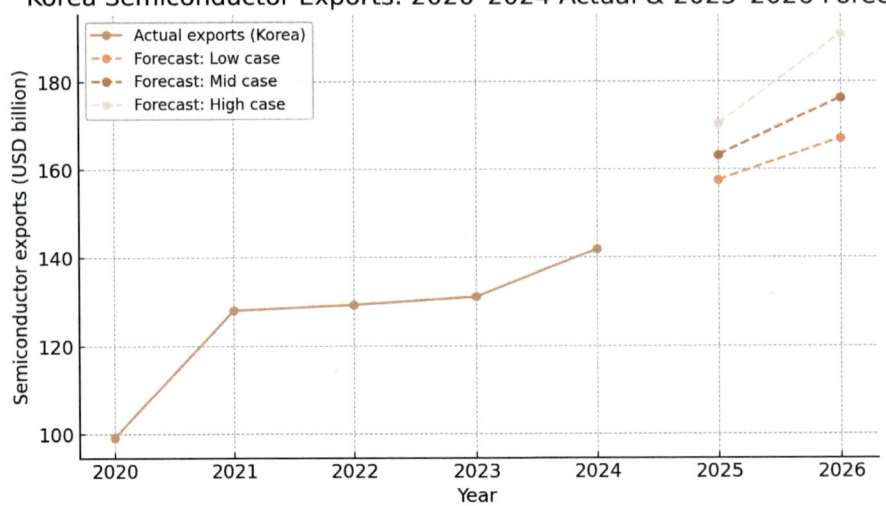

Korea Semiconductor Exports: 2020–2024 Actual & 2025–2026 Forecast

1. 사용한 기초 데이터 (한국·글로벌)

1) 한국 반도체 수출액(실적, USD 기준)

- 2020년: 합계 **99.2억 달러**
  (메모리 639, 시스템 303, 광소자 50 → 합계 992, 단위 10억 달러 환산) InvestKorea
- 2021년: **128.0억 달러** InvestKorea
- 2022년: **129.3억 달러** (공식 발표치는 129.2억 달러) InvestKorea +1
- 2023년: **131.09억 달러** (KIEP 반도체 무역 분석 보고서) KIEP
- 2024년: **141.9억 달러** (MOTIE·InvestKOREA·정부 보도자료 공통 수치) InvestKorea +2

   ※ 수출액이 한국 반도체 산업 매출의 대부분을 차지하므로,
   "한국 반도체 산업 매출 ≒ 반도체 수출액"으로 보고 예측에 사용했습니다.

2) 글로벌 수요·공급 환경

- 전 세계 반도체 시장 규모
  - 2023년: **5,269억 달러** Semiconductor I...
  - 2024년: **6,305억 달러**
  - 2025년: **6,972억 달러 전망**
  - 2026년: **7,386억 달러 전망** (WSTS 2024년 가을 전망, SIA 2025 Factbook) Semiconductor I...
- 2024→2025년 글로벌 성장률 약 **+10.6%**, 2025→2026년 약 **+5.9%**
- 메모리·AI 서버/HBM 중심으로 한국이 **글로벌 평균보다 더 높은 성장률을 보일 가능성**이 큼.

[중략]

3. 수치 결과 (요약 표)

단위: 억 달러 (USD billion)

구분	2024 (실적)	2025 (예측)	2026 (예측)
Low Case	141.9	약 157.5	약 167.0
Mid Case	141.9	약 163.2	약 176.2
High Case	141.9	약 170.3	약 190.7

> 따라서 2026년 한국 반도체 산업(수출) 매출은
> **대략 1,670억~1,907억 달러 범위**,
> 기준 시나리오로는 **약 1,762억 달러** 수준으로 예측할 수 있습니다.

[3단계] 업계 및 정부 차원의 전략 제안

[GPT]

Ⅰ. 문제 진단(Background)

한국 반도체 산업은 **메모리 중심의 산업 구조, 대외 공급망 리스크, 미·중 기술 패권 경쟁, 파운드리·시스템 반도체 경쟁국 부상(대만·미국·중국·EU)** 등으로 인해 경쟁력 강화 전략이 필요합니다. 특히 **AI·HBM 중심 성장세**는 기회지만, **기술 리더십 유지와 시스템 반도체 확대**가 장기 경쟁력의 핵심 과제로 부상하고 있습니다.

Ⅱ. 산업(기업) 차원의 전략

1. 기술 혁신 및 제품 포트폴리오 다변화

- 메모리(특히 HBM·DDR6·CXL) 기술 리더십 강화
- **시스템 반도체·전력반도체·차량용 반도체 비중 확대**
- AI·데이터센터용 고대역폭 솔루션 중심으로 R&D 집중

2. 글로벌 생산·공급망 다변화

- 미국·유럽·동남아 등 **지역별 팹 및 패키징 인프라 분산**
- 중국 의존도 축소 + 대체 고객/생태계 확보

3. 파운드리 경쟁력 강화

- 극자외선(EUV) 기반 첨단공정 경쟁력 확보
- 고객 맞춤형 설계 지원(Foundry Ecosystem + Fabless 육성)
- 고성능 패키징(3D IC, CoWoS, FO-PLP) 투자 확대

[중략]

Ⅲ. 정부(정책) 차원의 전략

1. 세제·투자·보조금 정책
- 국가첨단전략산업 세액공제 확대(설비·R&D 동시 강화)
- 시스템 반도체·파운드리 중심 **정책 지원 균형 조정**

2. 공급망 안정 및 국제 협력
- 미국·EU·일본과 **반도체 동맹 및 소재·장비 공동 대응 체제**
- 대중(對中) 수출 규제에 대한 **대체시장 확보 전략 지원**

3. 첨단 패키징 클러스터 및 인프라 조성
- 국내 초대형 팹·패키징 클러스터 구축 및 전력·용수·부지 지원
- 장비·소재 국산화율 단계적 확대

4. 인력 양성 정책
- 반도체 학과 확대 + 계약학과(학부/대학원)
- 설계·공정·AI·EDA 소프트웨어 교육 강화

[중략]

Ⅴ. 종합 정리표

구분	주요 전략	기대 효과
산업 차원	HBM/첨단공정/시스템반도체 확장	기술 리더십 + 제품 다변화
	글로벌 생산·공급망 분산	지정학 리스크 완화
	파운드리·패키징 강화	TSMC·中과의 경쟁력 확보
정부 차원	세제·투자·R&D 지원 확대	투자 촉진·혁신 가속
	국제 공급망 동맹	대중 리스크 완화
	인력 양성 체계 강화	기술 자립 기반 확보
	핵심 인프라·전력·부지 지원	대규모 팹투자 실행력 강화

Ⅵ. 결론

한국 반도체 산업은 **기술(메모리 선도)** + **산업 구조(시스템 확장)** + **공급망 전략(리스크 분산)** + **정책적 기반(투자·인재·인프라)** 이 네 가지 축을 동시에 강화할 때 **지속적인 글로벌 경쟁 우위**를 확보할 수 있습니다.

참고 문헌

- Erik Brynjolfsson, Daniel Rock, Chad Syverson(2017), "The Business of Artificial Intelligence", Harvard Business Review (HBR).

- Kai-Fu Lee(2018), "AI Superpowers: China, Silicon Valley, and the New World Order", Houghton Mifflin Harcourt.

- Karim Lakhani, Michael Tushman, Nina Goodhue(2019), "Artificial Intelligence in Healthcare: Anticipating Challenges", Harvard Business Review.

- Karim R. Lakhani, Marco Iansiti(2020), "Competing in the Age of AI: Strategy and Leadership When Algorithms and Networks Run the World", Harvard Business Review Press.

- Melanie Mitchell(2019), Artificial Intelligence: A Guide for Thinking Humans, Farrar, Straus & Giroux.

- OpenAI Research(2020), "GPT-3: Language Models for Text Generation".

- Robert J. Shiller(2021), "The AI Spring: How Artificial Intelligence Might End Climate Change", Project Syndicate.

- Steven Struhl(2019), "Artificial Intelligence Marketing and Predicting Consumer Choice: An Overview of Tools and Techniques", Springer.

- Stuart Russell(2019), "Human Compatible: Artificial Intelligence and the Problem of Control", Viking.

- Tom B. Brown et al.(2020), "Language Models are Few-Shot Learners" , arXiv(OpenAI).

Chapter 11

통계 및 데이터 분석 기반
과학적 경영을 위한 AI

1. 경영 통계와 빅데이터, AI 기반 과학적 경영

　현대 비즈니스 환경에서는 방대한 데이터와 이를 분석하는 능력이 기업 경쟁력의 핵심 요소로 자리 잡고 있다. 특히 빅데이터와 인공지능AI은 단순한 기술적 도구의 수준을 넘어 기업의 의사 결정 방식과 운영 구조를 근본적으로 변화시키고 있으며, 과학적 경영 실천의 핵심 기반이 되고 있다.

　AI와 데이터 과학의 발전으로 기업은 과거보다 훨씬 더 빠르고 정확한 분석을 수행할 수 있으며, 이를 통해 시장 변화에 민첩하게 대응하고 고객 요구를 세밀하게 파악하며 전략적 의사 결정을 강화할 수 있다. 하지만 여전히 많은 실무자들은 이러한 기술을 경영 통계나 데이터 분석과 어떻게 결합해 활용해야 하는지 어려움을 느끼고 있다. 특히 통계적 기법, 데이터 처리, AI 분석을 통합적으로 이해하는 것은 실무 현장에서 중요한 도전 과제다Enterprise DNA Experts, 2023.

　본 장에서는 이러한 배경을 바탕으로 AI의 기본 원리와 빅데이터 분석, 경영 통계 기법을 통합하여 과학적 경영을 구현하는 방법을 소개하고자 한다. AI 기반 분석이 전통적 통계 기법과 어떻게 결합되는지, 그리고 실제 비즈니스 현장에서 어떤 방식으로 활용될 수 있는지를 구체적인 사례와 함께 제시한다. 이를 통해 독자들은 데이터 기반 의사 결정을 위한 실무적 관점을 갖추고, 현대 기업이 요구하는 분석 역량을 체계적으로 이해하게 될 것이다.

2. 데이터 분석을 통한 인사이트 도출 및 의사 결정 지원

본 절에서는 AI가 전통적인 통계 방법을 어떻게 보완하여 정확성과 효율성을 높이는지 논의한다Enterprise DNA Experts, 2023.

1) 데이터 기반 의사 결정 강화

데이터 기반 의사 결정은 기업이 보다 명확하고 효과적인 전략을 수립하는 데 필수적인 과정이다. 통계적 분석을 활용하면 비즈니스 데이터 속에서 숨겨진 의미 있는 인사이트를 찾아낼 수 있으며, 이를 통해 의사 결정의 정확성을 높일 수 있다. 예를 들어, 매출의 변화 추이를 분석함으로써 특정 시기의 성과 요인을 파악하거나, 향후 위험 요소와 성장 가능성을 미리 확인할 수 있다. 여기에 AI 기술이 더해지면 의사 결정의 효율성과 속도는 한층 강화된다. AI는 방대한 데이터를 빠르게 처리하고, 패턴을 자동으로 식별하며, 예측 분석 모델을 구축하여 미래의 판매량이나 고객 행동 등을 고도화된 방식으로 전망할 수 있다. 특히 자동화된 분석 기능은 반복적인 의사 결정 과정을 단순화하고, 비즈니스 운영 전반을 최적화하는 데 중요한 역할을 한다. 따라서 데이터 기반 의사 결정 강화는 통계적 기법을 활용한 매출 추이 분석과 AI를 활용한 판매 예측 모델 개발 등과 같은 실질적 적용을 통해 기업 경쟁력을 크게 높일 수 있는 핵심 전략으로 자리 잡고 있다.

2) 고객 행동 분석 및 대응

고객 행동 분석은 기업이 시장 흐름을 정확히 이해하고 경쟁력을 높이는 데 핵심적인 과정이다. 통계적 방법을 활용하면 고객의 행동 패턴, 선호도, 구매 경향 등을 체계적으로 분석할 수 있으며, 이를 통해 어떤 요인이 고객의 선택을 좌우하는지 파악할 수 있다. 이러한 통찰은 제품 개발, 서비스 개선, 마케팅 전략 수립 등 다양한 비즈니스 활동의 기초 자료가 된다. AI 기술이 결합되면 고객 분석의 정밀도와 활용 범위는 더욱 확장된다. AI는 통계적 분석 결과를 바탕으로 고객별로 최적화된 마케팅 전략을 자동으로 도출하고, 개인화된 서비스를 제공하는 데 중요한 역할을 한다. 특히 추천 시스템과 같은 AI 기반 기술은 고객의 이전 행동과 선호도를 학습하여 맞춤형 콘텐츠, 제품, 광고 등을 제시함으로써 고객 만족도를 높이고 재구매를 유도하는 데 효과적이다. 따라서 고객 행동 분석 및 대응 전략은 통계적 분석을 통해 고객의 특성과 경향을 파악하고, AI 기술을 활용해 개인화된 추천 시스템과 맞춤형 마케팅을 구현함으로써 기업의 고객 관리 역량을 크게 향상시키는 중요한 방향이라 할 수 있다.

3) 시장 동향 및 예측

　시장 동향 분석과 예측은 기업이 불확실한 환경 속에서도 안정적이고 지속 가능한 성장을 이루기 위해 반드시 수행해야 할 핵심 활동이다. 통계적 방법은 시장의 흐름을 파악하고 위험 요인을 분석하며 새로운 기회를 발견하는 데 중요한 역할을 한다. 데이터에 기반한 시장 분석은 경쟁 환경의 변화, 소비자 요구의 변동, 외부 경제 요인 등을 구조적으로 이해할 수 있도록 해주며, 이를 통해 기업은 보다 근거 있는 전략을 수립할 수 있다. AI 기술은 이러한 통계적 분석을 한 단계 더 발전시켜 미래 시장의 변화를 예측하는 데 강력한 도구가 된다. AI 기반 예측 모델은 방대한 데이터를 학습해 시장 트렌드, 소비자 수요 변화, 경쟁사 움직임 등을 빠르고 정확하게 전망할 수 있으며, 그 결과 기업은 빠르게 변화하는 비즈니스 환경에 신속하고 유연하게 대응할 수 있다. 실제로 기업은 통계적 방법을 활용해 시장 동향을 분석하고, AI 알고리즘을 기반으로 시장 변화 예측 모델을 개발함으로써 전략 수립의 정밀도를 높일 수 있다. 이러한 데이터와 분석 기술의 통합은 전략적 의사 결정 강화, 고객 경험 향상, 시장 경쟁력 제고, 운영 효율성 개선, 그리고 지속적 혁신을 가능하게 한다. 결론적으로 통계적 방법과 AI의 통합은 데이터를 기반으로 한 강력한 의사 결정 도구를 제공하며, 기업이 미래 환경을 선도적으로 준비할 수 있도록 지원하는 핵심적인 비즈니스 역량이다.

4) 통계 분석 관련 AI 구현 시 발전 방향

현재 통계 분석 AI의 발전 방향은 데이터의 질과 양이 증가함에 따라 정교한 분석 기법 개발, 실시간 데이터 분석 및 예측 역량 강화, 다양한 산업 및 분야로의 활용 확대, 사용자 친화적인 인터페이스 및 해석 가능한 AI 모델 개발에 중점을 두고 있다. 특히 전사적 관점에서 조직 내 데이터 문화 정착, 직원의 데이터 및 AI 리터러시 향상을 위한 교육, 데이터 거버넌스 및 윤리 기준 확립, 효율적인 데이터 관리 및 인프라 구축, 다학제적 협력을 통한 혁신적인 솔루션 개발이 필요한 상황이다.

본 절에서는 AI 활용 시 분석 분야와 관련된 과제와 향후 동향을 다음과 같이 요약할 수 있다Enterprise DNA Experts, 2023.

AI 활용에는 다양한 이점이 존재하지만, 이를 효과적으로 구현하기 위해서는 여러 도전과 고려 사항을 함께 이해해야 한다. 우선, 고품질 데이터의 확보는 AI 성능을 결정하는 핵심 요소이다. 데이터가 충분하지 않거나 불완전하면 AI 분석 결과의 신뢰도가 낮아지고, 실제 비즈니스 적용에 한계가 생긴다. 이와 더불어 AI 알고리즘의 의사 결정 과정이 종종 '블랙박스'처럼 보이기 때문에, 그 과정을 해석하고 설명하는 능력 또한 점점 더 중요해지고 있다.

AI 도입은 윤리적, 법적 측면에서도 주의가 필요하다. 개인정보 보호, 알고리즘의 공정성, 의사 결정 과정의 투명성 등 다양한 이슈가 함께 수반되며, 기업은 이를 준수하기 위한 체계적인 정책과 관리가 요구된다. 또한, AI 시스템 자체가 고도의 기술적 복잡성을 갖고 있어, 구축과 유지·운영을 위해 전문적인 역량과 지속적인 관리가 필요하다.

향후 AI는 더 정교한 알고리즘 개발, 자동화된 데이터 분석, 실시간 의사 결정 지원 기능의 확대 등으로 지속 발전할 것이다. 이에 따라 AI 기술의 활용 범위도 계속 늘어나겠지만, 동시에 AI 윤리와 법적 기준의 정립은 더욱 중요한 사회적 이슈가 될 전망이다. 이러한 요소들을 균형 있게 고려하는 것이 AI의 효과적 활용을 위한 필수 조건이라 할 수 있다.

최종적으로는 이러한 과제를 극복하고 AI를 활용한 통계 분석 분야를 지속적으로 발전시키기 위해서는 연구, 교육, 정책 수립에 대한 지속적인 투자가 필요한 상황이다.

3. 데이터 구조화 및 시각화 기술을 활용한 효과적 정보 전달

데이터 시각화는 비즈니스에서 매우 중요한 역할을 할 수 있는데, 이러한 기술은 복잡한 데이터를 시각적 형식으로 변환하여 정보 해석 및 의사 결정 프로세스를 단순화하고 합리화할 수 있다. 이는 보고서, 프레젠테이션, 회의에서 매우 유용한데, 데이터 시각화를 통해 비즈니스 이해관계자는 데이터를 더 빠르고 효과적으로 소화할 수 있다. 따라서 이러한 특징으로 인해 데이터 시각화는 기업 성과 향상과 경쟁력 강화에 핵심적인 역할을 하며, 데이터 기반 의사 결정 문화 구축에도 중요한 요소라고 할 수 있다.

[챗GPT 적용]

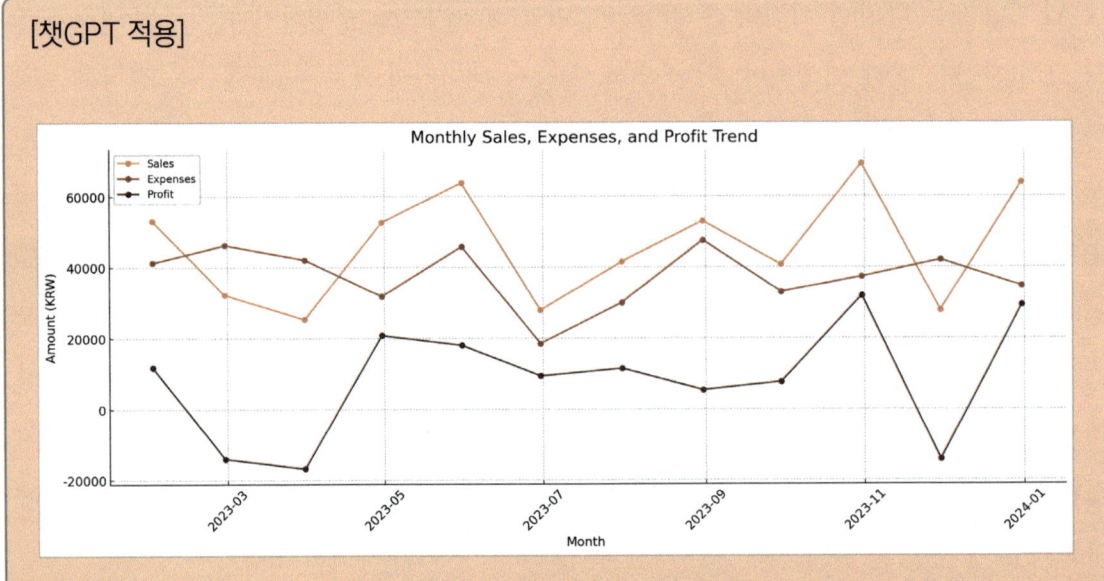

[그림 11-1] 챗GPT가 생성한 그래프

위 그래프는 월별로 'Sales' (매출), 'Expenses' (비용), 'Profit' (순이익)을 보여 주며, 각 선의 추세를 통해 매출과 비용, 그리고 순이익의 변화를 명확하게 확인할 수 있다. 결국, 이러한 시각화는 비즈니스의 재무 성과를 분석하고 이해하는 데 중요한 역할을 하게 된다. 매출과 비용의 관리, 그리고 순이익의 추이를 통해 기업은 재무적으로 강하고 약한 시기를 파악하고, 향후 전략을 수립하는 데 필요한 정보를 얻을 수 있다.

4차 산업혁명 시대에서 데이터 사이언스와 인공지능의 발달로 인해 AI를 활용한 시각화 기술이 점차로 중요해지고 있다. 이러한 기술은 크고 복잡한 데이터 세트에서 유용한 정보를 추출하고 이를 직관적이고 이해하기 쉬운 형식으로 변환하는 데 사용된다. 이러한 AI 기반 시각화 도구는 Tableau, Power BI, Google Data Studio를 비롯한 다양한 최신 데이터 분석 플랫폼에 점점 더 통합되고 있으며, 이러한 도구는 기업과 조직이 데이터 기반 의사 결정을 내리는 데 필수적인 역할을 한다.

다른 예시로서, 챗GPT에 'AI 기반 시각화 기법 중 선택해서 구체적인 데이터를 생성해서 시각화된 결과를 보여 주세요.'라고 프롬프트를 제시하면 다음과 같은 결과를 제시해 준다.

[챗GPT 적용]

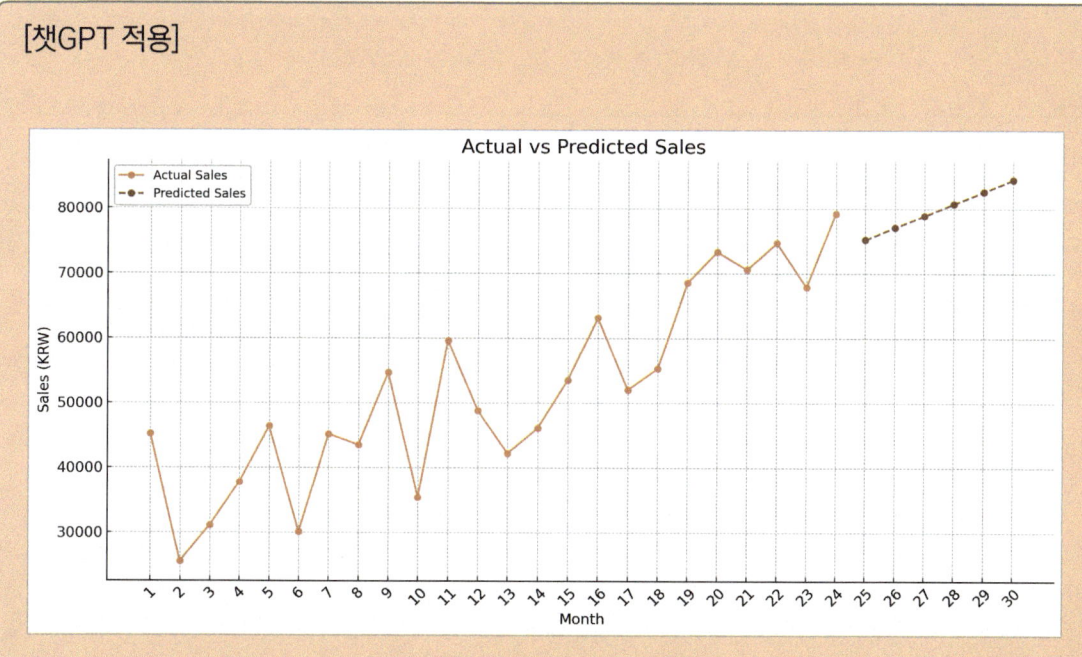

[그림 11-2] 챗GPT가 생성한 그래프

생성된 위 그래프의 데이터를 프롬프트에서 요청하면 별도의 엑셀 파일로 저장할 수 있도록 안내해 준다.

또한, 매우 간단한 예시로 워드클라우드(Word cloud) 분석을 적용하고자 한다. 본 절에서는 참고한 Enterprise DNA Experts(2023)의 파일을 업로드해서 "업로드한 파일을 갖고 Wordcloud로 만들어줘."라고 프롬프트를 제시하면, 다음과 같은 결과를 제시해 준다.

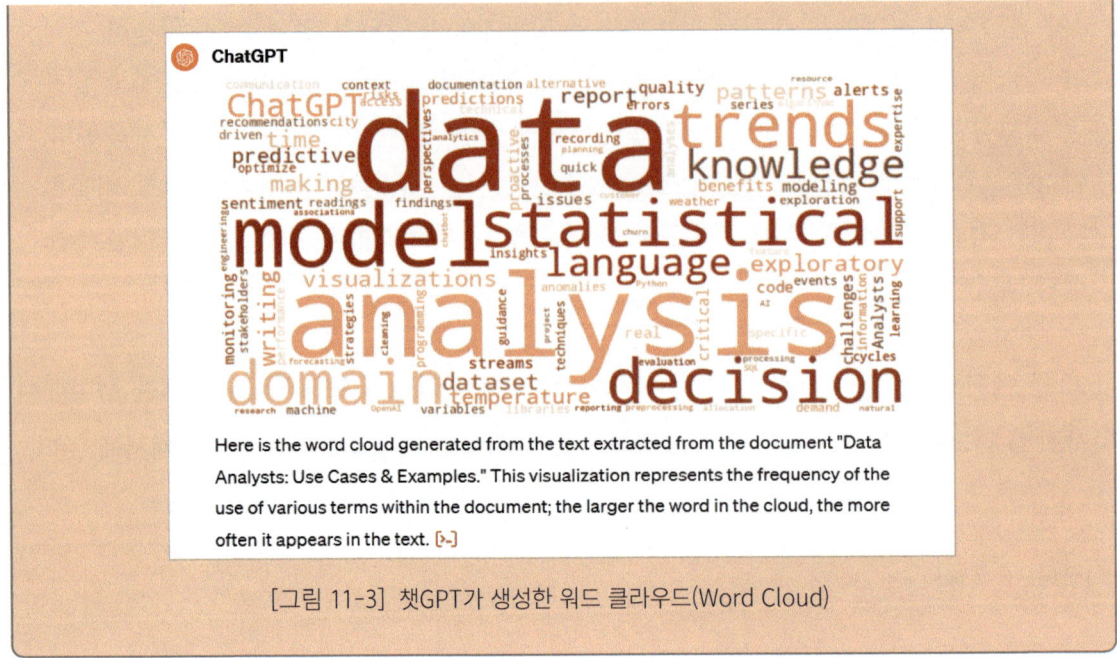

[그림 11-3] 챗GPT가 생성한 워드 클라우드(Word Cloud)

4. 데이터 분석, 통계 기법에의 AI 활용

1) 기술 통계의 기초와 비즈니스 응용

기술 통계의 기본 개념에는 평균, 중앙값, 최빈값, 범위, 분산, 표준편차가 포함되고, 이들은 비즈니스 분석에 핵심적인 역할을 한다.

- **평균**Mean은 모든 값의 합을 개수로 나눈 개념이며, 비즈니스에서는 전반적인 성과나 평균 매출 같은 지표를 나타내는 데 쓰인다.
- **중앙값**Median은 데이터를 순서대로 나열했을 때 가운데에 위치하는 값이며, 이는 이상치의 영향을 덜 받기 때문에, 비틀린 데이터 분포에서 중심 경향을 나타내는 데 유용하다.
- **최빈값**Mode은 가장 자주 등장하는 값이며, 고객의 선호 제품이나 가장 많이 팔린 상품 등을 파악하는 데 사용된다.

- **범위**Range는 최댓값과 최솟값의 차이이며, 이는 시장의 변동성이나 비즈니스 위험을 평가하는 데 도움이 된다.
- **분산**은 데이터가 평균에서 얼마나 떨어져 있는지를 나타내는데, 이는 비즈니스 성과의 일관성을 평가하는 데 쓰인다.
- **표준편차**는 분산의 제곱근으로, 데이터의 퍼짐 정도를 보여 주게 되는데, 이는 예측의 신뢰도나 위험 관리에 중요하다.

이러한 통계 값들은 비즈니스 데이터의 중심 경향과 변동성을 파악하는 데 필수적이다. 예를 들어, 매출 성과 분석, 고객 세분화, 재고 관리, 시장 트렌드 분석 등에 활용될 수 있다.

[챗GPT 적용]

예시적으로 챗GPT에 다음의 프롬프트를 제시한다.

➡ '통신 서비스 만족도 조사를 하고자 한다. 여기서 가상의 데이터 30개를 만들어 주세요.'

그러면 다음과 같은 데이터를 생성한다. 여기서 30개는 중심극한정리(Central limit theorem)에 따라 정규분포(Normal distribution)에 부합되는 최소의 샘플 개수이다.

통신 서비스 만족도 조사를 위한 **30개**의 가상 샘플 데이터를 생성했습니다. 각 열은 고객 ID, 연령대, 성별, 서비스 사용 기간(년), 그리고 만족도 점수(1-5)를 나타냅니다.

고객 ID	연령대	성별	사용 기간(년)	만족도 점수(1-5)
1	60대	여성	7	4
2	60대	여성	7	3
3	60대	여성	1	5
4	40대	여성	5	2
5	30대	남성	9	5
...	...	...	...	...
30	60대	남성	6	1

이 데이터는 통신 서비스에 대한 다양한 고객층의 만족도를 대략적으로 파악하는 데 사용할 수 있습니다. [>-]

[그림 11-4] 챗GPT가 생성한 가상의 데이터

➡️ '위 표를 엑셀 표(Excel table)로 만들어 주세요.

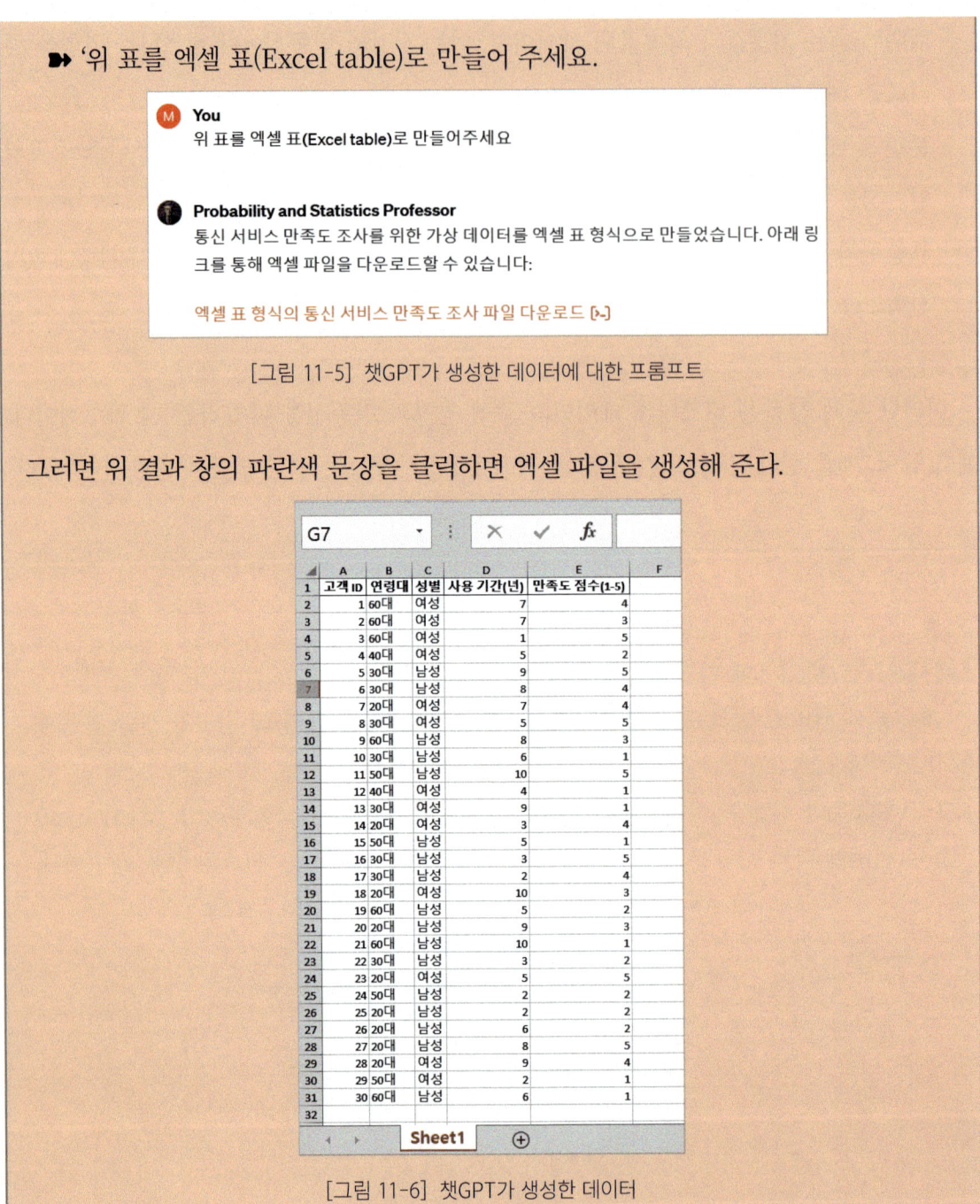

[그림 11-5] 챗GPT가 생성한 데이터에 대한 프롬프트

그러면 위 결과 창의 파란색 문장을 클릭하면 엑셀 파일을 생성해 준다.

고객 ID	연령대	성별	사용 기간(년)	만족도 점수(1-5)
1	60대	여성	7	4
2	60대	여성	7	3
3	60대	여성	1	5
4	40대	여성	5	2
5	30대	남성	9	5
6	30대	남성	8	4
7	20대	여성	7	4
8	30대	여성	5	5
9	60대	남성	8	3
10	30대	남성	6	1
11	50대	남성	10	5
12	40대	여성	4	1
13	30대	여성	9	1
14	20대	여성	3	4
15	50대	남성	5	1
16	30대	남성	3	5
17	30대	남성	2	4
18	20대	여성	10	3
19	60대	남성	5	2
20	20대	남성	9	3
21	60대	남성	10	1
22	30대	남성	3	2
23	20대	여성	5	5
24	50대	남성	2	2
25	20대	남성	2	2
26	20대	남성	6	2
27	20대	남성	8	5
28	20대	여성	9	4
29	50대	여성	2	1
30	60대	남성	6	1

[그림 11-6] 챗GPT가 생성한 데이터

이제 위 샘플 데이터를 갖고 기술 통계의 각 개념과 비즈니스적 해석을 요청하면 다음과 같이 그 결과를 보여 준다.

[챗GPT 적용]

> **Probability and Statistics Professor**
> 통신 서비스 만족도 조사의 가상 샘플 데이터에 대한 기술 통계 결과는 다음과 같습니다:
>
> 1. 평균 (Mean):
>   - 만족도 점수: 3.0
>   - 사용 기간(년): 5.87년
> 2. 중앙값 (Median):
>   - 만족도 점수: 3.0
>   - 사용 기간(년): 6.0년
> 3. 최빈값 (Mode):
>   - 만족도 점수: 1.0
>   - 사용 기간(년): 5.0년
>   - 성별: 남성
>   - 연령대: 20대
> 4. 범위 (Range):
>   - 만족도 점수: 4.0
>   - 사용 기간(년): 9.0년
> 5. 분산 (Variance):
>   - 만족도 점수: 2.34
>   - 사용 기간(년): 7.71
> 6. 표준편차 (Standard Deviation):
>   - 만족도 점수: 1.53
>   - 사용 기간(년): 2.78

[그림 11-7] 챗GPT가 생성한 데이터 분석 결과

위 결과의 비즈니스적인 차원의 해석을 요청하면 다음과 같이 제시해 준다.

> **비즈니스 응용:**
>
> 이러한 기술 통계 결과는 비즈니스 결정 과정에서 중요한 역할을 합니다:
>
> - **평균과 중앙값:** 고객 만족도와 사용 기간의 일반적인 수준을 나타내며, 서비스 개선이 필요한 영역을 식별하는 데 도움이 됩니다.
> - **최빈값:** 가장 흔한 고객 세그먼트를 나타내며, 특정 고객 그룹을 대상으로 마케팅 전략을 수립할 때 유용합니다.
> - **범위:** 고객 만족도의 변동 폭을 나타내며, 서비스 일관성을 평가하는 데 사용됩니다.
> - **분산과 표준편차:** 고객 만족도와 사용 기간의 분포 정도를 보여주며, 위험 관리 및 서비스 안정성을 평가하는 데 중요합니다. [>_]

[그림 11-8] 챗GPT가 생성한 데이터 해석

2) 가설 검정의 비즈니스 응용

가설 검정은 비즈니스 분석과 의사 결정 과정에서 중요한 역할을 하게 된다. 가설은 아직 증명되지 않은 연구자의 주장을 나타내며, 비즈니스에서는 예를 들어, 특정 연령대의 소비자들이 외식 선택에 있어서 다른 유형을 보일 것이라는 주장을 가설로 설정할 수 있다. 이러한 가설은 시장조사를 통해 수집된 자료를 근거로 검증되며, 검증되지 않은 가설에 근거한 결정은 시장 실패로 이어질 수 있기 때문에 이 과정은 매우 중요하다.

이러한 분석은 비즈니스 결정을 내릴 때 중요한 통찰력을 제공하며, 잘못된 가설에 기반을 둔 위험한 결정을 피하는 데 도움이 된다.

(1) 2개의 표본 집단 간 특성에 대한 검정

비즈니스 차원에서 두 모집단 평균의 동일성 검정을 간략하게 설명하면 다음과 같다.

- **독립 표본 검정**Independent Two-Sample Test

이는 서로 다른 두 고객 그룹의 행동이나 선호도에 차이가 있는지 분석하는 데 사용된다. 예를 들어, 남성 고객과 여성 고객의 제품 구매 패턴 차이를 알아보려고 할 때 적용되며, 여기서 중요한 점은 두 데이터 그룹이 서로 독립적이라는 것이라는 점이다. 따라서 분석 과정에서 F 검정을 통해 두 그룹의 데이터 변동성분산이 유사한지 확인하는 것이 필요하다.

- **짝 지워진 표본 검정**Paired Sample Test

이는 특정 마케팅 활동이나 캠페인 전후에 동일한 고객 그룹이 어떻게 변화하는지 분석하는 데 사용된다. 예를 들어, 새로운 광고 캠페인이 특정 고객 그룹의 제품 선호도에 영향을 미쳤는지 여부를 평가하는 데 적용할 수 있으며, 동일한 고객 그룹 내에서 시간 경과에 따른 변화를 비교 및 분석할 수 있다.

특히 비즈니스에서 이러한 통계적 방법을 사용함으로써 기업은 고객 행동의 차이를 더 명확하게 이해하고 효과적인 마케팅 전략을 수립하는 데 도움을 줄 수 있다.

[챗GPT 적용]

예시적으로 챗GPT에 다음의 프롬프트를 제시한다.

➡➡ '독립 표본 검정에 대해 비즈니스 사례에 대해서 가상의 데이터로 설명해 주세요.'

그러면 다음과 같은 결과를 제시해 준다.

비즈니스 상황: 'XYZ'라는 회사는 새로운 마케팅 전략을 도입하여 남성과 여성 고객 간의 제품 선호도 차이를 분석하고자 합니다. 회사는 남성 고객과 여성 고객의 평균 지출액이 서로 다른지를 알아보기 위해 독립 표본 검정을 사용하기로 결정했습니다.

가상 데이터:

- 남성 고객 그룹(그룹 A): 50명의 남성 고객의 평균 지출액은 $200이며, 표준편차는 $30 입니다.
- 여성 고객 그룹(그룹 B): 50명의 여성 고객의 평균 지출액은 $180이며, 표준편차는 $35 입니다.

분석 과정:

1. **가설 설정:**
   - 귀무 가설 (H0): 남성과 여성 고객 그룹의 평균 지출액에 차이가 없다. (평균 지출액이 동일하다)
   - 대립 가설 (H1): 남성과 여성 고객 그룹의 평균 지출액에 차이가 있다. (평균 지출액이 다르다)
2. **독립 표본 검정 실시**: 이 검정은 두 그룹 간의 평균 지출액 차이가 통계적으로 유의미한지를 평가합니다. 여기서는 남성과 여성 고객 그룹이 서로 독립적이며, 각각의 표본 크기, 평균, 표준편차가 주어졌습니다.
3. **결과 해석**: 검정 결과에 따라 p-값(p-value)이 주어집니다. 이 값이 특정 임계값(예: 0.05) 보다 작으면, 귀무 가설을 기각하고 대립 가설을 채택하여 두 그룹 간에 통계적으로 유의미한 차이가 있다고 해석합니다. 반대로 p-값이 크면, 귀무 가설을 기각할 충분한 증거가 없다고 보고 두 그룹 간의 평균 지출액에 유의미한 차이가 없다고 결론지을 수 있습니다.

이러한 분석을 통해 'XYZ' 회사는 남성과 여성 고객의 구매 행동에 대한 인사이트를 얻고, 타겟 마케팅 전략을 조정하는 데 유용한 정보를 얻을 수 있습니다.

[그림 11-9] 챗GPT가 생성한 데이터 분석 결과에 대한 해석

이러한 분석을 통해 'XYZ' 회사는 남성과 여성 고객의 구매 행동에 대한 인사이트를 얻고, 타깃 마케팅 전략을 조정하는 데 유용한 정보를 얻을 수 있다.

(2) 3개 이상의 표본 집단 간 특성에 대한 검정

3개 이상의 집단 간 비교 분석으로 활용이 되는 분산분석Analysis of Variance, ANOVA은 비즈니스에서 다양한 시장 세그먼트나 고객 그룹 간의 특정 변수에 대한 평균 차이를 검정하는 데 사용되는 통계 기법이다. 이를 통해 기업은 제품이나 서비스에 대한 다양한 고객 집단의 반응을 이해하고, 마케팅 전략을 최적화할 수 있게 된다. 이러한 분석을 통해 기업은 제품 개발, 타깃 마케팅, 가격 전략 설정 등에 있어 중요한 인사이트를 얻을 수 있다.

[챗GPT 적용]

예시적으로 챗GPT에 다음의 프롬프트를 제시한다.

➡ '위 분산분석의 실제 사례를 데이터를 갖고 분석 결과와 함께 설명해 주세요.'

그러면 다음과 같은 결과를 제시해 준다.

비즈니스 상황: 'Cafe Delight'는 다양한 지역에서의 카페 매출 차이를 분석하고자 합니다. 특히, 카페의 위치(도시, 교외, 시골)가 매출에 어떤 영향을 미치는지 알아보기 위해 분산분석을 실시하기로 결정했습니다.

가상 데이터:

• 위치에 따른 매장 분류: 도시(City), 교외(Suburban), 시골(Rural)
• 각 위치별 5개 매장의 일일 평균 매출액(단위: $)

위치	매장 1	매장 2	매장 3	매장 4	매장 5
도시	$1200	$1350	$1400	$1250	$1300
교외	$950	$1000	$1100	$1050	$1025
시골	$750	$800	$850	$820	$780

분석 과정:

1. **가설 설정:**
   • 귀무 가설 (H0): 모든 위치의 매장 매출액 평균에 차이가 없다.
   • 대립 가설 (H1): 적어도 한 위치의 매장 매출액 평균에는 차이가 있다.
2. **ANOVA 실시:** 세 위치(도시, 교외, 시골)의 매장 매출액 평균에 통계적으로 유의미한 차이가 있는지를 검정합니다. ↓

이제 가상의 데이터를 사용하여 실제 ANOVA를 수행해 보겠습니다.

분석 결과: ANOVA 검정 결과, p-value는 약 7.26e-08입니다. 이는 0.05(일반적인 유의 수준)보다 훨씬 작습니다.

결과 해석: 이러한 낮은 p-value는 귀무 가설(H0)을 기각하는 강력한 증거입니다. 즉, 'Cafe Delight'의 도시, 교외, 시골 지역에 있는 매장 간 일일 평균 매출액에는 통계적으로 유의미한 차이가 있다고 볼 수 있습니다.

이 결과는 'Cafe Delight'가 지역별로 매출 전략을 다르게 설정해야 할 필요가 있음을 시사합니다. 예를 들어, 도시 지역 매장이 더 높은 매출을 기록한 경우, 도시 지역에 더 많은 마케팅 자원을 투입하거나, 교외와 시골 지역 매장의 전략을 재고해야 할 수 있습니다. 반대로, 교외나 시골 지역 매장의 특정 전략이 성공적이라면 이를 도시 지역 매장에 적용할 수도 있습니다.

[그림 11-10] 챗GPT가 생성한 가상의 데이터와 분석 결과에 대한 해석

이렇게 분산 분석을 통해 'Cafe Delight'는 각 지역별 매장의 성과를 분석하고, 효과적인 비즈니스 전략을 수립하는 데 중요한 인사이트를 얻을 수 있다.

3) 상관관계 및 회귀 분석의 비즈니스 응용

상관관계와 회귀 분석은 비즈니스 결정 과정에서 중요한 도구이다. 상관관계에 의한 분석은 두 가지 요인, 예를 들어 마케팅 비용과 판매량 사이의 관계의 강도와 방향을 분석한다. 이는 비즈니스에서 어떤 요인들이 서로 관련이 있는지를 이해하는 데 도움을 줄 수 있다.

실무적으로, 이러한 분석은 기업이 자원을 효율적으로 배분하고, 시장 동향을 이해하며, 경쟁 우위를 확보하는 데 필수적이다. 마케팅 예산을 어떻게 배분할지 결정하는 것부터 제품 개발 전략을 세우는 것까지, 상관관계와 회귀 분석은 비즈니스 성공을 위한 핵심적인 결정들을 뒷받침하는 데 사용된다.

(1) 상관계수에 의한 분석

상관관계는 비즈니스 분석에서 중요한 개념으로, 두 변수 간의 관계를 수치적으로 나타내는 데 사용된다. 이 수치는 -1에서 +1 사이에서 변동하며, +1은 두 변수가 완벽하게 같은 방향으로 움직이는 정비례 관계를, -1은 완전히 반대 방향으로 움직이는 반비례 관계를, 0은 두 변수 간에 아무런 선형 관계가 없음을 의미한다.

기업들은 이러한 상관분석을 활용하여 시장 동향을 파악하고, 전략적인 비즈니스 결정을 내리는 데 있어 근거를 마련할 수 있다. 이는 효율적인 자원 배분, 마케팅 전략의 최적화, 그리고 장기적인 사업 성공을 위한 중요한 분석 도구로 활용된다.

[챗GPT 적용]

예시적으로 챗GPT에 '위 상관관계 분석에 대해 실제 데이터를 생성해서 표로 보여 주고 그 분석 결과를 그래프로 보여 주고 해석해 주세요.'라는 프롬프트를 제시하면 다음과 같은 결과를 제시해 준다.

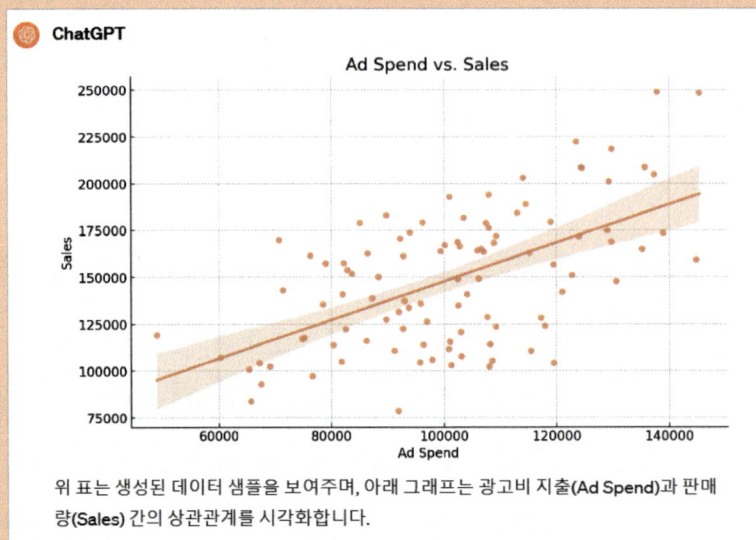

위 표는 생성된 데이터 샘플을 보여주며, 아래 그래프는 광고비 지출(Ad Spend)과 판매량(Sales) 간의 상관관계를 시각화합니다.

[그림 11-11] 챗GPT가 생성한 가상의 데이터에 대한 분석 그래프

데이터 표:

Ad Spend	Sales
135,281.05	164,637.65
108,003.14	176,309.89
119,574.76	104,048.31
144,817.86	159,186.85
137,351.16	204,795.86
80,454.44	113,740.04
119,001.77	179,505.87
96,972.86	126,315.84
97,935.62	105,799.36
108,211.97	114,149.67

그래프 해석:

그래프에서 보듯이, 광고비 지출이 증가함에 따라 판매량도 증가하는 경향이 보입니다.
이는 광고비와 판매량 사이에 중간 정도의 양의 상관관계가 있음을 나타내며, 상관계수
는 약 0.58입니다. 이 정보는 기업이 마케팅 예산을 할당하고 전략을 수립하는 데 도움이
될 수 있습니다. 그러나 완벽한 상관관계가 아니므로, 광고비 지출 외에도 판매량에 영향
을 미칠 수 있는 다양한 요인들을 고려하는 것이 중요합니다. [》_]

[그림 11-12] 챗GPT가 생성한 가상의 데이터에 대한 해석

(2) 회귀 분석

회귀 분석은 비즈니스에서 중요한 의사 결정 도구로, 하나 또는 여러 독립 변수예: 광고비 지
출와 하나의 종속 변수예: 판매량 사이의 관계를 수학적 모델로 분석하고 예측하는 통계적 방
법이다. 이 방법은 변수들 간의 관계를 정량적으로 파악하고 미래의 결과를 예측하는 데 사
용된다.

회귀 분석은 크게 단순 회귀 분석과 다중 회귀 분석으로 구분된다. 단순 회귀 분석은 독
립 변수가 하나인 경우에 사용되며, 다중 회귀 분석은 독립 변수가 두 개 이상일 때 사용된
다. 이러한 분석은 기업이 종속 변수의 변화에 영향을 미치는 여러 요인들을 이해하고, 그에
따라 효율적인 전략을 수립하는 데 중요한 역할을 한다.

[챗GPT 적용]

예시적으로 챗GPT에 다음의 프롬프트를 제시한다.

➡ '위 다중 회귀 분석에 대해 실제 데이터를 생성해서 표로 보여 주고 그 통계적 분
석 결과를 3D 그래프로 보여 주고 해석해 주세요.'

그러면 다음과 같은 결과를 제시해 준다.

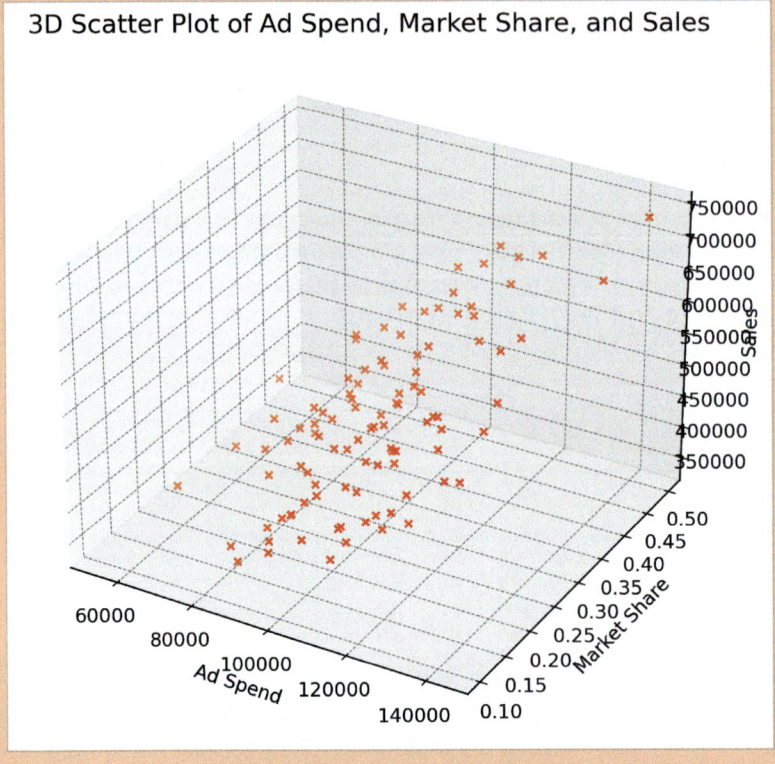

[그림 11-13] 챗GPT가 생성한 회귀 분석 3D 그래프

3D 그래프에서 볼 수 있듯이, 광고비 지출과 시장점유율이 높아질수록 판매량도 증가하
는 경향을 보인다. 이는 광고비 지출과 시장점유율이 판매량에 긍정적인 영향을 미치고 있
음을 시각적으로 확인할 수 있다.

[챗GPT 적용]

데이터 표 (처음 10개 데이터 포인트):

Ad Spend	Market Share	Sales
164,715.71	0.31	637,191.03
130,912.75	0.46	605,092.81
122,412.44	0.58	620,525.07
73,412.68	0.37	410,082.76
113,065.29	0.23	414,831.18
111,131.03	0.22	423,807.60
117,931.46	0.23	444,440.05
104,324.98	0.58	587,618.65
118,904.55	0.42	554,315.76
108,069.55	0.53	562,511.51

분석 결과 (회귀 모델 요약):

- 모델의 R-squared 값은 0.972로, 모델이 데이터의 분산을 매우 잘 설명하고 있음을 나타냅니다.
- 광고비 지출(Ad Spend)의 계수는 약 2.543로, p-값은 6.61×10^{-69}로 통계적으로 매우 유의합니다.
- 시장 점유율(Market Share)의 계수는 약 455,100으로, p-값은 4.15×10^{-70}로 통계적으로 매우 유의합니다.

↓

[그림 11-14] 챗GPT가 생성한 회귀 분석 결과 해석

이러한 분석은 비즈니스에서 마케팅 전략과 시장점유율 관리에 중요한 통찰을 제공할 수 있다. 그러나 실제 비즈니스 환경에서는 다양한 외부 요인들이 영향을 미칠 수 있으므로, 결과를 해석할 때는 주의가 필요하다.

07. 생성 수집 및 기본 효율 극대화를 위한 AI

08. 콘텐츠 기획 및 의미망 고도화를 위한 AI

09. 보고서 작성 효율화를 위한 AI

10. 전사적 마케팅 솔루션에서 AI 클라우드 디자인 활용

11. 통계/데이터분석 기반 개발적 공공을 위한 AI

12. 협업과 소통을 위한 AI

13. 교육훈련 효과 극대화를 위한 AI 활용

14. 공정한 평가 및 등급 부여를 위한 AI

15. 번역도와 규정 영역 및 평가 자동화를 위한 AI

※ 문제: 난이도 상(20분, 125점), 난이도 중(15분, 100점), 난이도 하(10분, 75점)

【실습 문제】

[문제 1] 생성형 AI 통계 분석 평가 결과 보고서 작성(난이도 하)

　　　출제 의도(테스트 내용): GPT-5의 데이터 분석 기능 활용 역량

> **[문제]**
>
> 상황: K사는 기존의 모바일 콘텐츠 시장을 대체할 서비스를 구상 중입니다. 그래서 모빌리티(Mobility) 시장에서 UAM(Urban Air Mobility) 서비스 런칭(Launching)을 하고자 한다. 이에 당신은 이러한 UAM 신규 서비스의 광고 효과를 조사하기 위하여 광고하기 전의 인지도와 광고한 후에 인지도의 차이를 측정하고자 한다. 그래서 이러한 실제 분석 방안에 대한 도움을 얻고자 생성형 AI를 활용하여 분석 보고서를 작성해야 한다.
>
> 이를 위해 잠재적 소비자들의 인지도 조사를 위한 설문지를 작성하고 이와 관련된 분석 보고서를 제시하시오.
>
> 단, 답안에는 1) 생성형 AI를 활용하기 위한 기획 내용, 2) 생성형 AI에 프롬프트 입력 및 적절한 대화(피드백) 과정과 내용, 3) 생성형 AI의 최종 결과물(필요시, 본인의 보완 및 수정 내용, 최종 해결 방안 등 포함) 등을 확인할 수 있도록 자세하고 명확하게 기술하시오

[답안] 수험자가 아래와 같은 내용으로 AI 활용 과정과 결과물을 복사 혹은 작성하여 제출

---

1) 사용 AI와 기능 및 도구

　사용 AI: GPT-5

2) 생성형 AI를 활용하기 위한 기획 내용

　① 목적: 소비자들의 UAM 인지도 조사를 통한 광고 효과 평가 결과 보고서 작성

② 맥락: 향후 이동통신 회사의 새로운 서비스로서 UAM 광고 효과의 정도를 평가하여 투자 타당성 확보 필요

③ 역할: 통계분석팀장으로서 경영진에 소비자 인지도 분석 평가 결과 보고

④ 산출물: 소비자 인지도 설문지 초안, 데이터 분석, 광고 효과 확인 보고서 등.

⑤ 처리 순서: UAM 신규 서비스의 광고 효과 분석 보고서 → 데이터 수집을 위한 설문지 작성 → 광고 효과 분석 등을 통한 개선을 위한 전략 보고서 초안 작성

3) 생성형 AI에 프롬프트 입력 및 대화(피드백) 과정과 내용

> **[프롬프트]**
>
> ① 목적: 소비자들의 UAM 인지도 조사를 통한 광고 효과 평가 결과 보고서 작성한다.
> ② 맥락: 향후 이동통신회사의 새로운 서비스로서 UAM 광고 효과의 정도를 평가하여 투자 타당성 확보 필요
> ③ 역할: 통계분석팀장으로서 경영진에 소비자 인지도 분석 평가 결과 보고
> ④ 산출물: 소비자 인지도 설문지 초안, 광고 효과 확인 보고서 등

위의 내용과 같이 모빌리티(Mobility) 시장에서 UAM(Urban Air Mobility) 서비스 런칭(Launching)을 하고자 합니다. 이를 위해 이러한 UAM 신규 서비스의 광고 효과를 조사하기 위하여 광고하기 전의 인지도와 광고한 후에 인지도의 차이를 측정하고자 합니다. 위 UAM 신규 서비스의 광고 효과 분석을 어떻게 수행하면 되는지 조언을 해주세요.

[ChatGPT]

> 아래는 **경영진 보고용 관점**과 **실무 분석 절차**를 반영해, UAM 신규 서비스 광고 효과 분석을 어떻게 수행하면 되는지에 대해 **통계분석팀장 역할에 맞춘 조언**을 정리한 것입니다.
> 전체 흐름은 목적–설계–분석–보고의 구조로 구성했습니다.
>
> ---
>
> ### UAM 신규 서비스 광고 효과 분석 수행 방안
>
> #### 1. 분석 목적 명확화
> - UAM 서비스 런칭을 앞두고 **광고 시행 전후의 소비자 인지도 변화**를 정량적으로 측정하여 광고가 실제로 효과가 있었는지 평가하는 것이 핵심이다.

- 결과는 향후 광고 투자 타당성과 서비스 론칭 전략 수립의 근거 자료로 활용된다.

2. 전체 분석 설계(Framework)

2.1 조사 설계

1) 조사 대상
- 전국 일반 소비자 또는 수도권 중심 표본
- 연령대: 20~60대
- 이동 서비스 이용 경험자 중심

2) 분석 지표(핵심)
- UAM 인지도(광고 전/후)
- 광고 이해도

[프롬프트]

그러면 광고 효과 측정을 위한 설문 조사 문항을 만들어 주세요.

[ChatGPT]

UAM 광고 효과 측정 설문지 초안

[응답 안내]
아래 문항 중 별도 표시가 없는 문항은
1 전혀 그렇지 않다
2 그렇지 않은 편이다
3 보통이다
4 그런 편이다
5 매우 그렇다
중에서 하나를 선택해 주십시오.

※ [사전조사용] = 광고 보기 전
※ [사후조사용] = 광고 본 후
※ [공통] = 사전·사후 동일 문항으로 사용 가능

1부. 기본 정보 [공통]

Q1. 귀하의 성별을 선택해 주십시오.
① 남성 ② 여성 ③ 응답 거절

Q2. 귀하의 연령대를 선택해 주십시오.
① 20대 ② 30대 ③ 40대 ④ 50대 ⑤ 60대 이상

Q3. 거주 지역을 선택해 주십시오.

[프롬프트]

위 조사 중 통계 분석을 어떻게 하면 되는지요?

[ChatGPT]

UAM 광고 효과 조사 통계분석 절차

---

1. 전체 분석 흐름 요약(경영진 보고용에도 그대로 사용 가능)

1. 데이터 정제
2. 기술통계(기본 분포 파악)
3. 광고 전·후 비교 분석(핵심 분석)
4. 세부 그룹 차이 분석
5. 광고 평가 문항 요인 분석(선택)
6. 광고 호감도·이용 의향 예측 모형 분석(선택)
7. 종합 결론 및 시사점 도출

---

4) 최종 결과물(생성형 AI의 해결 방안, 필요시 본인의 보완 및 수정 내용 포함)

- **보완 및 수정:** 이제 위 분석 결과들을 토대로 UAM 서비스를 런칭할 때의 문제점, 광고 효과 분석 등을 통한 투자 타당성 분석, 개선을 위한 전략적 조언 등을 해 주세요.

[ChatGPT]

UAM 서비스 런칭 시 문제점, 광고 효과 기반 투자 타당성, 전략적 개선 방향

---

1. UAM 서비스 런칭 시 예상 문제점

1.1 소비자 인식 부족(초기 시장의 가장 큰 장애요인)

광고 전 조사 결과, 소비자의 UAM 인지도는 **낮은 수준(평균 2점대)**이며, 대부분이 "들어본 적은 있으나 정확한 개념을 모름"으로 나타난다.

문제점

- 기술 혁신 서비스에 대한 **불확실성**
- 안전성에 대한 **막연한 불안감**
- 기존 교통수단과의 차별성 인식 부족
- 도입 초기에는 '먼 미래 기술'로 여겨지는 경향

→ 초기 도입 시 가장 큰 장벽은 **인지도 부족 + 안전성 우려**

[문제 2] 생성형 AI 통계 분석 평가 결과 보고서 작성 (난이도 상)

출제 의도(테스트 내용): GPT-5의 데이터 분석 기능 활용 역량

[문제]

상황: N사는 판매액 데이터를 갖고 머신러닝 기법을 활용하고자 한다. 이에 당신은 W사의 판매액 데이터를 수집하고 최종적으로 여러 기법들을 습득하고자 한다. 그래서 당신은 이와 관련된 분석 보고서를 작성하고자 하는데, 실제 분석 방안에 대한 도움을 얻고자 생성형 AI를 활용하여 분석 보고서를 작성해야 한다.

이를 위해 이와 관련된 연습 데이터를 갖고 머신러닝 기법에 대한 분석 보고서를 제시하시오. 특히 아래 저장한 대용량 데이터를 적용할 때는 최소한의 샘플을 갖고 최종 모델링에 적용하시오.

* 데이터 (Walmart.csv) 다운로드 웹사이트

   https://www.kaggle.com/code/yasserh/walmart-sales-prediction-best-ml-algorithms/notebook

단, 답안에는 1) 생성형 AI를 활용하기 위한 기획 내용, 2) 생성형 AI에 프롬프트 입력 및 적절한 대화(피드백) 과정과 내용, 3) 생성형 AI의 최종 결과물(필요시 본인의 보완 및 수정 내용, 최종 해결 방안 등 포함) 등을 확인할 수 있도록 자세하고 명확하게 기술하시오

[답안] 수험자가 아래와 같은 내용으로 AI 활용 과정과 결과물을 복사 혹은 작성하여 제출

1) 사용 AI와 기능 및 도구

   사용 AI: GPT-5

2) 생성형 AI를 활용하기 위한 기획 내용

   ① 목적: 판매액 데이터 활용 분석 보고서 작성

② 맥락: 주어진 데이터를 갖고 향후 판매액 예측 요인을 분석하여 비즈니스 전략 근거 필요

③ 역할: 통계분석팀장으로서 경영진에 판매액 예측 요인들의 분석 결과 보고

④ 산출물: 데이터 분석 및 전략 보고서 등.

⑤ 처리 순서: 데이터 탐색 및 전처리(Pre-processing) 보고서 → 예측 모델링 보고서 정리 → 결과에 따른 전략 보고서 초안 작성

3) 생성형 AI에의 프롬프트 입력 및 대화(피드백) 과정과 내용

[프롬프트]

① 목적: 판매액 데이터 활용 분석 보고서 작성
② 맥락: 주어진 데이터를 갖고 향후 판매액 예측 요인을 분석하여 비즈니스 전략 근거 필요
③ 역할: 통계분석팀장으로서 경영진에 판매액 예측 요인들의 분석 결과 보고
④ 산출물: 데이터 분석 및 전략 보고서 등.
⑤ 처리 순서: 데이터 탐색 및 전처리(Pre-processing) 보고서 → 예측 모델링 보고서 정리 → 결과에 따른 전략 보고서 초안 작성

위의 내용과 같이 판매액에 미치는 영향 요인들을 탐색하고 있습니다.

[프롬프트]

그러면 업로드된 데이터 파일을 갖고 데이터 탐색, 데이터 전처리 등을 적용해 주세요.

[ChatGPT]

우선 업로드해주신 Walmart.csv 데이터를 가지고 **데이터 탐색 + 기본 전처리**를 한 번 끝까지 돌려봤습니다.
아래 내용은 바로 보고서 초안("데이터 탐색 및 전처리 보고서")로 쓰실 수 있게 정리한 것입니다.

1. 데이터 구조 파악

1) 전체 컬럼 구성

데이터는 총 6,435행, 8개 변수로 구성되어 있습니다.

- Store: 점포 번호 (정수형)
- Date: 주차(week)별 날짜 (문자형 → 날짜형으로 변환 필요)
- Weekly_Sales: 해당 주차의 매출액(판매액) – 분석의 종속변수
- Holiday_Flag: 공휴일 포함 주차 여부 (0/1)
- Temperature: 기온
- Fuel_Price: 연료 가격
- CPI: 소비자물가지수
- Unemployment: 실업률

2) 결측치 여부

- 모든 변수에서 결측치 0건
  → 결측치 처리(삭제/대치)는 불필요

---

2. 기술 통계(데이터 탐색)

[프롬프트]

가능한 예측 모델링을 진행해 주세요.

[ChatGPT]

예측 모델링을 완료했습니다. 아래는 **선형회귀**와 **랜덤포레스트(Random Forest)** 두 모델의 성능 비교와 해석입니다.

---

1. 모델 성능 요약

모델	RMSE(평균오차)	R²(설명력)	해석
선형회귀	521,583	0.156	판매액 변동을 거의 설명하지 못함
랜덤포레스트	113,054	0.960	매우 높은 설명력. 예측력이 우수함

결론

- 랜덤포레스트 모델이 강력하게 우수합니다.
- 96% 이상의 판매액 변동을 설명하며, 실무 예측용으로 적합합니다.

---

2. 모델링 과정 요약

사용한 입력 변수(X)

[프롬프트]

그러면 랜덤 포레스트 회귀 모델을 분석하면서 최소한의 샘플로 시도해 주세요.

[ChatGPT]

아래는 **최소 샘플(500개)**만 사용하여 수행한 **랜덤 포레스트 회귀모델 분석 결과**입니다.
실제 대규모 데이터보다 단순하지만, "적은 데이터로도 어느 정도 성능이 유지되는지" 확인하기 위한 실험입니다.

---

1. 최소 샘플(500개) 기반 랜덤포레스트 예측 결과

지표	값	해석
RMSE	203,789	평균 예측오차 약 20만 달러 규모
R^2	0.867	변동량의 86.7%를 설명하는 매우 우수한 성능

해석
- 단 500개의 표본만 사용해도 **랜덤 포레스트 모델은 매우 높은 예측력(R^2=0.867)**을 보여줍니다.
- 이는 **판매액 패턴이 비교적 안정적이며, 비선형적 구조를 잘 포착했다**는 의미입니다.
- 전체 6,435개를 사용했을 때 R^2가 0.96이었음을 고려하면,
  데이터를 크게 줄여도 모델의 설명력이 크게 흔들리지 않는다는 중요한 분석적 시사점이 있습니다.

---

2. 왜 적은 샘플로도 높은 성능이 나오는가?

---

4) 최종 결과물(생성형 AI의 해결 방안, 필요시 본인의 보완 및 수정 내용 포함)

- **최종 해결 방안:** AI의 분석과 권고안을 바탕으로, 통계 분석 연구팀을 위한 구체적인 전략적 개선안 마련

아래는 **AI가 제안한 전략을 실제 N사(통계분석팀을 보유한 대기업/유통/서비스 회사로 가정)**의 현실적 상황에 맞게 **조정·선별한 실질적 실행 전략**입니다.
즉, "AI가 제안한 이상적 전략" → "N사 환경에서 실제로 적용 가능한 전략"으로 재구성한 버전입니다.

N사는 조직 구조, 예산, 데이터 활용 능력, 내부 의사결정 체계 등을 고려해야 하므로
실행 가능성 중심(Feasibility-first)으로 전략을 다시 선별했습니다.

1. AI가 제안한 전략 vs N사 적용 가능 버전

1) 데이터 기반 의사결정 정교화 전략

AI 제안:

- 대규모 데이터 통합
- 고급 머신러닝 모델 적용
- 실시간 데이터 처리 기반 전략 수립

N사에 맞춘 조정:

- 우선 **핵심 점포/핵심 기간 데이터**만 사용해 "경⤓측 모델" 먼저 적용
- Random Forest처럼 설명력 높고 관리 쉬운 모델부터 적용

[문제 3] 손익분기점 분석(난이도 하)

출제 의도(테스트 내용): 데이터 분석 기능 활용 역량

[문제]

우리 회사는 마케팅 전략 고도화를 통한 매출 증대, 직원들의 업무 효율화를 통한 비용 절감을 목표로 생성형 AI 시스템을 도입하고자 한다. 이 시스템 도입을 위한 초기 투자비용, 1인당 월 사용료, 시스템 도입 효과에 대한 1인당 매출 증가 효과, 1인당 업무 생산성 향상에 의한 비용 절감 효과는 [표 1]과 같다.

[표 1] 생성형 AI 도입에 따른 투자 및 수익 효과

내역	금액	비고
월간 고정비	4,000만 원	초기 투자비용의 감가상각액
1인당 월간 사용료	10만 원	시스템 사용비 등
1인당 월간 매출 증가 추정치	50만 원	고객만족도 제고 등
1인당 월간 비용 절감 추정치	40만 원	이익 증가 요인

당신은 전략기획팀장으로서 '손익분기점 분석'을 통해 투자로 인한 수익 발생 및 비용 절감 내용이 투자 비용을 상쇄하고 이익을 낼 수 있는 사용자 인원수(손익분기점)가 몇 명이어야 되는지에 대한 분석 정보와 투자에 대한 의사 결정 정보를 제시하는 보고서를 작성하시오.

단, 1) 생성형 AI를 활용하기 위한 기획 내용, 2) 생성형 AI에 프롬프트 입력 및 적절한 대화(피드백) 과정과 내용, 3) 생성형 AI의 최종 결과물(해결 방안, 본인의 보완 및 수정 내용, 최종 해결 방안) 등을 확인할 수 있도록 자세하고 명확하게 기술하시오.

[답안] 수험자가 아래와 같은 내용으로 AI 활용 과정과 결과물을 복사 혹은 작성하여 제출

1) 사용 AI와 기능 및 도구

사용 AI: GPT-4

2) 생성형 AI를 활용하기 위한 기획 내용

① 목적: 생성형 AI 도입 의사 결정을 위한 손익분기점 분석

② 맥락: 회사의 생성형 AI 도입을 통한 투자의 손익분기점 분석 및 도입 의사 결정 필요 정보 파악 보고서 작성

③ AI의 역할: 동적 손익분기점 분석을 통한 손익분기 시기 및 도입 결정을 위한 정보 제공

④ 산출물: 손익분기점 분석 및 도입 의사 결정 정보 보고서

⑤ 데이터: 별도의 데이터 불필요

3) 생성형 AI에 프롬프트 입력 및 대화(피드백) 과정과 내용

[프롬프트]

① 목적: 생성형 AI 도입 의사 결정을 위한 손익분기점 분석

② 맥락: 회사의 생성형 AI 도입을 통한 투자의 손익분기점 분석 및 도입 의사 결정 필요 정보 파악 보고서 작성

③ 산출물: 아래 내용을 담은 보고서

 - 동적 손익분기점 분석 결과에 의한 손익분기 도달 시점
 - 생성형 AI 도입을 위한 의사 결정 정보

④ 필요한 데이터[표 1] 참조

[표 1] 생성형 AI 도입에 따른 투자 및 수익 효과

내역	금액	비고
월간 고정비	4,000만 원	초기 투자비용의 감가상각액
1인당 월간 사용료	10만 원	시스템 사용비 등
1인당 월간 매출 증가 추정치	50만 원	고객 만족도 제고 등
1인당 월간 비용 절감 추정치	40만 원	이익 증가 요인

나는 회사의 전략기획팀장으로서 '손익분기점 분석'을 통해 투자로 인한 수익 발생 및 비용 절감 내용이 투자 비용을 상쇄하고 이익을 낼 수 있는 사용자 인원수_{손익분기점}가 몇 명이어야 되는지에 대한 분석 정보와 투자 의사 결정 정보를 제시하는 보고서를 작성해야 합니다.

먼저 손익분기점 분석을 통해 이익을 낼 수 있는 시기를 알려 주세요. 산출 과정에 대한 상세한 내용을 함께 제시해 주세요.

[GPT]

알겠습니다. 손익분기점을 계산하기 위해 다음과 같은 과정을 거치겠습니다:

1. 월간 이익 계산:

- 월간 이익 = (1인당 월간 매출 증가 추정치 - 1인당 월간 사용료 + 1인당 월간 비용 절감 추정치) * 사용자 인원수 - 월간 고정비

2. 손익분기점 계산:

- 손익분기점 = 월간 고정비 / (1인당 월간 매출 증가 추정치 - 1인당 월간 사용료 + 1인당 월간 비용 절감 추정치)

위의 과정을 통해 손익분기점, 즉 투자로 인한 수익 발생 및 비용 절감이 투자 비용을 상쇄하여 이익을 낼 수 있는 사용자 인원수를 계산할 수 있습니다. 계산 결과를 제시해 드리겠습니다. 잠시만 기다려 주세요.

계산 결과를 공유드리겠습니다.

1. 월간 이익 계산:

- 월간 이익 = (1인당 월간 매출증가 추정치 - 1인당 월간 사용료 + 1인당 월간 비용 절감 추정치) * 사용자 인원수 - 월간 고정비
- 월간 이익 = (50만 원 - 10만 원 + 40만 원) * 사용자 인원수 - 4,000만 원
- 월간 이익 = 80만 원 * 사용자 인원수 - 4,000만 원

2. 손익분기점 계산:

- 손익분기점 = 월간 고정비 / (1인당 월간 매출 증가 추정치 - 1인당 월간 사용료 +
  1인당 월간 비용 절감 추정치)
- 손익분기점 = 4,000만 원 / (50만 원 - 10만 원 + 40만 원)
- 손익분기점 = 4,000만 원 / 80만 원
- 손익분기점 = 50명

따라서 투자로 인한 수익 발생 및 비용 절감 내용이 투자 비용을 상쇄하고 이익을 낼 수 있는 사용자 인원수인 손익분기점은 50명입니다.

> **[프롬프트]**
>
> 그럼 산출한 손익분기점 인원수를 토대로 생성형 AI 도입에 관한 의사 결정 정보를 정리해주세요.

[GPT]

손익분기점을 토대로 생성형 AI 도입에 관한 의사 결정 정보를 정리하겠습니다.

1. 손익분기점 인원수:

- 계산 결과, 생성형 AI 도입이 투자 비용을 상쇄하고 이익을 낼 수 있는 사용자 인원수는 50명입니다.

2. 의사 결정 정보:

- 현재의 사용자 인원수와 비교하여, 생성형 AI 도입 후 예상되는 수익과 비용 절감 효과를 고려해야 합니다.
- 손익분기점을 넘는 사용자 인원수를 확보하기 위해 마케팅 및 교육 프로그램을 강화할 필요가 있습니다.
- 도입 후의 비용 및 이익을 모니터링하여 최적화된 전략을 수립하고, 사용자 인원수를 늘리는 데 주력해야 합니다.

- 생성형 AI의 활용 방안을 계속해서 연구하고, 사용자들에게 제공되는 가치를 최대화하기 위해 지속적인 개선을 진행해야 합니다.

3. 기타 고려 사항:

- 생성형 AI의 도입에 따른 인력 및 기술적인 요구 사항을 검토하여 조직의 역량을 적정하게 유지해야 합니다.
- 보안과 개인정보 보호에 대한 충분한 대책을 마련하여 안전한 서비스 제공이 보장되어야 합니다.

위의 의사 결정 정보를 참고하여 생성형 AI 도입에 대한 전략을 수립하고 실행함으로써 회사의 성장과 이익을 증대시킬 수 있을 것입니다.

4) 최종 결과물(생성형 AI의 해결 방안, 본인의 보완 및 수정 내용, 최종 해결 방안)
위의 GPT 답변과 유사(지면 관계상 내용 생략)

[후기]

이 문제를 푸는 과정에서 GPT는 계산 오류나 틀린 답을 지속적으로 생성하는 것을 경험했다. 분명한 정답이 있음에도 오류나 틀린 답을 생성하는 이유는 이 문제가 일상적인 손익분기점 분석이 아니기 때문이다. 결국 상황에 대한 구체적인 설명을 추가하고 문제를 단순화함으로써 정확한 답을 생성하게 할 수 있었다. 즉 AI는 사람과 달리 아직 응용 능력이 있다고 볼 수 없다. 그러므로 사용자는 해결책을 요구할 때 AI에 명확한 상황 제시를 하여야 함이 확인되었다. 아울러 반드시 AI가 생성한 결과물을 확인하여야 할 것이다.

참고 문헌

- Anderson, D. R., Sweeney, D. J., & Williams, T. A. (2011). *Statistics for Business and Economics*. South-Western Cengage Learning.

- Black, K. (2019). *Business Statistics: For Contemporary Decision Making*. Wiley.

- Enterprise DNA Experts. (2023, May 23). *ChatGPT for Data Analysts: Use Cases & Examples*. *Enterprise DNA*. Available for: https://blog.enterprisedna.co/챗GPT-for-data-analysts/

- Kim, M. (2003). *Easy-to-understand Practical Statistics*. Gyowoo.

- Levin, J., & Rubin, D. S. (2017). *Statistics for Management*. Pearson Education.

- Wooldridge, J. M. (2015). *Introductory Econometrics: A Modern Approach*. South-Western Cengage Learning.

07. 정보 수집 및 가공 효과 극대화를 위한 AI

08. 전략 기획 및 의사결정 고도화를 위한 AI

09. 보고서 작성 효율화를 위한 AI

10. 전략적 마케팅 전연에서 AI 툴로의 디자인활용

11. 투자 및 IR데이터 분석 기반 개선적 경영을 위한 AI

12. 협업과 소통을 위한 AI

13. 고부가 효율 극대화를 위한 AI 활용

14. 공정한 평가 및 동기 부여를 위한 AI

15. 맞춤형 교육 콘텐츠 생성 및 평가 자동화를 위한 AI

Chapter 12

협업과 소통을 위한 AI

---

1. AI를 활용한 내·외부 협업, 팀 미팅 및 소통 지원 전략

디지털 트랜스포메이션 시대에 효과적인 협업과 소통은 기업 성과에 중요한 영향을 미친다. 본 장에서는 대내외 협업, 팀 미팅, 소통메시지/이메일 통번역을 AI로 고도화하는 방안을 다루고자 한다.

1) 대내외 협업

협력이 항상 긍정적인 것만은 아니며, 불필요한 협력은 자원 낭비로 이어질 수 있다. 고객 니즈가 고도화되면서 기업들은 시너지 창출과 경영 스피드 제고를 위해 협력을 전략적 요소로 인식하고 있다.

일반적으로 접근성이 좋고 추진 동력이 빠른 내부 협력을 먼저 고려하는 것이 효과적이며, 외부 협력은 명확한 목표 없이는 성공하기 어렵다. 기업들은 자원 결합, 지식 공유, 시장 진입 촉진 등을 위해 협력하지만, PwC와 KPMG에 따르면 그 실패 확률은 50%에서 60~70%에 이를 정도로 성공하기 어렵다.

디지털 파괴 시대에 켄터 교수는 경쟁력 확보를 위해 외부 협업을 통한 새로운 생태계 조성을 강조하며 5F 전략을 주장했는데, 5F 전략의 요소는 [표 12-1]과 같다.

[표 12-1] 5F 전략의 요소

요소(5F)	핵심 의미	실행 포인트	기대 효과
Focus (집중)	명확한 목표와 우선순위 설정 및 자원 집중	핵심 과제 정의, 불필요 활동 제거, 집중 투자	성과 극대화, 선택과 집중으로 경쟁력 확보
Fast (신속)	빠른 의사 결정·실행력·시장 적응력 통해 경쟁 우위 확보	빠른 실험·피드백 사이클, 의사결정 단순화	변화 대응력 강화, Time-to-Market 단축
Flexibility (유연성)	변화 수용, 다양한 시나리오 대응	리스크 시나리오 설계, 조직 구조 유연화	불확실성 대응력 강화, 지속 성장 가능
Friendly (친밀)	고객 중심, 구성원 만족, 파트너십 강화	고객 여정 분석, 직원 경험 개선, 협력 네트워크	신뢰 기반 관계 형성, 충성 고객 확보
Fun (즐거움)	긍정적 분위기·창의성·혁신 촉진	즐거운 일터 문화, 자율성 확대	창의적 문제 해결 및 친밀한 조직 문화

2) 협업 추진 절차

일반적인 협업은 7단계 절차를 따르며, 문제 성격이나 조직 특성에 맞게 유연하게 적용하고 전 과정에 걸쳐 긴밀한 의사소통으로 공감대를 형성하는 것이 중요하다.

[표 12-2] 협업 7단계의 주요 내용

단계	단계명	핵심 내용	실행 포인트
1단계	과제 발굴	조직 내부 진단 또는 외부 환경 분석을 통해 해결이 필요한 문제(Agenda) 도출	데이터 기반 진단, 이해관계자 의견 수렴
2단계	협업 필요성 검토	왜 협업이 필요한지, 어떤 자원·역할이 필요한지 검토	협업 가치 명확화, 공동 이익 구조 설계
3단계	협업 대상 탐색 및 의향 타진	협업할 기관 후보를 탐색하고 참여 의사를 확인하며 상호 기대 공유	기관별 강·약점 분석, 사전 공감대 형성
4단계	협업 추진 여부 결정	기대 효과, 리스크, 시기 등을 고려하여 최종 추진 결정	의사 결정 기준 확립, 책임 주체 확정

단계	단계명	핵심 내용	실행 포인트
5단계	협업 과제 정의	TF 구성, 목표 · 성과지표(KPI) 설정, 역할·책임 분담, 필요 시 MOU 체결	R&R 명확화, 일정 · 예산 계획 수립
6단계	과제 추진 및 지속 소통	계획에 따라 수행하며 대면/온라인 협업 채널 구축	협업 플랫폼 활용, 피드백 루프 활성화
7단계	성과분석 및 홍보	목표 달성 여부 평가, 개선점 도출, 핵심 성과 홍보	성과 확산, 후속 협업 기회 발굴

3) AI를 활용한 내부 협업

(1) 자동화된 작업 프로세스

AI를 사용해 이메일 분류나 정보 요약 등 반복 작업을 자동화하여 시간 절약 및 생산성 높임.

(2) 지능형 지식 공유 플랫폼

AI 기반 플랫폼으로 사용자 맞춤형 학습을 제공하고 팀원 간의 효과적인 지식 공유 지원

(3) 생성형 AI 활용 사례(챗GPT)

- **협업 문서 작성**
  - 주제나 내용을 입력하면 챗GPT가 문서 초안을 생성해 문서 작성 시간 단축
- **업무 지원 및 자동 응답**
  - 자주 묻는 질문FAQ에 대한 자동 응답 시스템을 구축하거나 업무 관련 교육 자료를 생성하여 팀원의 부담을 줄임

4) AI를 활용한 외부 협업

(1) 자동 번역 및 통역 서비스

AI 기반 통번역 서비스로 언어 장벽을 극복하고 글로벌 파트너와 협업 원활

(2) 예측 분석 및 의사 결정 지원

AI로 외부 시장 동향이나 파트너사 행동을 예측하여 데이터 기반의 효율적인 비즈니스 전략 수립 지원

5) 팀 미팅 및 소통 지원

생성형 AI는 팀 미팅 및 소통을 다방면으로 지원하고 있다.

(1) 개인화된 스케줄 및 업무 관리

중장기적인 '계획 수립'과 제한된 리소스를 고려한 단기적 '스케줄링' 지원

(2) 회의록 자동 생성

AI가 회의 내용을 녹음 후 텍스트로 변환하고 요약까지 제공하여, 참석자들이 회의에 더 집중하게 함.

(3) 의견 수렴 및 피드백 제공

팀원들의 의견을 AI가 분석·요약하여 핵심 내용과 개선점을 도출하고 효과적인 토론을 이끌도록 함.

(4) 감정 분석 및 피드백 제공

팀원의 음성이나 텍스트를 분석해 감정 상태를 파악하고, 긍정적 피드백을 강화하여 팀 내 긍정적 분위기 조성

이러한 AI 기반 지원 방안들은 팀 미팅과 소통을 효율화하고 생산적인 협업 환경을 조성하여 성과 향상에 기여할 수 있다.

2. 메시지, 이메일, 통·번역을 위한 AI 기반 소통 고도화 사례 및 실습

생성형 AI는 주어진 데이터를 분석하고 이를 기반으로 새로운 텍스트, 문장, 대화를 생성하는 능력을 갖추고 있기 때문에 콘텐츠 생성, 자동 응답 챗봇, 문서 요약, 번역 등 예측과 생성이 가능한 다양한 분야에서 활용되고 있다.

1) 통·번역을 위한 AI 활용

최근에는 통·번역에서 생성형 AI를 활용한 다양한 서비스들이 두각을 나타내고 있다. 예를 들면, 삼성전자의 갤럭시 S25는 통화 중에 실시간으로 통역을 해 주는 생성형 AI 기능을 탑재하고 있으며, 딥브레인 AI도 AI 휴먼 기반의 실시간 통역 서비스를 개발하여 제공하고 있다. STT, TTS, 챗GPT 연계 등 다양한 AI 관련 기술들을 학습하여 속도, 정확도, 범용성, 활용성 등을 높일 수 있는 서비스를 제공하고 있다.

갤럭시 S24부터 적용된 통·번역 서비스는 기존의 챗GPT, Gemini 등과 같은 클라우드가 상서버 기반이 아니라 온디바이스on-device·내장형 AI 기반 서비스로 차이가 난다.

[상 황]

한글로 작성된 보고서 초록을 영어로 작성하여 제출해야 하는 상황을 가정해 보자.

[프롬프트]

아래에 제시된 한글로 작성된 보고서 초록을 영어로 작성해 줘

지식 기반 경제에서 특허를 포함한 기업의 지식 재산은 경쟁우위에 있어 매우 중요한 원천이다. 산업 경제에서는 토지 및 노동, 자본과 같은 유형 자산이 기업 경쟁력에 매우 중요했다. 그러나 지식 기반 경제로의 패러다임 전환이 가속화됨에 따라 지식 재산과 같은 무형 자산이 기업 경쟁력에 더 큰 영향을 미치는 것으로 나타났다. 무형 자산의 가치 평가는 유형 자산의 가치 평가만큼 필수적이다. 특히 기업의 기술 경쟁력을 나타내는 특허의 합리적이고 정확한 가치 평가는 매우 중요하다. 왜냐하면 (1) 기업의 특허 전략 개발에 필수적이고, (2) 기술 시장을 활성화할 수 있으며, (3) 혁신적인 제품을 개발하고 상용화하는 데 여러 특허가 사용될 때 특허의 기술적 기여도를 평가해야 하기 때문이다. 유형 자산과 달리 무형 자산의 가치 평가는 매우 어려운 것으로 알려져 있다. 이 때문에 특허의 가치를 파악하려면 여러 가지 적절한 가치 평가 요소를 사용해야 한다. 본 논문에서는 기존의 선행 연구와 여러 기술 평가 기관에서 제시한 다양한 평가 요소를 조사하여 보다 중요하다고 여겨지는 공통적인 평가 요소를 도출 하였다.

[GPT]

Here is a polished English version of your abstract:

In a knowledge-based economy, a company's intellectual property, including patents, is a critically important source of competitive advantage. In the industrial economy, tangible assets such as land, labor, and capital played a central role in determining a firm's competitiveness. However, as the paradigm shift toward a knowledge-based economy accelerates, intangible assets such as intellectual property have come to exert an even greater influence on competitive performance. The valuation of intangible assets is therefore as essential as the valuation of tangible assets. In particular, a rational and accurate assessment of patent value—which reflects a firm's technological competitiveness—is crucial because (1) it is indispensable for developing effective patent strategies, (2) it can help vitalize the technology market, and (3) it is necessary to evaluate the technological contribution of patents when multiple patents are used in the development and commercialization of innovative products. Unlike tangible asset valuation, intangible asset valuation is known to be highly challenging. For this reason, identifying the value of a patent requires the use of multiple, appropriate evaluation factors. This study examines prior research and various evaluation criteria proposed by major technology assessment institutions to derive the common evaluation factors considered most important.

[중략]

챗GPT는 위와 같이 영어로 초록을 작성해 주었다. 추가적으로 영어 번역을 전문적으로 해 주는 DeepLhttps://www.deepl.com을 통해서 동일하게 번역을 수행해 보았다.

> In a knowledge-based economy, a company's intellectual property, including patents, is a crucial source of competitive advantage. In the industrial economy, tangible assets such as land, labor, and capital were vital to corporate competitiveness. However, as the paradigm shift toward a knowledge-based economy accelerates, intangible assets like intellectual property have been shown to exert a greater influence on corporate competitiveness. Valuing intangible assets is as essential as valuing tangible assets. In particular, the rational and accurate valuation of patents, which represent a company's technological competitiveness, is critically important. This is because (1) it is essential for developing a company's patent strategy, (2) it can invigorate the technology market, and
>
> [중략]

사용하는 단어, 문법 등의 사용에서 차이가 나고 있다. 이에 챗GPT뿐만이 아니라 DeepL 외에 구글 번역 등을 비교하여 최종 산출물을 도출할 것을 추천한다.

2) 홍보를 위한 이메일 작성

해외 바이어에게 제품 홍보를 위한 이메일을 효과적으로 보낼 때 생성형 AI를 활용할 수 있으며, 구체적인 방법은 다음과 같다.

(1) 제목 작성

제품의 가치나 독특성을 강조하는 명확하고 설득력 있는 제목을 작성합니다. 생성형 AI는 키워드 트렌드와 클릭률 높은 사례를 분석하여, "혁신적인 [제품 이름]으로 [문제 해결]!"과 같은 맞춤형 제목을 추천할 수 있다.

(2) 개인화

수신자의 이름으로 시작하여 연결감을 형성하고, 수신자의 관심사나 시장, 산업에 맞게 내용을 맞춤 설정한다. AI는 CRM 데이터를 활용해 이름, 관심사, 구매 이력 등을 바탕으로 개인화된 메시지를 작성한다.

(3) 회사 소개

회사의 미션과 가치를 간략하게 설명하고, 신뢰성 구축을 위해 관련 수상 이력이나 자격증을 언급한다. AI는 이러한 정보를 포함하여 간결하고 신뢰감을 주는 전문적인 소개 문구를 자동으로 생성할 수 있다.

(4) 제품 하이라이트

제품의 특징과 이점을 명확히 제시하고, 고품질 이미지나 비디오를 사용한다. 가치를 입증하기 위해 고객 후기나 사례 연구를 포함하는 것이 좋다. AI는 이메일에 적합한 시각 자료를 만들거나, 고객 후기를 활용한 스토리텔링을 자동 생성할 수 있다.

(5) 특별 제안

특별 할인이나 독점 거래를 언급하고, "이 할인은 7일 동안만 유효합니다."처럼 긴급성이나 시간 제한을 강조하여 즉각적인 행동을 유도한다. AI는 수신자의 구매 이력 등을 분석해 가장 적합하고 개인화된 특별 제안을 설계하고 긴급성 문구를 생성한다.

(6) Call to Action(CTA)

웹사이트 방문, 샘플 요청 등 원하는 다음 행동을 명확하게 명시하고 눈에 띄게 만든다. AI는 "지금 샘플 요청하기"와 같이 클릭률 높은 문구를 추천하고, 버튼 디자인과 위치까지 최적화하여 효과적인 CTA를 설계한다.

(7) 연락처 정보

이메일, 전화, 소셜 미디어 링크 등 명확한 연락 정보를 제공하고, 미팅 예약 링크를 포함하는 것도 좋다. AI는 클릭 가능한 링크를 생성하고 연락처 포맷을 자동으로 정리해 준다.

(8) 후속 조치

응답이 없을 경우를 대비해 후속 조치 전략을 계획한다. 생성형 AI는 초기 이메일 반응 데이터를 분석하여, "지난번 문의에 대한 추가 정보를 제공드립니다."와 같이 개인화된 후속 메시지를 적절히 생성한다.

(9) 언어 및 문화적 감수성

가능하다면 수신자의 언어로 이메일을 번역하고, 문화적 차이를 고려해 존중하는 내용인지 확인해야 한다. AI는 자동 번역 기능과 함께 문화적 감수성을 검토하여 예의 바른 문구를 추천해 준다.

(10) 법규 준수

GDPR, CAN-SPAM 등 국제 이메일 마케팅 법규를 준수해야 한다. 수신자가 쉽게 구독을 취소할 수 있는 방법을 포함해야 하며, AI는 관련 규정을 분석하여 법규를 준수하도록 돕고, 구독 취소 링크 등을 포함한 포맷을 작성한다.

[상 황]

해외 바이어들에게 우리 회사의 제품 홍보를 위한 이메일을 보낸다고 가정해 보자.

[프롬프트]

우리 회사는 세계 최초로 개발된 OOO를 적용한 제품을 개발했어. 이를 해외 바이어들에게 홍보하기 위한 영어 이메일을 작성해 줘.

[답 변]

📄 **템플릿 1: 전문적이고 혜택을 강조하는 버전 (가장 표준적)**

이 템플릿은 제품의 혁신성과 그로 인한 비즈니스 가치를 명확하게 전달하는 데 중점을 돕니다.

Subject: Introducing the [Product Name]: Featuring the World's First [Name of OOO Technology]

Dear [Buyer Name / or "Valued Partner"],

We are thrilled to announce the launch of our new **[Product Name]**, a product set to redefine the [Your Industry, e.g., "consumer electronics"] market.

What makes the [Product Name] truly revolutionary is its integration of **[Name of OOO Technology]**, a technology developed for the first time in the world by our team.

[중략]

📑 **템플릿 3: 문제 해결을 강조하는 간결한 버전 (관심 유도)**

바이어가 겪고 있을 특정 문제를 'OOO' 기술로 어떻게 해결하는지 즉각적으로 제시하는 템플릿입니다.

Subject: Solving [Specific Industry Problem] with a World-First Technology

Dear [Buyer Name],

Are you still struggling with [List a common pain point, e.g., "slow production speeds" or "high material waste"]?

We have developed a groundbreaking solution.

Introducing the **[Product Name]**, the world's first product featuring **[Name of OOO Technology]**.

[중략]

💡 **이메일 발송 전 체크포인트**

1. **[ ] 안의 내용 채우기:** `[Product Name]`, `[Name of OOO Technology]` 등 모든 대괄호 안의 내용을 실제 정보로 바꿔주세요.

2. **'OOO'를 '혜택'으로 번역하기:** '세계 최초 OOO'는 **기능(Feature)**입니다. 바이어는 **혜택(Benefit)**에만 관심이 있습니다. (예: "우리 차는 세계 최초 '플라즈마 인젝터'를 씁니다" (X) → "이 차는 연비가 30% 좋고 출력이 2배입니다" (O))

3. **바이어 맞춤화:** `[Buyer Name]` 이나 `[Buyer's Company Name]` 을 정확히 기재하고, 가능하다면 `[Your Industry]` 부분을 바이어의 산업에 맞게 수정하세요.

4. **첨부 파일:** 제품 소개서(Brochure)나 기술 사양서(Spec Sheet)를 PDF 파일로 첨부하는 것이 좋습니다.

혹시 OOO 기술과 제품에 대해 조금 더 자세히 알려주신다면, 바이어에게 더 매력적인 '혜택' 부분의 문구를 다듬어 드릴 수 있습니다.

질문을 영어가 아닌 한국어로 하여도 영어로 답변을 요구하면 영어로 답변을 제시해 준다. 물론 정확한 제품명이나 성능 등을 기재하지 않았으며, 담당자명도 기재를 하지 않았으므로, 제시된 답안의 초안을 수정하거나 추가해서 사용하면 된다. Gemini는 답변을 선택할 수 있도록 3가지 버전을 제공하고 있다. 이에 3가지 버전 중에서 원하는 버전으로 선택하여 사용하면 된다.

3) 고객 클레임 해결을 위한 방안

(1) 인정하고 듣기

생성형 AI는 고객 클레임을 자동으로 분석하고 분류하여 어떤 유형의 문제인지 즉시 확인할 수 있다. 이를 통해 고객에게 빠르게 응답하고 문제를 인식하는 데 도움을 준다. 또한, AI 기반의 음성 인식 기술로 고객 대화를 실시간으로 기록하고 요약하여 놓칠 수 있는 세부 사항을 방지한다.

(2) 공감하고 사과하기

AI는 고객의 클레임 내용을 분석하여 공감과 사과 메시지를 생성할 수 있다. 상황에 맞는 진심 어린 문구를 추천하여 고객과의 신뢰를 높이는 데 도움을 줄 수 있다. 예를 들어, "불편을 겪게 해드려 정말 죄송합니다."와 같은 적절한 표현을 제공한다.

(3) 평가하고 조사하기

생성형 AI는 클레임 내용을 분석하고, 문제의 심각성을 자동으로 평가할 수 있다. 필요한 데이터를 빠르게 수집하고 관련 부서와 공유할 수 있는 보고서를 생성하여 효율적인 문제 해결 프로세스를 지원한다.

(4) 해결책 제공하기

생성형 AI는 유사한 과거 사례를 기반으로 가능한 해결책을 제안할 수 있다. 복잡한 문제의 경우 단계별 해결 방법과 예상 소요 시간을 고객에게 명확하게 설명할 수 있도록 지원한다.

(5) 조치 취하고 후속 조치하기

AI는 해결책 실행 상태를 추적하고, 미완료된 작업이 있는 경우 담당자에게 알림을 보낸다. 또한, 후속 조치 이메일이나 메시지를 자동 생성하여 고객과 지속적으로 소통할 수 있도록 돕는다.

(6) 배우고 개선하기

생성형 AI는 클레임 데이터를 분석하여 문제의 근본 원인과 개선점을 도출한다. 이를 기반으로 고객 불만을 사전에 방지할 수 있는 개선 계획을 추천한다. 예를 들어, 제품 사용 가이드 보완이나 서비스 절차 변경을 제안할 수 있다.

(7) 문서화하고 검토하기

생성형 AI는 클레임과 해결 과정을 자동으로 문서화하고, 차후 검토를 위한 간결한 보고서를 작성한다. 또한, 정기적으로 데이터를 검토하여 반복적인 문제를 파악하고, 서비스 품질을 개선하기 위한 인사이트를 제공한다.

이 방안들과 AI 기술을 결합하면, 고객 클레임 해결의 속도와 정확성이 향상된다. 이는 고객 만족도와 신뢰를 높이는 데 기여하며, 장기적으로 기업의 이미지와 충성도 유지에도 긍정적인 영향을 미칠 것이다.

[상 황]

우리는 과일을 전문적으로 판매하는 회사이다. 회사의 특성상 온라인 판매가 주로 이루어지고 있는데, 제품 배송 시 파손으로 인한 클레임이 빈번한 편이다.

[프롬프트]

> 이번 명절에 사과와 배 선물세트를 받은 고객이 제품 파손으로 인한 클레임을 걸었다. 이에 따라 부분 환불, 전액 환불, 교환의 3가지 방법 중에서 가장 효과적인 방안이 무엇인지 추천해줘.

[답 변]

🏆 **1순위 추천: 교환 (새 제품 재발송)**

이 방법은 **고객의 부정적인 경험을 긍정적인 경험으로 바꿀 수 있는** 가장 강력한 방법입니다.

- **추천 이유:**
  - **고객의 본래 의도 충족:** 고객은 '환불'이 아니라 '온전한 사과와 배 세트'를 원했습니다. 교환은 고객의 원초적인 기대를 충족시키는 유일한 방법입니다.
  - **신뢰 회복의 기회:** 파손된 제품을 받았다는 불만은 "이 회사는 품질 관리가 엉망이군"이라는 인식으로 이어집니다. 하지만 즉각적이고 정중한 사과와 함께 완벽한 새 제품을 보내주면, "실수는 했지만

책임감이 강하고 고객을 중요하게 생각하는 회사"라는 인식으로 바뀔 수 있습니다.

- **감정적 만족감:** 명절 선물은 감정적인 가치가 큽니다. 금전적 보상(환불)은 이 감정적 손상을 치유하기 어렵지만, '새로운 온전한 선물'은 가능합니다.
- **고려할 점:**
  - **비용:** 재고 비용과 왕복 배송비가 발생하여 단기적으로는 비용이 가장 많이 듭니다.

[중략]

🏅 2순위 추천: 전액 환불

이 방법은 고객이 더 이상 이 제품을 원하지 않거나, 이미 명절이 지나버려 선물의 의미가 없어진 경우에 적합한 차선책입니다.

- **추천 이유:**
  - **신속한 문제 종결:** 금전적으로 완벽하게 보상함으로써 고객의 금전적 손실을 0으로 만듭니다.
  - **간단한 처리:** 교환에 비해 물류(재고, 배송) 처리가 간단합니다.
- **고려할 점:**
  - **고객 이탈 가능성:** 고객은 "돈은 돌려받았지만, 기분은 상했고 선물도 못 했다"라는 부정적인 경험만 간직한 채 떠날 수 있습니다. 관계가 회복되지 않은 것입니다.

[중략]

📄 최종 요약 및 추천 전략

1. **무조건 '교환'을 1순위로 제안하십시오.**

   "고객님, 명절에 기분 좋은 선물이 되어야 하는데 불쾌감을 드려 진심으로 죄송합니다. 파손된 제품은 번거로우시니 사진만 한 장 찍어주시면 즉시 폐기하셔도 좋습니다. **저희가 확인 후 오늘 바로 가장 좋은 새 제품으로 다시 보내드리겠습니다.**"

2. **고객이 교환을 원치 않거나 시기(명절 종료)가 애매할 경우, '전액 환불'을 2순위로 제안하십시오.**

   "혹시 이미 명절이 지나 새 제품을 받는 것이 불편하시다면, 저희가 즉시 **결제하신 금액 전액을 환불** 처리해 드리겠습니다. 어떤 방법이 고객님께 더 편하실지 말씀해 주시겠습니까?"

3. **'부분 환불'은 선택지에서 제외하십시오.** 이는 고객을 만족시키는 '해결책'이 아니라, 회사의 손실을 줄이려는 '계산'으로 비칠 뿐입니다.

일반적으로 고객의 클레임에 대해 해결 방안이 무엇인지를 파악하는 것이 중요하다고 할수 있다. Gemini는 교환_{새제품 발송}을 1순위, 전액 환불을 2순위, 부분 환불은 추천하지 않았다. 환불의 경우 전액인지 부분인지, 교환인지 등의 여부를 결정해야만 한다. 물론 경험이 많은 직원은 고객과 소통을 잘하겠지만, 경험이 부족한 직원의 경우에는 각 방안별로 장점과 단점을 잘 살펴보고 최적의 방안을 선택하는 것이 중요하다고 할 수 있다.

[프롬프트]

고객이 교환을 원하는데, 명절 특성상 명절 이전에 배송을 하지 못할 것 같은데, 어떻게 설명하는 것이 좋을까?

[답 변]

고객 응대 추천 스크립트 (단계별)

1단계: 재확인과 공감 (기대치 확인)

먼저, 고객이 교환을 원하는 이유(명절 사용)를 재확인하며 대화를 시작합니다.

　"고객님, 파손된 제품 때문에 명절을 앞두고 정말 속상하셨을 것 같습니다. 다시 한번 진심으로 죄송합니다.

　교환을 원하셨는데, 혹시 명절 선물로 사용하시거나 명절에 바로 드시려고 하셨던 걸까요?"

(고객이 "그렇다"고 대답할 확률이 높습니다.)

2단계: 솔직한 상황 공유 (신뢰)

이제 가장 고통스럽지만 중요한 사실을 '회피'하지 않고 '솔직하게' 전달해야 합니다.

　"고객님, 정말 죄송합니다.

　저희가 지금 당장 새 제품을 발송하더라도, **현재 명절 특수기로 인한 택배 물량 폭주로 명절(O월 O일) 전까지 배송을 장담해 드릴 수가 없는 상황입니다.**

[중략]

[1안: 즉각적인 '전액 환불']

"우선 급한 대로 다른 곳에서 선물을 준비하실 수 있도록, 저희가 **즉시 결제 금액 전액을 환불** 처리해 드리는 방법입니다.

물론 파손된 제품은 번거롭게 반품하실 필요 없이 바로 폐기하시면 됩니다. 이것이 고객님의 금전적 손해와 기다림을 즉시 해결해 드리는 가장 빠른 방법입니다."

[2안: 명절 이후 '교환 + @']

"혹시 명절이 지난 이후에라도 저희 제품을 꼭 받아보시길 원하신다면, **명절 연휴가 끝나는 대로 가장 좋은 상품으로 선별하여 재발송해** 드리는 방법입니다.

[중략]

제시된 답변을 토대로 최적의 방안을 찾아서 고객에게 진심으로 사과하고 배송에 대한 부분을 설명해 오해가 없도록 설명하고 설득하는 것이 중요하다.

3. GPT 앱 활용 지식 데이터베이스 구축

1) 지식 데이터베이스 시스템

지식 데이터베이스는 조직이 보유한 문서·경험·프로세스를 체계적으로 저장하고 검색할 수 있도록 하는 플랫폼으로, 최근에는 비정형 데이터_{문서, 이미지, 회의 녹음 등}를 통합 관리하는 형태로 발전하고 있다. 기업들은 정보의 중복, 사일로_{silo} 문제, 인력 이탈에 따른 지식 손실 등을 해결하기 위해 중앙화된 지식 허브를 구축하고 있으며, 이를 통해 신속한 정보 접근과 협업, 의사 결정 속도 향상을 실현하고 있다.

특히 기술, 마케팅, 고객 지원 분야에서는 지식 DB의 활용 효과가 크다. 예를 들어, 글로벌 IT 기업들은 제품 매뉴얼, 오류 사례, 고객 문의 기록 등을 구조화해 기술 지원팀의 문제 해결 속도를 높이고 있으며, 마케팅 조직은 시장조사·캠페인 성과 등을 DB화해 전략 수립에 활용하고 있다. 최근에는 검색 중심의 정적 DB에서 벗어나, AI 기반의 '대화형 지식 허브'로 전환하는 흐름이 확산되고 있다.

2) 생성형 AI 기반 지식 기반 시스템

생성형 AI는 기존 문서 검색 중심의 지식 관리_{KM}를 대화형·자동화된 형태로 혁신하고 있다. 기업 내부 문서 수십만 건을 분석해 자연어로 질의하면 최적의 응답을 생성해 주는 방식이 대표적이다.

예를 들어, LG CNS2023~는 생성형 AI 기반 기업 지식 비서 서비스를 도입해 직원이 문서 위치를 몰라도 자연어로 질문하면 AI가 사내 문서·메일·매뉴얼을 분석해 직접 답변을 생성할 수 있도록 했다. 기존 FAQ 기반 챗봇과 달리, 사전 정의된 시나리오 없이도 실시간으로 새로운 답변을 만들어 낼 수 있다는 점이 큰 변화다. 마이크로소프트, 삼성전자, 현대자동차 등도 사내 문서 기반 챗GPT 솔루션을 도입하며 실무 생산성을 높이고 있다.

3) GPT 앱을 활용한 지식 데이터베이스 구축

GPT 앱은 조직이 자체 지식 데이터를 기반으로 전용 AI 모델을 구축할 수 있도록 지원하는 방식으로 활용된다. 진행 절차는 다음과 같다.

(1) 주제·범위 설정
구축할 지식 영역예: 기술 지원, 법무, 재무, 고객 상담 등을 명확히 정의한다.

(2) 데이터 수집 및 정제
문서, 보고서, 이메일, 매뉴얼 등 내부 지식을 확보하고 중복·오류·보안 요소를 정제하여 학습 가능한 구조로 변환한다.

(3) GPT 학습
정제된 데이터를 기반으로 모델을 튜닝해 조직 특화 지식을 학습시킨다. 이 과정에서 문서 간 맥락, 용어, 정책 등을 모델이 이해하도록 한다.

(4) 질문·응답 시스템 구축
사용자가 자연어로 질문하면 GPT가 관련 문서를 참조해 정확한 답변을 생성하는 대화형 시스템을 구성한다.

(5) 정확성 검증

반복 테스트와 사용자 피드백으로 답변 품질을 교정하고, 민감 정보 처리·보안 기준을 점검한다.

(6) 운영 및 업데이트

신규 문서 반영, 모델 재학습, 성능 모니터링을 통해 최신 상태를 유지한다.

GPT 앱을 통한 자동화를 추진하면 직원은 문서를 직접 검색할 필요 없이 답변을 바로 받아 업무 속도를 크게 단축할 수 있으며, 최신 지식을 조직 전체가 공유하는 'AI 기반 지식 운영 체계'를 구축할 수 있다.

4) GPT 활용 지식 DB 구축하기 실습

앞서 설명한 지식 DB 구축 절차주제 설정 → 데이터 수집 → 학습 → Q&A 시스템 구축에 따라, 이제 실제로 GPT를 통해 조직 전용 지식 AI를 만드는 실무 단계를 살펴볼 수 있다. GPT 앱의 검색 활용은 누구든지 할 수 있다. 다만, GPT 앱을 개발하여 저장한 다음 불러와 활용하고자 한다면 유료 버전개인 월 20달러, 팀 월 25달러을 사용하여야 한다. 유료 구독 이후 다음 과정으로 지식 기반 모델을 직접 생성·운영할 수 있다.

(1) GPT 생성 시작

좌측 메뉴의 GPT 탐색하기를 선택한 후 + 만들기Create를 클릭하면 GPT Builder 화면이 열리며, 여기에서 조직 맞춤형 지식 AI 구성을 시작한다.

(2) 지식 데이터 업로드

앞 단계에서 준비한 자료문서, PDF, URL, 정책 문서 등를 업로드하여 GPT가 학습할 기반 지식을 제공한다. 이는 "데이터 수집·정제 → GPT 학습" 과정의 실제 구현 단계에 해당한다.

(3) 모델의 역할·범위 정의

모델의 이름, 프로필, 사용 목적을 입력해 GPT의 활용 범위를 명확히 설정한다. 예를 들어, "기술지원 지식 비서", "내부 정책 안내 AI"처럼 조직 내 역할을 구체화할 수 있다.

(4) 대화 규칙·출력 스타일 설정

모델이 어떤 말투를 사용할지, 어떤 정보는 제공하면 안 되는지, 답변의 깊이·형식을 어떻게 유지할지를 구체적으로 입력해 대화 정책을 설정한다. 이는 지식 DB를 기반으로 생성되는 답변의 일관성과 신뢰성을 높이는 핵심 단계이다.

(5) 대화 흐름 및 마무리 설정

응답 방식, 추가 질문 유도 여부, 대화 종료 방식 등을 설정해 최종 사용자 경험을 조정한다.

이와 같은 설정 절차를 거치면, 앞서 구축한 조직 내부 지식 데이터베이스가 GPT의 학습 기반으로 연결되어 실무에서 바로 활용 가능한 AI 지식 도우미가 완성된다. 이와 유사하게 Google Gemini는 'Gem' 앱을 만들어 저장했다가 필요시 불러와 활용할 수 있도록 하고 있다. 이 외에도 프로젝트 단위 학습 기능을 활용해 특정 팀·업무별 전문 지식 모델을 별도로 운영할 수도 있다.

※ **문제: 난이도 상(20분, 125점), 난이도 중(15분, 100점), 난이도 하(10분, 75점)**

【실습 문제】

[문제 1] 신제품 개발이 목표인 두 팀(기획, 개발)의 갈등(난이도 하)

　　　출제 의도(테스트 내용): 텍스트 생성 기능 활용 역량

[문제]

우리 회사는 글로벌 시장 진출을 목표로 신제품을 개발하고자 한다. 그러나 기획팀과 개발팀의 이견 차이로 인해 갈등이 발생을 하고 있다. 기획팀은 신제품에 AX 기술을 추가해야 한다고 생각하고 있으나 개발팀은 현재 기술을 더 발전시키는 것이 중요하다고 의견을 제시하고 있다. 특히 기획팀은 AX 기술이 미래 가치를 담보하고 있다고 주장하고 있어 서로 의견이 조율되지 않고 있다. 이러한 상황에서 2025년 현재 AX 기술 현황과 시장 현황을 분석 및 전망해 보고 AX 기술이 향후 미래에 가치가 있다는 근거를 제시하고, 글로벌 시장을 선점하기 위해 어떠한 노력들이 필요한지 제시하시오.

산출물: 아래 내용이 담긴 결과물(표)
　1. 상황 분석 및 원인 파악(상, 중, 하)
　2. 미래 가치 예측(2026년)
　3. 협력 및 파트너십 강화

단, 1) 상황 분석 및 원인 파악(상, 중, 하), 2) 미래 가치 예측(2026년), 3) 협력 및 파트너십 강화에 대해 목적, 역할 등을 확인할 수 있도록 자세하고 명확하게 기술하시오.

[답안] 수험자가 아래와 같은 내용으로 AI 활용 과정과 결과물을 복사 혹은 작성하여 제출

1) 사용 AI와 기능 및 도구

사용 AI: GPT-4, GPT-5, Gemini 등

2) 생성형 AI를 활용하기 위한 기획 내용

[1단계] 상황 분석 및 원인 파악

- **프롬프트:** "2025년 현재 AX 기술 현황과 시장 현황을 분석 및 전망하고 이들 간의 상관관계를 밝혀 주세요."
- **목적:** 현재 AX 기술의 현황 면밀히 조사하고, 근본적인 문제점이 무엇인지를 파악한다.
- **역할:** AX의 기술과 시장 현황 파악을 통한 원인 파악

[2단계] 미래 가치 예측(2026년 전망)

- **프롬프트:** "현재 기술과 시장 분석을 바탕으로 AX 기술이 향후 미래 가치가 있는지를 예측 및 판단해 주세요."
- **목적:** 미래 동향을 예측하고, 이를 바탕으로 사업 전략을 수립하기 위함이다.
- **역할:** AX 기술과 시장 분석 전망과 미래 가치 예측

[3단계] 협력 및 파트너십 강화

- **프롬프트:** "AX 산업의 글로벌 경쟁력 강화를 위한 협력 및 파트너십 강화를 위한 전략에 대해 분석하고, 글로벌 시장을 선점하기 위한 방안을 구체적으로 제시해 주세요."
- **목적:** 글로벌 파트너십과 협력을 통해 한국 AX 산업의 글로벌 파트너십을 강화하고, 글로벌 시장 선점을 위한 방안을 모색한다.
- **역할:** 시장 다변화를 위한 글로벌 협력 및 파트너십 강화

3) 생성형 AI에 프롬프트 입력 및 대화(피드백) 과정과 내용

[1단계] 상황 분석 및 원인 파악

[프롬프트 1] 2025년 현재 AX 기술 현황과 시장 현황을 분석 및 전망하고 이들 간의 상관관계를 밝혀 주세요

[GPT]

2025년 현재, AX(AI Transformation, 인공지능 전환)는 더 이상 미래의 비전이 아닌, 기업과 산업의 생존 및 성장을 좌우하는 핵심 현실이 되었습니다. 기술의 발전이 시장의 수요를 창출하고, 다시 시장의 요구가 기술의 진화 방향을 결정하는 역동적인 선순환 구조가 그 어느 때보다 빠르게 작동하고 있습니다.

2025년의 AX 기술 현황, 시장 현황, 그리고 이 둘의 상관관계를 다음과 같이 분석 및 전망합니다.

---

1. 2025년 AX 기술 현황: '자율성'과 '범용성'의 시대

2025년의 AX 기술은 실험실을 나와 실제 산업 현장과 일상에 적용되는 '실용화' 단계에 깊숙이 진입했습니다. 핵심 트렌드는 **자율성(Agentic)**, **범용성(Multimodal/General)**, 그리고 **효율성(Efficiency)**입니다.

- **① AI 에이전트(Agentic AI)의 부상:** 단순히 명령에 응답하는 AI를 넘어, 복잡한 목표를 스스로 계획하고, 도구를 사용하며, 자율적으로 작업을 수행하는 'AI 에이전트'가 핵심 기술로 부상했습니다. 2025년에는 AI가 단순 보조를 넘어 결제나 복잡한 리서치 등 실제 업무를 위임받아 처리하는 사례가 증가하고 있습니다.

- **② 멀티모달(Multimodal) AI의 보편화:** 텍스트, 이미지, 음성, 비디오 등 여러 유형의 데이터를 동시에 이해하고 처리하는 멀티모달 AI가 표준이 되었습니다. OpenAI의 GPT-4o, Google의 Gemini 등은 이러한 기술을 기반으로 더욱 직관적이고 인간과 유사한 상호작용을 가능하게 하며, 자율주행, 의료 진단 등 복잡한 분야의 혁신을 가속하고 있습니다.

- **③ 온디바이스(On-Device) AI 및 sLLM(소형 언어 모델):** 막대한 비용과 전력을 소모하는 초거대 AI(LLM)와 더불어, 스마트폰이나 PC 등 기기 자체에서 구동되는 '온디바이스 AI'가 확산되고 있습니다. 이는 더 빠르고, 안전하며(개인정보 보호), 비용 효율적인 AI 서비스를 가능하게 합니다. 이러한 트렌드는 특정 작업에 최적화된 sLLM의 발전을 촉진했습니다.

- **④ 물리적 AI (Physical AI) 및 로보틱스:** AI가 디지털 세계를 넘어 물리적 세계로 확장되고 있습니다. 엔비디아 CEO가 'AI의 종착점은 로보틱스'라고 언급했듯이, 2025년에는 스마트 팩토리, 물류 창고는 물론 서비스 분야에서도 AI 기반 휴머노이드 로봇의 상용화가 가시화되고 있습니다.

- **⑤ AI 안전성, 신뢰성 및 설명가능성(XAI):** AI가 사회 전반에 도입되면서 '블랙박스' 문제를 해결하고, AI의 결정을 신뢰할 수 있게 만드는 기술이 중요해졌습니다. 특히 2025년은 EU의 AI Act 등 글로벌 규제가 본격 시행되는 원년으로, AI의 투명성, 공정성, 안전성을 확보하기 위한 XAI 및 AI 거버넌스 기술이 필수 R&D 분야가 되었습니다.

[중략]

2. 2025년 AX 시장 현황: '전 산업'의 '본격 도입'

기술의 발전은 2025년 AI 시장의 폭발적인 성장을 견인했습니다. 시장은 '파일럿 테스트' 단계를 지나 '전사적 도입' 단계로 이동하고 있습니다.

- **① 폭발적인 시장 성장:** 2025년 글로벌 AI 시장 규모는 약 2,940억 달러(약 380조 원)에 이를 것으로 추정되며, 연평균 29% 이상의 고속 성장을 이어가고 있습니다. 특히 생성형 AI 분야는 2025년에만 약 630억 달러 규모로 추산될 만큼 가장 가파른 성장세를 보입니다.
- **② 전 산업계의 본격적인 도입 (Vertical AI):** 모든 산업에서 AX가 진행 중이며, 특히 특정 산업에 특화된 '버티컬 AI' 도입이 활발합니다.

[중략]

[2단계] 미래 가치 예측 (2026년 전망)

[프롬프트 2] 현재 기술과 시장 분석을 바탕으로 AX 기술이 향후 미래 가치가 있는지를 예측 및 판단해 주세요

[GPT]

네, 결론부터 말씀드리면 AX 기술의 미래 가치는 **'측정 불가능할 정도로 막대하다'**고 판단합니다.

이는 단순히 새로운 시장이 열리는 수준을 넘어, 향후 10년 이상 모든 산업과 사회의 모습을 근본적으로 재편할 **핵심 동력(Key Driver)**이 될 것입니다. 2025년 현재의 기술과 시장 분석은 이러한 판단을 강력하게 뒷받침합니다.

그 이유는 다음과 같습니다.

---

1. ☑ 경제·산업적 가치: '선택'이 아닌 '필수 인프라'로의 전환

2025년 현황 분석에서 확인했듯이, 시장은 이미 'AI 도입'을 넘어 'AI 네이티브(AI-Native)'로 이동하고 있습니다.

- **새로운 표준(The New Standard):** AX는 전기나 인터넷처럼 모든 산업의 기반이 되는 **'범용 기술(General Purpose Technology)'**로 확고히 자리 잡았습니다. 미래에는 'AI를 도입한 기업'이 아니라 'AI를 활용하지 않는 기업'을 찾아보기 힘들게 될 것입니다.
- **승자 독식의 가속화:** 앞서 분석한 **'기술-시장 간의 가속화되는 선순환'** 구조는, AX를 선도적으로 도입해 데이터를 축적하고 기술을 내재화한 기업이 시장 전체를 지배하게 되는 '승자 독식' 현상을 더욱 가속할 것입니다. 즉, AX 역량이 기업의 생존과 성장을 결정짓는 핵심 척도가 됩니다.

---

2. 🏆 기술적 확장 가치: '디지털'을 넘어 '물리적 세계'로

AX의 미래 가치가 폭발적인 이유는, 그 영향력이 디지털 세계에 머무르지 않기 때문입니다.

[중략]

[3단계] 글로벌 협력 및 파트너십 강화

[프롬프트 3] AX 산업의 글로벌 경쟁력 강화를 위한 협력 및 파트너십 강화를 위한 전략에 대해 분석하고, 글로벌 시장을 선점하기 위한 방안을 구체적으로 제시해 주세요.

[GPT]

AX(인공지능 전환) 산업의 글로벌 경쟁력은 단일 기업이나 국가의 역량만으로는 달성하기 어렵습니다. 2025년 현재 AX 기술은 막대한 자본, 최고 수준의 인재, 방대한 데이터, 그리고 복잡한 윤리 및 규제 문제를 동반하고 있기 때문입니다.

글로벌 경쟁력 강화와 시장 선점을 위해서는 **'선택과 집중'**을 기반으로 한 **'전략적 생태계 구축'**이 핵심입니다.

다음은 AX 산업의 글로벌 경쟁력 강화를 위한 협력·파트너십 전략과, 시장 선점을 위한 구체적인 방안입니다.

---

1. 🧡 글로벌 경쟁력 강화를 위한 4대 협력·파트너십 전략

AX 산업은 '승자 독식'의 특성이 강하지만, 그 승자가 되기 위해서는 아이러니하게도 강력한 '협력'이 필수입니다.

① '산·학·연·관'의 총력전: 국가 단위의 AI 주권 확보

AX 기술은 이제 국가 안보 및 경제의 핵심 인프라입니다. 개별 기업이 감당하기 어려운 막대한 인프라 투자와 기초 연구는 국가적 차원의 협력이 필요합니다.

- **전략:** 정부(관)가 주도하여 AI 반도체, 대규모 데이터센터 등 **'AI 고속도로' 인프라**를 구축합니다. (검색 결과 [2.2])
- **협력 모델:**
  - **정부(관):** 대규모 R&D 예산 지원, 규제 혁신(데이터 활용 등), '소버린 AI(Sovereign AI)' 구축 목표 제시 (검색 결과 [1.1])
  - **산업(산):** 빅테크와 스타트업이 인프라를 활용하여 상용화 모델 개발 (검색 결과 [1.6])
  - **대학/연구소(학/연):** 차세대 AI 원천 기술 및 AI 안전성 등 고위험·장기 연구 수행 및 인재 양성 (검색 결과 [1.1])

[문제 2] 글로벌 시장 선점을 위한 경쟁 기업 간 협업 전략 (난이도 하)

출제 의도(테스트 내용): 텍스트 생성 기능 활용 역량

[문제]

A기업과 B기업은 친환경 자동차 시장에서 서로 경쟁을 하고 있다. 그러나 후발 주자인 C기업과 D기업의 추격이 만만치 않다. 이에 A기업과 B기업은 각자 보유한 기술들을 서로 결합하여 더 나은 친환경 관련 기술을 개발하고자 한다. 이를 위한 기업 간 기술 협력 전략과 협력 전략이 성공하기 위한 구체적인 내용을 작성하라는 프롬프트를 기획하고 이에 대한 결과를 정리해 주세요.

산출물: 아래 내용이 담긴 결과물(표)
  1. 경쟁사가 보유한 기술 결합 시 강조해야 하는 사항 제시
  2. 친환경 기술 결합을 위한 전략 제시
  3. 협력 전략과 경쟁우위 확보를 통한 시장 선점 전략 방안 제시

단, 1) 경쟁사가 보유한 기술 결합 시 강조해야 하는 사항, 2) 친환경 기술 결합을 위한 전략 제시, 3) 협력 전략과 경쟁우위 확보를 통한 시장 선점 전략 방안에 대해 목적, 역할 등을 확인할 수 있도록 자세하고 명확하게 기술하시오.

[답안] 수험자가 아래와 같은 내용으로 AI 활용 과정과 결과물을 복사 혹은 작성하여 제출

1) 사용 AI와 기능 및 도구

사용 AI: GPT-4, GPT-5, Gemini 등

2) 생성형 AI를 활용하기 위한 기획 내용

[1단계] 상황 분석

- **프롬프트:** "A기업과 B기업은 친환경 자동차 시장에서 서로 기술과 제품으로 경쟁하고 있으며, 후발 주자인 기업들의 추격이 만만치 않다. 이에 A기업과 B기업은 각자 보유한 기술들을 서로 결합하여 더 나은 친환경 관련 기술을 개발하고자 하는데, 경쟁사가 보유한 기술을 서로 결합 시에 어떠한 점을 강조해야 하는지를 제시해 주세요"
- **목적:** 현재 친환경 자동차 시장의 현황을 면밀히 조사하고, 기술 결합 시 방향과 강조해야 하는 점이 무엇인지 검토
- **역할:** 친환경 자동차 기술과 시장 현황 파악을 통한 방안 제시

[2단계] 친환경 기술 결합 전략

- **프롬프트:** "현재 친환경 자동차 기술과 시장 분석을 바탕으로 친환경 기술의 결합을 위한 전략에 대해 구체적으로 제시해 주세요."
- **목적:** 현재 기술과 시장을 파악하고, 이를 바탕으로 기술 결합 전략 방안을 수립하기 위함이다.
- **역할:** 친환경 자동차 기술 분석을 통한 기술 결합 전략 제시

[3단계] 기술 협력 전략 방안

- **프롬프트:** "A기업과 B기업이 보유한 기술을 협력하기 위한 전략 방안에 대해 분석하고, 경쟁 우위 확보를 통한 시장 선점 방안을 구체적으로 제시해 주세요."
- **목적:** 기술 협력을 통한 전략과 글로벌 시장 선점을 위한 방안을 모색한다.
- **역할:** 기술 협력 전략 방안

3) 생성형 AI에의 프롬프트 입력 및 대화(피드백) 과정과 내용

[1단계] 경쟁사가 보유한 기술 결합시 강조해야 하는 사항

[프롬프트 1] A기업과 B기업은 친환경 자동차 시장에서 서로 기술과 제품으로 경쟁하고 있으며, 후발 주자인 기업들의 추격이 만만치 않다. 이에 A기업과 B기업은 각자 보유한 기술들을 서로 결합하여 더 나은 친환경 관련 기술을 개발하고자 하는데, 경쟁사가 보유한 기술을 서로 결합 시에 어떠한 점을 강조해야 하는지를 제시해 주세요.

[GPT]

1. 🎯 목표의 명확화: '무엇을 위한 결합인가?'

가장 중요한 첫 단추입니다. 두 경쟁사는 서로 다른 조직 문화와 이해관계를 가지고 있으므로, 모호한 목표는 반드시 실패로 이어집니다.

- **'공동의 적' 설정:** 추격해오는 후발 주자들을 '공동의 적'으로 명확히 규정해야 합니다. 내부의 경쟁 심리보다 외부의 위협을 극복하는 것이 더 시급함을 전사적으로 공유해야 합니다.
- **'초격차' 목표 수립:** 단순히 기존 기술을 10% 개선하는 것이 아니라, 후발 주자가 최소 3~5년은 따라올 수 없는 '초격차(Super-Gap)' 기술을 개발하는 것을 유일한 목표로 삼아야 합니다. (예: "전고체 배터리 상용화", "충전 시간 5분 내 단축")
- **선택과 집중:** 두 회사가 가진 모든 기술을 섞는 것이 아니라, A사의 '배터리 밀도 기술'과 B사의 'BMS(배터리 관리 시스템) 제어 기술'처럼 **가장 강력한 시너지를 낼 수 있는 특정 분야**를 명확히 선정하고 집중해야 합니다.

---

2. 🛡 IP 및 자산 보호: '어떻게 신뢰하고 협력하는가?'

경쟁사 협력에서 가장 민감하고 실패하기 쉬운 부분은 지식재산권(IP)과 핵심 자산(Core Tech) 보호입니다.

- **'결합 기술(New-Tech)'의 IP 소유권 명확화:**
  - **가장 중요합니다.** 협력으로 탄생할 '새로운 기술(C)'의 소유권을 누가 가질지(공동 소유, 지분별 소유, 별도 법인 소유 등) 계약서에 명확히 정의해야 합니다.
  - **개량 기술의 귀속:** A사가 B사의 기술을 개량했을 때, 혹은 그 반대의 경우 IP를 어떻게 처리할지도 사전에 합의해야 합니다.
- **'핵심 자산(Core-Tech)' 보호 장벽 설치:**
  - "모든 것을 공유"하는 것이 아니라, "목표 달성에 **필요한 것만 공유**"해야 합니다.
  - 각 사의 핵심 R&D 인력이 직접 섞이는 것이 아니라, 중간에 '방화벽' 역할을 하는 **별도의 조인트 벤**

[중략]

[2단계] 친환경 기술 결합을 위한 전략

[프롬프트 2] 현재 친환경 자동차 기술과 시장 분석을 바탕으로 친환경 기술의 결합을 위한 전략에 대해 구체적으로 제시해 주세요.

[GPT]

1. 🚗 2025년 기술 및 시장 현황 분석 (전략의 전제)

먼저, 현재 시장을 명확히 정의해야 합니다. 2025년의 '친환경' 경쟁은 단순히 '전기 vs 내연기관'이 아닙니다.

1. **시장의 분화 (EV 주류화):** 전기차(BEV)가 승용 시장의 주류가 되었습니다. 경쟁은 LFP 배터리를 앞세운 **'가격 경쟁'(후발 주자의 무기)**과 고성능/프리미엄의 **'기술 경쟁'**으로 양극화되었습니다.
2. **새로운 격전지 (SDV):** 자동차의 가치가 하드웨어(엔진, 모터)에서 **소프트웨어(SDV: Software Defined Vehicle)**로 급격히 이동했습니다. OTA 업데이트, AI 기반 인포테인먼트, 자율주행 성능이 구매의 핵심 요소가 되었습니다.
3. **차세대 승부수 (전고체 배터리):** 현존 리튬이온 배터리의 한계(안전성, 주행거리, 충전 속도)를 뛰어넘을 '전고체 배터리'의 상용화가 임박했습니다. 2025년은 이를 누가 먼저 양산하는지 겨루는 '게임 체인저'의 문턱입니다.
4. **틈새 및 특수 시장 (FCEV):** 수소차(FCEV)는 승용 시장에서 주도권을 잃었으나, 장거리 운송, 대형 트럭, 버스 등 **상용차 및 특수 목적 시장**에서 명확한 강점을 보이며 독자 영역을 구축하고 있습니다.

2. 🤝 A-B 기업 결합의 '초격차' 전략 방향

A, B 기업의 목표는 단순히 1+1=2가 되어서는 안 됩니다. 후발 주자가 따라올 수 없는 **'기술의 벽(Moat)'**을 세우고, 새로운 **'시장 표준(Standard)'**을 선점해야 합니다.

전략의 핵심은 **[하드웨어(H/W) 초격차] + [소프트웨어(S/W) 생태계]**의 완전한 융합입니다.

[중략]

4. 🔑 결론: '기술 결합'을 넘어 '표준'을 선점하라

A사와 B사가 후발 주자를 따돌리기 위한 최상의 전략은, 단순히 좋은 차를 만드는 것을 넘어 **'차세대 시장의 표준(Standard)'**을 공동으로 선점하는 것입니다.

- **H/W 표준:** '전고체 배터리 팩'의 규격화 (방안 1)
- **플랫폼 표준:** 'EV/FCEV 호환 플랫폼' (방안 2)
- **S/W 표준:** '통합 OS' 및 'V2G 에너지 프로토콜' (방안 3)

이 3가지 전략을 통해 두 기업은 기술적 우위뿐만 아니라, 후발 주자가 진입하기 어려운 강력한 '생태계의 벽'을 구축할 수 있습니다.

[3단계] 협력 전략과 경쟁 우위 확보를 통한 시장 선점 전략 방안

[프롬프트 3] A기업과 B기업이 보유한 기술을 협력하기 위한 전략 방안에 대해 분석하고, 경쟁 우위 확보를 통한 시장 선점 방안을 구체적으로 제시해 주세요.

[GPT]

1. 🤝 기술 협력을 위한 3가지 전략적 '구조' 방안

어떤 기술을 결합하느냐(What)보다 '어떻게(How) 협력할 것인가'가 성패를 좌우합니다. 목표에 따라 적합한 구조를 선택해야 합니다.

① (High-Risk, High-Return) '조인트 벤처(JV)' 설립 방안

- **개요:** A사와 B사가 공동으로 출자하여 'C회사'라는 **별도의 법인**을 설립하는 방식입니다.
- **적합한 기술:** **'전고체 배터리'**처럼 막대한 투자와 장기 R&D가 필요하며, IP(지식재산권)가 매우 민감한 차세대 기술에 최적화되어 있습니다.
- **운영 방안:**
  - A사의 '소재/셀' 기술팀과 B사의 'BMS/패키징' 기술팀의 핵심 인력을 'C회사'로 파견/소속시킵니다.
  - 개발된 전고체 배터리의 IP는 C회사가 소유하며, A사와 B사는 이 기술을 **독점적으로, 가장 저렴하게** 공급받는 최우선 권리를 갖습니다.
  - **강점:** IP 분쟁의 소지가 원천적으로 차단되며, R&D의 속도와 집중력이 극대화됩니다.

② (Standardization) '컨소시엄 및 표준화 기구' 구성 방안

- **개요:** 두 회사가 핵심 기술을 **'업계 표준'**으로 만들기 위해 공동의 기술 규격(Standard)을 제정하고, 다른 기업들의 참여를 유도하는 개방형 협력 방식입니다.
- **적합한 기술:** 'SDV 통합 OS' 또는 **'V2G/에너지 플랫폼'**과 같이 생태계(Ecosystem)가 중요한 소프

[중략]

3. 결론 및 제언

A사와 B사가 경쟁사에서 '전략적 동맹'으로 성공적으로 전환하기 위한 핵심은 **'목표의 단일화'**와 **'신뢰의 구조화'**입니다.

가장 강력하고 장기적인 시장 선점 방안은 ② **'컨소시엄을 통한 SDV 생태계 잠금'** 전략입니다. 이는 단순히 자동차를 파는 경쟁에서 벗어나, 후발 주자들이 따라올 수밖에 없는 **'시장의 규칙(Rule)'** 자체를 설계하는 가장 높은 차원의 전략이기 때문입니다.

[문제 3] 국가 연구개발 과제 공동 수주 및 수행을 위한 협업 전략 (난이도 하)

출제 의도(테스트 내용): 텍스트 생성 기능 활용 역량

[문제]

A기관, B기관, C기업, D기업은 국가 연구개발 과제를 공동으로 수주하였으며, 이를 수행하기 위한 마스터 플랜을 수립하려고 하는데, 기관과 기업 간의 협업을 통해 마스터 플랜을 수립을 위한 주요 절차와 단계를 기획하고 이에 대한 결과를 정리해 주세요.

산출물: 아래 내용이 담긴 결과물(표)
 1. 비전 및 목표 설정 제시
 2. 주요 절차와 단계별 전략 제시
 3. 우선순위 평가 및 이행 계획 수립 전략 제시

단, 1) 마스터플랜 수립 시 강조해야 하는 사항, 2) 마스터 플랜 프레임워크와 주요 절차 제시, 3) 수행 과제 도출, 우선순위 평가, 이행 계획 수립 등을 확인할 수 있도록 자세하고 명확하게 기술하시오(75점).

[답안] 수험자가 아래와 같은 내용으로 AI 활용 과정과 결과물을 복사 혹은 작성하여 제출

1) 사용 AI와 기능 및 도구

사용 AI: GPT-4, GPT-5, Gemini 등

2) 생성형 AI를 활용하기 위한 기획 내용

[1단계] 환경 분석 및 목표 설정
- **프롬프트**: "국가 연구개발 과제를 공동으로 수행하기 위해 4개의 기관과 기업이 협업하여 마스터플랜을 수립하려고 하는데, 환경 분석 및 목표 설정 시에 중요하게 고려해야 할 사항이 무엇인지 제시해 주세요."
- **목적**: 내·외부 환경 분석과 현황을 면밀히 조사하고, 비전과 목표 설정시 고려 사항 파악
- **역할**: 환경 분석 및 목표 설정을 위한 비전 제시

[2단계] 마스터 플랜 주요 절차 및 단계별 전략
- **프롬프트**: "4개의 기관과 기업이 협업하여 마스터플랜 수립을 성공적으로 수행하기 위해 필요한 주요 절차와 단계별 전략을 구체적으로 제시해 주세요."
- **목적**: 마스터플랜 수립을 위한 주요 절차와 단계별 수행 전략 파악
- **역할**: 마스터플랜 주요 절차와 단계별 수행 전략 제시

[3단계] 우선순위 평가 및 이행 계획 수립 전략
- **프롬프트**: "4개의 기관과 기업이 협업하여 과제 발굴과 우선순위를 평가하고 이를 통해 이행 계획을 수립하기 위한 전략을 구체적으로 제시해 주세요."
- **목적**: 과제 발굴과 우선순위 평가, 이행 계획 수립 전략 파악
- **역할**: 우선순위 평가 및 이행 계획 수립 방안 제시

3) 생성형 AI에 프롬프트 입력 및 대화(피드백) 과정과 내용

[1단계] 환경 분석 및 목표 설정

[프롬프트 1] 국가 연구개발 과제를 공동으로 수행하기 위해 4개의 기관과 기업이 협업하

여 마스터플랜을 수립하려고 하는데, 환경 분석 및 목표 설정 시에 중요하게 고려해야 할 사항이 무엇인지 제시해 주세요.

[GPT]

국가 연구개발(R&D) 과제의 마스터플랜, 특히 **4개의 서로 다른 기관과 기업이 협업**하는 경우, 성공의 열쇠는 '명확한 환경 분석'을 통한 **'동상이몽(同床異夢) 방지**'와 '일관된 목표 설정'을 통한 '**공동의 이익 창출**'에 있습니다.

다음은 환경 분석 및 목표 설정 시 중요하게 고려해야 할 핵심 사항입니다.

---

1. 🔍 환경 분석 단계: '정확한 좌표' 찍기

4개 기관이 모였다는 것은 **각자의 강점과 목적이 모두 다르다**는 의미입니다. 이를 명확히 분석하고 공유하는 것이 모든 것의 시작입니다.

- **① 정부 정책 및 RFP(제안요청서)의 핵심 의도 파악:**
    - **가장 중요합니다.** 국가 R&D 과제는 명확한 '정부의 미션'이 있습니다. 이 과제를 통해 정부가 얻고자 하는 것이 '원천 기술 확보'인지, '특정 산업(예: 반도체)의 경쟁력 강화'인지, '일자리 창출'인지, 아니면 '사회 문제 해결(예: 탄소 중립)'인지 그 **핵심 의도를 명확히 분석**해야 합니다.
    - 마스터플랜 전체의 방향이 이 의도에 부합해야 합니다.
- **② 4개 기관의 '핵심 역량'과 '가용 자원' 분석 (Internal Analysis):**

[중략]

[중략]

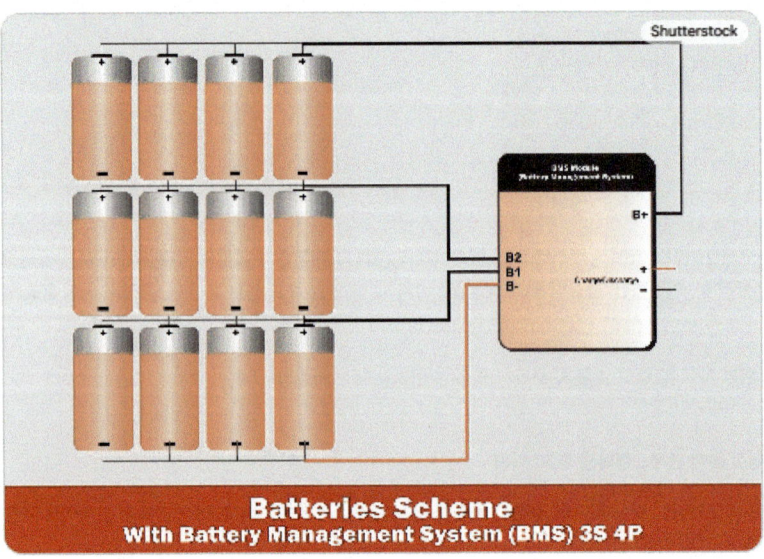

[중략]

[2단계] 마스터 플랜 주요 절차 및 단계별 전략

[프롬프트 2] 4개의 기관과 기업이 협업하여 마스터플랜을 수립을 성공적으로 수행하기 위해 필요한 주요 절차와 단계별 전략을 구체적으로 제시해 주세요.

[GPT]

4개의 서로 다른 기관과 기업이 협력하여 성공적인 마스터플랜을 수립하기 위해서는, 각자의 '이해관계(Interest)'를 조율하고 '공동의 실행력'을 확보하는 것이 핵심입니다.

다음은 마스터플랜 수립을 위한 주요 절차와 단계별 핵심 전략입니다.

1단계: 킥오프 및 공감대 형성 (Alignment)

"왜 우리가 함께해야 하는가?"

가장 첫 단계는 4개 기관이 '왜 이 과제를 함께해야 하는지'에 대한 공감대를 명확히 하는 것입니다.

- **주요 절차:**
  - 공식 킥오프 미팅 개최
  - 컨소시엄의 비전과 미션 선언

[중략]

- **주요 절차:**

  - 국가 R&D 과제의 RFP(제안요청서) 핵심 요구사항 재분석

  - 4개 기관의 보유 기술, 인력, 장비, 특허 등 가용 자원 목록화

  - **컨소시엄 통합 SWOT 분석**

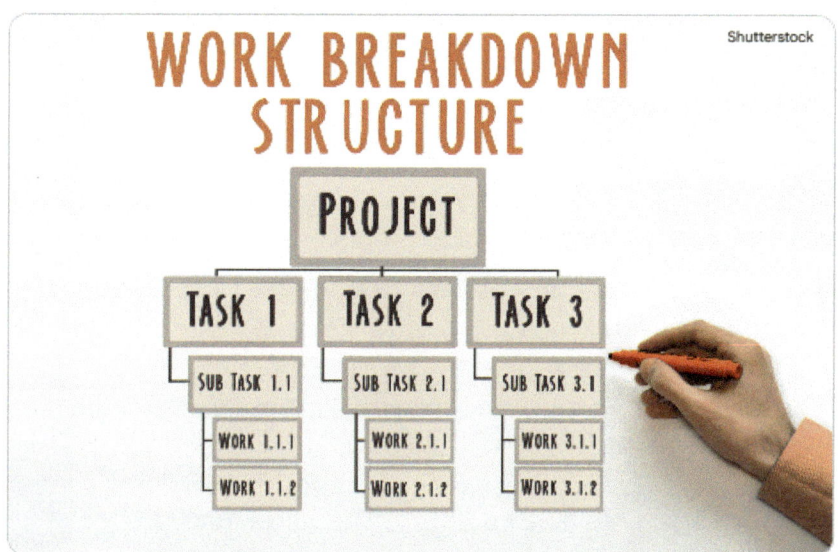

[중략]

- **주요 절차:**

  - 전체 과제를 '워크 패키지(WP, Work Package)' 단위로 분할

[중략]

- 단계별 전략:
  - **'PMO(Project Management Office)'의 역할 강화:** 4개 기관의 중간 조율자이자 갈등 해결사 역할을 할 PMO의 권한과 책임을 명확히 부여해야 합니다.
  - **'IP 전략'의 선제적 수립:** 과제 종료 후 발생할 특허나 기술료 수익을 어떻게 배분할지 **'과제 시작 전'**에 명확히 합의해야 합니다. (예: 기여도에 따른 지분 배분, 기술이전 우선협상권 등)

결론

4개 기관의 협업 마스터플랜은 '기술 개발 계획서'인 동시에, 서로 다른 목적을 가진 4개 조직을 하나로 묶는 **'신뢰 계약서'**입니다.

성공적인 마스터플랜은 **'R&R의 명확성'**에서 나오며, 그 실행력은 **'체계적인 거버넌스'**와 **'구체적인 IP 배분 계획'**에서 확보됩니다.

[3단계] 우선순위 평가 및 이행 계획 수립 전략

[프롬프트 3] 4개의 기관과 기업이 협업하여 과제 발굴과 우선순위를 평가하고 이를 통해 이행 계획을 수립하기 위한 전략을 구체적으로 제시해 주세요.

[GPT]

4개의 서로 다른 기관과 기업이 협력하여 과제를 발굴하고, 우선순위를 정하며, 이행 계획을 수립하는 전 과정은 **'객관적인 기준'**을 세우고 **'이해관계'**를 일치시키는 것이 핵심입니다.

다음은 이 3단계(발굴-평가-계획)를 성공적으로 수행하기 위한 구체적인 전략입니다.

1단계: 💡 과제 발굴 전략 (Diverge & Define)

"모두가 동의할 수 있는 '좋은 문제'를 찾는 단계"

목표는 4개 기관의 강점을 활용하면서도 국가 R&D의 목적에 부합하는 '과제 후보군(Long List)'을 확보하는 것입니다.

- **① Top-Down: 정책/RFP 분석**
  - 국가 R&D 과제의 근본 목적인 RFP(제안요청서)의 핵심 요구사항과 정부의 상위 정책(예: 국가전략기술)을 분석합니다.
  - **전략:** 4개 기관이 모여 **'RFP의 숨은 의도'**를 함께 토론합니다. "정부가 이 과제를 통해 '경제적 성과'를 원하는가, '원천 기술 확보'를 원하는가?"에 대한 공감대를 형성합니다.

[중략]

- **전략 (Gantt Chart):**

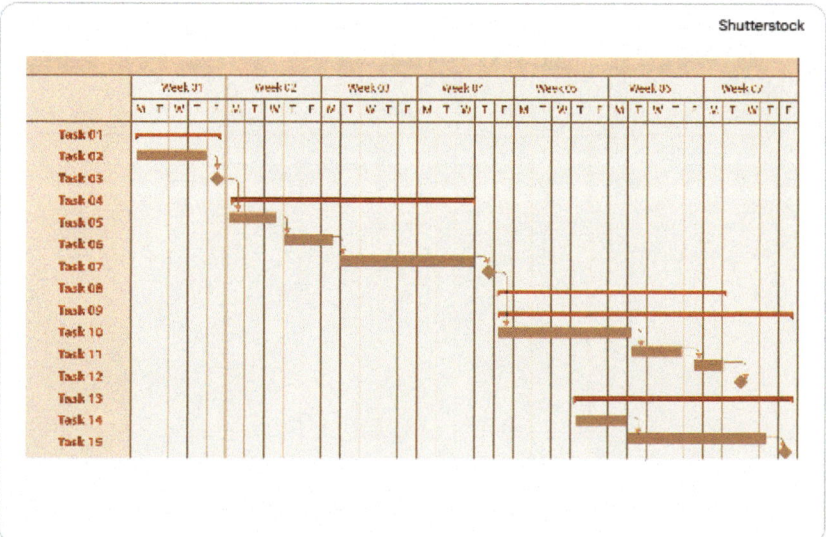

[중략]

교육훈련 효과 극대화를 위한 AI 활용

1. 교육훈련의 필요성과 변화

1) 디지털 전환과 교육훈련의 중요성

디지털 전환Digital Transformation은 전 세계 기업과 조직의 운영 방식을 크게 변화시키고 있다. 인공지능AI, 빅데이터, 클라우드 컴퓨팅 등의 기술 발전으로 업무가 자동화되면서, 이에 발맞춰 직원 교육훈련의 중요성이 더욱 강조되고 있다. 새로운 기술의 도입은 기존 직무 수행 방식에 변화를 일으키고 있으며, 조직은 직원들에게 신속한 역량 강화를 요구하고 있다. AI 기술의 확산으로 생겨나는 새로운 직무 요구사항에 대응하고 기술 격차를 해소하기 위해, 직원들에게 지속적인 학습 기회를 제공하는 교육훈련은 필수 요소가 되었다.

특히 AI와 자동화의 급속한 확산은 직원들이 새로운 역량을 습득해야 할 상황을 빠르게 만들어 내고 있다. 조직 차원에서는 신기술을 업무에 효과적으로 활용하도록 돕는 재교육reskilling과 역량 강화upskilling 노력이 중요하다. Upskilling은 현재 직무에 필요한 새로운 기술을 학습하여 업무 효율을 높이는 것이고, Reskilling은 직무 전환을 대비해 완전히 새로운 기술을 습득하는 것이다. 이 두 가지 모두 디지털 전환과 AI 기술 발전에 조직이 적응하기 위한 핵심 전략이며, 이러한 체계적인 교육훈련 투자를 통해 직원과 조직은 빠르게 변화하는 비즈니스 환경에서 생존하고 성장할 수 있다.

2) 조직에서의 교육훈련 목표와 효과 극대화의 필요성

조직에서 시행하는 교육훈련은 직원의 역량 강화와 기업의 지속 성장을 뒷받침하는 중요한 수단이다. 교육훈련의 주요 목적은 직원들이 자신의 직무에서 높은 성과를 내도록 지식과 기술을 향상시키고, 이를 통해 조직의 목표 달성에 기여하게 하는 것이다. 구체적으로, 체계적인 교육훈련을 통해 기대할 수 있는 효과는 다음과 같다.

첫째, 업무 성과 및 생산성 향상 효과이다. 직원들이 필요한 지식과 기술을 습득하여 실수를 줄이고 업무 효율을 높임으로써 조직 전체의 생산성이 향상된다.

둘째, 직원 만족도 및 유지율 증가 효과이다. 성장 기회를 제공받은 직원들은 더 높은 직무 만족과 조직에 대한 충성도를 보이며, 이직을 줄이는 효과가 있다.

셋째, 조직의 변화 대응력 및 지속 가능성 강화 효과이다. 지속적인 학습 문화는 급변하는 기술과 시장 환경에 빠르게 적응하게 해 주며, 장기적인 경쟁력을 확보하는 전략적 투자 역할을 한다.

교육훈련의 효과를 최대화하기 위해서는 명확한 학습 목표 수립, 실습 중심의 학습 설계, 적극적인 피드백 수렴 등 다양한 노력이 필요하다. 이러한 활동들은 학습자의 몰입도를 높이고 학습 결과가 실제 업무 성과로 이어지도록 도와준다. 특히 최신 기술 도구를 활용한 교육훈련은 더욱 효율적이고 효과적인 학습을 제공할 수 있는 기회를 열어 주는데, 뒤이어 살펴볼 AI 활용이 이러한 교육 혁신의 핵심으로 부상하고 있다.

2. 교육훈련 효과 극대화를 위한 기초

1) 교육훈련 효과 극대화 프로세스

교육훈련의 효과를 높이기 위해서는 체계적인 프로세스 설계가 필수적이다. 일반적으로 교육훈련 프로세스는 학습 목표 설정에서 시작하여 학습 설계 및 개발, 학습 전달 및 실행, 그리고 마지막의 학습 평가 및 피드백까지 일련의 단계를 포함한다. 각 단계마다 중점을 두어야 할 주요 활동과 효과적인 실행 전략은 다음과 같다.

[표 13-1] 교육훈련 단계별 주요 활동 및 수행 전략

단계	주요 활동	효과적 수행 전략
학습 목표 설정	학습 목표 명확히 설정	SMART 원칙 적용, 학습자에게 목표 설명 및 동기 부여
학습 설계 및 개발	학습 자료 개발 및 실습 활동 포함	**실습 중심**설계, 다양한 학습 스타일에 맞춘 콘텐츠 활용
학습 전달 및 실행	강의, 토론, 시뮬레이션 등을 통한 학습 진행	**상호 작용적** 학습 환경 조성, 시나리오 기반 학습 활용
학습 평가 및 피드백	학습 성과 평가 및 맞춤형 피드백 제공	다양한 평가 도구 활용, **실시간 맞춤형 피드백** 제공

위의 프로세스에 따라 교육훈련을 설계하면, 학습자가 명확한 목표 아래 다양한 방식으로 학습에 참여하고, 학습 후에는 자신의 성과에 대한 평가와 피드백을 받아 지속적인 개선을 도모할 수 있다. 이러한 프로세스 전반에서 학습자의 몰입과 성장을 유도하는 것이 교육훈련 효과 극대화의 기초가 된다.

2) 최근 교육훈련에서 부상하는 도전 과제와 기존 방식의 한계

최근 급격한 기술 발전과 업무 환경 변화로 인해 교육훈련 분야에는 새로운 도전 과제가

나타나고 있으며, 기존의 전통적 교육 방식으로는 한계가 뚜렷해지고 있다. 교육훈련 현장에서 마주하는 주요 도전과제와 한계는 다음과 같다.

첫째, 기술 변화 속도에 대한 대응의 한계이다. 빠르게 발전하는 기술을 기존의 일방적 강의 방식으로 학습하기에는 한계가 있으며, 최신 기술 습득과 환경 변화 대응이 어렵다.

둘째, AI 도입에 따른 직무 변화에의 대응 부족이다. AI와 자동화로 인해 직무가 빠르게 재편되고 있어 새로운 역량 개발이 필수적이지만, 현재 교육 프로그램은 이를 신속히 반영하지 못하고 있다.

셋째, 개인화 부족 및 학습 성과 추적의 부재이다. 모든 학습자에게 동일한 내용이 제공되어 개인별 수준과 요구를 반영하지 못하며, 학습 결과를 체계적으로 추적하고 피드백하는 시스템도 부족하다.

넷째, 낮은 학습 참여도 및 비효율적인 학습 경험이다. 일방적 강의는 참여와 몰입을 감소시키고, 개별 학습 스타일과 동기를 반영하지 못하여 실제 학습 효과가 낮다.

이러한 도전 과제를 극복하기 위해서는 AI와 같은 최신 기술을 활용한 새로운 교육훈련 접근법이 요구된다. AI는 학습자 맞춤형 콘텐츠 제공, 상호 작용 증진, 실시간 피드백 등의 방법으로 기존 방식의 한계를 보완하여 교육훈련의 효과를 극대화할 수 있는 잠재력을 지니고 있다. 여기에서는 이러한 AI 활용이 교육훈련을 어떻게 변화시키고 있는지 살펴보자.

3. 교육훈련 효과 극대화를 위한 AI 활용

1) 교육훈련 현장에서의 AI 활용

AI 기술은 교육훈련 현장에서 개인 맞춤형 학습 제공, 실시간 피드백, 최신 정보의 신속한 반영 등 다양한 측면에서 큰 효과를 발휘하고 있다. AI의 고도화된 기능들을 활용하면 학습자의 개별 경험이 향상되고, 결과적으로 교육훈련의 효과를 극대화할 수 있다. 실제로 AI 기반 교육 플랫폼들은 학습자별 맞춤 콘텐츠 추천이나 즉각적인 응답 등을 통해 학습 효율을 높이고 있다. 가령, ChatGPT와 같은 AI 도구는 복잡한 질문에 대한 해설부터 코드 오류 잡아주기까지 실시간으로 지원함으로써 학습자가 막히지 않고 계속 학습을 이어가도록 돕는다.

글로벌 컨설팅 기업 Gartner의 보고에 따르면, 2028년까지 40%의 직원이 새로운 직무에 배치될 때 AI로부터 교육과 코칭을 받게 될 것으로 전망된다_{현재는 5% 미만 수준}. 이처럼 조직들은 AI를 활용한 훈련 시스템 도입을 가속화하고 있으며, 많은 직원도 AI 기반 학습을 긍정적으로 받아들이고 있다. AI를 통한 개인별 맞춤형 트레이닝과 지속적인 역량 개발이 곧 일반화될 것이라는 의미이다.

2) 교육훈련 단계별 AI 활용 방법

AI는 앞서 소개한 네 단계 교육훈련 프로세스의 모든 단계에서 활용될 수 있으며, 각 단계별로 교육 효과를 높이는 다양한 방법이 있다. 예를 들어, 다음과 같이 교육훈련 프로세스별로 AI를 적용할 수 있다.

위와 같이 교육훈련 전 과정에 AI를 접목하면, 기존의 단방향 교육이 양방향 상호작용과 개인화된 학습 경험으로 전환된다. [표 13-2]는 이러한 AI 활용 접근 방법과 실제 기업들의 사례를 정리한 것이다.

[표 13-2] 교육훈련 단계별 AI 활용 방법과 사례

프로세스	AI 활용 접근 방법	실제 사례 및 효과 (출처)
학습 목표 설정	데이터 기반 목표 설정 지원: 학습자별 목표 달성 가능성 예측 및 맞춤형 목표 제안	IBM Watson: 학습자의 과거 학습 데이터와 역량 평가 결과 등을 분석하여 개인별 학습 목표 수립을 지원하고, 목표 달성 확률을 예측해 맞춤형 학습 경로를 제시
학습 설계 및 개발	학습 콘텐츠 자동 생성 및 개인화: 텍스트·이미지·동영상 등 멀티미디어 콘텐츠 제공	Khan Academy: AI를 활용하여 학습자의 수준, 학습 스타일, 선호도를 분석한 뒤 개인별로 최적화된 학습 콘텐츠와 경로를 자동 제공

프로세스	AI 활용 접근 방법	실제 사례 및 효과 (출처)
학습 전달 및 실행	시뮬레이션 기반 실습 환경 제공: 실시간 피드백 및 상황 변화 시나리오 제시	Walmart: VR 기술과 AI를 결합해 매장 고객 응대, 재고 관리 등의 직무훈련 시뮬레이션을 제공. AI가 학습자의 행동을 분석하여 즉각적인 피드백을 제공
학습 평가 및 피드백	학습 성과 자동 평가 및 분석: 개인별 성과 데이터에 기반한 맞춤 피드백	Pearson: AI를 통해 에세이, 코딩 과제 등을 자동 채점하고 개인별 피드백을 제공. 학습 데이터 분석으로 학습자의 강점/약점을 파악해 개선 방안까지 제시

이처럼 AI를 활용한 교육훈련은 기존의 강의식 위주 교육을 넘어 개인 실습과 피드백을 중시하는 형태로 변모하고 있다. 이를 통해 학습자는 더욱 몰입도 높은 학습 경험을 얻고 학습 효과를 극대화할 수 있다. 특히 AI가 제공하는 실시간 피드백과 맞춤형 학습 경로 제안은 학습자가 자기 속도와 필요에 맞게 학습을 진행하도록 도와주어, 결과적으로 조직의 인재 개발과 성과 향상에 큰 기여를 한다.

4. 최근 업데이트된 AI 기능을 활용한 교육훈련 강화 방안

1) 교육훈련 강화를 위한 AI 신기능

디지털 기술의 발전에 따라 교육훈련 분야에서도 생성형 AI를 활용한 혁신적인 방법들이 속속 도입되고 있다. 특히 ChatGPT와 같은 생성형 AI 모델은 학습자 맞춤형 피드백, 시각적 학습 자료 생성, 실시간 정보 제공 등의 기능을 통해 교육훈련 효과를 극대화할 수 있는 다양한 가능성을 제시한다.

2024년 이후 ChatGPT에 도입된 새로운 기능들은 이러한 활용을 한층 확장시켜 주었는데, ChatGPT의 고도화된 모델예: GPT-5 기반뿐만 아니라 검색 기능 통합, Canvas 기능 등은 교육 자료 생성과 실시간 피드백 제공 능력을 크게 향상시켰다. 2025년에는 여기에 더해

Deep Research 모드, 사용자 정의 GPT_{GPTs 앱, Gem}, 멀티모달 활용_{이미지/음성} 등의 기능이 추가되어, AI를 통한 시각 자료 생성, 기업 내부 지식 활용, 음성 대화 등 교육훈련 적용 범위가 더욱 넓어졌다.

[표 13-3]은 최근 업데이트된 ChatGPT의 주요 기능들과 특징, 그리고 그것이 교육훈련에 적용될 수 있는 방안을 요약한 것이다.

[표 13-3] 최신 챗GPT 기능의 교육훈련 활용 방안

ChatGPT 최신 기능 (2024~2025)	주요 특징 및 능력	교육훈련 활용 방안
코드 해석 모드 (Advanced Data Analysis)	- 데이터 분석 및 시각화, 파일 업로드 처리 능력 - 복잡한 계산과 코딩 실행 지원	- 학습자의 데이터 분석 실습 지원 (예: 엑셀 데이터 분석, 그래프 생성) - 프로젝트 과제에서 코드 실행 및 오류 수정 피드백
실시간 검색 기능 통합	- 실시간 웹 검색으로 최신 정보 제공 - 출처를 명시하여 정보 신뢰성 확보	- 교육 콘텐츠에 최신 사례와 자료 반영: 예컨대 비즈니스 교육에서 최신 산업 동향을 바로 제공하거나, 시사 토론 수업에서 최신 뉴스를 활용
Canvas 기능	- 별도 캔버스 편집 공간 제공 (문서/코드 편집 도구)실시간 협업 및 시각 자료 생성 지원	- 다이어그램, 흐름도등 시각 자료를 생성하여 개념 이해 도움 - 학습자가 AI와 함께 코드나 문서를 편집하며 피드백을 실시간 반영(예: 코딩 실습 시 AI가 오류를 바로 표시 및 수정 제안)
Deep Research 모드	- 복잡한 주제에 대해 다수의 출처를 심층 조사 후 보고서 생성 - 내용마다 근거 자료와 인용 포함	- 기업 교육에 필요한 최신 자료 조사 및 보고서 작성에 활용 - 학습자에게 과제로 주어진 주제에 대해 AI가 신뢰할 만한 자료까지 조사하여 정리
사용자 정의 GPT(GPTs 앱)	- 사용자가 원하는 용도에 특화된 맞춤형 GPT 생성 - 추가 지식 업로드 및 행동 지침 설정 가능	- 기업 전용 AI 튜터 제작: 회사의 내부 자료(제품 매뉴얼, 규정 등)를 학습시킨 GPT를 만들어 신입사원 교육에 활용 - 특정 직무역량 향상을 위한 코치 GPT 개발
멀티모달 도구 활용	- 파일 업로드(PDF, Excel 등) 및 이미지 인식 기능 - 음성 대화 모드 지원 (모바일 앱 등)	- 방대한 학습 자료 요약: 대용량 PDF 보고서를 업로드해 핵심 요약을 얻거나, 스프레드시트를 분석해 통계와 인사이트 도출 - 이미지 기반 학습: 사진을 업로드해 제품 부품 명칭이나 작동법을 문의하거나, AI가 그림이나 도표를 생성하여 시각적 설명 제공 - 음성 모드를 통한 회화 연습 및 핸즈프리 학습 (예: 외국어 회화 훈련을 AI와 음성 대화로 실습)

2) 챗GPT 신기능의 교육훈련에의 활용 방안

[표 13-3]에서 소개한 기능들을 활용하면 교육 콘텐츠 개발부터 전달, 피드백까지 전 단계에서 더욱 풍부하고 효과적인 학습 환경을 구축할 수 있다. 예를 들어, 실시간 검색 및 Deep Research 기능을 통해 최신 지식과 사례를 바로 찾아 교육 자료에 반영함으로써 내용의 시의성과 신뢰성을 높일 수 있다. Canvas 기능과 멀티모달 편집 도구를 사용하면 학습자가 AI와 함께 글을 쓰거나 코드를 작성하면서 즉각적인 조언을 얻고, 필요한 경우 AI가 다이어그램이나 예제 코드를 제시하여 시각적으로 이해를 도울 수 있다. 또한, 사용자 정의 GPT를 활용하면 우리 회사만의 맥락과 데이터를 이해하는 맞춤형 AI 멘토를 만들어 낼 수 있다. 이를 통해 신규 입사자는 궁금한 점을 언제든 물어보며 학습할 수 있고, 경력 직원도 전문 분야 지식을 심화학습할 때 해당 분야에 특화된 AI의 도움을 받을 수 있다.

특히 음성 및 이미지와 같은 멀티모달 기능은 교육훈련 방식을 확장하고 있다. 음성 대화 모드는 이동 중이거나 키보드 사용이 어려운 상황에서도 대화형 학습을 가능케 하며, 발음 교정이나 면접 연습 같이 말로 하는 훈련에 AI가 코치 역할을 할 수 있다. 이미지 인식 및 생성 기능을 통해서는 현장감 있는 학습이 이루어진다. 예를 들어, 제조 현장 교육에서 기계 장비 사진을 AI에 보여 주고 부품의 명칭이나 문제점을 질문하면 AI가 이미지를 분석해 답변해 줄 수 있다. 디자이너나 기술직 교육에서는 AI가 예시 이미지를 만들어 내어 창의적인 아이디어 발산이나 시각적 피드백을 주어 학습 효과를 높일 수 있다.

요약하면, 2025년 최신 AI 기능들은 교육 담당자와 학습자 모두에게 더 풍부한 도구 상자를 제공하여, 교육훈련을 더욱 맞춤화되고 몰입도 높게 만들어 준다. 기업은 이러한 도구들을 적절히 활용함으로써 교육 운영의 효율을 높이고, 직원들의 학습 성과를 극대화할 수 있다.

5. 프로세스별 AI 활용 범위와 프롬프트 디자인 예시

앞서 살펴본 AI 활용 방안을 교육훈련 실무에 적용하기 위해, 여기에서는 가상의 기업 사례를 통해 프로세스 단계별 AI 활용 예시와 구체적인 프롬프트 설계 예시를 소개한다. 가상 사례 기업은 IT 서비스와 소프트웨어 개발을 주력으로 하는 글로벌 기업이다. 이 회사는 사내 직원들의 기술 역량 강화를 위해 체계적인 교육훈련 프로그램을 운영하고 있으며, 직원 능력을 극대화하고 교육 효과를 높이기 위해 AI를 활용한 맞춤형 학습과 자동화된 피드백 시스템을 도입하고자 한다. 이 기업의 교육훈련 프로세스 각 단계에서 AI를 어떻게 활용할 수 있는지와 해당 상황에서 활용할 수 있는 대표적인 프롬프트 설계 예시를 살펴보자.

1) 학습 목표 설정

(1) AI 활용 범위

AI는 각 학습자의 과거 학습 성과와 패턴을 분석하여 데이터 기반의 맞춤형 학습 목표를 지원한다. 목표는 SMART 원칙_{구체적, 측정 가능, 달성 가능, 관련성, 시간 제한}에 부합하도록 자동 설정되며, AI는 학습자가 도전적이면서도 실현 가능한 목표를 달성할 수 있도록 개인별 학습 경로도 제안한다. 예를 들어, AI는 사내 러닝 플랫폼의 기록을 분석해 "김 대리에게는 3개월 내에 Python 고급 과정 수료"와 같은 목표를 추천하고, 그에 맞는 학습 자료와 실습 계획을 함께 제시할 수 있다.

(2) 프롬프트 설계 예시

"직무별 데이터 분석 결과를 바탕으로, 직원별 향후 3개월간 달성해야 할 프로그래밍 역량 목표를 설정해 주세요. 목표 설정 시 SMART 원칙에 맞춰 성취 가능하면서도 도전적인 목표를 제시하고, 목표를 달성하는 데 필요한 주간 학습 시간과 추천 실습 과제도 함께 제안해 주세요."

[GPT]

📌 직무별 3개월 SMART 기반 프로그래밍 역량 목표 설정(예시)

1) 백엔드 개발자(Backend Developer)

목표(SMART)

- **Specific**: Spring Boot 기반 REST API 성능 개선 기술 습득 및 서비스 구조 이해
- **Measurable**: API 응답 속도 **20% 개선 및 부하 테스트 결과 보고서 제출**
- **Achievable**: 사내 샘플 서비스 리팩토링 프로젝트 수행
- **Relevant**: 핵심 서비스 품질 및 확장성 향상
- **Time-Bound**: **3개월 내 완료**

주간 학습 시간: 6–8시간

실습 과제:

- Spring Boot + JPA 기반 CRUD API 직접 구현
- JMeter 또는 Locust로 부하 테스트 후 최적화 보고서 작성
- MySQL 인덱스 튜닝 실습

---

2) 프론트엔드 개발자(Frontend Developer)

목표(SMART)

- **React 기반 SPA 성능 최적화 및 사용자 경험 개선 기술 습득**
- Lighthouse 성능 점수 **80점 → 95점 상향**

[중략]

[그림 13-1] 직무별 학습 목표 설정 제시 결과

(3) 자동화의 이점

AI가 직원 개개인의 역량과 학습 패턴을 분석해 맞춤 목표를 제시함으로써, 인사/교육 담당자가 일일이 목표를 설정하는 수고를 덜 수 있다. 또한, 자동화된 개인별 목표 설정은 일관성 있는 기준으로 이뤄지기 때문에 공정성을 높이고 관리 효율을 향상시킨다. 무엇보다도 직원들은 자신의 능력치와 필요에 맞춘 목표를 받게 되어 동기 부여가 높아진다.

2) 학습 설계 및 개발

(1) AI 활용 범위

AI는 필요에 따라 학습에 활용될 콘텐츠를 자동 생성하고, 학습자별로 적합한 형태로 개인화할 수 있다. 텍스트 설명, 예제 코드, 이미지 자료, 동영상 등 다양한 멀티미디어 자료를 학습 스타일에 맞게 제공하여 학습자의 이해를 돕는다. 이를 통해 교육 담당자는 일일이 자료를 만들기보다 AI가 생성한 틀을 활용해 효율적으로 콘텐츠를 준비할 수 있다. 예를 들어, AI가 "중급 개발자에게 적합한 데이터 분석 실습 시나리오"를 자동 작성하고, 단계별로 난이도를 조절한 실습 문제 세트를 생성할 수 있다.

(2) 프롬프트 설계 예시

"우리 회사의 중급 개발자 수준에 맞는 데이터 분석 실습 콘텐츠를 생성해 주세요. 개념 설명을 위한 텍스트, 흐름을 보여 줄 다이어그램, 실습용 예제 코드를 포함하고, 학습 진행에 따라 점진적으로 난이도가 상승하도록 구성해 주세요. 또한, 실습 도중 발생할 수 있는 오류에 대해 AI가 단계별 수정 힌트를 제공하도록 해 주세요."

(3) 자동화의 이점

AI가 직원 개인별 수준에 맞춘 실습 콘텐츠를 자동 생성함으로써, 교육 담당자는 콘텐츠 개발에 소요되는 시간을 크게 절약할 수 있다. 특히 AI는 오류 발생 시 자동으로 피드백이나 힌트를 제공하도록 설정할 수 있기 때문에, 학습자가 스스로 학습을 진행하면서도 마치 튜터가 옆에 있는 것처럼 즉각적인 도움을 받을 수 있다. 이는 자기 주도적 학습을 강화하고 학습 효율을 높여 준다.

3) 학습 전달 및 실행

(1) AI 활용 범위

AI는 가상 시뮬레이션 기반 학습을 제공하고, 학습 중에 생기는 학습자의 질문에 실시간 답변을 해줄 수 있다. 이를 통해 실제 현장 경험이 중요한 직무 교육에서 안전하고 몰입도 높은 실습 환경을 조성할 수 있다. 예컨대, 서버 운영팀 교육에서 AI가 "서버 장애 대응 시뮬레이션"을 진행하면서 단계별로 문제 상황을 제시하고, 학습자가 조치를 취하면 이에 대한 피드백과 다음 상황을 즉시 제공하는 방식으로 훈련할 수 있다.

(2) 프롬프트 설계 예시

"회사 서버에 장애가 발생한 상황을 시뮬레이션해 주세요. 학습자가 초기 원인 파악부터 해결까지 단계별로 대응 조치를 수행할 수 있도록 안내하고, 각 단계마다 발생할 수 있는 오류에 대해 AI가 즉각적인 피드백을 제공하며, 올바른 조치 절차를 시각적 플로우차트로도 보여 주세요."

(3) 자동화의 이점

복잡하고 예측하기 어려운 상황도 AI 기반 시뮬레이션으로 반복 연습이 가능하다. 과거에는 교육 담당자가 모의 상황을 일일이 만들고 피드백을 줘야 했지만, AI 시뮬레이션을 활용하면 이러한 과정을 자동화하여 사실감 있는 실전 연습을 제공할 수 있다. 이는 위험 부담 없이 다양한 상황을 연습하게 해 주며, 교육 담당자는 일상적인 피드백 제공 업무에서 해방되어 보다 고차원적인 코칭이나 교육 기획에 시간을 투입할 수 있다.

4) 학습 평가 및 피드백

(1) AI 활용 범위

AI는 학습자의 성과를 자동으로 평가하고, 그 데이터를 분석하여 맞춤형 피드백을 제공할 수 있다. 시험 채점, 과제 평가, 코드 리뷰 등을 AI가 담당하여 즉각 결과를 보여 주고,

개인별 강약점을 분석해 개선 방향까지 제시한다. 예를 들어, 이 기업의 코딩 과제 평가에 AI를 도입하면 제출 즉시 코드의 정확성, 효율성, 스타일 등을 점검하고 "메모리 활용은 우수하지만 코드 최적화 여지가 있음" 등 구체적인 코멘트를 자동으로 피드백할 수 있다.

(2) 프롬프트 설계 예시

"학습자가 제출한 Python 코드를 분석하여 성능과 효율성을 평가하고, 개선 사항을 제안해 주세요. 코드의 실행 시간, 메모리 사용량, 알고리즘 효율성 기준으로 평가하며, 학습자가 개선할 수 있는 구체적인 수정 방안을 설명해 주세요. 추가로, 학습자의 코드 작성 스타일을 분석해 장점과 단점을 알려 주세요."

(3) 자동화의 이점

AI가 학습자의 결과물을 즉각 채점 및 피드백해 줌으로써, 교육 담당자가 모든 결과물을 직접 검토해야 하는 부담이 줄어든다. 또한, AI 평가는 평가 기준의 일관성을 유지하면서도 개별화된 피드백을 제공하기 때문에 학습자는 자신의 부족한 부분을 빠르게 인지하고 개선할 수 있다. 실시간 피드백을 통해 학습자들은 학습 속도를 높이고, 반복 학습을 통해 단기간 내 실력을 향상시킬 수 있다.

이러한 접근을 활용하면 기업은 교육훈련 과정에서 반복적이고 시간이 많이 드는 작업들을 자동화하고, 개인 맞춤형 학습 환경을 조성할 수 있다. 교육 담당자는 전략적인 교육 기획과 질 관리에 집중할 수 있고, 직원들은 필요한 정보를 즉시 얻어 가며 학습 효율을 극대화할 수 있다. 다음으로, 실제로 앞서 제시한 프롬프트 중 일부를 어떻게 단계적으로 활용하여 AI로부터 최적의 답변을 이끌어 내는지 실습 예시를 살펴보자.

6. 프롬프트 디자인 단계별 접근과 결과 도출

복합적인 요구를 담은 프롬프트의 경우 단계별 접근 전략을 활용하면 더욱 구체적이고 심도 있는 AI 응답을 얻을 수 있다. 앞의 5절에서 제시한 예시 프롬프트 중 하나인 "직무별 데이터 분석 결과에 따른 3개월간 프로그래밍 역량 목표 설정" 프롬프트를 단계별로 나누어 실행해 보자. 이 프롬프트는 목표 설정, 학습 계획, 실습 문제 추천 등 여러 요소를 포함하고 있으므로 한 번에 질문하기보다 여러 단계로 쪼개어 문의하는 것이 효과적이다. 이렇게 하면 AI가 각 질문에 집중하여 상세한 답변을 생성하고, 최종적으로 종합적인 결과를 얻을 수 있다.

- **1단계:** 목표 설정에 초점을 맞춰, "직무별 데이터 분석 결과를 바탕으로 직원이 향후 3 개월간 달성할 프로그래밍 역량 목표를 SMART 원칙에 따라 설정해 주세요."라고 AI 에 요청한다.
- **2단계:** 이어서, "단계 1에서 설정된 목표를 달성하기 위해 필요한 주당 학습 시간과 전체 학습 기간 동안의 총 학습 시간을 제안해 주세요."라고 물어 학습 계획을 구체화한다.

- **3단계:** 마지막으로, "단계 1의 목표를 달성하기 위해 필요한 실습 문제나 학습 자료를 추천해 주세요. 난이도별로 학습 내용을 구분하여 제시해 주세요."라고 요청하여 학습 자에게 적합한 실습 과제와 자료 목록을 받는다[그림 13-1] 참조.

[GPT]

📒 직무별 목표 달성을 위한 실습 문제 및 학습 자료 (난이도별 분류)

1) Backend Developer

⏱ 목표: Spring Boot 기반 REST API 성능 최적화 & 데이터 처리 효율 강화

난이도	실습 문제	추천 학습 자료
초급	Spring Boot + JPA CRUD API 만들기 / User-Order 관계 매핑 예제 구현	• 인프런 – 스프링 입문 • Baeldung Spring Boot Tutorial • Java Brains YouTube
중급	Query 최적화 / N+1 문제 해결 실습 • FetchType 변경 • Batch Fetch 적용	• 김영한 JPA 실전 활용편 • Baeldung JPA Performance
고급	JMeter/Locust 부하 테스트 & 응답 속도 **20% 개선 결과 리포트 제출**	• Google SRE Handbook 성능 챕터 • AWS Well-Architected Performance Pillar

2) Frontend Developer

⏱ 목표: React 기반 SPA 성능 최적화 & CS 개선

난이도	실습 문제	추천 학습 자료
초급	React Component 구조화, Todo App 만들기	• React 공식 문서 (beta.react.dev) • Net Ninja React Tutorial
중급	Page Lazy Loading / Suspense 적용 & 콘솔 오류 제거 비율 **100%**	• Egghead - React Performance • Kent C. Dodds Blog

[중략]

[그림 13-2] 직무별 학습 목표 달성을 위한 문제 및 자료 제시 결과

각 단계의 AI 답변을 종합하면, SMART한 학습 목표와 그에 따른 학습 계획시간 투자, 추천 실습 리스트가 모두 갖추어진 종합 학습 제안서가 완성된다. 이러한 단계별 프롬프트 설계는 한 번에 복잡한 답변을 요구할 때보다 AI의 응답 품질을 높이고, 필요한 세부 사항을 놓치지 않는 데 효과적이다. 교육 담당자는 이 결과를 검토하여 적절히 수정 보완하고, 최종적으로 학습자에게 맞춤형 학습 계획으로 제공할 수 있다. 이처럼 프롬프트를 체계적으로 설계하고 AI의 도움을 받으면, 전문 지식이 부족한 경우에도 신속하게 수준 높은 교육 콘텐츠와 계획을 도출해 낼 수 있다.

7. 교육훈련 극대화를 위한 생성형 AI 활용의 유의 사항

생성형 AI를 교육훈련에 도입하면 학습 경험을 혁신적으로 향상시키고 교육 효과를 극대화할 수 있지만, 그 활용 과정에서 몇 가지 중요한 유의 사항을 반드시 고려해야 한다.

첫째, AI 활용 교육에서는 개인정보 및 민감 데이터 보호가 최우선 원칙이다. 학습자의 성적, 평가 내용, 개인적 특성 등의 데이터는 철저히 익명화하거나 암호화하여 관리해야 하며, 관련 법규를 준수해야 한다. 데이터 프라이버시가 확보되지 않으면 학습자의 신뢰를 잃을 수 있으므로, 조직은 AI 시스템 내 데이터 관리 방안을 투명하고 안전하게 마련해야 한다.

둘째. AI 모델이 학습하는 데이터에 편향Bias이 있을 경우, 그 결과 역시 특정 집단에 불공평하게 작용할 가능성이 있다. 교육훈련에 AI를 활용할 때는 사용되는 데이터셋이 다양하고 공정한지 검토하고, AI 출력 결과에 편향이나 차별 요소가 없는지 지속적으로 점검해야 한다. 공정한 교육을 위해 AI의 결과물 모니터링과 조정이 필요하며, 문제가 발견되면 데이터나 알고리즘을 수정하여 편향성을 최소화해야 한다.

셋째, AI가 많은 정보를 분석하고 답변을 제시할 수 있지만, 최종 의사 결정은 인간의 몫으로 남겨 두는 것이 바람직하다. 예를 들어, AI가 학습자의 시험 답안을 채점하고 합격/불합격을 판단하더라도, 최종적으로 그 결과를 확정짓고 이의가 있을 경우 재검토하는 절차에는 사람의 개입이 필요하다. 이는 중요하거나 민감한 상황에서 AI 판단 오류로 인한 위험을 줄이고, 교육훈련에 대한 책임 소재를 분명히 하는 데에도 중요하다.

넷째, AI 기술과 업무 환경은 끊임없이 변화한다. 따라서 교육훈련에 활용되는 AI 모델은 최신 정보와 요구 사항을 반영하도록 주기적으로 업데이트되어야 한다. 지속적인 모니터링과 업데이트를 통해 AI가 교육 환경에 최적화된 상태를 유지하도록 하는 것이 중요하다.

위와 같은 사항들을 충분히 고려하고 관리하면서 AI를 교육훈련에 적용해야만, 학습자들이 AI에 대한 신뢰를 가지고 학습에 몰입할 수 있다. 결국 핵심은 AI의 강점을 최대한 활용하되, 인간이 그 운영 방향을 통제하고 윤리적·실무적 책임을 지는 균형 잡힌 접근이다.

※ 문제: 난이도 상(20분, 125점), 난이도 중(15분, 100점), 난이도 하(10분, 75점)

【실습 문제】

[문제 1] 맞춤형 AI 교육 기획(난이도 중)

　　　출제 의도(테스트 내용): 텍스트 생성 기능 활용 역량

[문제]

당사는 생활용품을 제조·납품하는 중소 제조기업으로, 임직원 수는 약 80명에 이르며 생산관리팀, 제품개발실, 품질관리팀, 영업관리팀, CS팀, 사무지원팀 등 주요 부서를 갖추고 있다. 최근 당사는 생성형 인공지능을 도입하여 직무 생산성과 사내 커뮤니케이션 효율을 제고하고자 하며, 이를 위한 사내 AI 교육 프로그램을 기획하고자 한다. 귀하는 사무지원팀장으로서 각 부서의 고유한 특성과 업무 요구를 반영한 맞춤형 AI 교육 기획안을 수립하여야 한다.

산출물 : 아래 내용이 담긴 기획안(표)
　1. 각 부서별 생성형 AI 교육이 필요한 정도(상, 중, 하)
　2. 각 부서별 생성형 AI 활용 프롬프트 디자인 교육 내용
　3. AI 교육 후 각 부서별 실제 업무에 활용하는 역량과 관련되는 평가 방법

단, 1) 생성형 AI를 활용하기 위한 기획 내용, 2) 생성형 AI에게의 프롬프트 입력 및 적절한 대화(피드백) 과정과 내용, 3) 생성형 AI의 최종 결과물(해결 방안, 본인의 보완 및 수정 내용, 최종 해결 방안) 등을 확인할 수 있도록 자세하고 명확하게 기술하시오.

평가 시사점

AI가 생성한 표를 복사하여 보고서에 붙여넣기가 잘 안 될 경우, 엑셀 등의 다른 도구를 활용하여 표를 제대로 표현했는지 확인

[답안] 수험자가 아래와 같은 내용으로 AI 활용 과정과 결과물을 복사 혹은 작성하여 제출

1) 사용 AI와 기능 및 도구

사용 AI: ChatGPT, 제미나이 등

2) 생성형 AI를 활용하기 위한 기획 내용

① 목적: 부서별 맞춤형 생성형 AI 활용 교육 설계

② 맥락: AI 도입 초기 단계, 각 부서 업무의 효율성과 정확도 개선을 위한 교육 추진

③ AI의 역할: 생산관리팀, 제품개발실, 품질관리팀, 영업관리팀, CS팀, 사무지원팀 등 각 부서별 특성을 고려한 맞춤형 AI 교육 방안 제공

④ 산출물: 부서별 교육 기획안(표 형태로 작성)

　1. 각 부서별 생성형 AI 교육이 필요한 정도(상, 중, 하)

　2. 각 부서별 생성형 AI 활용 프롬프트 디자인 교육 내용

　3. AI 교육 후 각 부서별 실제 업무에 활용하는 역량과 관련되는 평가 방법

⑤ 데이터 : 별도의 데이터 불필요

3) 생성형 AI에 프롬프트 입력 및 대화(피드백) 과정과 내용

[프롬프트]

① 목적: 직부서별 맞춤형 생성형 AI 활용 교육 설계

② 맥락: AI 도입 초기 단계, 각 부서 업무의 효율성과 정확도 개선을 위한 교육 추진

③ AI의 역할: 생산관리팀, 제품개발실, 품질관리팀, 영업관리팀, CS팀, 사무지원팀 등 각 부서별 특성을 고려한 맞춤형 AI 교육 방안 제공

④ 산출물: 부서별 교육 기획안(표 형태로 작성)

나는 사무지원팀장으로서, 회사의 생산관리팀, 제품개발실, 품질관리팀, 영업관리팀, CS 팀, 사무지원팀 등 각 부서 특성에 맞는 맞춤형 AI 교육 기획안을 수립해야 한다. 우선 각 부서별 생성형 AI 교육이 필요한 정도(상, 중, 하)를 판별하여 표로 정리해 주세요.

[ChatGPT]

부서명	교육 필요도	필요도 판단 근거
생산관리팀	중	작업지시서 요약, 근태 보고 자동화 등 문서 업무에 AI 적용 가능성 있음. 단, 실제 생산 관리 업무는 시스템 기반이므로 제한적
제품개발실	상	신제품 아이디어 브레인스토밍, 소비자 트렌드 분석, 제품설명서 초안 작성 등에서 AI의 창의적 지원 가능성 높음.
품질관리팀	중	검사기록 요약, 품질보고서 작성 보조, 매뉴얼 요약 등에 AI 활용 가능하나 데이터 기반 분석은 제한됨.
영업관리팀	상	매출 분석, 고객 맞춤형 제안서 작성, 영업 전략 요약 등 실질적 성과 창출 가능성 높음.
고객서비스팀 (CS)	상	고객 응답 메시지 작성, FAQ 정리, 응대 이력 요약 등에서 AI 활용 가능성 매우 높음.
사무지원팀	중	회의록 요약, 공문 작성, 내부 안내문 초안 등의 문서 작성 자동화 가능하나 반복적 업무는 여전히 수작업 필요.

[프롬프트] 각 부서별로 생성형 AI를 이용하기 위한 어떤 프롬프트 디자인 교육이 필요한가요? 표로 정리해 주세요.

[ChatGPT]

부서명	실무 적용 역량
생산관리팀	작업지시서 요약 및 공정 계획서 자동 작성 능력 설비 점검 요청 문서 생성 역량
제품개발실	아이디어 발상 및 설명서 초안 작성 능력 소비자 피드백 분석 및 개선 제안 도출 능력
품질관리팀	검사 결과 요약 및 보고서 자동화 능력 불량 원인 도출 및 문서화 역량
영업관리팀	고객 맞춤형 제안서 및 매출 요약 보고서 작성 능력 경쟁사 비교 분석 역량

부서명	실무 적용 역량
고객서비스팀(CS)	고객 문의 대응 자동화 및 FAQ 문서 정리 능력 응대 이력 요약 및 개선 제안 역량
사무지원팀	회의록 및 공문서 요약 작성 능력 내부 업무 공지 작성 및 사내규정 정리 역량

[**프롬프트**] 각 부서별 AI 교육 후 실제 업무에 활용하는 역량과 관련되는 평가 방법에 대해서 표로 정리해 주세요.

[ChatGPT]

부서명	평가 방법
생산관리팀	자동 생성된 보고서의 정확도 및 업무 반영률 평가 업무 처리 시간 단축 정도 측정
제품개발실	작성한 설명서의 완성도 및 창의성 평가 시장 반응 기반 개선 아이디어 도출 여부 확인
품질관리팀	보고서 요약의 신뢰성 평가 불량 분석 정확도 및 대응 문서 품질 검토
영업관리팀	제안서의 맞춤성 및 설득력 평가 매출 분석 자료의 정합성 및 전략도 출력 측정
고객서비스팀(CS)	응대 시간 단축률 및 고객 만족도 변화 측정 FAQ 품질 및 재활용률 분석
사무지원팀	문서 작성 속도 및 품질 평가 사내요청 대응시간 및 이해도 향상 평가

4) 최종 결과물(생성형 AI의 해결 방안, 본인의 보완 및 수정 내용, 최종 해결 방안)

위의 GPT 답변과 유사(지면 관계상 내용 생략)

[문제 2] 생성형 AI 역량 평가 결과 보고서 작성(난이도 상)

출제 의도(테스트 내용): GPT의 데이터 분석 기능 활용 역량

[문제]

상황: 혁신경영(주)는 원가 절감 및 생산성 향상을 위해 직원들에게 생성형 AI 교육을 실시하고, 생성형 AI 활용 역량에 대한 실기시험(test)을 실시하였다. 실시 결과는 '필수 문제 4_AI 역량 평가 결과'(엑셀) 파일에 수록되어 있다. 당신은 인사교육팀장으로서 이 교육 참여 결과와 역량 테스트 성적을 합산하여 상대평가한 다음, 인사고과에 반영할 전 직원의 생성형 AI 활용 역량 평가 결과 보고서를 작성해야 한다.

이를 위해 직원들의 AI 역량 평가 총점(교육 및 시험 테스트 성적 합산)에 대해 [표 1]에서 제시된 상대평가 기준으로 A+, A, B+, B, C 등급을 부여하고, 등급이 부여된 직원들의 사번 순으로 생성형 AI 역량 평가 결과와 대응 방안 보고서를 제시하시오.

[표 2]와 같이, 각 개인의 교육 점수는 이론(theory education) 및 실기(practical training) 교육 시간당 2점씩을 부여하여 40점으로 정하고, 이 점수에 역량 테스트 성적(AI competency test score)을 합산하여 각 개인의 총점을 산출한다. 각 개인의 등급은 각 개인의 총점을 기준으로 [표 1]과 같이 상대평가로 정한다.

[표 1] 직원별 상대평가 등급 부여 기준

상대평가 기준	상위 15%	16~35%	36~65%	66~85%	하위 15%
등급	A+	A	B+	B	C

[표 2] 교육 및 역량평가 결과 배점 기준

개인별 역량 평가 총점	교육 점수(시간당 2점)	역량 테스트 점수
100	40	60

단, 답안에는 1) 생성형 AI를 활용하기 위한 기획 내용, 2) 생성형 AI에 프롬프트 입력 및 적절한 대화(피드백) 과정과 내용, 3) 생성형 AI의 최종 결과물(필요시 본인의 보완 및 수정 내용, 최종 해결 방안 등 포함) 등을 확인할 수 있도록 자세하고 명확하게 기술하시오.

평가 시사점

각 직원별 총점 및 등급 확인 필요

[답안] 수험자가 아래와 같은 내용으로 AI 활용 과정과 결과물을 복사 혹은 작성하여 제출

1) 사용 AI와 기능 및 도구

사용 AI: ChatGPT, 제미나이 등

2) 생성형 AI를 활용하기 위한 기획 내용

① 목적: 직원들의 AI 교육 및 활용 역량 시험 성적을 취합한 상대평가 결과 보고서 작성

② 맥락: 원가 절감 및 생산성 향상을 위한 경영진의 지시에 의해 직원들의 AI 활용 역량 향상 정도를 평가하여 인사고과에 반영 필요

③ 역할: 인사교육팀장으로서 경영진에 직원들의 역량 평가 결과 보고

④ 산출물: 직원들의 AI 활용 역량 평가 결과를 상대평가하여 정리한 내용

⑤ 처리 순서: 직원들의 개인별 역량 평가 총점 산출 → 상대평가 기준에 의해 직원별 상대평가 등급 부여 → 그 결과를 사원번호 순으로 정리 → 교육과 역량 테스트와의 관계 등 결과 분석 정리 → 보고서 초안 작성

⑥ 개인별 총점 산출 방법: 각 개인의 교육 점수에 대해 이론(theory education) 및 실기(practical training) 교육 시간당 2점씩을 부여하여 40점으로 정하고, 이 점수에 역량 테스트 성적(AI competency test score)을 합산하여 각 개인의 총점을 산출

⑦ 개인별 등급 부여 기준

상대평가 기준	상위 15%	16~35%	36~65%	66~85%	하위 15%
등급	A+	A	B+	B	C

⑧ 데이터: AI 역량 평가 결과(엑셀)

3) 생성형 AI에의 프롬프트 입력 및 대화(피드백) 과정과 내용

[프롬프트]

① 목적: 직원들의 AI 교육 및 활용 역량 시험 성적을 취합한 상대평가 결과 보고서 작성

② 맥락: 원가 절감 및 생산성 향상을 위한 경영진의 지시에 의해 직원들의 AI 활용 역량 향상 정도를 평가하여 인사고과에 반영 필요

③ 역할: 인사교육팀장으로서 경영진에 직원들의 역량 평가 결과 보고

④ 산출물: 직원들의 AI 활용 역량 평가 결과를 상대평가하여 정리한 내용

⑤ 개인별 총점 산출 방법: 각 개인의 교육 점수에 대해 이론(theory education) 및 실기(practical training) 교육 시간당 2점씩을 부여하여 40점으로 정하고, 이 점수에 역량 테스트 성적(AI competency test score)을 합산하여 각 개인의 총점을 산출

⑥ 데이터: 첨부된 AI 교육_평가 결과_데이터(엑셀)

안녕하세요? 위의 내용과 첨부된 데이터를 참고하여 직원들의 개인별 역량 평가 총점을 산출해 주세요. 직원들의 역량 평가 총점을 표로 정리해 주세요.

[ChatGPT]

직원별 AI 활용 역량 평가 총점을 산출한 표를 위에 정리해 드렸습니다.

총점은 아래와 같이 계산되었다:

총점 = (이론 교육 시간 + 실기 교육 시간) × 2 + AI 역량 테스트 점수

이제 이 데이터를 바탕으로 **상대평가 등급(A, B, C 등)**을 매기거나,

인사고과 반영용 보고서 형태로 정리해 드릴 수도 있다.

원하시나요?

또는 이 표를 엑셀 파일로 다운로드하시겠습니까?

[프롬프트]

다운로드하게 해 주세요.

Employee No.	Theory education	Practical training	AI Competency test score	Total Score
152102	5	12	50	84
161011	4	15	55	93
145123	5	14	49	87
162106	4	12	48	80
140642	3	13	45	77
153419	5	14	44	82
161058	5	15	53	93
141843	4	15	54	92
170476	5	14	52	90
182103	2	12	45	73
176502	3	13	49	81
191010	4	12	44	76
188122	5	10	39	69
192126	5	11	44	76
179642	2	12	42	70
184109	4	15	54	92
211058	3	15	53	89
201843	5	15	49	89
158476	4	15	54	92
188903	5	15	56	96
155202	3	13	49	81
161054	4	14	44	80
148923	2	15	49	83
186106	3	12	42	72
182642	4	13	45	79
193419	3	10	41	67
161556	4	9	35	61
201843	3	15	58	94
220476	4	14	54	90
202103	4	14	22	58
200401	5	15	59	99
202142	5	14	55	93

[프롬프트]

개인별 등급 부여 기준

상대평가 기준	상위 15%	16~35%	36~65%	66~85%	하위 15%
등급	A+	A	B+	B	C

위의 개인별 등급부여 기준을 토대로 전 직원에 대해 상대평가를 하고 이에 대한 등급을 부여해 직원번호 순으로 표로 정리해 주세요. 상대평가 기준을 반영할 때 소수점은 반올림하여 등급을 부여해 주세요.

[ChatGPT]

아래는 직원들의 AI 역량 평가 총점에 따른 상대평가 등급 결과표이다.

등급은 총점 기준으로 정렬한 뒤, 상대 비율 기준에 따라 소수점 반올림 방식으로 다음과 같이 부여했습니다:

상위 15% → A+

16~35% → A

36~65% → B+

66~85% → B

하위 15% → C

필요하시면 이 표를 엑셀 파일로 다운로드해 드릴게요. 원하시나요?

[프롬프트]

다운로드하게 해 주세요.

Employee No.	Theory education	Practical training	AI Competency test score	Total Score	Grade
140642	3	13	45	77	B
141843	4	15	54	92	A
145123	5	14	49	87	B+
148923	2	15	49	83	B+

Employee No.	Theory education	Practical training	AI Competency test score	Total Score	Grade
152102	5	12	50	84	B+
153419	5	14	44	82	B+
155202	3	13	49	81	B+
158476	4	15	54	92	A
161011	4	15	55	93	A
161054	4	14	44	80	B+
161058	5	15	53	93	A+
161556	4	9	35	61	C
162106	4	12	48	80	B+
170476	5	14	52	90	A
176502	3	13	49	81	B+
179642	2	12	42	70	C
182103	2	12	45	73	B
182642	4	13	45	79	B
184109	4	15	54	92	A
186106	3	12	42	72	B
188122	5	10	39	69	C
188903	5	15	56	96	A+
191010	4	12	44	76	B
192126	5	11	44	76	B
193419	3	10	41	67	C
200401	5	15	59	99	A+
201843	5	15	49	89	B+
201843	3	15	58	94	A+
202103	4	14	22	58	C
202142	5	14	55	93	A+
211058	3	15	53	89	B+
220476	4	14	54	90	A

[프롬프트]

점수 산정 결과를 토대로 교육과 역량 시험 성적과의 관계를 분석하여 인사이트와 대응 방안을 제시해 주세요.

[ChatGPT]

➡ **1. 분석 요약**

(1) 총점 구성 방식 복습

이론 교육 시간 + 실기 교육 시간 × 2 = 교육 점수 (최대 40점)

AI 역량 시험 점수 = 최대 100점

→ 총점 = 교육 점수 + 시험 점수

결과적으로 시험 점수의 영향력이 더 큼 (최대 100점 vs 교육 점수 최대 40점)

(2) 상관관계 개요 (정량 요약)

간단한 상관계수 분석 결과 (Pearson 기준):

항목 간 비교	상관계수 (r)	해석
교육 시간 총합 ↔ 시험 점수	약 0.12	매우 약한 양의 상관관계
실기 교육 ↔ 시험 점수	약 0.15	약한 양의 상관관계
이론 교육 ↔ 시험 점수	약 0.06	거의 무관

- 교육 이수 시간과 시험 성적 사이에는 뚜렷한 선형 상관관계가 없음
- 시험 성적이 총점과 등급에 더 결정적인 영향

➡ **2. 핵심 인사이트**

✔ Insight 1. 시험 점수가 등급을 좌우한다.

교육 시간이 비슷해도 시험 점수에 따라 등급이 크게 갈림.

예) 실기·이론 합계 17시간인데 시험 점수 95 vs 70 → 총점 129 vs 104 (등급 차이 발생)

✓ Insight 2. 실기 교육이 이론 교육보다 시험과 더 밀접

실기 교육과 AI 역량 시험 점수는 다소의 상관관계 존재

실습 중심의 교육이 시험 대비 효과가 조금 더 있음.

✓ Insight 3. 교육 시간이 충분하더라도 시험 준비 부족하면 성과 낮음.

총 교육 시간이 높아도 시험 점수가 낮으면 B 등급 이하로 평가됨.

단순 교육 이수보다 역량 기반 학습이 더 중요

➡ 3. 대응 방안 제안

구분	대응 방안
교육 개선	실기 교육 비중 확대: 이론보다는 실습 기반 역량 향상이 효과적
교육 개선	개별 피드백 및 실전 문제 중심의 교육 콘텐츠 강화
교육 개선	AI 프롬프트 작성 훈련을 별도 모듈로 구성
시험 제도 개선	단순 지식 테스트가 아닌 실무 응용형 평가로 개선
시험 제도 개선	교육 중간 피드백을 반영한 formative 평가 비율 일부 도입 고려
인사 반영 전략	단기 성과보다는 지속 학습 기반의 성장을 고려한 누적 평가제 도입
인사 반영 전략	역량 하위자에 대한 코칭, 튜터링 프로그램 제공
추가 데이터 수집	프롬프트 활용 사례 제출, 자기보고식 역량 활용 일지 등 정성적 평가 도입 고려

4) 최종 결과물(생성형 AI의 해결 방안, 필요시 본인의 보완 및 수정 내용 포함)

산출물과 유사

[문제 3] 직원별 성과급 산정(난이도 중)

출제 의도(테스트 내용): 데이터 분석 기반 엑셀 기능 활용 역량

[문제]

공정주식회사의 영업팀은 직원들의 노고를 격려하기 위해 엑셀 시트의 직원별 근무 내용을 토대로 연말 성과금을 지급하고자 한다. 다음 조건으로 지급할 엑셀 함수식을 구해, 엑셀(선택 문제_4 직원별 근무 성적 및 성과금 산정 근거) 파일의 개인별 성과금을 산출하여 직원 데이터와 함께 직원별 산출 성과금 내역(표)를 제출하시오.

1. 조건:

- 직급=5이고 근속 연수>=5년, 또는 직급=4이고 근속 연수>=7년, 또는 직급=3이고 근속 연수>=9년 또는 근무 성적>=90 또는 성과급=0 이면, 성과금 100만 원 지급
- 직급=5이고 근속 연수=3년 이상, 또는 직급=4이고 근속 연수=5년 이상, 또는 직급=3이고 근속 연수=7년 이상, 또는 근무 성적>=80이면, 성과금 70만 원 지급

그렇지 않으면, 성과금 50만 원 지급

2. 주의 사항: GPT의 엑셀 데이터 인식 오류가 잦아 오답이나 시간 소요가 예견되므로 프롬프트 작성 시 정확한 행열의 위치에 대한 내용 제시가 필요함.
   예) 산출 대상인 사원번호는 3열부터 시작됨. 계산을 위한 함수식의 첫 번째 조건인 직급은 B열에 있음 등

단, 1) 생성형 AI를 활용하기 위한 기획 내용, 2) 생성형 AI에 프롬프트 입력 및 적절한 대화(피드백) 과정과 내용, 3) 생성형 AI의 최종 결과물(해결 방안, 본인의 보완 및 수정 내용, 최종 해결 방안) 등을 확인할 수 있도록 자세하고 명확하게 기술하시오.

[답안] 수험자가 아래와 같은 내용으로 AI 활용 과정과 결과물을 복사 혹은 작성하여 제출

1) 사용 AI와 기능 및 도구

사용 AI: ChatGPT, 제미나이 등

2) 생성형 AI를 활용하기 위한 기획 내용

① 목적: 정확한 직원별 성과금 산출

② 맥락: 엑셀 파일에 있는 직원들의 근무 내용(데이터)을 토대로 연말 성과금을 차별적으로 책정하고자 AI의 데이터 분석 기능 사용

③ AI의 역할: 직원들의 근무 내용을 토대로 엑셀의 성과금 산출 함수식 도출

④ 산출물: 직원들의 근무 기록 및 해당 직원들의 성과금 산출 내역표(엑셀에서 복사)

④ 데이터: 선택 1 직원별 근무 성적 및 성과금 산정 근거(엑셀)

3) 생성형 AI에 프롬프트 입력 및 대화(피드백) 과정과 내용

[프롬프트]

① 목적: 정확한 직원별 성과금 산출

② 맥락: 엑셀 파일에 있는 직원들의 근무 내용(데이터)을 토대로 연말 성과금을 차별적으로 책정하고자 AI의 데이터 분석 기능 사용

③ AI의 역할: 직원들의 근무 내용을 토대로 엑셀의 성과금 산출 함수식 도출

④ 산출물: 직원들의 근무 기록 및 해당 직원들의 성과금 산출 내역표(엑셀에서 복사)

⑤ 데이터: 직원별 성과금 산정 데이터(엑셀)

⑥ 성과금 산출 조건:

 - 직급=5이고 근속 연수>=5년, 또는 직급=4이고 근속 연수>=7년, 또는 직급=3이고 근속 연수>=9년 또는 근무 성적>=90 또는 성과금=0이면, 성과금 100만 원 지급

 - 직급=5이고 근속 연수=3년 이상, 또는 직급=4이고 근속 연수=5년 이상, 또는 직급=3이고 근속 연수=7년 이상, 또는 근무 성적>=80이면, 성과금 70만 원 지급

그렇지 않으면, 격려금 50만원 지급

⑦ 주의 사항: GPT의 엑셀 데이터 인식 오류가 잦아 오답이나 시간 소요가 예견되므로 행과 열의 위치를 정확하게 확인 필요

- 산출 대상인 사원번호는 3열부터 시작
- 계산을 위한 함수식의 첫 번째 조건인 직급은 B열에 있음.

나는 영업팀장으로서 직원들의 근무 내용을 토대로 성과금을 산출하고자 한다. 첨부된 엑셀 파일의 직원별 근무 데이터, 성과금 산정 조건표와 위의 조건을 기준으로 각 직원별 성과금을 산출하기 위한 엑셀의 산출식을 제시해 주세요. 행과 열의 위치를 정확히 확인하고 식을 제시해 주세요.

[ChatGPT]

엑셀 파일 구조를 정확히 파악하였습니다.

실제 데이터는 3행부터 시작하며 다음과 같은 열 순서로 구성되어 있다:

열	의미	위치(열)
B열	직급	1열 (Python 기준)
C열	근속 연수	2열
D열	근무 성적	3열
E열	성과급	4열
F열	성과금 (계산 결과 기입 열)	5열

✓ 성과금 산정 조건 정리

100만 원 조건 (최우선 조건)

직급=5 and 근속 연수>=5

또는 직급=4 and 근속 연수>=7

또는 직급=3 and 근속 연수>=9

또는 근무 성적>=90

또는 성과급=0

70만 원 조건

직급=5 and 근속 연수>=3

또는 직급=4 and 근속 연수>=5

또는 직급=3 and 근속 연수>=7

또는 근무 성적>=80

그 외: 50만 원

➡ 엑셀 수식 제안 (F3 셀부터 사용한다고 가정)

```excel
복사
편집
=IF(
   OR(
     AND(B3=5, C3>=5),
     AND(B3=4, C3>=7),
     AND(B3=3, C3>=9),
     D3>=90,
     E3=0
   ),
   1000000,
   IF(
     OR(
       AND(B3=5, C3>=3),
       AND(B3=4, C3>=5),
       AND(B3=3, C3>=7),
       D3>=80
     ),
     700000,
     500000
   )
)
```

➡ 수식 적용 방법

위 수식을 F3 셀에 입력한 뒤, 아래로 자동 채우기(드래그) 하시면 된다.

조건문 안의 B3, C3, D3, E3는 각 직원의 행 번호에 따라 자동 조정된다.

필요하시면 이 수식을 직접 적용한 엑셀 결과 파일도 생성해 드릴 수 있다.

진행할까요?

Employee ID	Level	Years	Score	Incentive	Bonus
22301	5	2	95	20	1,000,000
23320	5	3	85	0	1,000,000
18390	5	4	89	10	700,000
16356	5	5	75	20	1,000,000
19323	4	7	86	20	1,000,000
14423	4	4	92	10	1,000,000
15456	4	4	79	20	500,000
17357	3	9	80	20	1,000,000
18876	3	8	87	10	700,000
19675	3	6	90	20	1,000,000
18990	2	9	86	20	700,000
18121	1	10	79	10	500,000

[엑셀 작업]

엑셀 수식을 복사(copy)하여 엑셀의 F3 셀에 입력, 첫 번째 직원의 성과금 계산 후 드래그하여 모든 직원의 성과금 산출 → 계산식, 금액 확인 후 전체 직원 데이터와 성과금 복사, ChatGPT 산출 결과와 비교하여 산출 내용 확인

직원별 근무 데이터

직원번호	직급	근속 연수	근무 성적	성과급	성과금
22301	5	2	95	20	1,000,000
23320	5	3	85	0	1,000,000
18390	5	4	89	10	700,000
16356	5	5	75	20	1,000,000
19323	4	7	86	20	1,000,000
14423	4	4	92	10	1,000,000
15456	4	4	79	20	500,000
17357	3	9	80	20	1,000,000
18876	3	8	87	10	700,000
19675	3	6	90	20	1,000,000
18990	2	9	86	20	700,000
18121	1	10	79	10	500,000

4) 최종 결과물(생성형 AI의 해결 방안, 본인의 보완 및 수정 내용, 최종 해결 방안)

산출물과 유사

[문제 4] AI 활용 역할극 방식의 교육 진행 (난이도 상)

출제 의도(테스트 내용): GPT 앱 활용 교육 콘텐츠 생성 및 평가 역량

[문제]

A는 민원 서비스 교육을 담당하는 공무원으로, 매년 민원 처리 품질 개선을 위한 노력의 일환으로 역할극 상황 연습을 진행해 왔다. 그러나 이 방식은 실제와 같은 다양한 상황을 충분히 묘사하기 어렵고, 참여할 수 있는 직원 수에 한계가 있어 교육의 효과가 제한적이었다. 이에 A는 기술의 발전을 활용하여 교육 방법을 개선하기로 결정한다. GPT와 같은 인공지능을 활용하여 더 실제적이고 포괄적인 민원 서비스 교육을 진행하고자 한다.

이를 위해 A는 기존에 사용되던 민원 서비스 매뉴얼과 실제 민원 처리 사례를 바탕으로 GPT 앱을 제작한다. 목표는 GPTs라고 명명된 이 인공지능 시스템을 통해 실시간으로 다양한 민원 상황에 대응하는 연습을 할 수 있게 하는 것이다. 만들어진 GPT 앱은 민원 처리 과정에서 발생할 수 있는 다양한 시나리오를 생성하고, 직원들이 이에 대응하는 방식을 연습할 수 있게 한다. 다음은 가상의 민원 상황이다.

상황 설명: 민원인은 지역 공원에서 자녀와 즐거운 시간을 보내려 했으나, 꽤 오래전의 폭풍으로 인해 공원 내 놀이터 시설이 심각하게 파손된 것을 발견하였다. 이로 인해 민원인은 자녀가 놀이터에서 놀 수 없게 되어 실망감을 감추지 못함과 동시에 이의 신속한 복구를 요구하는 민원을 청구하기에 이르렀다.

민원인과 공무원과의 가상의 대화를 진행한 후 잘한 점과 개선점, 종합 의견을 담은 보고서를 작성하시오.

단, 1) 생성형 AI를 활용하기 위한 기획 내용, 2) 생성형 AI에 프롬프트 입력 및 적절한 대화(피드백) 과정과 내용, 3) 생성형 AI의 최종 결과물(해결 방안, 본인의 보완 및 수정 내용, 최종 해결 방안) 등을 확인할 수 있도록 자세하고 명확하게 기술하시오.

[답안] 수험자가 아래와 같은 내용으로 AI 활용 과정과 결과물을 복사 혹은 작성하여 제출

1) 사용 AI와 기능 및 도구

사용 AI : GPT-5(유료 버전)의 GPT, 제미나이의 Gem

2) 생성형 AI를 활용하기 위한 기획 내용

① 목적: GPT(또는 Gem) 앱을 생성하여 AI와의 대화를 통한 민원 서비스 교육 품질 제고

② 맥락: 역할극 상황 연습을 통한 민원 서비스 교육이 실제와 같은 다양한 상황을 충분히 묘사하기 어렵고, 참여할 수 있는 직원 수에 한계가 있어 교육의 효과 제한적

③ AI의 역할: 교육 직원에 대한 민원인으로 역할 하면서 직원의 응답에 대해 평가하고 개선 방향 제시

④ 과정: GPT(GPT가 수행하려야 할 지침을 제시하고 민원 서비스 매뉴얼(PDF)을 업로드하는 등) 앱을 생성한 다음, 생성된 앱을 불러와 가상적 상황을 제시하고 GPT 앱과 대화하면서 진행

⑤ 산출물: 직원의 대화 점수(성적), 개선 점 등

⑥ 데이터: 민원 서비스 매뉴얼, 특별민원 대응 매뉴얼(PDF)

3) 생성형 AI에의 프롬프트 입력 및 대화(피드백) 과정과 내용

GPT 탐색하기 →'+ 만들기'를 선택한 다음, 아래와 같이 GPT 앱 제작 내용을 구성한다.

[프롬프트]

민원 상황 설명: 민원인은 지역 공원에서 자녀와 즐거운 시간을 보내려 했으나, 꽤 오래전의 폭풍으로 인해 공원 내 놀이터 시설이 심각하게 파손된 것을 발견하였다. 이로 인해 민원인은 자녀가 놀이터에서 놀 수 없게 되어 실망감을 감추지 못함과 동시에 이의 신속한 복구를 요구하는 민원을 청구하기에 이르렀다.

너는 이 민원인이고 나는 이 민원인을 상대하는 공무원이야. 가상의 대화를 시작하자.

공무원: 안녕하세요. 어떤 일로 오셨나요?

[GPT]

민원인: 안녕하세요. 저는 최근의 폭풍으로 인해 지역 공원의 놀이터 시설이 심각하게 파손된 문제를 해결해 주셨으면 합니다. 우리 아이를 포함해 많은 아이들이 이 놀이터를 이용하는데, 현재 상태는 너무나도 위험하고 아이들이 놀기에 전혀 적합하지 않습니다. 빠른 시일 내에 복구 작업을 진행해 주실 수 있나요?

[프롬프트]

네, 그러시군요. 어디 공원이죠?

[GPT]

민원인: 서초구에 위치한 선림공원입니다. 아이들이 자주 놀러 가는 곳인데, 이번 폭풍으로 인해 놀이터 시설이 크게 손상되었어요. 가능하다면, 얼마나 시간이 걸릴지와 어떤 조치를 취할 수 있는지도 알려주시면 감사하겠습니다.

[프롬프트]

네, 선림공원에 어떤 놀이터 시설이 파손되었을까요? 어디가 파손된지 알아야 어떤 조치가 필요한지, 시간은 얼마나 걸리는지 알 수 있습니다.

[GPT]

민원인: 놀이터의 주요 파손 부위는 그네와 미끄럼틀입니다. 그네는 폭풍으로 인해 체인이 끊어지고, 몇몇 좌석도 손상되었어요. 미끄럼틀은 일부가 심하게 휘어지고 구조적으로 안전하지 않은 상태이다. 아이들이 이용하기에는 너무 위험한 상황이에요.

[프롬프트]

아, 그렇군요. 미끄럼틀과 그네는 공원관리과에서 담당하고 있습니다. 제가 담당자에게 민원을 전달하겠습니다. 담당자가 소요 시간을 알려 드릴 겁니다.

[GPT]

민원인: 네, 알겠습니다. 담당자에게 민원이 전달될 수 있도록 조치해 주서서 감사합니다. 혹시 어느 정도 시간이 소요될지와 어떤 과정을 통해 진행될지 구체적으로 안내받을 수 있을까요? 그리고 저에게 연락이 올 때까지 어떻게 진행 상황을 알 수 있는지도 궁금합니다.

[프롬프트]

그것도 담당자가 진행한다. 진행 상황은 담당자가 알려드릴 겁니다.

여기까지 대화하고 이 공무원의 대화 점수와 고쳐야 할 점을 knowledge를 통해 찾아줘요.

[GPT]

이 공무원의 대화 점수는 10점 만점에 6점입니다. 대체로 적절한 응대를 하였으나, 몇 가지 개선할 점이 있습니다.

- **장점**

  민원인의 문제에 대해 구체적인 정보를 요청하여 문제 해결을 위한 첫 단계를 잘 진행했습니다.

  담당 부서에 민원을 전달하겠다고 하여 적절한 조치를 취하기 위한 절차를 밟았습니다.

- **개선할 점**

  - **경청과 공감 부족:** 민원인의 불편함과 실망감에 대한 공감 표현이 부족했습니다. 민원 서비스 매뉴얼에 따르면, 경청과 공감은 민원인과의 긍정적인 관계 구축의 기초이다. "많이 불편하셨겠어요."와 같은 공감 표현을 추가하는 것이 좋습니다.

  - **구체적인 정보 제공 부족:** 민원 처리 과정이나 예상되는 시간에 대한 구체적인 정보 제공이 부족했습니다. 민원인이 언제쯤 결과를 기대할 수 있는지, 어떤 절차를 거치는지에 대한 설명이 필요하다. "담당자가 진행 상황을 알려드릴 것이다."보다는 가능한 한 구체적인 시간대나 절차의 개요를 제공하는 것이 더 도움이 된다.

  - **적극적 해결 방안 모색:** 민원인의 문제에 대한 적극적인 해결 방안 제시가 필요하다. 예를 들어, "담당자가 소요 시간을 알려드릴 것이다."라는 대신 "저희가 바로 담당 부서에 연락하여 신속하게 상황을 파악하고 개선할 수 있도록 하겠습니다. 처리 과정에서 발생하는 모든 업데이트를 꼭 알려드리겠습니다."와 같은 더 적극적이고 구체적인 대응이 필요하다.

종합 의견

이 공무원은 기본적인 민원 응대 절차를 따랐지만, 민원인의 입장에서 더욱 친절하고 구체적인 정보 제공이 필요하다. 민원인과의 소통에서 공감과 적극적인 문제 해결 의지를 보여 주면 더 높은 만족도를 이끌어 낼 수 있을 것이다.

4) 최종 결과물 (생성형 AI의 해결 방안, 본인의 보완 및 수정 내용, 최종 해결 방안)

보고서: 공무원 민원 응대 평가

- **잘한 점:**
  - **문제 해결을 위한 정보 요청:** 민원인의 문제에 대해 구체적인 정보를 요청하여 문제 해결의 첫 단계를 잘 진행했습니다
  - **적절한 조치의 약속:** 담당 부서에 민원을 전달하겠다고 하여 적절한 조치를 취하기 위한 절차를 밟았습니다.

- **개선할 점:**
  - **경청과 공감 부족:** 민원인의 불편함과 실망감에 대한 공감 표현이 부족했습니다. "많이 불편하셨겠어요."와 같은 공감 표현을 추가하는 것이 필요하다.
  - **구체적인 정보 제공 부족:** 민원 처리 과정이나 예상되는 시간에 대한 구체적인 정보 제공이 부족했습니다. 가능한 한 구체적인 시간대나 절차의 개요를 제공해야 한다.
  - **적극적 해결 방안 모색 부족:** 민원인의 문제에 대한 적극적인 해결 방안 제시가 필요하다. 예를 들어, "저희가 바로 담당 부서에 연락하여 신속하게 상황을 파악하고 개선할 수 있도록 하겠습니다."와 같은 대응이 필요하다.

종합 의견:
이 공무원은 기본적인 민원 응대 절차를 따랐으나, 민원인의 입장에서 더욱 친절하고 구체적인 정보 제공, 경청과 공감 표현이 필요하다. 민원인과의 소통에서 공감과 적극적인 문제 해결 의지를 보여 주는 것이 더 높은 만족도를 이끌어 낼 수 있다.

참고 문헌

- 김용성(2024). 생성형 AI는 교육을 어떻게 바꿀까? 기술과 혁신, 2024년 3/4월호 Vol.464.

- 삼일 PwC 경영연구원(2024). 초개인화 학습의 혁명이 시작된다: 에듀테크.

- Timely(2024). 훈련 및 개발 분야의 AI: 20가지 실제 적용 사례. https://time.ly/ko/blog/AI-훈련-및-개발-20가지-실제-적용-사례/

- Anastasia Morozova(2024). Walmart and VR training. https://www.jasoren.com/walmart-vr-training/

- Armstrong, M.(2020). Armstrong's Handbook of Human Resource Management Practice. Kogan Page.

- Deloitte Insights(2024). The Rise of Digital Transformation. https://www2.deloitte.com/global/en.html

- Deviprasad, S., et al.(2023). The Machine Learning-Based Task Automation Framework for Human Resource Management in MNC Companies. Engineering Proceedings, 59(1), 63.

- Fei Qin & Kochan, T. A.(2020). The Learning System at IBM: A Case Study. MIT Sloan.

- Gartner(2024). Impact of AI on Workforce Training. https://www.gartner.com/en

- Harvard Business Review(2023). How Training Boosts Employee Engagement. https://hbr.org

- Hooshyar, D., et al.(2022). Artificial intelligence in education: A systematic review of the literature. Computers & Education: Artificial Intelligence, 3, 100081.

- Noe, R. A.(2017). Employee Training & Development. McGraw-Hill Education.

- OECD(2022). Skills for a Digital World. https://www.oecd.org/skills/

- Pearson(2024). Automated Scoring. https://www.pearsonassessments.com/large-scale-assessments/k-12-large-scale-assessments/automated-scoring.html

- Sylvie Beatrice, E.(2024). Employee Training and Development in the Age of Automation.

- Wesche, J. S., & Handke, L.(2024). Digitisation and automation in training and development: a meta-review of new opportunities and challenges. Personnel Review, 53(3), 771-790.

공정한 평가 및 등급 부여를 위한 AI

1. AI 기반 평가의 이해와 기술 동향

전통적인 인사 평가는 평가자의 주관성, 편향, 불일치성으로 인해 공정성 문제를 지속적으로 제기 받아왔다. 또한, 연 1회 또는 반기 1회 이루어지는 정기 평가는 변화하는 성과를 실시간으로 반영하지 못하고, 평가 과정 자체에 막대한 관리 비용을 소모한다는 한계가 있었다.

생성형 AI 기술의 등장은 이러한 평가Evaluation 및 등급 부여Grading 패러다임을 근본적으로 혁신할 잠재력을 제공한다. AI, 머신러닝ML, 자연어 처리NLP 기술은 방대한 정형 및 비정형 성과 데이터를 분석하여, 기존보다 높은 객관성, 공정성, 효율성을 갖춘 평가 시스템을 구축할 기회를 열고 있다Sampath 외, 2024.

AI는 단순히 평가 업무를 자동화하는 것을 넘어, 성과 관리에 대한 질적인 변화를 주도하고 있다. 최근 AI 기반 평가 기술은 다음과 같은 방향으로 발전하고 있다.

- **예측 분석Predictive Analytics의 활용**: AI는 과거 성과 데이터, 업무 패턴, 협업 빈도 등을 분석하여 높은 성과를 내는 직원을 식별하거나 이직 가능성이 높은 핵심 인재를 예측한다. 가트너Gartner에 따르면, AI 통합을 계획하는 HR 팀이 75%에 달하며, PwC는 AI가 승진 결정 과정에서의 편향을 33%까지 줄일 수 있다고 보고한다EvalFlow, 2025.

- **실시간 및 지속적인 피드백**: AI 시스템은 기존의 연간 평가 방식에서 벗어나, 직원의 성과

데이터를 실시간으로 추적하여 지속적인 피드백을 제공한다. IBM의 연구에 따르면, 이러한 지속적인 피드백 시스템은 평가에 소요되는 시간을 25% 단축시켰다EvalFlow, 2025.

- **개인화된 개발 계획**Personalized Development Plans：AI의 NLP 기술은 360도 다면평가에서 수집된 서술형 피드백을 분석하여, 직원 개인에게 최적화된 맞춤형 성장 로드맵과 교육 계획을 자동으로 생성해 준다Sampath 외, 2024. 딜로이트Deloitte에 따르면, 이러한 AI 생성 개발 계획은 목표 달성률을 50%까지 높일 수 있다EvalFlow, 2025.

이러한 기술 동향은 AI가 직원의 참여도를 71% 높이고EvalFlow, 2025, 성과 개선율을 40%까지 향상시키는 등Hirebee, 2025, 평가 업무를 단순한 '등급 부여'에서 '데이터 기반의 인재 개발'로 전환시키고 있음을 보여 준다.

2. 공정한 평가를 위한 설계와 거버넌스

AI가 평가의 객관성을 높일 잠재력을 가진 것은 사실이나, AI가 본질적으로 '공정함'을 의미하는 것은 아니다People Matters, 2025. AI를 공정한 평가 도구로 활용하기 위해서는 편향 문제를 해결하고 명확한 거버넌스를 수립하는 설계가 필수적이다.

1) AI 편향의 위험(The Risk of Bias)

AI 시스템의 가장 큰 도전 과제는 알고리즘 편향Algorithmic bias이다. AI는 훈련 데이터를 기반으로 학습한다. 만약 이 훈련 데이터에 과거 조직의 인간 평가자가 가졌던 성별, 인종, 학력, 연령에 대한 편견이 포함되어 있다면, AI는 이 편향을 그대로 학습하고learn, 복제하며

replicate, 심지어 증폭exacerbate시킬 위험이 있다People Matters, 2025.

또한, 현재의 AI는 정량화하기 어려운 리더십, 팀워크, 감성 지능, 창의성 같은 미묘한 성과 요소nuanced performance factors를 정확히 평가하는 데 명확한 한계를 보인다People Matters, 2025. 흥미롭게도 UNH의 한 연구에 따르면, 직원들은 인간 관리자의 편애favoritism와 같은 편향을 예상할 때 오히려 AI의 평가를 더 신뢰하는 경향을 보였다UNH Today, 2025. 이는 AI가 '공정하다'기보다 '객관적일 것'이라는 기대 때문이며, 이 객관성을 보장하는 것이 AI 평가 설계의 핵심이다.

2) 핵심 해결책: Human-in-the-Loop(HITL)

이러한 한계를 극복하기 위한 가장 현실적이고 강력한 모델이 바로 'Human-in-the-Loop HITL', 즉 '인간 참여형 루프'이다IBM, n.d.. HITL은 AI가 평가 초안을 작성하고 자동화를 수행하되, 최종적인 판단과 결정은 인간의 통찰력과 윤리적 기준을 통해 이루어지는 지속적인 상호 작용 및 피드백 순환 구조를 의미한다.

평가 시스템에서 HITL은 AI가 생성한 평가 등급이나 추천 사항을 인간 관리자가 행동에 옮기기 전에 반드시 검증하고 보정하는 '안전장치Safety net' 역할을 수행한다IBM, n.d.. 이 모델은 AI를 '최종 결정권자'가 아닌 '의사 결정 지원 도구support tool'로 명확히 자리매김하게 하며People Matters, 2025, AI의 블랙박스 효과를 완화하고 평가 결과에 대한 투명성과 설명 가능성을 확보하는 핵심 기제로 작용한다.

3) 법적·윤리적 거버넌스(Governance)

AI를 인사HR 평가에 활용하는 것은 강력한 법적, 윤리적 거버넌스를 요구한다.

세계 최초의 포괄적인 AI 규제인 EU AI Act2024.8.1. 발효는 HR 분야채용, 성과 평가, 승진, 인력 관리에 사용되는 AI 시스템을 '고위험High-Risk'으로 명확히 분류한다Clifford Chance, 2024. 고위험

AI 시스템은 시장에 출시되기 전 엄격한 위험 관리 시스템 구축, 데이터 거버넌스 확보, 규정 준수 테스트를 의무적으로 거쳐야 한다.

특히 EU AI Act는 직장이나 교육기관 내에서의 감정 인식emotion recognition 기술 사용을 '수용 불가능한 위험Unacceptable risk'으로 간주하여 원칙적으로 전면 금지하고 있다Clifford Chance, 2024. 이는 AI를 이용해 직원의 감정 상태를 추론하여 평가에 반영하려는 시도가 법적으로 금지됨을 의미한다.

또한, AI를 활용하는 조직은 AI의 블랙박스 효과를 완화하고, AI가 내린 평가의 근거를 인간이 이해하고 피평가자에게 설명할 수 있어야 한다. 만약 AI의 오류로 직원에게 부당한 불이익이 발생한다면, 그 최종적인 책임은 AI가 아닌 AI를 도입하고 운영한 조직과 인간 관리자에게 있다.

3. AI 평가 프롬프트 디자인

AI 평가의 공정성과 정확성은 AI 모델의 성능만큼이나 프롬프트의 설계에 달려 있다Sloneek, 2025. 모호한 요청vague request은 모호한 응답vague response을 낳을 뿐이다. 효과적인 AI 평가를 위한 프롬프트 디자인의 핵심 원칙은 다음과 같다.

1) 명확한 역할 및 맥락(Role and Context)

AI에 공정한 평가 전문가의 역할을 부여하고, 회사의 문화나 평가의 목적과 같은 구체적인 맥락context을 제공해야 한다NetCom Learning, n.d..

프롬프트 예시:

"당신은 우리 회사 핵심 가치를 중시하는 공정한 HR 성과 평가 전문가이다. 연말 성과 리뷰를 위한 1차 초안을 작성한다."

2) 구체적인 평가 기준(Rubric)

가장 중요한 원칙이다. "이 직원의 성과가 좋은지 평가해 줘."와 같은 모호한 질문 대신, 구체적이고 측정 가능한 평가 기준표Rubric를 명확하게 제시해야 한다NetCom Learning, n.d.. 이 때 SMARTSpecific, Measurable, Achievable, Relevant, Time-bound 원칙을 평가 기준에 적용하는 것이 효과적이다Sloneek, 2025.

프롬프트 예시:

"아래의 5점 척도 Rubric을 사용하여 평가하시오.
  - 5점탁월: 설정된 목표를 120% 초과 달성했으며, 측정 가능한 추가 가치를 창출함.
  - 4점우수: 설정된 목표를 100% 이상 ~ 120% 미만 달성함.
  - 3점보통: 설정된 목표를 90% 이상 ~ 100% 미만 달성함.
  - 2점미흡: 설정된 목표의 70% 이상 ~ 90% 미만 달성함.
  - 1점부진: 설정된 목표의 70% 미만을 달성함."

3) 편향 배제(Bias Mitigation) 지시

AI가 직무와 무관한 요소에 영향을 받지 않도록 명시적으로 지시해야 한다.

프롬프트 예시:

"평가 시, 성별, 연령, 이름, 학교 등 인구통계학적 정보는 완전히 무시하고 오직 기술과 성과에만 집중해야 한다. 공정성과 규정 준수를 위해 편향된 언어 사용을 금지한다."

NetCom Learning, n.d.

4) 출력 형식 및 근거 제시 요구

AI가 평가 점수만 제시하는 것이 아니라, 왜 그렇게 평가했는지 근거Evidence를 원본 데이터예: 동료 피드백에서 직접 인용하도록 요구해야 한다. 이는 HITL 검증 단계에서 필수적이다.

프롬프트 예시:

"출력 형식은 '표'로 지정한다. 각 항목에 대해 1~5점으로 점수를 매기고, 그 점수를 부여한 이유근거를 원본 피드백에서 1~2문장으로 정확히 인용하시오."NetCom Learning, n.d..

5) 반복적 개선(Iteration)

첫 번째 프롬프트의 결과물은 완벽하지 않다. 관리자는 AI가 생성한 초안을 검토하고, 추가적인 맥락이나 피드백을 제공하여 프롬프트를 수정Refine하는 반복적 과정을 거쳐야 한다Sloneek, 2025; SHRM, 2024.

프롬프트 템플릿 예시: 360도 동료 피드백 정성평가 분석
- **역할:** 당신은 편향 배제 원칙을 훈련받은 HR 성과 분석 전문가이다.
- **과업:** 아래 '동료 피드백 원문'을 '평가 기준(Rubric)'에 따라 분석하고 1차 평가 초안을 작성하시오.
- **평가 기준(Rubric)**
  - **협업(1~5점):** 타 부서 요청에 대한 대응 속도, 긍정적 커뮤니케이션, 지식 공유
  - **전문성(1~5점):** 데이터 기반의 정확한 문제 해결, 기술적 깊이, 새로운 기술 학습

- **핵심 지침**
  - **편향 배제:** 평가자의 주관적 감정이나 문체(예: "매우 감사합니다", "친절합니다")가 아닌, 구체적인 '행위'나 '성과'에 대한 서술에만 기반해 평가하시오.
  - **근거 제시:** 점수를 부여한 이유(근거)를 동료 피드백 원문에서 정확히 인용(Quote)하여 제시하시오.
- **동료 피드백 원문**
  - **(A팀)** "김OO 매니저는 항상 저희 팀의 긴급 데이터 요청에 빠르게 답변해 줍니다. 덕분에 리포트 작성이 수월했습니다."
  - **(B팀)** "새로운 분석 툴을 도입할 때 주도적으로 스터디하고 팀원들에게 공유해 주어 큰 도움이 되었습니다."
  - **(C팀)** "가끔 바쁘실 때 커뮤니케이션이 짧게 느껴져 아쉬울 때가 있습니다."
- **출력 형식:** Markdown 표 형식으로 결과를 제공하시오.

평가항목	점수(1~5)	평가 근거(원문 인용)
협업		
전문성		

- **종합 코멘트(개선점 포함):**

4. AI 평가 실무 워크플로우

앞에서 다룬 공정성, 거버넌스, 프롬프트 설계를 실제 업무에 적용하는 것은 체계적인 워크플로우를 필요로 한다. AI 기반 평가는 'AI가 모든 것을 끝내는' 단방향 프로세스가 아니라, 인간 전문가가 AI의 강점을 활용하고 약점을 보완하는 '인간-AI 협업 프로세스'로 이해해야 한다.

실무에 적용 가능한 표준 워크플로우는 다음과 같이 6단계로 정의할 수 있으며, 이 중 5단계_{인간 검토}가 HITL의 핵심이다.

[1단계] 평가 목표 및 기준 정의_{Goal & Rubric Definition}

- 평가의 목적_{채용, 승진, 성과급 산정 등}을 명확히 한다.
- 3절에서 다룬 '평가 기준표_{Rubric}'를 구체적이고 측정 가능하게 설계한다. 이 기준은 AI가 따라야 할 유일한 규칙이 된다.

[2단계] 평가 데이터 준비_{Data Preparation}

- 평가에 사용될 데이터를 수집한다. 예: 자기소개서, 동료 피드백, 성과 관리 시스템 데이터 등
- 2절에서 다룬 '편향성'을 점검한다. 데이터에서 이름, 성별, 학력 등 불필요한 개인 식별 정보를 비식별화_{Anonymize}하여 AI에 편견을 줄 수 있는 요소를 제거한다.

[3단계] AI 프롬프트 설계_{Prompt Engineering}

- 1단계의 Rubric과 2단계의 데이터를 기반으로, 3절에서 설계한 원칙_{역할, 기준, 편향 배제, 근거 제시}에 따라 AI에 명확한 프롬프트를 작성한다.

[4단계] AI 1차 평가 실행_{AI First-Pass}

- AI가 입력된 프롬프트와 데이터를 기반으로 대규모 평가 작업을 신속하게 처리한다.
- AI가 Rubric에 따라 각 항목의 점수, 종합 코멘트, 그리고 판단의 근거가 된 원문 인용을 포함한 1차 평가 초안_{Draft}을 생성한다.

[5단계] 인간 전문가 검토 및 보정_{Human-in-the-Loop Review}

- **(가장 중요한 단계)** 관리자 또는 HR 전문가는 AI가 생성한 1차 초안을 검토한다.
- AI가 제시한 점수와 근거가 타당한지, 맥락_{Context}을 놓치지 않았는지, 편향된 결과는 없는지 비판적으로 검증한다.
- AI의 평가 결과를 그대로 수용_{Accept}하거나, 수정_{Modify}하거나, 기각_{Reject}한다. 예를

들어, AI가 "소극적"이라고 평가한 부분을 관리자는 "신중함"으로 재해석하여 점수를 보정할 수 있다.

[6단계] 최종 등급 부여 및 기록Final Decision & Logging

- 인간의 최종 검토와 보정을 거친 결과를 바탕으로 피평가자의 최종 등급을 확정한다.
- 평가의 전 과정AI 초안, 인간의 수정 내역, 최종 근거을 투명하게 기록하고 저장한다. 이는 2절에서 다룬 법적 '설명 가능성'과 '책임성'을 확보하기 위한 필수적인 조치이다.

이 워크플로우는 AI의 효율성4단계과 인간의 전문성 및 책임1, 2, 5, 6단계을 결합하여 공정한 평가 시스템을 구축하는 실무적인 청사진을 제공한다.

※ **문제: 난이도 상(20분, 125점), 난이도 중(15분, 100점), 난이도 하(10분, 75점)**

【실습 문제】

[문제1] AI와 Human-in-the-Loop(HITL)를 활용한 신입 인턴 채용 평가 (난이도 상)

> [상황]
> 당신은 IT 기업의 인사팀 채용 담당자입니다. 2025년 하반기 'AI 서비스 기획' 직무 신입 인턴 채용에 3명의 유력 후보자(A, B, C)가 1차 서류 전형에 올랐습니다. AI를 활용해 1차 스크리닝을 효율화하되, 최종 판단은 인사팀(인간)이 내리는 Human-in-the-Loop(HITL) 프로세스를 적용하기로 했습니다.
>
> [데이터]
> 지원자 A_자기소개서.pdf
> 지원자 B_자기소개서.pdf
> 지원자 C_자기소개서.pdf
>
> [요구 사항]
> 위 상황과 데이터를 바탕으로, 4절의 6단계 워크플로우를 순서대로 수행하는 프롬프트와 그 결과(가상 생성)를 포함한 답안을 작성하시오.
>
> - [1-3단계: 목표 정의 및 Rubric 생성]
>   'AI 서비스 기획' 직무에 필요한 핵심 역량(기술 이해도, 기획력(협업), 직무 열정(잠재력))을 기준으로 하는 '평가 Rubric 생성 프롬프트'를 작성하고, AI가 생성할 '가상의 Rubric 표'를 제시하시오.
>
> - [4단계: AI 1차 평가 실행]
>   생성된 Rubric과 3명의 지원자 데이터를 AI에 제공하며, 1차 평가(항목별 1~5점 점수, 평가 근거, 총점, 순위)를 지시하는 '1차 평가 프롬프트'를 작성하고, AI의 '가상 1차 평가 결과표'를 제시하시오. (단, AI가 '경험 위주'로 평가하여 지원자 C의 잠재력을 낮게 평가하는 오류를 범했다고 가정한다.)

- **[5단계: Human(HITL) 검토 및 보정]**
  AI의 1차 평가 결과에서 발견한 오류(편향)를 구체적으로 서술하고, '신입 인턴' 채용의 맥락(경험보다 잠재력)을 AI에 주입하여 평가를 바로잡는 'HITL 수정 프롬프트'를 작성하시오.

- **[6단계: 최종 결정]**
  HITL 보정 후 '최종 평가 종합표'를 제시하고, 채용 담당자로서의 최종 결정(의견)을 서술하시오.

[답안] 수험자가 아래와 같은 내용으로 AI 활용 과정과 결과물을 복사 혹은 작성하여 제출

1) 생성형 AI 활용 기획

① 목적: AI와 HITL을 결합한 6단계 워크플로우를 적용하여, 'AI 서비스 기획' 직무 신입 인턴 채용의 1차 서류 전형을 공정하고 효율적으로 수행한다.

② AI의 역할: ⓐ 평가 기준(Rubric) 생성자, ⓑ 1차 서류 평가자(Screener), ⓒ 인간의 피드백을 반영하는 조수(Assistant)

③ 워크플로우: 4절의 6단계(목표/기준 정의 → 데이터 준비 → 프롬프트 설계 → AI 1차 평가 → 인간(HITL) 검토 → 최종 결정)를 순차적으로 적용한다.

④ 핵심 전략(HITL): AI는 정량적 '경험' 유무(예: 프로젝트 수)에 편향될 가능성이 높다. 인간 전문가는 '신입 인턴' 채용의 특성인 '잠재력'과 '열정'이라는 맥락(Context)을 5단계에서 주입하여 AI의 편향을 보정한다.

⑤ 산출물: ⓐ 평가 Rubric 표, ⓑ AI 1차 평가표, ⓒ HITL 수정 프롬프트, ⓓ 최종 평가 종합표 및 결론

2) 생성형 AI 프롬프트 입력 및 대화(피드백) 과정과 내용

[1-3단계: 목표 정의 및 Rubric 생성]

(프롬프트 1: Rubric 생성) 당신은 IT 기업의 전문 채용 담당자입니다. 'AI 서비스 기획' 직무 신입 인턴 채용을 위한 자기소개서 평가 기준(Rubric)을 생성해야 합니다.

핵심 평가 항목:

- 기술 이해도: (AI/데이터 관련 프로젝트 경험, 기술 용어 사용의 정확성)
- 기획력(협업): (프로젝트 기획 경험, 문제 정의 능력, 팀 협업 및 갈등 해결 사례)
- 직무 열정(잠재력): (직무에 대한 구체적인 관심, 학습 의지, 비전공자의 경우 부트캠프 등 노력)

위 3가지 항목에 대해, 1점(미흡)부터 5점(탁월)까지의 상세한 평가 기준을 설명하는 표를 생성해 주세요.

(Gemini 1) IT 기업 채용 담당자입니다. 요청하신 'AI 서비스 기획' 직무 신입 인턴 자기소개서 평가 기준표(Rubric)를 생성해 드립니다.

이 루브릭은 지원자의 경험(Experience), 프로세스(Process), 임팩트(Impact)를 다각도로 평가할 수 있도록 설계되었습니다.

AI 서비스 기획 인턴 자기소개서 평가 기준표 (Rubric)

평가 항목	1점 (미흡)	2점 (보통)	3점 (양호)	4점 (우수)	5점 (탁월)
1. 기술 이해도 (AI/데이터)	AI/데이터 관련 언급이 전혀 없거나, "AI", "빅데이터" 등 추상적인 용어만 나열함.	AI 관련 교양/개론 수준의 수업 이수 경험만 언급함. 기술 용어 사용에 오류가 있음.	AI/데이터 관련 수업 과제, 소규모 토이 프로젝트 등 구체적인 경험을 1가지 기술함. 기본적인 용어 (e.g., 머신러닝, API)를 이해하고 있음.	(경험) AI/데이터 관련 학회, 공모전, 프로젝트 경험을 구체적으로 기술함(데이터 수집/전처리 경험 포함). (정확성) 사용한 기술(e.g., 특정 모델, 라이브러리)을 명확히 언급하고 그 이유를 설명함.	(경험) 실제 서비스를 염두에 둔 프로젝트 (e.g., 캡스톤, 팀 프로젝트) 경험이 있음. (정확성) 기술적 선택의 이유와 한계점을 명확히 이해하고 설명함. (e.g., "A 모델을 썼으나 B라는 한계가 있었음")
2. 기획력 및 협업 (문제 정의/ 갈등 해결)	프로젝트 경험이 없거나, 팀 프로젝트 언급 시 본인의 역할이 불분명함.	"자료조사", "PPT 제작" 등 주어진 역할만 수동적으로 수행한 경험만 기술함. 협업을 "열심히 했다" 정도로만 표현함.	(기획) 프로젝트의 목표와 본인의 역할을 명확히 기술함. (e.g., "팀장으로서 일정 관리를 맡음") (협업) 팀 프로젝트 경험을 구체적으로 서술함.	(기획) 프로젝트에서 해결하고자 했던 문제를 명확히 정의함. (e.g., "기존 A 서비스의 B 문제 해결이 목표였음") (협업) 협업 과정에서의 구체적인 갈등 상황을 언급하고, 본인이 제안한 해결책을 기술함.	(기획) 사용자 관점에서 문제를 정의하고, 기획의 논리적 근거 (e.g., 데이터 분석, 사용자 리서치)를 제시함. (협업) 갈등 해결을 위해 구체적으로 행동한 것과 그로 인한 긍정적인 팀 결과(e.g., 합의 도출, 일정 준수)를 연결하여 서술함.
3. 직무 열정 및 잠재력 (관심도/ 학습 의지)	회사 이름만 바꾼 듯한 복사-붙여넣기식의 지원 동기. 직무에 대한 이해가 없음.	"AI가 유망해서", "IT 기업에 관심이 많아서" 등 막연한 수준의 관심을 보임.	(관심) 지원하는 서비스(혹은 도메인)에 대한 관심을 보임. (노력) 비전공자의 경우 부트캠프, 온라인 강의 (e.g., K-MOOC, Coursera) 이수 사실을 언급함.	(관심) 지원하는 직무 (AI 서비스 기획)를 위해 스스로 학습한 내용을 구체적으로 기술함. (e.g., 관련 서적, 아티클, 스터디 참여) (노력) 학습한 내용을 적용해 본 경험 (e.g., 개인 블로그 운영, 작은 사이드 프로젝트)을 제시함.	(관심) 지원하는 회사의 서비스를 직접 사용해 보고 분석하거나 개선점을 제안함. (노력) 인턴 기간 동안 배우고 싶은 점과 기여하고 싶은 점을 매우 구체적이고 논리적으로 기술하여 명확한 비전을 보임.

[4단계: AI 1차 평가 실행]

(**프롬프트 2: 1차 평가 지시**) 이제 (프롬프트 1)에서 생성한 Rubric을 기준으로, 첨부로 제공되는 3명의 지원자 자기소개서를 아래 요청 사항에 맞게 평가해 주세요.

(첨부: 지원자 A_자기소개서.pdf, 지원자 B_자기소개서.pdf, 지원자 C_자기소개서.pdf)

(요청 사항) 각 지원자별로 [항목별 점수(1~5점)], [평가 근거(원문 인용)], [총점(15점)]을 계산하고, 1위부터 3위까지 순위를 매긴 표를 생성해 주세요.

(Gemini 2) IT 기업 전문 채용 담당자로서 요청하신 'AI 서비스 기획' 직무 인턴 채용 자기소개서 평가를 공유합니다.

이전(프롬프트 1)에 정의한 평가 기준표(Rubric)를 바탕으로 3명의 지원자(A, B, C)를 평가한 결과는 다음과 같습니다.

AI 서비스 기획 인턴 자기소개서 평가 결과

순위	지원자	1. 기술 이해도 (5점)	2. 기획력 및 협업 (5점)	3. 직무 열정 및 잠재력 (5점)	총점 (15점)
1위	지원자 A (김기술)	5점 (탁월)	3점 (양호)	5점 (탁월)	13점
2위	지원자 C (박열정)	3점 (양호)	3점 (양호)	5점 (탁월)	11점
3위	지원자 B (이기획)	1점 (미흡)	5점 (탁월)	2점 (보통)	8점

➡ **지원자별 상세 평가 근거**

1위: 지원자 A (김기술) - 총점 13/15

1. 기술 이해도 (5점/탁월)

- 근거: "컴퓨터공학 전공", "CNN 모델 개발", "Python과 TensorFlow(Keras)를 활용하여 VGG16 모델을 기반으로 한 전이 학습(Transfer Learning) 모델을 설계", "협업 필터링(Collaborative Filtering)", "알고리즘 설계 과정에서 발생할 수 있는 'Cold Start' 문제를 인지".

- 평가: AI 모델(CNN, VGG16) 및 알고리즘(협업 필터링)에 대한 구체적인 프로젝트 경험과 사용 기술(Python, TensorFlow)을 명시했습니다. 특히 기술적 한계점('Cold

Start' 문제)까지 명확히 인지하고 있어 최고점을 부여합니다.

2. 기획력 및 협업 (3점/양호)

- 근거: "이미지 분류 모델 구현(팀 프로젝트 - 개발 리드)", "콘텐츠 추천 시스템 설계 (개인 프로젝트)".

- 평가: '개발 리드' 역할로 프로젝트 목표(e.g., 이미지 분류, 추천 시스템)를 명확히 기술했습니다. 하지만 두 프로젝트 모두 기술 구현에 초점이 맞춰져 있으며, 팀 내 협업 과정이나 갈등 해결, 사용자 중심의 기획 과정에 대한 서술이 없어 3점을 부여합니다.

3. 직무 열정 및 잠재력 (5점/탁월)

- 근거: "귀사의 AI 챗봇 서비스는… 이 기술을 활용해 사용자의 '숨겨진 의도'를 파악하는 개인화된 추천 기능으로 확장할 수 있다고 생각합니다.", "개발팀과 논리적으로 소통하며… 효율성을 높이는 역할을 하겠습니다."

- 평가: 지원하는 회사의 서비스를 구체적으로 분석하고, 본인의 기술력을 바탕으로 한 명확한 개선 아이디어(개인화 추천 기능)를 제시했습니다. 입사 후 기여할 수 있는 바 (개발팀과 소통)가 매우 구체적이므로 최고점을 부여합니다.

[중략]

➡ 채용 담당자 종합 의견

- 1위 (지원자 A): '기술 이해도'와 '직무 열정(서비스 분석)'이 압도적으로 뛰어난 지원자입니다. AI 서비스 기획자가 갖춰야 할 핵심 기술 스택과 도메인 이해도를 겸비했습니다. '협업' 경험이 다소 부족해 보이나, 이는 인턴십을 통해 충분히 보완 가능할 것으로 판단됩니다. (면접 추천)

- 2위 (지원자 C): 기술적 배경은 부족하지만, 'AI 서비스 기획자'가 되기 위해 부트캠프 수료 등 가장 주도적인 노력을 했습니다. 특히 '서비스 개선안'은 현업 담당자도 흥미롭게 볼 수준입니다. '빠른 학습 속도'와 '열정'을 고려할 때 잠재력이 매우 높습니다. (면접 추천)

- 3위 (지원자 B): '기획력 및 협업(갈등 해결)' 능력은 3명 중 가장 탁월합니다. 대규모 프로젝트 리딩 경험은 큰 자산입니다. 하지만 'AI 서비스 기획' 직무에 필수적인 최소한의 '기술 이해도'와 '직무 관심도'가 전혀 보이지 않는 점이 치명적입니다. (서류 탈락 고려)

[5단계: Human(HITL) 검토 및 보정]

[인간(채용 담당자)의 비판적 검토] AI의 1차 평가 결과, A(13점) > C(11점) > B(8점) 순으로 랭킹이 부여되었다. 전반적인 종합 의견(A, C 면접 추천 / B 서류 탈락 고려)은 논리적이며 타당하다. 특히 AI가 지원자 B의 '기획력'이 탁월함에도 불구하고 'AI 직무 이해도 및 관심 부족'을 근거로 3위로 판단한 것은 매우 정확하다.

하지만 세부 항목인 '기획력 및 협업' 점수 산정에서 중대한 '맥락적 오류'가 발견되었다.

AI는 지원자 B(이기획)의 '축제 기획(50명, 갈등 중재)' 경험에 5점(탁월)을 부여했다. 이는 '일반적인' 프로젝트 관리 역량으로는 탁월하지만, 'AI 서비스 기획'이라는 직무 관련성(Relevance)은 매우 낮다.

반면, AI는 지원자 C(박열정)의 '개인 포트폴리오 기획(페르소나, IA 설계)' 경험에 대해 '팀 협업 경험이 없다'는 이유만으로 3점(양호)을 부여했다.

[핵심 오류] 이는 AI가 '경험의 규모(Scale)'나 '갈등 중재'라는 키워드에 편향되어 '직무 관련성'이라는 가장 중요한 맥락을 과소평가한 것이다. '신입 인턴'의 'AI 서비스 기획' 직무에서는, 50명의 축제를 기획한 경험보다 혼자서라도 '사용자 페르소나'와 'IA'를 고민하고 '서비스 개선안 10가지'를 도출한 경험이 더 관련성 높은 기획 역량이다.

따라서 AI의 '규모 기반 편향'을 '직무 관련성 기반'으로 보정해야 하며, 지원자 B의 기획력 점수는 하향 조정하고, 지원자 C의 기획력 점수는 상향 조정할 필요가 있다."

(프롬프트 3: HITL 수정 지시) 1차 평가 결과 검토를 완료했다. 지원자 A의 평가는 타당하다.

하지만 '기획력 및 협업' 항목의 평가에서 지원자 B와 C의 점수 산정에 '직무 관련성' 맥락이 누락되었다.

[수정 지침]

'AI 서비스 기획' 직무에서는, '축제 기획'과 같은 '일반 기획' 경험보다 '사용자 페르소나 설정', 'IA 설계', '서비스 기능 분석'과 같은 'IT/서비스 기획' 경험이 더 높은 관련성을 갖는다.

지원자 B의 '축제 기획(5점)' 경험은 직무 관련성이 낮으므로 점수를 하향 조정하라.

지원자 C의 '포트폴리오 기획(3점)' 및 '서비스 개선안 10가지 도출' 경험은 직무 관련성이 매우 높으므로 '팀 경험 부족'을 감안하더라도 점수를 상향 조정하라.

이 새로운 기준을 적용하여 '기획력 및 협업' 항목의 점수를 재산정하고, 최종 평가표를 다시 생성해 주세요.

3) 생성형 AI의 최종 결과물 (보정 완료)

(Gemini 3: 수정 응답) 채용 담당자입니다. 'AI 서비스 기획' 직무 맥락을 반영한 수정 지침을 검토했습니다.

'일반 기획' 경험보다 'IT/서비스 기획' 경험의 직무 관련성을 더 높게 평가하는 것이 타당합니다. 이 기준을 적용하여 지원자 B와 C의 '기획력 및 협업' 항목 점수를 재산정하고, 최종 평가표를 다시 생성했습니다.

지원자 A의 평가는 원안(13점)을 유지했습니다.

AI 서비스 기획 인턴 자기소개서 최종 평가 (수정본)

순위	지원자	1. 기술 이해도 (5점)	2. 기획력 및 협업 (5점)	3. 직무 열정 및 잠재력 (5점)	총점(15점)
1위 (공동)	지원자 A (김기술)	5점 (탁월)	3점 (양호)	5점 (탁월)	13점
1위 (공동)	지원자 C (박열정)	3점 (양호)	5점 (탁월)	5점 (탁월)	13점
3위	지원자 B (이기획)	1점 (미흡)	3점 (양호)	2점 (보통)	6점

▶ 지원자별 상세 평가 근거 (수정 사항 중심)

1위(공동): 지원자 A(김기술) - 총점 13/15 (변동 없음)

　　(유지) 기존 평가(기술 5, 기획 3, 열정 5)가 타당하여 총점 13점을 유지합니다.

1위(공동): 지원자 C(박열정) - 총점 13/15 (점수 상향)

1. 기술 이해도(3점/양호) (유지)

2. 기획력 및 협업(5점/탁월) (▲ 3점에서 5점으로 상향 조정)

- 근거: (수정 지침 적용) 팀 협업 경험은 부족하지만, 'AI 서비스 기획' 직무의 핵심 역량을 명확히 보여 주었습니다.

- '개인 포트폴리오 사이트 기획' 과정에서 '사용자 페르소나(채용 담당자) 설정' 및 '정보 구조(IA) 설계'를 수행했습니다. 이는 IT/서비스 기획의 기본 프로세스입니다.

- '귀사 AI 챗봇 서비스 분석' 및 '개선점 10가지'(e.g., 오타 자동 교정 로직 제안) 경험은, 사용자 관점에서 문제를 정의하고 논리적 대안을 제시하는 핵심적인 기획 역량을 보여주므로 최고점을 부여합니다.

[중략]

➡ 채용 담당자 종합 의견 (수정)

수정된 기준을 적용한 결과, 지원자 A와 지원자 C가 13점으로 공동 1위가 되었습니다.

- 공동 1위(지원자 A - 김기술): '기술 이해도(Tech)'가 높은 개발자 출신 기획자입니다. 기술 구현 가능성을 바탕으로 논리적인 기획을 할 수 있는 인재입니다.

- 공동 1위(지원자 C - 박열정): '직무 열정(Passion)'과 '서비스 기획력(UX/Planning)'이 높은 사용자 중심 기획자입니다. 실제 서비스의 문제점을 집요하게 파고들어 개선안을 도출하는 능력이 탁월합니다.

- 3위(지원자 B - 이기획): '협업 및 갈등 조율' 능력은 우수하나, AI 서비스 기획 직무의 핵심 역량인 '기술 이해도'와 'IT 서비스 기획 경험'이 전무하여 아쉽게도 3순위로 조정되었습니다.

두 공동 1위 지원자는 각기 다른 강점을 가진 'AI 서비스 기획' 직무의 핵심 인재상이므로 두 지원자 모두의 면접을 적극 추천합니다.

[최종 해결 방안 (채용 담당자의 결론)]

AI의 1차 평가(Gemini 원본)는 지원자 A(13점) > C(11점) > B(8점) 순이었으며, 'AI 기술 이해도'와 '직무 관심도'가 현저히 낮은 지원자 B를 탈락시킨다는 종합 의견 자체는 타당했다.

하지만 5단계(HITL)에서 인간 전문가가 '기획력' 항목을 비판적으로 검토한 결과, AI가 '직무 관련성(Relevance)'보다 '경험의 규모(Scale)'나 '특정 키워드(갈등 중재)'에 편향되어 점수를 산정한 오류를 발견했다. AI는 직무와 관련 없는 축제 기획(B)에 5점 만점을 부여한 반면, 직무와 직접 관련된 서비스 기획(C)은 '팀 경험 부족'을 이유로 3점에 그치게 했다. 인간 채용 담당자가 '신입 인턴의 AI 서비스 기획'이라는 명확한 맥락(Context)을 주입하여 이 편향을 보정한 결과, 지원자 C의 '기획력' 점수는 5점(탁월)으로 상향, 지원자 B의 점수는 3점(양호)으로 하향 조정되었다.

[최종 결정] 이로써 최종 총점은 지원자 A(13점)와 지원자 C(13점)가 공동 1위가 되었다. 이 두 지원자는 각각 '기술 기반 기획자(A)'와 '사용자 중심 기획자(C)'라는, 우리 팀에 필수적인 두 가지 핵심 인재상을 대표한다. 지원자 B(6점)는 협업 역량은 우수하나 AI 직무 관련성이 현저히 낮아 3순위로 조정되었다.

따라서 AI를 '효율적인 1차 스크리닝 도구'로 활용하되, '최종 선발 결정'은 인간의 맥락적 판단(HITL)을 거쳐야 함을 재확인했다. 공동 1위인 지원자 A와 C 모두 2차 면접을 진행할 것을 적극 추천한다.

[문제 2] 팀 평가를 위한 비정형 데이터(채팅 로그) 분석 및 Rubric 기반 평가 (난이도 중)

[상황]

당신은 '프로젝트 A-1'의 총괄 관리자입니다. 2분기 동안 이 프로젝트를 위해 '기획팀'과 '개발팀'이 긴밀하게 협업했습니다.

이제 2분기 성과 평가 시즌이 되어 두 팀의 '협업 성과'를 공정하게 평가해야 합니다. 공식적인 보고서가 아닌, 두 팀이 2분기 내내 사용한 공용 슬랙(Slack) 채널의 채팅 로그(team_chat_log.md)를 유일한 데이터로 삼아 평가를 진행해야 합니다.

[데이터]

2분기 공용 슬랙 채널 로그

[요구 사항]

위 상황과 로그 데이터를 바탕으로, AI를 활용하여 '팀 협업' 평가를 완료하는 3단계 프로세스를 프롬프트와 그 결과를 포함한 답안으로 작성하시오.

[1단계: 데이터 준비 (비정형 로그 요약)]

전체 채팅 로그를 AI에게 제공하여, 2분기 동안 '기획팀'과 '개발팀'의 협업 과정을 평가하는 데 필요한 '핵심 성과 요약본'을 생성하도록 지시하는 '데이터 요약 프롬프트'를 작성하고, AI의 '가상 요약 결과'를 제시하시오. (단, 요약본에는 '주요 긍정적 사례', '주요 갈등 및 해결 사례', '최종 성과'가 포함되어야 함.)

[2단계: 평가 기준(Rubric) 생성]

'두 팀 간의 협업'을 공정하게 평가하기 위한 '평가 기준(Rubric) 생성 프롬프트'를 작성하고, AI가 생성할 '가상의 Rubric 표'를 제시하시오. (단, 평가 항목에는 '문제 해결(갈등)', '소통 방식(신속성/명확성)', '공동 목표 달성(품질)'이 포함되어야 함.)

[3단계: 최종 평가 (프롬프트 체이닝)]

1단계에서 AI가 생성한 '핵심 성과 요약본'과 2단계에서 AI가 생성한 'Rubric 표'를 AI에 동시에 입력하여, 두 팀의 2분기 협업 성과에 대한 최종 평가를 수행하도록 지시하는 '최종 평가 프롬프트'를 작성하고, AI의 '가상 최종 평가 보고서'를 제시하시오.

[답안] 수험자가 아래와 같은 내용으로 AI 활용 과정과 결과물을 복사 혹은 작성하여 제출

1) 생성형 AI 활용 기획

① 목적: 정제되지 않은 '채팅 로그'라는 비정형 데이터를 근거로 '기획팀'과 '개발팀'의 2분기 협업 성과를 공정하게 평가한다.

② AI의 역할:

- 데이터 분석가: 방대한 채팅 로그를 읽고 핵심 성과만 요약
- HR 전문가: '팀 협업' 평가를 위한 객관적인 Rubric 생성
- 최종 평가자: 요약된 데이터와 Rubric을 바탕으로 최종 결론 도출

③ 워크플로우: 4절의 워크플로우 중 2단계(데이터 준비), 1단계(기준 정의), 4단계(AI 평가)에 집중한다.

④ 핵심 전략(프롬프트 체이닝): AI가 평가를 한 번에 수행하도록 하지 않고, [1단계: 데이터 요약] → [2단계: 기준 생성] → [3단계: 1과 2를 조합해 최종 평가]로 프롬프트 작업을 분리하여 AI가 각 단계에 집중하게 함으로써 더 정확하고 논리적인 결과물을 얻어낸다.

⑤ 데이터: 2분기 기획팀/개발팀 공용 슬랙 채널 로그

⑥ 산출물 분량: A4 한 페이지 분량

⑦ 산출물: ⓐ 핵심 성과 요약본, ⓑ 팀 협업 Rubric 표, ⓒ 최종 평가 보고서

2) 생성형 AI 프롬프트 입력 및 대화(피드백) 과정과 내용

(프롬프트 1: 데이터 요약) 당신은 프로젝트 관리 분석가입니다. 아래에 제공되는 2분기 '프로젝트 A-1' 슬랙 채널 로그 전체를 읽고, '기획팀'과 '개발팀'의 협업 성과를 분석하기 위한 '핵심 요약 보고서'를 작성해 주세요. (로그 전체 텍스트를 여기에 붙여 넣습니다.)

[요약 형식]

- 주요 긍정적 협업 사례: (예: 신속한 피드백, 대안 제시 등)

- 주요 갈등 및 해결 사례: (예: 문제 발생 시점, 원인, 해결 과정)
- 최종 성과 및 품질: (예: 일정 준수 여부, QA 결과)"

(ChatGPT 1) 아래는 2분기 '프로젝트 A-1' 기획팀-개발팀 협업 성과 핵심 요약 보고서입니다.

✓ 프로젝트 A-1: 2분기(4월~6월) 협업 성과 — 핵심 요약 보고서 (대상: 기획팀 & 개발팀)

① 주요 긍정적 협업 사례

사례	내용
기술적 제약 대응 및 대안 제시	실시간 동기화 구현이 어려운 상황에서 개발팀이 Polling 방식(5초 주기)이라는 대안을 제시 → 기획팀이 우선 검토 요청하며 협업이 신속하게 이루어짐
지속적 빠른 피드백	디자인 플로우 오류 반영 요청 시, 개발팀이 즉각 반영 계획 공유 및 일정 공지 → 기획팀이 감사 의사 표현
문제 발생 시 적극적 분석 & 해결책 제시	로그인-결제 충돌 발생 시 개발팀이 즉시 원인 분석 및 A/B 대안 제시 → 기획팀이 장기적 관점(재발 방지)을 고려한 안 선택
품질 우선의 협업 문화	QA 실패 2건을 3분기로 미루자는 제안에 개발팀이 즉시 "당분기 해결" 의지 표명 → 완성도 향상

- 종합: 양 팀 간 신속한 피드백, 문제 해결을 위한 대안 제시, 일정/품질 균형 고려 등 협업 역량이 우수함.

② 주요 갈등 및 해결 사례

시점	이슈	원인	해결
4/5	실시간 동기화 설계 방향	기술 난이도 vs. 사용자 요구	Polling 방식 단축→ 기술 & 기획 목표 간 타협
4/15	마이페이지 진입 동선 불일치	기획안 버전(v1.2) 반영 누락 → VM(버전 관리) 미흡	개발팀 수정 진행, 기획팀이 태깅 룰 수립
5/10	로그인-결제 충돌	신규 로그인 모듈 & 기존 API 세션 충돌	두 옵션 제시→ B안(세션 스토리지 변경) 채택 및 1일 내 배포 완료

- 종합: 충돌 및 변경 관리 문제는 있었으나 이슈 대응 속도, 근본 원인 해결 의지, 커뮤니케이션 명확성이 개선에 기여함.

③ 최종 성과 및 품질

항목	평가
일정 준수 여부	주요 기능 배포 일정 준수 ※ 핵심 장애(로그인-결제) 발생 → 기민한 대응으로 일정 영향 최소화
QA 결과	총 30건 중 28건 PASS / 2건 FAIL → 개발팀이 기존 일정 내 즉시 수정 완료
기능 품질	핵심 충돌 문제 근본 조치(B안 적용) 완료 → 재발 위험 감소
협업 프로세스 개선	버전 관리(VM) 중요성 공유 및 향후 태깅 체계 확립

- 종합: 기능 품질·안정성 확보, QA 리스크의 선제적 해결로 6/16 최종 배포 확정, 비기능적 개선(버전 및 변경 관리 프로세스 확보)도 의미 있는 성과

✽ 종합 평가

영역	평가
협업 문화	✔ 빠른 피드백 & 실무 지향적 제안이 돋보임
이슈 대응력	✔ 장애 발생 시 즉시 분석 및 해결책 제시
품질 관리	✔ QA 결함 즉시 처리 → 신뢰도 제고
프로세스 개선	⚠ 기획 변경 → 개발 반영 간 VM 관리 개선 필요

> 전반적 평가: 기획팀-개발팀 간 적극적인 상호 피드백, 문제 해결 중심 협력, 일정·품질 책임감이 매우 우수했으며, 특히 중대 이슈(5/10) 해결 과정이 모범적 협업 사례로 평가됨.

다만, 버전 · 변경 관리 체계 보완이 향후 재작업과 혼선을 줄이는 핵심 개선 포인트로 확인됨.

➧ 향후 제안

1. 기획 변경 시 VM 프로세스 준수: 태깅 규칙 유지 → 변경 통지 명확화
2. 릴리즈 노트 표준화: 변경 내용, 영향 범위, 테스트 결과 명시
3. 장애 · 리스크 대응 가이드 마련: 공통 원인 Case Study 축적, 대응 옵션(From A/B choices) 사전 Template 구성

[2단계: 평가 기준(Rubric) 생성]

(프롬프트 2: Rubric 생성) 당신은 HR 성과평가 전문가입니다. '프로젝트 팀 간 협업' 성과를 공정하게 평가하기 위한 Rubric을 생성해 주세요.

[핵심 평가 항목]

- 문제 해결 및 갈등 관리: (문제 발생 시 대응 속도 및 근본적 해결 노력)
- 소통 방식 및 프로세스 개선: (정보 공유의 신속성/명확성, 재발 방지를 위한 프로세스 개선 노력)
- 공동 목표 달성 및 품질: (최종 기한 준수 여부, 목표한 품질 수준 달성 또는 초과)

위 3가지 항목에 대해, 1점(미흡)부터 5점(탁월)까지의 상세한 평가 기준을 설명하는 표를 생성해 주세요.

(ChatGPT 2) 아래는 '프로젝트 팀 간 협업' 성과를 공정하게 평가하기 위한 3개 핵심 항목별 Rubric(1~5점)입니다.

(※ 점수가 높을수록 성과가 우수함)

✔ 협업 성과평가 Rubric (1~5점)

평가 항목	1점 ★ (미흡)	2점 ★★ (개선 필요)	3점 ★★★ (보통)	4점 ★★★★ (우수)	5점 ★★★★★ (탁월)
① 문제 해결 및 갈등 관리	• 문제 발생 시 대응이 매우 지연됨 • 원인 규명 노력 부족 • 갈등 방치 또는 확대	• 문제 대응 속도가 느리며 개별 이슈 중심 대응 • 재발 방지 노력 미흡 • 갈등 해결이 일시적	• 일반적인 대응 속도/조치 수준 • 단기 해결 위주 • 갈등 해결 시 제3자 개입에 의존	• 문제를 신속히 파악하고 해결책 제시 • 해결 과정에서 근본 원인(RCA) 분석 수행 • 갈등을 생산적 논의로 전환	• 문제를 사전 감지·예방하고 리스크 관리 • 근본 해결 및 재발 방지 체계 구축 • 갈등을 협업·혁신 기회로 활용
② 소통 방식 및 프로세스 개선	• 정보 공유가 늦거나 누락됨 • 소통 채널·문서화 부실 • 협업의 불명확성 발생	• 중요한 정보가 일부 지연·부분 공유됨 • 기록·태깅 부족 • 비효율 반복	• 필요한 정보는 기본 공유됨 • 문서화/추적이 형식적 수준 • 문제 재발 시 대응이 제한적	• 핵심 정보를 신속·정확히 공유 • 변경 관리(VM)·로그 관리 수행 • 재발 방지 프로세스 제안 및 반영	• 사전 공유/투명한 의사결정 • 변경·이슈 흐름 추적 체계적 운영 • 협업 운영 방식·프로세스를 적극 개선하며 타팀 Best Practice로 확산

평가 항목	1점 ★ (미흡)	2점 ★★ (개선 필요)	3점 ★★★ (보통)	4점 ★★★★ (우수)	5점 ★★★★★ (탁월)
③ 공동 목표 달성 및 품질	• 일정 지연·산출물 품질 미달 • 팀 목표 대비 성과 낮음	• 일정 일부 지연·품질 미흡 • 재작업 빈번	• 일정 준수 및 요구 수준 충족 • 품질 보통, 주요 결함은 보완	• 일정 준수 및 목표 품질 일관 달성 • QA 이슈는 신속 해결	• 일정·품질 초과 달성 • 고객 만족도/품질 지표 탁월 • 성과가 조직/고객에 확실한 임팩트로 기여

✔ **점수 활용 가이드**

- 3점(보통): 기대성과 수준 충족
- 4점(우수): 기대 이상 성과 + 개선 기여
- 5점(탁월): 업계/조직 Best Practice 창출 수준

※ 평가 시 정량적 증빙(예: 일정 준수율, QA Pass율, 응답 시간) + 정성적 사례(갈등 해결 사례 등)를 함께 수집하여 판단하는 것이 중요합니다.

[3단계: 최종 평가 (프롬프트 체이닝)]

(프롬프트 3: 최종 평가 지시) 이제 1, 2단계의 결과를 조합하여 최종 평가를 수행합니다. 위 '평가 기준(Rubric)'에 따라 첫 번째 프롬프트에서 도출된 '2분기 '프로젝트 A-1' 기획팀-개발팀 협업 성과 핵심 요약 보고서'를 평가하여, '기획팀'과 '개발팀'의 2분기 협업 성과에 대한 최종 평가 보고서를 '항목별 점수'와 '종합 의견'으로 작성해 주세요.

3) 생성형 AI의 최종 결과물 (최종 평가 보고서)

(ChatGPT 3, 최종 평가 보고서) 아래는 ① 협업 성과 요약(1단계 결과) + ② Rubric 기준(2단계 결과)을 기반으로 도출한 2분기 '프로젝트 A-1' 기획팀-개발팀 협업 성과 평가 보고서입니다.

2분기 '프로젝트 A-1' 기획팀 & 개발팀 협업 성과 — 최종 평가 보고서

> 평가 기간: 4월~6월

> 평가 기준:

1. 문제 해결 및 갈등 관리

2. 소통 방식 및 프로세스 개선

3. 공동 목표 달성 및 품질

평가 점수는 1~5점 (5점=탁월)

✔ 1) 항목별 평가

① 문제 해결 및 갈등 관리

내용 평가
• 실시간 동기화 구현 불가 시, 개발팀이 기술적 제약을 명확히 공유하고 대안(Polling) 제시 • 로그인-결제 충돌 발생 시, 신속한 원인 분석 및 해결 옵션(A/B) 제시 • 기획팀은 단기 조치 대신 근본 원인 해결(B안) 선택 → 재발 방지 지향 • 1일 내 수정 및 배포 완료, 후속 확인까지 체계적으로 수행 • 갈등(요구 사항 vs. 기술 현실)이 있었으나 상호 합의 기반으로 생산적 해결

> 평가: 문제 인지 → 분석 → 근본 해결 → 검증까지 일관된 대응이 이루어졌으며, 양 팀 모두 재발 방지 관점으로 협업

➡ 점수: 4.5/5.0 (탁월에 근접)

[중략]

✔ 2) 항목별 종합 점수

항목	점수 (5점 만점)
문제 해결 및 갈등 관리	4.5
소통 방식 및 프로세스 개선	4.0
공동 목표 달성 및 품질	4.5

> 총점(평균) → 4.33/5.0 → 전반적으로 "우수~탁월 수준"

✔ 3) 종합 의견

2분기 동안 기획팀–개발팀은 강한 문제 해결 역량과 일정·품질 책임감을 바탕으로 성공적 협업을 수행하였습니다.

특히 중대한 충돌 이슈(로그인–결제) 발생 시 개발팀이 즉시 원인 분석 및 A/B 대안을 제시하고, 기획팀이 단기 편의보다 근본 해결(B안)을 선택하며, 단 하루 만에 수정·배포까지 완료한 점은 탁월한 협업 및 기술적 대응 사례로 평가됩니다.

또한, 초기 사양 변경 미반영(버전 관리 미흡) 문제는 있었으나, 기획팀이 태깅 기반 변경 프로세스를 제안하고 개선이 이루어지는 등 학습–반영 사이클이 작동한 협업 구조가 관찰됩니다.

마지막 QA 단계에서 남은 2개 Fail 항목을 분기 이월 없이 즉시 처리하겠다는 개발팀의 의지는 품질 책임 의식이 매우 높음을 증명합니다.

> 종합 평가: 일정 준수, 재발 방지를 위한 근본 해결, 프로세스 개선 학습, 상호 존중 기반의 건설적 협업이 모두 우수한 수준이었으며, 특히 "문제 해결 & 품질 보증" 측면에서 조직 Best Practice 수준으로 평가할 만합니다.

⚠ 추가 개선 필요 영역:

  * 초기 버전 관리/변경 관리 체계 강화

  * 사양 변경 시 반영 속도를 위한 통합 VM 또는 변경 이력 관리 강화

  * 릴리즈 노트·변경 영향 분석 공유 체계 고도화

✔ 4) 최종 제언

분야	제안
변경 관리	• Notion + Slack 태깅 외에 변경 이력 관리 체계(Release Note, Change Log) 권장
RCA 문화	• 중대 이슈 관련 RCA 회고(Documentation·Sharing)
QA 체계	• Fail 항목 사전 감지 위한 자동화 테스트 강화
Best Practice 확산	• 이번 로그인–결제 충돌 대응 Case를 조직 내 공유

✔ 결론

> 2분기 기획–개발팀 협업 성과는 '우수~탁월' 수준(평균 4.33/5.0)

> 문제 해결 역량과 일정·품질 책임감이 특히 돋보였으며,

> 조직 내 협업 모범 사례(Best Practice)로 손색이 없습니다.

[문제 3] 성과물(Project) 평가: '평가 기준(Rubric)' 생성하기 (난이도 하)

[상황]

당신은 회사의 PMO(Project Management Office) 소속 관리자입니다. 2분기에 진행된 '프로젝트 Zeta'(신규 모바일 앱 개발)가 완료되었고, 프로젝트 팀으로부터 '최종 완료 보고서'를 제출받았습니다.

앞으로 모든 프로젝트의 '완료 보고서'를 일관되고 공정한 기준으로 평가하기 위한 표준 '평가 기준표(Rubric)'가 필요한 상황입니다

[요구 사항]

AI를 활용하여 이 '프로젝트 완료 보고서'를 평가하기 위한 '평가 기준(Rubric) 생성 프롬프트'를 작성하고, AI의 '가상 생성 결과(Rubric 표)'를 포함한 답안을 작성하시오.

프롬프트 필수 조건:

- AI에 'PMO 전문가' 또는 '성과 평가 전문가' 역할을 부여해야 합니다.
- 평가 항목에는 최소한 "1. 목표 달성도", "2. 품질 및 완성도", "3. 일정 준수", "4. 문서화 및 지식 공유" 4가지가 포함되도록 지시해야 합니다.
- 평가 척도는 1점(미흡)부터 5점(탁월)까지의 척도를 사용하도록 명시해야 합니다.
- 최종 산출물은 'Markdown 표' 형식으로 요청해야 합니다.

[답안] 수험자가 아래와 같은 내용으로 AI 활용 과정과 결과물을 복사 혹은 작성하여 제출

1) 생성형 AI 활용 기획

① 목적: '프로젝트 완료 보고서'를 공정하고 일관되게 평가할 수 있는 표준 평가 기준 (Rubric)을 수립한다.

② AI의 역할: HR 성과평가 전문가 및 PMO(프로젝트 관리) 전문가

③ 워크플로우: 4절의 워크플로우 중 '1단계: 평가 목표 및 기준 정의' 프로세스에 집중한다.

④ 핵심 전략: AI에 명확한 역할, 구체적인 평가 항목, 점수 척도, 출력 형식을 지정하여 고품질의 Rubric을 한 번에 생성하도록 유도한다.

⑤ 산출물: ⓐ Rubric 생성 프롬프트, ⓑ AI가 생성한 '프로젝트 평가 Rubric 표'

2) 생성형 AI 프롬프트 입력 및 대화(피드백) 과정과 내용

(프롬프트 1: '프로젝트 평가 Rubric' 생성) 당신은 PMO(프로젝트 관리 오피스) 소속의 수석 성과평가 전문가입니다. '신규 앱 개발 프로젝트 완료 보고서'를 공정하게 평가하기 위한 상세한 '평가 기준표(Rubric)'를 생성해 주세요.

[필수 포함 항목]

- 목표 달성도: (기획서 대비 핵심 기능 구현 여부)
- 품질 및 완성도: (보고된 버그/오류의 심각성 및 조치 여부)
- 일정 준수: (주요 마일스톤 및 최종 기한 준수 여부)
- 문서화 및 지식 공유: (향후 유지보수를 위한 기술 문서, 사용자 매뉴얼의 충실도)

[출력 형식]

위 4가지 항목에 대해, 1점(미흡)부터 5점(탁월)까지의 상세한 평가 기준을 설명하는 Markdown 표 형식으로 생성해 주세요.

3) 생성형 AI의 최종 결과물 (가상 Rubric 표)

(Gemini 1, 평가 기준표) PMO 수석 성과평가 전문가로서 '신규 앱 개발 프로젝트 완료 보고서'의 공정한 평가를 위한 상세 기준표(Rubric)를 다음과 같이 제시합니다.

본 기준표는 프로젝트의 성과를 객관적으로 측정하고, 향후 프로젝트 관리 품질을 향상시키기 위한 목적으로 작성되었습니다.

프롬프트 디자이너(AIPD) 1급 문제

신규 앱 개발 프로젝트 완료 보고서 – 평가 기준표 (Rubric)

평가 항목	5점 (탁월)	4점 (우수)	3점 (보통)	2점 (개선 필요)	1점 (미흡)
1. 목표 달성도 (기획서 대비 핵심 기능 구현)	기획서에 명시된 모든 핵심 기능이 완벽하게 구현되었으며, 성능 및 안정성 테스트를 성공적으로 통과함.	기획서의 모든 핵심 기능이 계획대로 구현되었으나, 일부 사소한(minor) 예외 처리나 UX 개선이 필요한 부분이 식별됨.	기획서의 핵심 기능 대부분(예: 80% 이상)이 구현되었으나, 일부 기능이 누락되거나 기획 의도와 다소 다르게 구현됨.	기획서의 **핵심 기능 중 상당수(예: 50% 이상)**가 구현되었으나, 주요 기능 일부가 누락되거나 정상 작동하지 않음.	핵심 기능 구현에 대부분 실패하여, 프로젝트의 기본 목표(MVP)를 달성하지 못한 상태임.
2. 품질 및 완성도 (버그/오류 심각성 및 조치)	보고된 치명적(Critical) 및 주요(Major) 버그가 없음. QA 리포트 상 모든 이슈가 완료/종결 처리됨.	치명적 버그는 없음. 보고된 주요 버그는 모두 조치 완료되었으나, 서비스에 영향이 없는 사소한(Minor) 버그가 일부 남아 있음.	치명적 버그는 모두 조치되었으나, 일부 주요 버그가 미해결 상태임 (단, 명확한 해결 계획 또는 Workaround가 보고됨).	해결되지 않은 치명적 버그가 1~2건 존재하거나, 다수의 주요 버그가 조치되지 않아 서비스 안정성이 현저히 낮음.	다수의 치명적/주요 버그가 미해결 상태이며, 이로 인해 앱의 핵심 기능 사용이 불가능하거나 심각한 장애를 유발함.
3. 일정 준수 (주요 마일스톤 및 최종 기한)	모든 주요 마일스톤 및 최종 기한이 계획대로 또는 조기에 달성됨. 일정 지연이 전혀 없음.	최종 기한은 준수하였으나, 일부 **주요 마일스톤에서 경미한 지연(예: 1~2회)**이 발생했으나 성공적으로 만회함.	일부 주요 마일스톤이 지연되었으며, 이로 인해 최종 기한이 합의된 범위 내에서 소폭(예: 5% 이내) 지연됨.	다수의 주요 마일스톤이 미준수되었으며, 최종 기한이 계획 대비 현저히(예: 10% 이상) 지연됨.	프로젝트 일정 관리가 전반적으로 실패하여, 주요 마일스톤 및 최종 기한이 정당한 사유 없이 중대하게(예: 20% 이상) 지연됨.
4. 문서화 및 지식 공유 (유지보수를 위한 문서 충실도)	기술 문서, 사용자 매뉴얼, 코드 주석 등이 매우 상세하고 체계적이며, 별도 인수인계 없이도 향후 유지보수 및 운영이 가능한 수준임.	모든 필수 산출물 (설계서, 테스트 케이스, 매뉴얼 등)이 충실하게 작성되어 있으며, 내용이 정확하여 유지보수에 문제가 없음.	필수 산출물은 대부분 존재하나, 일부 내용이 부실하거나 최신화되지 않아 유지보수를 위해 추가적인 질의 및 확인이 필요한 상태임.	핵심 기술 문서(예: 아키텍처 설계서)가 누락되었거나, 문서의 품질이 매우 낮아 내용을 신뢰하기 어려움. 유지보수에 심각한 장애가 예상됨.	문서화가 거의 이루어지지 않아, 프로젝트 지식이 공유/이전될 수 없는 상태이며, 향후 유지보수가 불가능에 가까움.

참고 문헌

- Clifford Chance(2024). WHAT DOES THE EU AI ACT MEAN FOR EMPLOYERS?. https://www.cliffordchance.com/content/dam/cliffordchance/briefings/2024/08/what-does-the-eu-ai-act-mean-for-employers.pdf

- EvalFlow (2025). The Future of AI in Performance Management: 2025 Trends Transforming HR. https://www.evalflow.com/blog/the-future-of-ai-in-performance-management-2025-trends-transforming-hr

- Hirebee (2025). 100 + AI in HR Statistics 2025 | Insights & Emerging HR Trends. https://hirebee.ai/blog/ai-in-hr-statistics/

- IBM(n.d.). What Is Human In The Loop (HITL)?. https://www.ibm.com/think/topics/human-in-the-loop

- NetCom Learning(n.d.). Prompt Engineering for HR: A Guide to AI Automation & Strategy. https://www.netcomlearning.com/blog/prompt-engineering-for-hr

- People Matters(2025). Are AI-driven performance evaluations truly fair?. https://me.peoplemattersglobal.com/article/hr-technology/the-ethics-of-ai-driven-performance-metrics-44318

- Sampath, K., Devi, K., Ambuli, T. V., & Venkatesan, S. (2024, August). AI-powered employee performance evaluation systems in HR management. In 2024 7th International Conference on Circuit Power and Computing Technologies (ICCPCT) (Vol. 1, pp. 703-708). IEEE.

- SHRM(2024). Prompt Engineering for HR. https://www.shrm.org/labs/resources/prompt-engineering-for-hr

- Sloneek(2025). AI Prompts for Performance Review Guide. https://www.sloneek.com/blog/ai-prompts-for-performance-review

- Taylor Wessing(2024). The AI Act from an HR perspective. https://www.taylorwessing.com/en/insights-and-events/insights/2024/09/the-ai-act-from-an-hr-perspective

- UNH Today(2025). AI vs. Human: Could Algorithms Be the Key to Fairer Employee Evaluations?. https://www.unh.edu/unhtoday/2025/02/ai-vs-human-could-algorithms-be-key-fairer-employee-evaluations

법 제도와 규정 생성 및 평가 자동화를 위한 AI

Chapter 15

1. AI를 통한 법 제도 준수 및 리스크 관리

본 장에서는 AI를 활용한 법적 리스크 최소화와 규제 준수 관리 방안을 다룬다. 특히 기업의 법무·컴플라이언스[1] 요구를 지원하기 위해 맞춤형 GPT 개발 및 활용 절차를 설명한다. 이를 위해 기업의 산업 특성과 법적 요구를 반영한 데이터 수집·준비, 모델 초기 설정과 사용자 정의 파라미터 조정을 통해 자체 생성형 AI 구축 방법을 제시한다.

또한, 목표 설정 → 데이터 준비 → GPT 생성 → 검증 및 개선의 과정을 사례 중심으로 설명해, 기업이 내부 규정 관리 및 감사 대응 등 업무 생산성을 높일 수 있도록 한다. 마지막으로 컴플라이언스 업무 자동화 기여를 논의하고, 이해도 향상을 위한 실습 문제를 제공한다.

---

1) 컴플라이언스(Compliance)란 기업이 법규와 윤리를 지키고, 리스크를 예방하며 책임 있는 경영을 실천하는 체계를 말한다.

2. AI를 활용한 법 제도와 규정 준수

1) 법 제도와 규정 준수의 이해

기업은 다양한 외부 법체계와 내부 규정을 준수해야 한다. 이는 기업의 투명성과 책임성을 확보하고 이해관계자의 신뢰를 얻기 위해 필수적이다. 외부 법체계는 각 국가나 지역에서 제정한 법률, 규정, 지침을 포함하며 기업 운영, 재무 보고, 조세, 노동, 환경보호 등의 영역을 규율한다.

특히 회계 및 감사 관련 법체계는 매우 중요하다. 한국에서는 재무 보고 시 일반기업회계기준K-GAAP 또는 국제회계기준K-IFRS을 적용해야 하며, 이를 통해 재무 상태와 경영 성과를 투명하게 공시한다. 또한, 소득세, 부가가치세VAT, 법인세 등 각종 조세법을 준수해야 한다. 이와 관련하여 주식회사 등의 외부 감사에 관한 법률에 따라 일정 규모 이상의 기업은 외부 감사인을 통해 연 1회 이상 재무제표에 대한 감사를 받아야 한다. 상장기업의 경우 내부회계관리제도 운영 및 검토/감사 의무가 추가로 적용된다.

한편, 내부 규정은 조직 자체가 제정한 규범 또는 지침을 말한다. 이는 기업의 비전과 목표에 부합하며 외부 법령 준수를 지원하기 위해 마련된다. 대표적인 유형은 세 가지이다. 첫째, 윤리 규범은 임직원의 책임 있는 행동 기준을 제시한다. 둘째, 취업 규칙은 근로 조건근로시간, 휴가, 징계 등을 규정하며, 근로기준법상 신고 의무가 적용된다. 셋째, 정보보호 및 개인정보보호 규정은 기업의 정보와 고객 데이터를 보호하기 위해 마련되며, 이는 개인정보 보호법, 정보통신망법, 산업기술 보호법 등과 연계된다. 이 외에도 산업 특성과 조직 목적에 따라 다양한 세부 규정을 운영한다.

2) 법 제도와 규정 준수에의 AI 활용

AI는 기업이 외부 법규와 내부 규정을 정확하고 효율적으로 준수하도록 돕는 핵심 도구로 활용될 수 있다. 예를 들어, 회계 및 감사 분야에서는 회계 처리 과정을 자동화하고, 오류나 이상 징후를 사전에 탐지해 규정 위반 위험을 줄일 수 있다. 또한, 국제회계기준K-IFRS과 관련 법령의 변경 사항을 AI가 지속적으로 모니터링하여 기업이 필요한 조치를 신속하게 취하도록 지원한다. 조세 관리 측면에서도 세무 신고 자료를 자동으로 분류하고 검증함으로써 실수를 예방하고 세무 리스크를 완화할 수 있다.

근로기준법과 취업 규칙 준수 또한 AI를 통해 강화된다. 근로 시간과 휴가 관리가 자동으로 기록되며, 규정과 다른 패턴이 발생할 경우 이를 즉시 경고하여 적법한 인사 관리가 이루어지도록 한다. 개인정보 보호 영역에서도 AI는 민감 정보를 자동으로 분류하고 접근 권한을 관리하며, 정보 유출이나 보안 위협을 실시간으로 탐지하는 등 법적 요구 사항 이행에 중요한 역할을 수행한다.

나아가 AI는 방대한 법령 데이터를 분석해 규제 변화 정보를 실시간으로 제공하고, 그에 따라 내부 규정을 업데이트하도록 안내하여 기업이 지속적인 법규 준수를 유지할 수 있도록 돕는다. 이러한 AI 기반 준법 경영 시스템은 기업이 법적 책임을 이행하는 수준을 넘어, 리스크를 선제적으로 예방하고 실행력을 강화하는 전략적 도구로 자리 잡고 있다.

3. 평가 업무에 AI 활용

기업 내 평가 업무는 조직의 핵심 인사관리 기능 중 하나이지만, 평가의 주관성·비효율성·데이터 편향성 등의 문제를 자주 겪는다. AI를 도입하면 이런 한계를 상당 부분 개선할 수 있다. [표 15-1]은 기업의 평가 관련 주요 업무 유형별로 AI가 효과적으로 지원할 수 있는 영역을 정리한 내용이다.

[표 15-1] AI로 효율화할 수 있는 주요 평가 업무 유형

평가 업무 유형	AI 활용 방식	기대 효과
성과 평가	- AI가 프로젝트 성과, 매출, 일정 준수율, KPI 달성도 등을 자동 분석 - 텍스트 리포트·업무 로그·CRM 데이터를 학습해 객관적 평가 지표 제시	- 평가의 정량화 및 공정성 향상 - 관리자의 평가 편향 최소화
역량 평가	- AI 기반 자연어 분석(NLP)으로 자기평가·상사평가의 언어 패턴 분석 - 직원의 보고서, 커뮤니케이션 스타일, 피드백 내용을 토대로 역량 프로파일링	- 역량 수준의 정확한 진단 및 개인별 성장 경로 제안
인재 잠재력 평가	- AI가 과거 경력·성과·학습 패턴을 분석해 리더십 잠재력 또는 핵심 인재군 후보 예측 - 예측 모델을 통해 '승진·보직 후보군' 자동 추천	- 핵심 인재 선발의 객관화및 승진 공정성 확보
교육·훈련 효과 평가	- AI가 교육 전후 성과 데이터를 비교 분석 - e-Learning 시스템의 참여도, 퀴즈 결과, 업무성과 개선도를 기반으로 ROI 산출	- 교육 투자 대비 성과 측정 자동화 맞춤형 재교육 추천
고객 만족도 및 서비스 품질 평가	- AI 챗봇/음성 인식으로 고객 피드백·VOC 자동 분류 - 감성 분석(Sentiment Analysis)을 통해 직원별 고객 응대 품질 측정	- CS 평가 자동화 및 서비스 품질의 객관적 비교 가능
리스크 및 윤리 준수 평가	- 이메일, 보고서, 채팅 로그를 분석해 부패 징후·윤리 위반 리스크 탐지 - AI로 이해충돌 가능성이나 비정상 거래 패턴 탐지	- 조기 경보 시스템 구축 및 윤리 리스크 사전 차단
360도 다면 평가	- AI가 다면 평가 결과를 통계적으로 통합하고, 언어 감정·톤 분석을 통해 평가 편향 보정 - 피드백 간 일관성 및 신뢰도 자동 검증	- 피드백 왜곡 제거, 객관적 통합 결과 제공
성과 예측 및 보상 평가	- 과거 성과, 출퇴근 패턴, 프로젝트 기여도 등을 학습해 향후 성과 확률 예측 - 이를 토대로 AI가 보상 시뮬레이션 제시	- 성과 예측 기반 인센티브 산정 보상 구조 최적화
면접 및 채용 평가	- AI 화상면접 분석: 언어, 표정, 음성 톤 등을 평가 - NLP 기반 적합도 분석 모델로 지원자·직무 간 매칭 점수 산출	- 채용 효율화, 면접관 주관성 감소
조직 진단 및 만족도 평가	- 설문 응답과 사내 커뮤니케이션 데이터를 분석해 조직 내 불만, 이직 위험 탐지 - AI 감성 분석으로 실시간 조직 분위기 모니터링	- 조직문화 문제 조기 발견, HR 정책 피드백 자동화

AI는 "평가를 자동화하는 도구"가 아니라, "공정성과 객관성을 강화하는 보조수단"이다. 즉 AI는 관리자의 판단을 보완하고, 데이터 기반 HR 의사 결정Data-driven HR을 가능하게 만든다. 이를 통해 기업은 평가 신뢰도 향상, 인재 육성 효율 증대, 조직 몰입도 및 성과 향상이라는 세 가지 HR 혁신 효과를 기대할 수 있다.

다만, AI 기반 평가 도입에는 중요한 한계와 위험 요소가 따른다. AI를 평가에 도입할 경우 주의할 점을 정리하면 [표 15-2]와 같다.

[표 15-2] AI 평가 도입 시 주의할 점

구분	설명
① 데이터 윤리	개인정보·평가 데이터는 반드시 비식별화 처리
② 알고리즘 편향 관리	AI가 과거의 편향된 평가 데이터를 학습하지 않도록 검증 필요
③ 인간 검증 절차	AI의 평가 결과는 참고 자료로 활용하되, 최종 평가는 관리자가 판단
④ 투명성 확보	평가 알고리즘의 기준과 가중치를 직원에게 투명하게 공개
⑤ 법적 준수	개인정보 보호법, 근로기준법, 평등고용법 등을 위반하지 않도록 점검

생성형 AI를 활용한 평가와 성과 관리는 효율성, 공정성, 개인화 측면에서 큰 잠재력을 가진다. 다만, 기술 의존으로 인해 발생할 수 있는 문제를 예방하기 위해 지속적 모니터링과 윤리적 검토가 반드시 병행되어야 한다. 무엇보다 중요한 것은 평가에 대한 최종 판단과 의사 결정은 전문가의 몫이라는 점이다.

4. GPTs를 활용한 기업 윤리 가이드 제작

1) AI 시대 기업 윤리 가이드의 이해

기업 내부 윤리 가이드는 조직 구성원에게 요구되는 윤리적 행동과 기준을 정의하고 공유하는 중요한 기준점이 된다. 윤리 가이드는 조직의 가치와 철학을 명확히 제시하여 구성원이 스스로 올바른 판단을 내리도록 돕는다. 따라서 윤리 가이드는 기업의 핵심 가치와 조직 문화를 충실히 반영해야 한다. 그래야 구성원이 윤리 원칙을 자신의 행위 기준으로 받아들일 수 있다. 또한, 윤리 가이드는 관련 법령과 규제를 준수해야 하며, 이는 이상적 선언이 아닌 반드시 실천해야 할 실제 기준임을 의미한다.

윤리 가이드는 누구나 이해하기 쉽게 작성되어야 하고, 조직 전반에 일관된 메시지를 제공해야 한다. 실무에서 자주 발생하는 상황을 예시로 제시하면 원칙을 행동으로 연결하는 데 도움이 된다. 작성된 문서를 배포하는 것만으로는 충분하지 않으며, 교육과 인식 제고 활동을 통해 구성원이 이를 실제 업무에서 활용할 수 있도록 해야 한다. 더불어 위반 사항을 점검하고 개선하는 관리 체계를 마련해 변화하는 환경에 맞춰 지속적으로 보완해야 한다.

특히 AI 시대에는 의사 결정 자동화, 데이터 활용, 알고리즘 편향과 같은 새로운 윤리적 위험이 증가하고 있다. GPT를 활용하면 윤리 기준을 최신 상태로 유지하고 상황별 지침을 자동으로 생성하며, 운영 부담을 줄이면서도 일관된 기준을 적용할 수 있다. 결국 기업 윤리 가이드는 시대 변화에 따라 반복적으로 정비되어야 하며, GPT 기반 자동화는 이를 효율적으로 관리할 수 있는 현실적 방안이 된다.

2) GPT 활용 윤리 가이드 자동화 이유

AI 활용이 확대되면서, 기업 윤리는 단순히 내부 행동 규범이 아니라 데이터 활용, AI 의사 결정, 알고리즘 편향, 저작권·개인정보 윤리까지 포함하는 영역으로 확장되고 있다. 이런 변화 속도는 기존 문서 중심의 관리 방식으로 대응하기 어렵다.

윤리 가이드는 지속적으로 업데이트되어야 하고, 새로운 상황에 즉시 적용 가능한 해석이 필요하다. GPT 자동화는 이러한 변화 대응 능력을 크게 향상시킨다. 또한, 윤리 가이드 자동화는 실무자에게 상황별 조언을 제공할 수 있다. 예를 들어 "AI 추천 알고리즘 설계 시 어떤 윤리 원칙을 반영해야 하는가?", "사용자의 동의를 어떻게 확보해야 윤리적이라고 볼 수 있는가?"처럼 즉시 실천 가능한 방향을 제시할 수 있게 된다.

교육 효과도 높아진다. GPT는 구성원이 질문할 때마다 기업의 윤리 기준을 설명하고, 예시를 제시하며 학습을 돕는다. 이는 문서만 배포하는 방식보다 훨씬 행동 변화를 유도하기 쉽다.

궁극적으로 GPT 자동화는 최신성 유지, 상황 대응력 강화, 조직 전체의 윤리 준수 역량 향상, 운영 비용 절감 등 네 가지 측면에서 윤리 가이드 운영에 실질적 가치를 제공한다.

3) GPT 활용 윤리 가이드 자동화 과정

GPT를 활용한 윤리 가이드 제작 자동화는 관련되는 윤리 가이드 샘플 사례의 PDF 파일을 확보한 다음, 이 자료들을 GPT-5의 GPTs 기능을 활용하여 저장해 두고 필요한 '지침' 등을 입력함으로써 이룰 수 있다.

먼저, 윤리 가이드 샘플은 인터넷 등을 통해 쉽게 확보할 수 있다.

둘째, GPT-5의 메인 화면에서 GPT 검색하기를 통해 만들기 창을 활성화한 다음, '만들기'나 '구성 모드mode' 중 편한 것을 선택하여 GPT를 제작한다. '구성 모드'로 제작할 경우 먼저 "윤리 가이드 제작기" 같은 이름을 입력하고 설명에는 "회사와 관련되는 윤리 가이드를 만들어 줍니다."라고 입력한다. 그리고 DALL-E에 이 GPT에 걸맞은 이미지 제작을 요청한다.

셋째, 지침instruction에 아래와 같은 방식으로 윤리 가이드 제작 관련 요청 사항을 입력한다.

1. 업로드된 타사 윤리 규정을 분석해 공통 핵심 원칙을 추출한다.
2. 회사의 핵심 가치와 조직 문화에 맞춰 문장을 재구성한다.
3. 반드시 포함할 항목:
   ① 부패 방지 및 이해 충돌 금지
   ② 데이터 윤리 및 개인정보 보호
   ③ 인권 존중 및 차별 금지
   ④ 내부 신고 및 보호 체계
4. 실무 상황 예시를 2개 이상 포함한다.
5. 국내외 관련 법령의 준수 여부를 확인한다.
6. 중복 표현을 제거하고 명확하고 간결한 문체를 유지한다.

넷째, '지식'에는 앞에서 준비한 윤리 가이드 샘플 PDF 파일을 업로드한다. 필요시 회사의 윤리 방침 템플릿도 추가할 수 있다. '기능'은 모두 활성화를 위해 체크해 둔다.

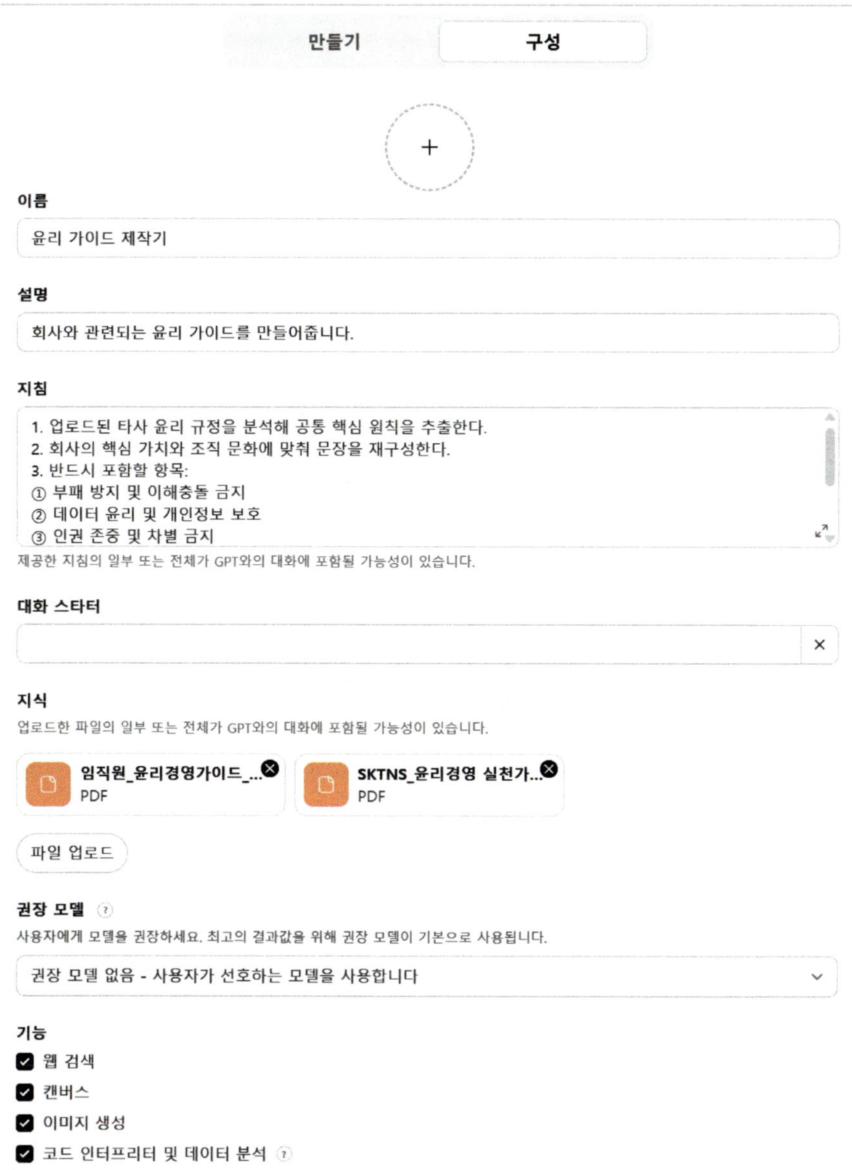

[그림 15-1] 윤리 가이드 제작기를 만들기 위한 지침 등 입력 화면

이상과 같이 규정 생성을 위한 GPT 제작용 '구성'에의 내용을 입력한 다음 저장을 하고 끝낼 수 있지만, 적절한 테스크를 하는 것이 좋다. 만약 결과가 기대와 다르면 '지침'을 수정 보완한 다음 저장해 두었다가 필요시 불러와 원하는 필요한 윤리 가이드 및 규정을 만드는 데 사용한다.

4) GPT 활용 윤리 가이드 제작

그럼 GPT 탐색하기를 통해 앞에서 만든 '윤리 가이드 제작기'를 불러와 윤리 가이드 제작 작업을 시도해 보자.

> [프롬프트] 우리 회사는 자동차 부품을 납품하는 중소기업인데, 거래 관계에서 윤리가 손상될 소지가 있어요. 아직 이에 대한 규정이 없으니, 적절한 윤리 가이드를 만들어 줘요.

[윤리 가이드 제작기]

🚚 자동차 부품 공급업체 윤리경영 가이드

1. 목적

본 가이드는 당사의 임직원이 모든 이해관계자(고객, 협력업체, 동료 등)와의 업무 수행 시 윤리적 기준을 준수하고, 투명하고 공정한 거래 문화를 정착시키기 위한 행동지침을 규정함을 목적으로 한다.

---

2. 핵심 윤리 원칙

1. **부패 방지 및 이해충돌 금지**
   - 어떠한 형태의 금품, 향응, 편의, 리베이트도 받거나 제공하지 않는다.
   - 협력업체 선정 및 거래 과정은 공정한 절차에 따라 이루어져야 하며, 친인척 또는 개인적 관계를 이유로 특혜를 제공해서는 안 된다.
   - 회사와 이해관계가 있는 기업(협력업체, 납품사 등)에 개인 명의로 투자하거나 공동사업을 하는 행위를 금지한다.

   사례 1:
   구매 담당자가 거래업체로부터 골프 접대를 제안받았으나, 회사 윤리규정에 따라 정중히 거절하고 상급자에게 보고함.

   사례 2:
   기술팀 직원이 친인척이 운영하는 하청업체를 추천하려는 경우, 사전 신고 및 객관적 평가 절차를 거쳐

[중략]

5. 징계 기준

윤리 위반의 정도와 고의성, 피해 규모를 고려하여 아래와 같은 조치를 취한다.

- 경고 → 감봉 → 정직 → 해고
- 법령 위반 시 형사고발 조치 가능

☑️ 결론

윤리경영은 선택이 아니라 **신뢰와 지속 성장의 기본 조건**이다.
모든 임직원은 윤리경영 가이드를 숙지하고, 매일의 의사결정에서 "이 행동이 정당하고 투명한가?"를 스스로 점검해야 한다.

[그림 15-2] 윤리 가이드 제작기가 윤리 가이드의 생성 화면

5. GPTs 활용 개인정보 보호 규정 작성

1) 개인정보 보호 규정 작성의 중요성과 AI 활용

AI 시대에는 고객 데이터와 사용자 정보가 끊임없이 수집되고 활용된다. 온라인 서비스, 모바일 앱, 클라우드 시스템이 널리 쓰이면서 개인정보의 이동과 저장 경로가 복잡해졌고, 그만큼 유출 위험과 법적 책임도 커졌다. 기업이 개인정보 보호 지침을 마련해야 하는 이유는 바로 이 지점에서 분명해진다. 지침이 없다면 부서마다 각기 다른 방식으로 정보를 처리하게 되고, 작은 실수도 큰 사고로 이어질 수 있다. 개인정보 보호법을 비롯한 관련 규제들은 위반 시 과징금과 손해배상 책임을 엄격하게 묻고 있어, 체계적인 관리 없이는 기업 전체가 위험해질 수 있다. 동시에 개인정보를 안전하게 보호하는 기업일수록 고객 신뢰와 브랜드 가치가 높아진다는 점도 빼놓을 수 없다.

이러한 규정을 운영하는 방식에서도 AI 기술은 점점 중요해지고 있다. 법령은 지속적으로 개정되고 기업의 서비스 환경도 자주 바뀌는데, 매번 수작업으로 문서를 다시 작성하고 조정하는 데에는 한계가 있다. GPT 기반 자동화는 이러한 반복 업무를 효율적으로 처리하며, 업종과 상황에 따라 맞춤형 문서를 빠르게 생성할 수 있게 한다. 담당자가 바뀌어도 동일한 품질의 결과물이 유지된다는 점은 기업의 정보보호 수준을 안정적으로 유지하는 데 큰 도움이 된다. 결국 GPT를 활용한 개인정보 보호 규정 자동화는 변화에 신속히 대응하고 관리 비용을 줄이면서도, 최신 기준을 갖춘 보호 체계를 유지하는 현실적인 해법이 되고 있다. 그럼 GPTs혹은 Gem을 활용한 개인정보 보호 규정 작성을 자동화는 과정을 살펴보기로 하자.

2) GPTs를 통한 자동화 단계

GPT를 활용하여 개인정보 보호 규정 작성 자동화는 관련되는 법령의 PDF 파일을 확보한 다음, 이 자료들을 GPT-5의 GPTs 기능을 활용하여 저장해두고 필요한 '지침' 등을 입력함으로써 이룰 수 있다.

먼저, 개인정보 보호와 관련되는 법령은 개인정보 보호법, 정보통신망법, 근로기준법, ISMS 안내 자료 등인데, 정부의 공식 사이트인 국가법령정보센터https://www.law.go.kr 혹은 통해 법령 관련 키워드 검색을 통해 다운로드 할 수 있다.

둘째, GPT-5의 메인 화면에서 GPT 검색하기를 통해 만들기 창을 활성화한 다음, '만들기'나 '구성 모드' 중 편한 것을 선택하여 GPT를 제작한다. '구성 모드'로 제작할 경우 먼저 "개인정보 보호 규정 생성기" 같은 이름을 입력하고 설명에는 "개인정보 보호 관련 법령 등을 기반으로 개인정보 보호를 위한 규정 및 가이드라인을 만들어 줍니다."라고 입력한다. 그리고 DALL−E에게 이 GPT에 걸맞은 이미지 제작을 요청한다.

셋째, '지침instruction'에 아래와 같은 방식으로 개인정보 보호 관련 요청 사항을 입력한다.

1. 업로드된 법령 파일을 기준으로 개인정보 처리 가이드를 생성한다.
2. 최소한의 개인정보만 처리하도록 규정한다.
3. 항상 다음 4가지를 포함한다:
   ① 수집 항목/목적 ② 보유 기간 ③ 파기 절차 ④ 접근 통제 기준
4. 법에서 명확히 요구하지 않는 이상 민감 정보 수집을 허용하지 않는다.
5. 내부 활용 데이터는 가명 처리 또는 익명 처리를 권장한다.
6. 웹 또는 앱 서비스에는 정보통신망법 관련 요구 사항을 적용한다.
7. 직원 개인정보 처리 시 근로기준법 및 관련 규제를 준수한다.
8. 해외 클라우드 서비스 이용 시 국외 이전 절차 및 고지 의무를 안내한다.
9. 위험 요소를 명확히 설명하고 안전 조치 체크리스트를 제공한다.
10. 쉬운 사례 중심으로 설명하고 법률 전문 용어 사용을 최소화한다.

넷째, '지식'에는 앞에서 준비한 4개의 법령 PDF 파일을 업로드한다. 필요시 업종별 처리 방침 샘플 템플릿도 추가할 수 있다. '기능'은 모두 활성화를 위해 체크해 둔다.

만들기	구성

+

이름

개인정보보호 지침 생성기

설명

개인정보보호 관련 법령 등을 기반으로 개인정보보호를 위한 지침 및 가이드라인을 만들어줍니다.

지침

1. 업로드된 법령 파일을 기준으로 개인정보 처리 가이드를 생성한다.
2. 최소한의 개인정보만 처리하도록 규정한다.
3. 항상 다음 4가지를 포함한다:
① 수집 항목/목적 ② 보유기간 ③ 파기 절차 ④ 접근통제 기준
4. 법에서 명확히 요구하지 않는 이상, 민감정보 수집을 허용하지 않는다.
5. 내부 활용 데이터는 가명처리 또는 익명처리를 권장한다.

제공한 지침의 일부 또는 전체가 GPT와의 대화에 포함될 가능성이 있습니다.

대화 스타터

한국 온라인 쇼핑몰 개인정보 처리방침 생성해줘

해외 클라우드 이용 시 개인정보보호 지침을 생성해줘

직원 개인정보 처리에 필요한 문서를 템플릿으로 만들어줘

지식

업로드한 파일의 일부 또는 전체가 GPT와의 대화에 포함될 가능성이 있습니다.

📄 근로기준법(법률)(제2052..❌ PDF	📄 개인정보 보호법(법률)(제..❌ PDF	📄 정보통신망 이용촉진 및 ...❌ PDF

파일 업로드

권장 모델 ⑦

사용자에게 모델을 권장하세요. 최고의 결과값을 위해 권장 모델이 기본으로 사용됩니다.

권장 모델 없음 - 사용자가 선호하는 모델을 사용합니다

기능

☑ 웹 검색
☑ 캔버스
☑ 이미지 생성
☑ 코드 인터프리터 및 데이터 분석 ⑦

[그림 15-3] 개인정보 보호 규정 생성기 제작을 위한 지침 등 입력 화면

이상과 같이 규정 생성을 위한 GPT 제작용 '구성'에의 내용을 입력한 다음 저장을 하고 끝낼 수 있지만, 적절한 테스크를 하는 것이 좋다. 만약 결과가 기대와 다르면 '지침'을 수정 보완한 다음 저장해 두었다가 필요시 불러와 원하는 개인정보 보호 관련 규정 등을 만드는 데 사용한다.

6. 모니터링 및 평가 자동화

1) 인사 규정 관련, 직원의 징계와 포상 등 부합 정도 판별 및 모니터링

기업에서의 인사 징계 및 포상은 조직 문화와 정책에 따라 달라질 수 있다. 징계는 직원이 규칙이나 정책을 위반하거나 성과에 부정적인 영향을 미칠 때 이루어지며, 경고·정직·해고 등의 형태로 나타난다. 반대로 포상은 직원의 성과나 기여를 인정하기 위한 것으로, 보너스·승진·휴가 등의 형태로 지급된다.

징계는 일반적으로 비윤리적 행위, 규정 위반, 성과 저하 등을 교정하거나 예방하기 위해 실시되며, 포상은 성과, 창의성, 효율성 등 다양한 기준에 따라 직원의 동기 부여를 목적으로 한다. 기업은 이러한 인사 조치를 공정하고 일관성 있게 운영하기 위해 명확한 기준과 절차를 정의하고, 이를 직원들에게 충분히 안내해야 한다.

또한, 실제 징계나 포상 결정에는 조사, 분석, 판단, 위원회 구성 등 절차적 과정이 필요하므로 상당한 시간과 비용이 소요된다. 이러한 업무 전반에 GPT를 활용하면 판단 자료의 정리, 사례 분석, 기준 자동화 등에서 효율성을 높일 수 있다.

2) 직원의 징계와 포상 등 내용 정리

회사에서 포상 및 징계는 매우 중요한 위상을 갖는다. 따라서 포상 및 징계에 대한 판별이 이뤄지기 전에, 직원 혹은 관련 부서에서 직접 GPT를 활용해서 사전에 인사 규정 관련, 직원의 징계와 포상 등 부합정도 판별 및 모니터링해 볼 필요가 있다.

> **[프롬프트]** 첨부된 인사 규정을 분석하고 이 회사의 징계 및 보상 사례를 표로 요약해 줘요.

[GPT]

☑ 포상 및 징계 통합표

구분	주요 내용	세부 사례	근거
포상	윤리경영 기여	윤리·청렴 가치 확산, 내부 비리 예방 기여	제42조 ① 🗋 인사규정
	성과 창출 공헌	매출 증가, 비용 절감, 품질 향상	
	혁신 제안 우수	자동화, 효율화 시스템 도입 제안	
	업무 우수 실행	목표 초과 달성 및 직무 전문성 발휘	
	조직문화 기여	협업 활성화, 소통 개선, 갈등 예방	
	고객만족 향상	VOC 개선, 신속·정확 대응으로 만족도 상승	
징계	신고의무 위반	위반행위 인지 후 미보고, 제보자 비밀 누설·보복	제42조 ②-1 🗋 인사규정
	부정행위·비윤리 행위	금품·향응 수수, 이해충돌, 부당특혜	제11조, 제9조 🗋 인사규정
	정보·기밀 유출	기업 정보·기밀 외부 유출	제19조 🗋 인사규정
	회계부정	회계정보 위조·변조·파기	제15조, 별첨2 🗋 인사규정
	직장 내 불법행위	모욕, 차별, 성희롱, 비예의적 언행	제14조 🗋 인사규정
	회사 재산 피해	자산 손상, 자금 손실 초래 행위	별첨2 🗋 인사규정
	징계 수준	해고·정직·전직·감봉·견책·경고	별첨2 🗋 인사규정

[그림 15-4] 인사규정에 근거한 포상 및 징계 사례 생성 화면

이 표는 직원들의 행동과 성과를 평가하는 기준으로 사용될 수 있으며, 각 사례는 사내 규정에 따라 다르게 적용될 수도 있을 것이다.

2) 윤리 가이드에 대한 부합 정도 판별 및 처리 방안 탐색

앞의 [그림 15-2]에서 GPT가 응답한 것을 토대로 윤리 가이드가 작성되었다면, 이제 가이드 운영을 담당하는 법무팀 직원으로서 윤리 가이드에서 중요한 윤리 위반 행위 10개를 선정하여 표로 정리하고, 평가할 수 있도록 점수를 부여해서 실제로 직원의 다양한 행위에 대해서 윤리 상황 평가를 자동화해 보도록 하자. 먼저 챗GPT에 윤리 가이드를 업로드하고 아래와 같이 프롬프트를 제시하면 GPT는 주요 윤리 위반 행위 10개를 찾아준다.

> [프롬프트] 첨부된 윤리 가이드에서 중요한 윤리 위반 행위 10개를 선정하여 표로 정리해 줘요.

[ChatGPT]

🔔 **주요 윤리 위반 10대 항목**

번호	구분	위반 내용	사례 예시	가능한 징계 조치
1	금품·향응 수수	거래업체로부터 금전, 선물, 식사, 골프 등 부당한 이익을 받거나 제공하는 행위	구매담당자가 협력업체로부터 골프 접대를 받고 상품권을 수령함	감봉 또는 정직, 심한 경우 해고
2	이해충돌 행위	회사와 거래관계가 있는 업체에 개인 명의로 투자하거나 공동사업을 하는 행위	엔지니어가 거래 협력사의 지분을 매입함	해고 및 법적 조치 가능
3	특혜 제공 및 부당 청탁	친인척 또는 개인적 인연을 이유로 거래선 선정 시 특혜를 주는 행위	부서장이 지인의 회사를 납품업체로 선정하도록 지시	징계 및 인사상 불이익
4	회사 자산의 사적 이용	회사 차량, 장비, 법인카드 등을 개인 용도로 사용하는 행위	법인카드로 개인 식사비를 결제함	경고 및 감봉, 반복 시 해고
5	정보·데이터 유출	업무 중 취득한 기술자료나 거래정보를 외부로 유출하는 행위	고객사 도면을 개인 이메일로 전송함	해고 및 형사 고발 가능
6	개인정보 보호 위반	고객 및 임직원의 개인정보를 무단으로 열람, 저장, 공유하는 행위	협력사 담당자의 전화번호 목록을 외부에 전달함	정직 또는 해고, 「개인정보보호법」 위반 시 과태료 부과
7	인권침해 및 차별행위	성별, 나이, 출신, 종교, 학력 등을 이유로 차별하거나 인격을 침해하는 행위	현장관리자가 여성직원에게 모욕적 언사를 함	감봉 이상, 가해자 교육 및 피해자 보호 조치
8	직장 내 괴롭힘 및 성희롱	지위나 관계를 이용해 부당한 언행이나 신체적 접촉을 하는 행위	상사가 회식 자리에서 특정 직원에게 술을 따르라고 강요함	정직 또는 해고, 「근로기준법」에 따른 처벌
9	허위보고 및 문서 조작	매출, 비용, 근무시간 등 업무 관련 데이터를 허위로 작성하거나 보고하는 행위	출장비 영수증을 허위로 제출하여 비용을 청구함	감봉, 정직 또는 해고
10	윤리 위반 미신고	윤리 위반 사실을 알고도 상급자나 윤리담당자에게 보고하지 않는 행위 ↓	동료가 협력업체로부터 금품을 받은 사실을 알고도 묵인함	경고 또는 징계, 재발 시 중징계

[그림 15-5] 윤리 가이드에 근거한 10대 윤리 위반 행위 생성 화면

이번에는 챗GPT를 활용해서 기업에서 내부 윤리 가이드 위반을 점검하고 평가하는 방법에 대해 알아보도록 한다. 윤욱지, 구요한, & 장훌2023, 한정윤, 구예리, & 김수진2023 등의 연구에서 이미 상세하게 챗GPT를 활용한 업무 자동화에 대한 사례를 다루고 있는데, 아래는 기업에서 요구하는 윤리 위반 행위에 대한 중요도 및 직원 민원에 대한 평가에 대한 사례를 소개하고자 한다.

[프롬프트] 그럼 윤리 위반 행위 각각에 대해 중요도에 따라 1~5점을 부여하고 결과물을 표로 정리해요.

[ChatGPT]

아래는 앞서 정리한 **10대 윤리 위반 항목**을 기준으로,
회사 규모(중소 자동차 부품 공급업체)와 **업무 리스크**, **법적·평판적 영향도**를 종합적으로 고려하여
각 항목에 **중요도 점수(1~5점)**를 부여한 표입니다.

⚙ 평가 기준
- "**5점**: 기업 존속 및 법적 리스크에 중대한 영향을 미치는 항목"
- "**4점**: 회사 신뢰도와 거래 공정성에 직접적 영향을 미치는 항목"
- "**3점**: 내부 조직문화, 근무환경에 중대한 영향을 미치는 항목"
- "**2점**: 반복 시 조직 내 혼란이나 도덕적 해이를 유발하는 항목"
- "**1점**: 경미하지만 윤리 의식 저하를 초래할 수 있는 항목"

🔔 윤리 위반 중요도 평가표

번호	구분	위반 내용	중요도 (1~5점)	비고 / 영향도 설명
1	금품·향응 수수	거래업체로부터 부당한 금전·선물·접대를 받거나 제공	5점	「부정청탁 및 금품 등 수수 금지법」위반, 부패 리스크 최고 수준
2	이해충돌 행위	거래관계 업체와 개인적 투자·사업 참여	5점	공정거래법·하도급법 위반 가능, 거래 신뢰 훼손
3	특혜 제공 및 부당 청탁	지인·친인척에 특혜를 주거나 청탁	4점	공정한 거래 질서 훼손, 협력사 불신 초래
4	회사 자산의 사적 이용	법인카드, 장비, 차량 등을 개인 용도로 사용	3점	자산관리 신뢰 저하, 재무통제 위반
5	정보·데이터 유출	고객·협력사 정보 무단 외부 반출	5점	「개인정보보호법」및 NDA 위반, 형사 책임 가능
6	개인정보 보호 위반	개인정보를 무단 열람·공유·저장	4점	법적 제재 및 평판 손상 위험

7	인권침해 및 차별행위	성별·나이·종교 등으로 차별, 모욕적 언사	4점	「근로기준법」·「남녀고용평등법」 위반, 조직문화 악화
8	직장 내 괴롭힘·성희롱	지위를 이용한 언행·신체적 침해	5점	법적 처벌 대상, 기업 이미지 및 직원 신뢰 훼손
9	허위보고 및 문서 조작	비용·실적 허위 보고, 서류 위조	4점	회계 부정 및 내부통제 실패로 이어질 위험
10	윤리 위반 미신고	위반 사실을 알고도 묵인·방조	3점	내부 신고체계 신뢰 저하, 조직 전체 리스크 확산

[그림 15-6] 10대 윤리 위반 행위에 대한 중요도 점수 평가 화면

그럼 이 점수표에 의거하여 실제 직원들의 행위에 대해서 평가하고 한눈에 파악할 수 있도록 표로 정리해 보자. 다만, 여기에서 도출된 AI의 평가 결과는 참고 자료일 뿐 의사 결정 기준이 아니라는 점을 유념해야 할 것이다.

> **[프롬프트]** 그림 위의 중요 윤리 위반 중요도 평가표를 기준으로 아래 직원들의 행위 내용을 분석하고 평가 점수를 넣은 결과표를 만들어 줘요.
>
> | 성명 | 행위 내용 |
> |------|-----------|
> | 박철순 | 휴가를 안 쓰고 무단 외근 |
> | 김해우 | 직원 간에 폭언 |
> | 소지상 | 경쟁사에 영업정보 전달 |
> | 홍성철 | 협력사로부터 상품권 받음 |
> | 박순자 | 고객 폭언에 폭언으로 응대 |
> | 김철기 | 작업장의 안전 수칙 무시 |
> | 박태순 | 영업이익 회계 정보 누락 |
> | 박수복 | 성희롱 가해자로 신고 |
> | 김수홍 | 회식비를 과도하게 지출 |
> | 공유선 | 협력사와 식사, 각자 지불 |
> | 강한상 | 업무 비밀을 경쟁사에 전달 |
> | 도지양 | 퇴사하며 모든 자료 폐기 |
> | 주호영 | 고객에게 불친절하게 응대 |

[GPT]

🔥 **임직원 윤리행동 평가 결과표**

번호	직원 이름	행위 내용	해당 윤리 위반 항목	중요도 점수 (1~5)	평가 결과 및 리스크 분석
1	박철순	휴가 사용 없이 외부 아르바이트 수행	이해충돌 행위 / 겸업 금지 위반	4점	직무 전념 의무 위반, 회사 업무 생산성 및 신뢰 저하. 사전 승인 없이 외부 근로는 징계 사유.
2	해우 김	동료 간 언어적 폭언	인권침해 및 직장 내 괴롭힘	4점	조직 내 불화 유발 및 근로환경 악화. 「근로기준법」 제76조의2 위반 가능.
3	소지상	경쟁사에 영업정보 전달	정보·데이터 유출 / 영업비밀 침해	5점	「부정경쟁방지법」 위반, 형사 고발 가능. 회사 존속에 직접적 위험 초래.
4	성철 홍	협력사로부터 상품권 수수	금품·향응 수수	5점	「청탁금지법」 위반 소지. 회사 평판 및 공정거래 신뢰 훼손. 해고 수준의 중대 위반.
5	순자 박	고객의 욕설에 욕설로 대응	인권침해 / 비윤리적 고객 응대	3점	고객 신뢰도 하락 및 CS 불만 확산. 감정 대응 교육 필요. 경고 조치 권장.
6	철기 김	작업장 안전수칙 무시	근무기강 위반 / 안전의무 불이행	4점	산업안전보건법 위반 가능. 사고 발생 시 법적 책임 및 이미지 손상.
7	박태순	영업이익 회계 누락	허위보고 및 문서조작	5점	회계 부정으로 간주될 수 있으며, 감사 리스크 및 신뢰도 하락. 중징계 대상.
8	수복 박	성희롱 가해자로 신고됨	성희롱 / 인권침해	5점	「남녀고용평등법」 위반, 징계 및 형사 처벌 가능. 조직 내 파급력 큼.
9	수홍 김	회식비 과도 지출 및 부적절한 법인카드 사용	회사 자산의 사적 사용	3점	법인 자금의 비효율적 사용. 경고 또는 비용 환수 필요.
10	강한상	경쟁사에 영업기밀 유출	정보·데이터 유출 / 산업기밀 침해	5점	경쟁사에 회사 핵심 정보 노출. 법적 고발 및 손해배상 대상.
11	도지양	퇴사 시 모든 업무 자료 무단 폐기	정보 유출 및 자산 훼손	4점	회사 지적재산 훼손. 관리 부실 및 문서 보관 규정 위반. 경고 이상 징계.
12	호영 주	고객에게 불친절한 응대	고객 존중 위반 / 서비스 윤리 결여	2점	고객 만족도 저하, 이미지 악화. 경고 수준의 경미한 위반.

[그림 15-7] 10대 윤리 위반 행위에 근거한 직원 행위에 대한 평가 결과 화면

7. 결론 및 시사점

이 장에서는 인공지능을 활용해 법무·컴플라이언스 업무의 효율성을 높이는 방법을 다루었다. 특히 기업별 요구에 맞게 규정과 지침을 생성할 수 있는 맞춤형 GPTGPTs 개발과 활용 가능성에 초점을 맞추었다. GPTs는 기업의 비전과 산업 특성을 학습하여, 인사 규정·윤

리 규정 등 주요 내부 규정을 자동 생성하고 수정할 수 있다. 이는 법적 요건을 반영하면서도 조직 문화와 운영 방식에 걸맞은 문서를 빠르게 만들 수 있다는 점에서 큰 장점이 있다.

또한, AI를 활용하면 인사 징계·포상 기준과 같은 공정성 기반 시스템을 자동화할 수 있으며, 내부 감사나 준법 모니터링을 지원하여 기업 내 리스크를 선제적으로 관리할 수 있다. 규정 운영 과정에서도 지속적인 개정 사항을 반영하고, 실제 상황에 맞게 내용을 업데이트함으로써 실행 가능한 컴플라이언스 체계를 구축하는 데 도움을 준다.

핵심적인 시사점은 분명하다. AI, 특히 GPTs 기반 접근 방식은 기업의 법무·준법 시스템을 한 단계 고도화하며, 리스크 최소화, 업무 효율 극대화, 지속 가능한 경쟁력 확보에 기여한다는 것이다. 앞으로 GPTs가 더 발전하고 업종별 정교한 솔루션이 확대되면 기업은 급변하는 법 환경에 더욱 빠르고 정확하게 대응할 수 있을 것이다.

※ **문제: 난이도 상(20분, 125점), 난이도 중(15분, 100점), 난이도 하(10분, 75점)**

【실습 문제】

[문제 1] 인사 규정 개정을 위한 '근로자 의견 청취회' 개최 (난이도 하)

　　　출제 의도(테스트 내용): AI 활용을 통한 내용 구성 역량

> ㈜야호는 AI 시대가 도래함에 따라 인사 규정(취업 규칙)을 개정하여 직원들의 근무 의욕을 고취하고자 하는데, [근로기준법]에 의거 '근로자 의견 청취' 절차를 거치고자 한다.
>
> 당신은 인사팀장으로서 의견 청취 근거 규정 및 고지 내용과 직원들이 실수를 범할 수 있는 인사 규정 위반 사례 등을 정리하여 담당 부장에게 계획서를 제출하시오.
>
> 산출물: 직원 의견 청취 계획서
> ① 의견 청취를 위한 근로기준법 근거 규정
> ② AI 시대에 걸맞은 인사 규정 보완 내용
> ③ 직원들이 범할 수 있는 인사 규정 위반 사례
>
> 단, 1) 생성형 AI를 활용하기 위한 기획 내용, 2) 생성형 AI에 프롬프트 입력 및 적절한 대화(피드백) 과정과 내용, 3) 생성형 AI의 최종 결과물(해결 방안, 본인의 보완 및 수정 내용, 최종 해결 방안) 등을 확인할 수 있도록 자세하고 명확하게 기술하시오.

[답안] 수험자가 아래와 같은 내용으로 AI 활용 과정과 결과물을 복사 혹은 작성하여 제출

1) 사용 AI와 기능 및 도구

　사용 AI: GPT-5, 클로드, Gemini 등

2) 생성형 AI를 활용하기 위한 기획 내용

① 목적: 인사 규정 개정을 위한 '근로자 의견 청취' 계획서 작성

② 맥락: AI 시대가 도래함에 따라 인사 규정(취업 규칙)을 개정하여 직원들의 근무 의욕을 고취하고자 '근로자 의견 청취' 계획 수립

③ AI의 역할: 직원 의견 청취 계획서 초안 작성

④ 산출물: 직원 의견 청취 계획서

    ⓐ 의견 청취를 위한 근로기준법 근거 규정

    ⓑ AI 시대에 걸맞은 인사 규정 보완 내용

    ⓒ 직원들이 범할 수 있는 인사 규정 위반 사례

⑤ 데이터: 별도의 데이터는 불필요

3) 생성형 AI에 프롬프트 입력 및 대화(피드백) 과정과 내용

[프롬프트] 우리 회사는 AI 시대가 도래함에 따라 인사 규정(취업 규칙)을 개정하여 직원들의 근무 의욕을 고취하고자 하는데, [근로기준법]에 의거 '근로자 의견 청취' 절차를 거치고자 합니다.

당신은 인사팀장으로서, 의견 청취 근거 규정 및 고지 내용과 직원들이 실수를 범할 수 있는 인사 규정 위반 사례 등을 정리하여 아래 산출물(의견 청취 계획서)를 작성해 줘요.

산출물: 직원 의견 청취 계획서

    ① 의견 청취를 위한 근로기준법 근거 규정

    ② AI 시대에 걸맞은 인사 규정 보완 내용

    ③ 직원들이 범할 수 있는 인사 규정 위반 사례

[ChatGPT]

➠ 근로자 의견 청취 계획서 (Employee Opinion Listening Plan)

작성자: 인사팀장 ○○○

작성일: 2025년 10월 30일

대상: 전 임직원

목적: 인공지능(AI) 시대에 적합한 인사 규정 개정 추진을 위한 근로자 의견 청취 절차 시행

① 근로기준법상 의견 청취의 법적 근거

구분	내용
관련 법령	「근로기준법」 제94조(취업규칙의 작성·변경 절차)
주요 조항	① 상시 10인 이상 사업장은 취업규칙을 작성해야 함. ② 회사가 취업규칙을 제정 또는 변경할 때 근로자의 의견을 들어야 함. ③ 근로자에게 불이익한 변경일 경우 근로자 과반수의 동의가 필요함. ④ 작성·변경된 취업규칙은 **노동관서(고용노동지청)**에 신고해야 효력 발생.
취지	근로조건의 일방적 변경을 방지하고, 공정하고 투명한 인사제도 운영을 확보하기 위함.
우리 회사의 절차 방향	인사규정 개정 전후로 직원에게 충분히 설명하고, 의견 수렴·반영 절차를 거쳐 근로자의 참여를 보장함.

② AI 시대에 맞는 인사 규정 보완(개정) 주요 내용

구분	현행 규정	개정(보완) 방향	개정 목적
업무 수행 기준	전통적 근태·성과 중심	**AI 도구 활용 능력, 데이터 리터러시**를 성과평가 항목에 반영	기술 변화에 맞는 평가 기준 정립
재택·하이브리드 근무 제도	일부 부서 한정	**AI 기반 업무관리 시스템**을 전면 도입, 원격근무 가이드라인 명문화	유연근무제 확대 및 효율성 제고
교육 및 역량 개발	직무별 연 1회 의무교육	**AI 윤리·데이터 보안 교육 의무화**, 신기술 교육비 지원	직무 전환 대비 및 디지털 역량 강화
개인정보 및 데이터 관리	정보보안 규정에 일부 반영	**AI 모델 학습 시 개인정보 처리 기준**, 데이터 접근 권한 명시	데이터 윤리 확보 및 법적 리스크 예방
평가 및 보상 제도	연 1회 성과평가	**AI 기반 성과분석 보조 시스템** 활용, 공정성 확보	객관적 평가 강화 및 인사신뢰 제고

구분	현행 규정	개정(보완) 방향	개정 목적
공정 인사 원칙	관리자 재량 중심	**AI 의사결정 검증 절차(AI Human-in-loop)**도입	알고리즘 편향 방지 및 공정성 확보
내부 윤리 및 행동 강령	기존 윤리규정 준용	**AI 사용 윤리 조항** 신설 (AI 생성물 저작권, 비윤리적 사용 금지 등)	책임 있는 AI 활용 문화 확립

③ 직원이 실수하기 쉬운 인사 규정 위반 사례 (주의 안내)

구분	위반 행위	발생 가능 상황	결과 / 조치
1	AI 도구의 무단 사용 또는 부정확한 데이터 입력	AI 도구 사용 시 승인되지 않은 외부 플랫폼에 회사 데이터를 입력	정보 유출, 징계 대상(경고~정직)
2	개인정보 처리 부주의	ChatGPT, Copilot 등 AI 서비스에 고객명·거래 정보 입력	「개인정보 보호법」 위반, 법적 책임 및 징계 가능
3	업무 중 AI 생성물 무단 제출	보고서·디자인을 AI가 작성했으나 본인 작성물로 제출	업무 성실 의무 위반, 성과 평가 감점
4	AI 시스템 조작 또는 편향 유도	평가용 AI 입력값을 인위적으로 조정	인사평가 조작, 중징계 가능
5	근무시간 중 외부 프로젝트 참여	AI 프리랜서 활동 병행(겸업 금지 위반)	인사규정 제19조(겸업 금지) 위반, 감봉~해고 가능
6	AI 생성 콘텐츠의 저작권 침해	외부 데이터 사용 시 출처 미표기 또는 상업적 이용	저작권법 위반, 징계 및 민사 손해 배상 위험
7	AI 업무 결과 무단 삭제 또는 유출	AI 결과물 및 데이터베이스를 외부 저장소로 옮김	회사 자산 무단 반출, 법적 조치 가능
8	비윤리적 AI 활용	AI로 타인 모욕, 허위 정보 작성	직장 내 괴롭힘 및 명예훼손 적용, 징계 사유
9	AI 의존으로 인한 성실 근무 위반	기본 업무 수행 없이 AI 답변만 복사·붙여넣기	근무 태만, 경고 및 평가 감점
10	AI 교육 미이수 또는 허위 이수	AI 윤리·보안 교육 의무화 후 미참여	교육 미이수 경고 및 인사평가 반영

④ 근로자 의견 청취 절차 (시행 계획)

단계	주요 내용	일정
1단계	인사규정 개정(안) 초안 사내 공지	2025.11.01
2단계	근로자 대표 및 부서별 의견 수렴 (서면·회의 병행)	2025.11.05~11.15
3단계	주요 의견 정리 및 반영 검토	2025.11.20

단계	주요 내용	일정
4단계	근로자 대표(또는 노조) 공식 의견 제출	2025.11.25
5단계	최종 개정(안) 확정 및 노동청 신고	2025.12.01
6단계	개정된 인사규정 전사 공지 및 교육 실시	2025.12.10 이후

✓ **결론 및 인사팀장 의견**

이번 인사 규정 개정은 AI 시대의 업무 환경 변화에 대응하고,

공정하고 투명한 인사관리 체계를 확립하기 위한 필수 과정입니다.

근로자 의견 청취는 단순한 절차가 아니라,

"사람 중심의 기술 활용 문화"를 만들기 위한 중요한 협력 과정으로 추진하겠습니다.

4) 최종 결과물 (최종 결과물은 본인이 편집 및 보완한 최종 보고서이어야 함)

(위의 GPT 답변과 유사)

단, 최종 결과물(의견 청취 계획서)는 담당 부장에게 보고하기 위한 문서이므로 AI 응답 결과를 복사해서 오는 수준을 넘어 최소한 형식을 갖춘 문서로 편집을 해야 좋은 평가 점수를 받을 수 있음을 상기하기 바람.

[문제 2] 고객 의견 분석 및 CS 품질 개선 보고서 (난이도 상)

출제 의도(테스트 내용): AI 활용을 통한 보고서 작성 역량

"루미홈(LUMIHOME)"은 인테리어 소품 및 생활 잡화 전문 쇼핑몰을 운영하고 있다. 주요 판매 상품은 조명, 수납함, 커튼, 인테리어 액자, 캔들, 테이블웨어 등이다. 그런데 최근 이 회사의 월간 고객 피드백이 약 800~1,000건으로 증가하면서 CS팀은 고객의 의견(텍스트 데이터)을 직접 읽고 수작업으로 분류하느라 진땀을 빼고 있다. 이로 인해 고객의 의견 파악이 늦어지고 대응이 지연되고 있다.

이에 루미홈은 AI에 고객 의견 분석을 의뢰하고 그 결과를 기반으로 고객 리뷰의 감정 (긍정/부정) 분석을 통한 상품 개선 및 CS 품질 향상을 꾀하고자 한다.

당신은 CS팀장으로서 샘플 고객의 의견을 분석하고, 이를 근거로 상품 개선 및 CS 품질 향상 방안을 정리하여 아래와 같은 보고서로 제출하시오.

산출물: 고객 의견 분석 및 CS 개선 방안 보고서

① 고객 의견 요약

② AI 감성 분석 결과

③ 상품 개선 제안

④ CS 품질 개선안

⑤ 요약 및 결론

[표] 루미홈(LUMIHOME) 고객 리뷰 의견 10건

번호	고객 후기 (세부 의견)
1	"조명 색감이 너무 따뜻하고 은은해서 거실 분위기가 한층 아늑해졌어요. 설치도 간단했고, 전선 길이도 충분해서 위치 조정하기 편했습니다. 배송도 생각보다 빨랐어요."
2	"배송이 9일이나 걸렸어요. 주문할 때 '3일 이내 배송'이라고 되어 있었는데, 중간에 지연 안내도 없어서 많이 불편했습니다. 선물용이었는데 일정 맞추지 못했어요."

번호	고객 후기 (세부 의견)
3	"디자인은 마음에 들지만 콘센트 부분이 불량이었습니다. 꽂자마자 불이 안 들어와서 교환 신청했어요. 고객센터는 친절했지만 처리 속도가 좀 느립니다."
4	"향초 향이 너무 인공적이지 않고 자연스러워서 마음에 들어요. 은은하게 퍼지는 향이 오래 지속돼서 만족스럽습니다. 다만, 유리 용기가 생각보다 얇아서 조금 불안했어요."
5	"사진상으로는 화이트 톤에 가까워 보였는데 실제로는 크림색에 가깝네요. 색감 차이가 커서 실망했습니다. 제품 자체는 괜찮지만 사진 보정이 너무 과한 것 같아요."
6	"수납함이 생각보다 크고 튼튼해서 매우 만족합니다. 조립도 혼자서 10분 만에 끝났고, 설명서도 보기 쉽게 되어 있었어요. 이런 제품은 다시 재구매할 의향 있습니다."
7	"제품 퀄리티는 좋은데 가격이 비싼 편이에요. 비슷한 제품이 다른 쇼핑몰에서는 조금 더 저렴하더라고요. 신규 고객에게도 쿠폰이나 적립 혜택이 있으면 좋겠습니다."
8	"고객센터 연결이 너무 어렵습니다. 통화 대기만 15분 넘게 했고 결국 포기했어요. 이메일로 문의했는데 답변이 사흘 뒤에 왔습니다. 대응 속도를 개선해야 할 것 같아요."
9	"캔들 향이 생각보다 은은하고 고급스러워서 기분이 좋아졌어요. 포장도 깔끔하고 선물용으로 딱 좋았습니다. 작은 사이즈 말고 대용량 제품도 있으면 좋겠어요."
10	"제품 상태는 괜찮았는데, 배송 상자 모서리가 찌그러져 있어서 조금 아쉬웠어요. 선물용으로 구매했는데 포장 상태가 완벽하진 않았습니다. 택배사 문제 같긴 하지만 신경 써주셨으면 합니다."

단, 1) 생성형 AI를 활용하기 위한 기획 내용, 2) 생성형 AI에게의 프롬프트 입력 및 적절한 대화(피드백) 과정과 내용, 3) 생성형 AI의 최종 결과물(해결 방안, 본인의 보완 및 수정 내용, 최종 해결 방안) 등을 확인할 수 있도록 자세하고 명확하게 기술하시오.

[답안] 수험자가 아래와 같은 내용으로 AI 활용 과정과 결과물을 복사 혹은 작성하여 제출

1) 사용 AI와 기능 및 도구

사용 AI: GPT-5

2) 생성형 AI를 활용하기 위한 기획 내용

① 목적: 상품 개선 및 CS 품질 향상 방안 보고서 작성

② 맥락: 고객 의견 분석이 수작업으로 이루어져 고객의 의견 파악 및 대응 지연

③ AI의 역할: 고객서비스팀장 겸 데이터 분석가

④ 산출물: 고객 의견 분석 및 CS 개선 방안 보고서

    ⓐ 고객 의견 요약

    ⓑ AI 감성 분석 결과

    ⓒ 상품 개선 제안

    ⓓ CS 품질 개선안

    ⓔ 요약 및 결론

⑤ 데이터: [표]의 고객 리뷰 의견

3) 생성형 AI에의 프롬프트 입력 및 대화(피드백) 과정과 내용

[프롬프트]

당신은 인테리어 소품 전문 쇼핑몰 '루미홈(LUMIHOME)'의 고객서비스팀장 겸 데이터 분석가입니다. 아래의 고객 리뷰 10건을 분석하여 다음 항목을 포함한 산출물(보고서)을 작성하세요.

산출물: 고객 의견 분석 및 CS 개선 방안 보고서

① 고객 의견 요약

② AI 감성 분석 결과

③ 상품 개선 제안

④ CS 품질 개선안

⑤ 요약 및 결론

결과물은 임원 보고용 형식의 보고서로 정리하세요.

입력 데이터:

[표] 루미홈(LUMIHOME) 고객 리뷰 의견 10건

번호	고객 후기 (세부 의견)
1	"조명 색감이 너무 따뜻하고 은은해서 거실 분위기가 한층 아늑해졌어요. 설치도 간단했고, 전선 길이도 충분해서 위치 조정하기 편했습니다. 배송도 생각보다 빨랐어요."
2	"배송이 9일이나 걸렸어요. 주문할 때 '3일 이내 배송'이라고 되어 있었는데, 중간에 지연 안내도 없어서 많이 불편했습니다. 선물용이었는데 일정 맞추지 못했어요."
3	"디자인은 마음에 들지만 콘센트 부분이 불량이었습니다. 꽂자마자 불이 안 들어와서 교환 신청했어요. 고객센터는 친절했지만 처리 속도가 좀 느립니다."
4	"향초 향이 너무 인공적이지 않고 자연스러워서 마음에 들어요. 은은하게 퍼지는 향이 오래 지속돼서 만족스럽습니다. 다만, 유리 용기가 생각보다 얇아서 조금 불안했어요."
5	"사진상으로는 화이트 톤에 가까워 보였는데 실제로는 크림색에 가깝네요. 색감 차이가 커서 실망했습니다. 제품 자체는 괜찮지만, 사진 보정이 너무 과한 것 같아요."
6	"수납함이 생각보다 크고 튼튼해서 매우 만족합니다. 조립도 혼자서 10분 만에 끝났고, 설명서도 보기 쉽게 되어 있었어요. 이런 제품은 다시 재구매할 의향 있습니다."
7	"제품 퀄리티는 좋은데 가격이 비싼 편이에요. 비슷한 제품이 다른 쇼핑몰에서는 조금 더 저렴하더라고요. 신규 고객에게도 쿠폰이나 적립 혜택이 있으면 좋겠습니다."
8	"고객센터 연결이 너무 어렵습니다. 통화 대기만 15분 넘게 했고 결국 포기했어요. 이메일로 문의했는데 답변이 사흘 뒤에 왔습니다. 대응 속도를 개선해야 할 것 같아요."
9	"캔들 향이 생각보다 은은하고 고급스러워서 기분이 좋아졌어요. 포장도 깔끔하고 선물용으로 딱 좋았습니다. 작은 사이즈 말고 대용량 제품도 있으면 좋겠어요."
10	"제품 상태는 괜찮았는데, 배송 상자 모서리가 찌그러져 있어서 조금 아쉬웠어요. 선물용으로 구매했는데 포장 상태가 완벽하진 않습니다. 택배사 문제 같긴 하지만 신경 써주셨으면 합니다."

[ChatGPT]

아래는 제공해 주신 10개 리뷰를 기반으로 작성한 임원 보고용 고객 의견 분석 & CS 개선 보고서입니다.

질문 분석(더 나은 요청 방식 제안)과 AI 시대 문제 접근법(패턴·감정 분석 관점)은 설명 흐름 속에 자연스럽게 녹였습니다.

➡️ **루미홈(LUMIHOME) 고객 의견 분석 및 CS 개선 보고서**

(Executive Summary & Action Plan)

① 고객 의견 요약

고객 리뷰 10건을 정량·정성 분석한 결과, 의견은 크게 5가지 핵심 이슈로 요약됩니다.

1) 제품 품질 및 사용 경험
- 조명 · 캔들 · 수납박스 등 대부분의 제품은 디자인, 분위기, 기능성 면에서 긍정 평가
- 다만, 일부 제품에서 초기 불량(콘센트 문제), 유리 용기 두께 불안, 색상 왜곡 문제가 제기됨

2) 배송 및 포장 품질

대부분 양호하나 일부 고객은
- 배송 지연(9일)
- 박스 모서리 파손
- 선물용 포장 미흡

등의 문제를 강조

[중략]

4) 최종 결과물 (최종 결과물은 본인이 편집 및 보완한 최종 보고서이어야 함)

➡️ **루미홈(LUMIHOME) 고객 의견 분석 및 CS 품질 개선 보고서**

작성자: 고객서비스팀장 / 데이터 분석 담당자

작성일: 2025년 10월 30일

주제: AI 기반 고객 리뷰 분석 결과 및 서비스 품질 향상 방안

① 고객 의견 요약 (Summary of Customer Opinions)

항목	내용
분석 대상	루미홈 쇼핑몰에 등록된 고객 상세 후기 10건
주요 제품군	조명(3), 향초(2), 수납함(1), 커튼(1), 배송/포장 관련(3)

항목	내용
전체 감정 경향	긍정 60% (6건) / 부정 30% (3건) / 혼합 10% (1건)
고객 만족 주요 요인	디자인, 향, 포장 상태, 제품 사용 편의성
주요 불만 요인	배송 지연(2), 색상 불일치(1), 불량품 교환(1), 고객센터 지연(1), 가격 부담(1), 포장 손상(1)
핵심 관찰 요약	고객은 제품 자체 품질에는 전반적으로 만족하나 배송·응대 속도·색상 정확도에서 불만이 발생함.

② AI 감성 분석 결과 (AI Emotional Analysis Results)

번호	고객 의견 요약	감정 분석	주요 키워드	제품군
1	조명 색감과 설치 용이성, 빠른 배송	긍정	조명, 따뜻함, 편리, 배송	조명
2	배송 지연 및 안내 부족	부정	배송, 일정, 불편	배송
3	디자인 만족 / 콘센트 불량 교환	혼합	디자인, 불량, 교환	조명
4	향 자연스러움, 포장 만족 / 유리 용기 얇음	긍정	향, 포장, 지속력	향초
5	사진 색상과 실물 불일치	부정	색상, 사진, 기대	커튼
6	수납함 크기·조립 용이성 만족	긍정	수납함, 조립, 견고	수납
7	품질 만족하나 가격 부담	중립(약 부정)	가격, 쿠폰, 혜택	가격
8	고객센터 연결 지연 및 응답 늦음	부정	고객센터, 대기, 불편	CS
9	향초 향·포장 모두 만족, 대용량 희망	긍정	향, 포장, 선물	향초
10	상품 양호하나 배송 박스 손상	부분 부정	포장, 배송, 선물	배송

➡ **AI 주요 패턴 분석**

긍정 키워드: "조명", "향", "포장", "디자인", "편리함"

부정 키워드: "배송", "고객센터", "색상", "가격"

긍정 리뷰 특징: '감성적 만족(향, 분위기)' 표현이 많음

부정 리뷰 특징: '절차적 불편(배송, 연락, 안내)' 중심

재구매 의사 언급: 전체 리뷰 중 40%가 '다시 구매 의향 있음'

③ 제품 개선 제안 (Product Improvement Suggestions)

개선 영역	구체적 문제	AI 분석 인사이트	개선 방안	기대 효과
배송 시스템	배송 지연 및 박스 손상	부정 리뷰 3건 (30%)이 배송 관련	- 실시간 배송 추적 서비스 도입 - 물류사 SLA(서비스 수준 협약) 재검토 - 포장재 강화 및 완충제 적용	배송 관련 불만 40% 감소
색상 정확도	사진과 실물 색상 불일치	"색상", "사진" 키워드 빈도 ↑	- 제품 촬영 표준화 - 실제 조명 조건 하 사진 추가 - 색상 비교 예시 제공	반품률 15% 감소
품질관리 (QC)	콘센트 불량, 제품 편차	"불량", "교환" 언급 1건	- 출고 전 검수 단계 추가 - 불량 이력 데이터 자동 추적	교환/반품 감소
가격 정책	가격 부담, 할인 요청	중립 리뷰 중 가격 관련 다수	- 신규 고객 할인 쿠폰 - 리뷰 작성 시 포인트 적립	구매 전환율 상승
패키징 품질	포장 손상 및 불만	"포장" 언급 빈도 높음	- 고급 포장 옵션 추가 - 택배사별 포장 품질 평가 시스템 도입	고객 만족도 10% 상승

④ CS 품질 개선 방안 (Customer Service Quality Improvement Plan)

구분	문제점	개선 방향	실행 방안	담당부서
고객 응대 속도	전화 연결 지연 (최대 15분)	1차 응대 자동화	- AI 챗봇 및 FAQ 자동 응답 시스템 구축 - 상담 이력 자동 분류	CS팀
불만 대응 절차	수기 분류 및 후속 대응 지연	불만 자동 분류 및 우선순위화	- AI 감정 분석을 활용한 실시간 모니터링 - 부정 감정 리뷰 자동 알림 기능	CS팀/ 데이터팀
고객 피드백 반영 체계	주기적 분석 미흡	데이터 기반 CS 개선 정례화	- 월간 AI 분석 리포트 발행 - 품질팀과 CS팀 공동 회의	CS팀장/ 품질관리팀
CS 매뉴얼 표준화	응대 품질 편차	일관된 응대 매뉴얼 확립	- 응답 스크립트 AI 학습 데이터화 - 상담 품질 평가 시스템 구축	CS팀

⑤ 요약 및 결론 (Summary and Conclusion)

이번 AI 감성 분석 결과, 고객은 제품 품질과 디자인에는 전반적으로 만족하고 있으나 배송 신뢰성, 고객센터 대응 속도, 시각 정보(색상)에 불만을 보였습니다.

긍정 리뷰(60%)는 "감성적 만족(향, 분위기)" 중심

부정 리뷰(30%)는 "절차적 불편(배송, 응대)" 중심

혼합 리뷰(10%)는 품질과 절차가 엇갈리는 복합적 감정

➼ 주요 개선 포인트

배송 프로세스 디지털화 → 실시간 추적 및 알림 강화

상품 정보 시각 정확도 개선 → 사진·색감 표준화

AI 기반 CS 자동 분류 도입 → 응대 속도 향상

리뷰 데이터 정례 분석 → 고객 감정 변화를 지표화

➼ 기대 효과

구분	목표	기대 결과
고객 불만 감소	-30%	CS 처리 속도 향상 및 만족도 개선
재구매율 증가	+10%	제품 신뢰도 강화
응대 효율성	+40%	상담 인력 부담 감소
브랜드 이미지 제고	—	'정확하고 신속한 서비스' 브랜드 인식 강화

➼ 결론

루미홈은 AI 기반 고객 피드백 분석을 통해 고객의 '감정'을 데이터로 읽는 단계로 진입했습니다. 앞으로 CS팀은 AI-인간 협업 구조(Human-in-the-loop)를 도입하여 고객 만족도와 서비스 품질을 동시에 높이는 데이터 중심 고객 경험(CX) 경영 체계를 구축해야 합니다.

[문제 3] 출장 규정 작성 및 출장비 자동 계산(난이도 하)

출제 의도(테스트 내용): 규정 작성 및 계산 결과 활용 역량

[문제]

글로벌 마켓을 열기 시작한 ㈜해외로에서는 아래 요구 사항을 기준으로 해외 출장 규정을 만들려고 한다. 이를 토대로 출장비 계산을 자동화하고자 한다.

[요구 사항]

1. 서울 기준으로 해외 지역을 거리별 5등급으로 분류
2. 각 등급별 항공료, 숙박비, 일비 차등 배분(예시: 아시아의 경우 항공료 $500, 숙박비 $150, 일비 $50)
3. 비행 시간과 거리를 고려한 합리적 기준 적용

산출물:
  ① 5등급 지역 분류표 (각 등급에 포함되는 국가/지역)
  ② 등급별 비용 테이블 (항공료, 숙박비, 일비)
  ③ 이를 근거로 미국 뉴욕 5박 6일 출장비 계산

단, 1) 생성형 AI를 활용하기 위한 기획 내용, 2) 생성형 AI에게의 프롬프트 입력 및 적절한 대화(피드백) 과정과 내용, 3) 생성형 AI의 최종 결과물(해결 방안, 본인의 보완 및 수정 내용, 최종 해결 방안) 등을 확인할 수 있도록 자세하고 명확하게 기술하시오.

[답안] 수험자가 아래와 같은 내용으로 AI 활용 과정과 결과물을 복사 혹은 작성하여 제출

1) 사용 AI와 기능 및 도구

사용 AI: ChatGPT, 제미나이 등

2) 생성형 AI를 활용하기 위한 기획 내용

① 목적: 출장비 규정 테이블 작성

② 맥락: 출장 경비 테이블 작성과 출장 경비 계산 자동화

③ AI의 역할: 출장 경비 테이블을 작성하고 출장비 계산

④ 산출물: 출장비 테이블, 출장비 계산

⑤ 데이터: 별도의 데이터는 불필요

3) 생성형 AI에 프롬프트 입력 및 대화(피드백) 과정과 내용

[프롬프트 1]

1. 서울을 기준으로 해외 지역을 거리별로 5등급으로 구분

2. 각 등급별로 항공료, 숙박비, 일비를 차등하여 배분 (예시: 아시아의 경우 항공료 $500, 숙박비 $150, 일비 $50)

3. 등급 분류 기준은 일반적인 비행 시간과 거리를 고려하여 설정

이러한 기준을 반영하여, 해외 출장 규정을 만드는데, 서울을 기준으로 거리별로 해외 지역을 5등급으로 나누고, 항공료, 숙박비, 일비를 차등해서 배분한 테이블로 만들어 주세요.

[ChatGPT]

해외 출장 규정 작성을 위한 기준에 따라,

서울을 기준으로 해외 지역을 비행 거리와 시간에 기반하여 5등급으로 분류하고,

항공료, 숙박비, 일비를 등급별로 차등 배정한 표를 아래와 같이 작성했습니다.

해외 출장 지역 등급 기준표 (서울 기준)

등급	대표 지역 예시	거리/시간 기준	항공료 (USD)	숙박비/박 (USD)	일비/일 (USD)
1등급 (가까운 아시아권)	일본, 중국 동부, 대만	3~5시간 / 1,000~2,000km	$500	$150	$50
2등급 (중간 아시아, 동남아)	태국, 베트남, 말레이시아, 인도네시아	5~7시간 / 2,000~4,000km	$800	$180	$60
3등급 (중동, 중앙아시아, 동유럽 초입)	인도, UAE, 카자흐스탄, 터키, 헝가리	8~10시간 / 4,000~6,500km	$1,200	$200	$70
4등급 (서유럽, 북유럽, 아프리카 북부)	독일, 프랑스, 영국, 이탈리아, 이집트	10~13시간 / 6,500~9,000km	$1,600	$250	$80
5등급 (북미, 남미, 오세아니아, 아프리카 중남부)	미국, 캐나다, 브라질, 호주, 남아공	13시간 이상 / 9,000km 이상	$2,000	$300	$100

[프롬프트 2]

위 테이블을 근거로 미국으로 5박 6일 간다면 출장비는 얼마인가?

[ChatGPT]

미국은 위 기준표에서 5등급에 해당합니다.

따라서 항공료, 숙박비, 일비를 5등급 기준으로 계산하면 다음과 같습니다:

미국 출장 (5박 6일) 비용 계산

항목	단가 (USD)	계산 기준	소계 (USD)
항공료	$2,000	왕복 1회	$2,000
숙박비	$300	5박 (숙박일 기준)	$1,500
일비	$100	6일 (출장일 기준)	$600
총합계			$4,100

4) 최종 결과물 (최종 결과물은 본인이 편집 및 보완한 최종 보고서이어야 함)

(위의 GPT 답변과 유사)

단, 최종 결과물(의견 청취 계획서)는 경영진의 결재를 받아야 하는 문서이므로 AI 응답 결과를 복사해서 오는 수준을 넘어 최소한 형식을 갖춘 문서로 편집을 해야 좋은 평가 점수를 받을 수 있음.

참고 문헌

- 한세억(2020). 디지털 전환 시대의 정부업무평가 혁신: AI 의 적용 가능성과 한계. 학술대회 발표논문집, 73-90.
- 윤욱지, 구요한 & 장훌(2023). 챗 GPT 를 활용한 자기소개서 평가 성능 및 업무자동화 가능성에 대한 연구. 조직과 인사관리 연구, 47(4), 27-51.
- 한정윤, 구예리 & 김수진(2023). 챗 GPT 를 활용한 맞춤형 피드백 생성 및 효과 분석. 교육정보 미디어 연구, 29(4), 1123-1151.
- 김장호(2023). 생성형 AI 를 활용한 무역서신 작성에 관한 연구. e-비즈니스연구, 24(7), 317-333.
- 브런치(2021. 6. 4). 중소규모 회사의 시스템(체계) 구축하는 방법,
- 고용노동부(2021. 2). 업종별 직무평가 도구 활용 사례집
- 김재봉(2007). 양벌규정과 기업 처벌의 근거. 법학논총, 24(3), 31-48.

[부록] 각 장의 실습 문제 관련 데이터 파일

[부록] 실습 문제 관련 데이터 목록

(첨부파일은 광문각 홈페이지(http://www.kwangmoonkag.co.kr/)에서 자료실의 관련 게시글 링크 또는 판권의 QR코드 또는 옆의 QR코드를 사용해 구글드라이브에서 다운로드하여 사용)

9장 문제 2 와인 선호도 조사 결과(엑셀)

9장 문제 3 브라운커피 프로젝트 데이터(엑셀)

13장 문제 2 AI 역량 평가 결과(엑셀)

13장 문제 3 직원별 근무성적 및 격려금 산정 근거(엑셀)

13장 문제 4 민원서비스 매뉴얼(PDF)

13장 문제 4 특별민원 대응 매뉴얼(PDF)

14장 문제 1 지원자 A_자기소개서.pdf

14장 문제 1 지원자 B_자기소개서.pdf

14장 문제 1 지원자 C_자기소개서.pdf

14장 문제 2 2분기 공용 슬랙 채널 로그

15장 문제 2 루미홈(LUMIHOME) 고객 리뷰 의견 10건

저자 소개

노규성
(사)한국소프트웨어기술인협회 회장
한국생성형AI연구원 원장
한국디지털정책학회 이사장
前 한국생산성본부 회장
前 선문대학교 경영학과 교수

강송희
한국공학대학교 경영학부 교수
前 경희대학교 객원교수
前 현대자동차 책임연구원
前 소프트웨어정책연구소 선임연구원

권정인
상명대학교 계당교양교육원 교수
前 성균관대학교 소프트웨어학과 초빙교수
前 명지대학교 객원조교수

김민철
제주대학교 경영정보학과 교수
영국 써리대학교(U. of Surrey) 박사
前 SK텔레콤 마케팅기획팀 근무

김준연
한중과학기술협력센터 센터장
前 소프트웨어정책연구소 책임연구위원
前 한양대학교 국제학대학원 겸임교수

박강민
국민대 비즈니스 IT 전문대학원 경영정보학부 교수
前 소프트웨어정책연구소 선임연구원
KAIST 박사(미래전략대학원)

박경혜
충남대학교 경영학부 교수
한국정보기술응용학회 부회장
前 정보통신산업진흥원(NIPA) 비상임이사

박성택
(재)천안과학산업진흥원 전략기획본부장
前 선문대학교 SW융합학부 교수
前 성균관대학교 경영학과 초빙교수

박정아
숭실대학교 베어드학부대학 컴퓨터그래픽
ADOBE ACP 겸임교수
前 글로벌사이버 대학교 글로벌 문화예술대학
겸임교수
前 아미가알앤씨 콘텐츠기획제작 본부장 / 제이콤
CM Planner/PD

안성진
성균관대학교 사범대학 컴퓨터교육과 교수
前 한국정보과학교육연합회 의장
前 KIST/SERI 연구원

이승희
국립금오공과대학교 경영학과 교수
한국디지털정책학회 회장
대한산업경영학회 수석부회장

이웅규
백석대학교 혁신융합학부 교수
가상현실융합경제학회 회장
前 경북디지털트윈진흥협회 부회장

임기흥

제주대 아시아공동체 연구센터 특별연구원

한국산학협동연구원 부원장

前 한국생산성본부 책임연구위원

前 광주여자대학교 서비스경영학과 교수

정종기

(주)얼라이언스코리아 대표

한국인공지능인재개발원 원장

前 대통령직속 정책기획 국정자문위원(디지털분과)

前) 한국오라클 비즈니스 총괄 대표

AI를 몰라도 AI로 돈 벌 수 있다

생성형 AI 최신개정판
프롬프트 디자인
실무

프롬프트 디자이너 1급 자격 필독서

1판 1쇄 발행	2024년	4월	5일
2판 1쇄 발행	2025년	1월	2일
최신개정1판 1쇄 발행	2026년	1월	11일

저자 　　　　한국생성형AI연구원
펴낸이 　　　박정태
편집이사 　　이명수　　　　　감수교정　　　정하경
편집부 　　　김동서, 이윤교
마케팅 　　　박명준, 박두리　　온라인마케팅　　　박용대
경영지원 　　최윤숙

펴낸곳 　　　(주) 광문각출판미디어
출판등록 　　2022. 9. 2 제2022-000102호
주소 　　　　파주시 파주출판문화도시 광인사길 161 광문각 B/D 3층
전화 　　　　031-955-8787　　팩스　　　　031-955-3730
E-mail 　　　kwangmk7@hanmail.net
홈페이지 　　www.kwangmoonkag.co.kr

ISBN 　　　　979-11-93205-79-2　　93000
가격 　　　　30,000원

※ [부록] 실습문제 데이터 파일과
　최신 자료는 QR 코드 링크로
　확인 가능합니다.